Die Steuerung von Liquiditätsrisiken im Aktienrecht und Bankaufsichtsrecht

Frankfurter wirtschaftsrechtliche Studien

Herausgegeben von
Theodor Baums, Andreas Cahn, Brigitte Haar, Katja Langenbucher,
Tobias Tröger, Manfred Wandt, Peter von Wilmowsky

Band 105

PL ACADEMIC RESEARCH

Julius Brandt

Die Steuerung von Liquiditätsrisiken im Aktienrecht und Bankaufsichtsrecht

PL ACADEMIC RESEARCH

Bibliografische Information der Deutschen Nationalbibliothek
Die Deutsche Nationalbibliothek verzeichnet diese Publikation in der Deutschen Nationalbibliografie; detaillierte bibliografische Daten sind im Internet über http://dnb.d-nb.de abrufbar.

Zugl.: Frankfurt (Main), Univ., Diss., 2015

D 30
ISSN 0723-0427
ISBN 978-3-631-67507-6 (Print)
E-ISBN 978-3-653-06826-9 (E-PDF)
E-ISBN 978-3-631-69713-9 (EPUB)
E-ISBN 978-3-631-69714-6 (MOBI)
DOI 10.3726/978-3-653-06826-9

PL Academic Research ist ein Imprint der Peter Lang GmbH.

Peter Lang – Frankfurt am Main · Bern · Bruxelles · New York · Oxford · Warszawa · Wien

Diese Publikation wurde begutachtet.

www.peterlang.com

Vorwort

Die vorliegende Untersuchung wurde im Wintersemester 2015/2016 von der Juristischen Fakultät der Johann Wolfgang Goethe-Universität als Dissertation angenommen. Rechtsprechung und Literatur konnten bis Januar 2015 berücksichtigt werden.

Ich danke allen denen, die mich während meiner Promotion fachlich und persönlich unterstützt und zum Gelingen der Arbeit beigetragen haben. Es war eine herausfordende, bereichernde und schöne Zeit, die ohne diesen Beistand und Zuspruch so nicht möglich gewesen wäre.

Mein besonderer Dank gilt meinem Doktorvater Herrn Professor Dr. Dres. h.c. Theodor Baums. Er hat mich bei der Themensuche sowie der Eingrenzung und Akzentuierung des Untersuchungsgegenstands rege unterstützt und meine Arbeit mit Rat und Vertrauen großzügig begleitet. Herrn Professor Dr. Tobias Tröger danke ich für die rasche Erstellung des Zweitgutachtens und seine wertvollen Anregungen.

Danken möchte ich auch Herrn Dr. Wolfgang Feuring und Herrn Dr. Carsten Berrar, welche die Entstehung dieser Arbeit mit praktischem Rat und mancher guten Tat gefördert haben. Herrn Engelbert Weil danke ich für die anregenden Diskussionen und sein großes Interesse an dieser Arbeit.

Mein größter Dank gilt Rebecca und meinen Eltern für ihre liebevolle Unterstützung in allen Lebens- und Ausbildungslagen, die Voraussetzung für die Entstehung dieser Arbeit waren. Meine Mutter hat mich mit ihrem unerschöpflichen Impetus bestärkt und die Mühen der Korrekturlektüre auf sich genommen. Rebecca hat das Promotionsvorhaben mit sehr großer Geduld begleitet und in herausfordernden Phasen meinen Blick immer auf das Positive gelenkt. Ihnen ist diese Arbeit gewidmet.

Inhaltsverzeichnis

Abkürzungsverzeichnis

BilMoG	Gesetz zur Modernisierung des Bilanzrechts (Bilanzrechtsmodernisierungsgesetz – BilMoG) vom 25. Mai 2009, BGBl. I 2009, S. 1102 ff.
CRD IV-Richtlinie	Richtlinie 2013/36/EU des Europäischen Parlaments und des Rates vom 26. Juni 2013 über den Zugang zur Tätigkeit von Kreditinstituten und die Beaufsichtigung von Kreditinstituten und Wertpapierfirmen, zur Änderung der Richtlinie 2002/87/EG und zur Aufhebung der Richtlinien 2006/48/EG und 2006/49/EG, ABl. L176, S. 388 ff.
CRD IV-Umsetzungsgesetz	Gesetz zur Umsetzung der Richtlinie 2013/36/EU über den Zugang zur Tätigkeit von Kreditinstituten und Wertpapierfirmen und zur Anpassung des Aufsichtsrechts an die Verordnung (EU) Nr. 575/2013 über Aufsichtsanforderungen an Kreditinstitute und Wertpapierfirmen (CRD IV-Umsetzungsgesetz) vom 28. August 2013, BGBl I 2013, S. 3395 ff.
CRR	Verordnung (EU) Nr. 575/2013 des Europäischen Parlaments und des Rates vom 26. Juni 2013 über Aufsichtsanforderungen an Kreditinstitute und Wertpapierfirmen und zur Änderung der Verordnung (EU) Nr. 646/2012 – CRR, ABl. L176, S. 1 ff.
DCGK	Deutscher Corporate Governance Kodex
IDW PS 340	Prüfungsstandard des Instituts der Wirtschaftsprüfer in Deutschland e.V.: Die Prüfung des Risikofrüherkennungssytems nach § 317 Abs. 4 HGB (IDW PS 340)
KonTraG	Gesetz zur Kontrolle und Transparenz im Unternehmensbereich (KonTraG) vom 27. April 1998, BGBl. I 1998, S. 786 ff.
LiqV	Verordnung über die Liquidität der Institute (LiqV) vom 14. Dezember 2006, BGBl. I 2006, S. 3117 ff.

MaRisk (BA)	Rundschreiben 10/2012 (BA) der Bundesanstalt für Finanzmarktaufsicht vom 14. Dezember 2012 – Mindestanforderungen an das Risikomanagement

Für alle weiteren, nicht im Abkürzungsverzeichnis aufgeführten Abkürzungen wird auf *Kirchner*, Abkürzungsverzeichnis der Rechtssprache, 8. Aufl., Berlin 2015 verwiesen.

A. Einleitung

I. Einführung und Fragestellung

Die Finanzkrise 2007–2009 hat gezeigt, dass sich Banken und die Bankenaufsicht nur unzureichend mit der Sicherstellung der Zahlungsfähigkeit unter außergewöhnlichen Bedingungen auseinandergesetzt und das Liquiditätsrisiko gegenüber der Steuerung des Überschuldungsrisikos vernachlässigt haben. Nicht zu verkennen ist, dass die Schieflagen einer Vielzahl von Banken – vereinfacht gesagt – ihre Ursache zunächst in einem Mangel an Liquidität hatten und eine Vermögensunterdeckung in den meisten Fällen erst Folge dieses Liquiditätsmangels war.[1] Dies hängt unter anderem damit zusammen, dass die betroffenen Banken zur Liquiditätsbeschaffung gezwungen waren, innerhalb einer kurzen Zeit gleichzeitig Vermögensgegenstände in erheblichem Umfang am Markt zu veräußern. Dieser „Firesale" verstärkte deren Wertverfall und eine Vermögensunterdeckung der betroffenen Banken. Die verheerenden Auswirkungen der Finanzkrise 2007–2009 haben zu einer Reihe international harmonisierter Reformvorhaben im Bankaufsichtsrecht geführt, die unter dem Schlagwort „Basel III" zusammengefasst werden. Wenngleich diese Vorhaben einen Schwerpunkt auf die Reform der bankaufsichtsrechtlichen (Eigen-)Kapitalvorschriften legen, so stellen die neuen Vorschriften zur Sicherstellung der Liquidität von Instituten eine ebenso wichtige Säule des Reformwerks dar. Die verheerenden Auswirkungen der Finanzkrise 2007–2009 auf die Liquiditäts- und Vermögenslage einiger deutscher Banken – allen voran der IKB Deutsche Industriebank AG – haben parallel zu diesen regulatorischen Reformanstrengungen zu einer juristischen Aufarbeitung der individuellen Verantwortlichkeit und Haftung der Organe der betroffenen Kreditinstitute im Umgang mit geschäftlichen Risiken geführt.

Sowohl die *branchenbezogenen* bankaufsichtsrechtlichen Reformanstrengungen als auch die ergangenen gerichtlichen Entscheidungen in Bezug auf die individuelle Verantwortlichkeit der Organe im Umgang mit geschäftlichen Risiken im Bankensektor bilden den gedanklichen Hintergrund der vorliegenden Untersuchung. Einerseits wird der Frage nachgegangen, wie es um die *rechtsformbezogenen* Anforderungen zur Sicherstellung der Liquidität in Aktiengesellschaften außerhalb des Bankensektors bestellt ist. Andererseits hat diese Untersuchung das Ziel, aufzuzeigen, ob, unter welchen Voraussetzungen und in welchem Umfang die bankaufsichtsrechtlichen Liquiditätsvorschriften *de lege lata* eine Schrittmacherrolle bzw. eine Ausstrahlungswirkung für die Auslegung der aktienrechtlichen Vorschriften haben.

Zu den aktienrechtlichen Vorschriften, die der Steuerung von Liquiditätsrisiken dienen, zählen zum einen die durch die Rechtsprechung entwickelten und durch den Gesetzgeber ausgeformten Sorgfaltspflichten des Vorstands nach §§ 76 Abs. 1,

---

1 Vgl. ausführlich zu Ursachen und Verlauf der Finanzkrise 2007–2009 *Rudolph*, ZGR 2010, 1 ff.

93 Abs. 1 AktG im Rahmen von unternehmerischen Entscheidungen, die mit bestandsgefährdenden Liquiditätsrisiken verbunden sind. Zum zweiten geht es um die korrespondierenden Kontroll- und Überwachungspflichten des Aufsichtsrats nach §§ 116, 93 Abs. 1 AktG bezüglich liquiditätsrisikobehafteter Geschäfte. Drittens werden die Sorgfaltspflichten des Vorstands zur angemessenen Ausgestaltung der Früherkennungsanforderungen nach § 91 Abs. 2 AktG untersucht, der ebenfalls gesetzgeberische Antwort auf Unternehmensschieflagen Mitte und Ende der 90er Jahre des vorigen Jahrhunderts war. Die in Rechtswissenschaft, Betriebswirtschaftslehre und Wirtschaftsprüfung geführte Auseinandersetzung über Inhalt und Auslegung von § 91 Abs. 2 AktG wird seit seiner Einführung mit dem KonTraG im Jahre 1998 geführt. Aus Anlass der Überarbeitung des bankaufsichtsrechtlichen Pflichtenprogramms sowie der juristischen Aufarbeitung der individuellen Verantwortlichkeit von Organen einer Aktiengesellschaft im Umgang mit geschäftlichen Risiken soll die Frage nach Inhalt und Auslegung von § 91 Abs. 2 AktG wieder aufgegriffen und auch geprüft werden, ob die bankaufsichtsrechtlichen Regelungen für die Konturierung des aktienrechtlichen Pflichtenprogrammms fruchtbar gemacht werden können. Zudem gilt es, den aktienrechtlichen Rahmen zu untersuchen, in dem liquiditätsrisikobehaftete Geschäftsaktivitäten und -prozesse unternehmesintern oder -extern delegiert bzw. ausgelagert werden können.

II. Gang der Darstellung

Entsprechend dem soeben skizzierten Untersuchungsprogramm gliedert sich die Arbeit wie folgt:

Im ersten Kapitel dieser Arbeit werden die wirtschaftswissenschaftlichen und betriebswirtschaftlichen Grundlagen der Steuerung von Liquiditätsrisiken erläutert. Neben einer Einführung in die Begrifflichkeiten wird auf die betriebswirtschaftlichen Techniken und Methoden der Finanzplanung und der Prognose von Zahlungsströmen eingegangen, wobei entsprechend dem Fokus der vorliegenden Untersuchung die kurz- und mittelfristige Finanzplanung bzw. Zahlungsstromprognose im Mittelpunkt steht. Danach wird untersucht, mit welchen Mitteln die sogenannte Liquiditätsrisikosteuerung im engeren Sinne versucht, unerwartete Abweichungen der geplanten Zahlungsströme zu quantifizieren und zu steuern. In einem weiteren Abschnitt werden die betriebswirtschaftlichen Ansätze zur Früherkennung von liquiditätsgefährdenden Entwicklungen untersucht. Das Kapitel schließt mit einem Überblick über mögliche Maßnahmen zur Prävention und Bewältigung von Liquiditätsrisiken durch Maßnahmen der Risikovermeidung, -verminderung, -diversifikation und Risikovorsorge sowie Maßnahmen des Risikotransfers.

Das zweite Kapitel widmet sich dem aktienrechtlichen Pflichtenprogramm für Vorstand und Aufsichtsrat im Umgang mit liquiditätsgefährdenden Entwicklungen bzw. Liquiditätsrisiken. Zunächst werden im ersten Abschnitt die organisatorischen Pflichten des Vorstands zur Ausfüllung des § 91 Abs. 2 AktG herausgearbeitet. Dazu erfolgt in einem ersten Schritt eine Abgrenzung der Maßnahmen zur (institutionalisierten) Früherkennung liquiditätsgefährdender Entwicklungen von den

Maßnahmen zur umfassenden Steuerung von Liquiditätsrisiken im Rahmen eines sogenannten Risikomanagementsystems. Darauf aufbauend werden die einzelnen Elemente der organisatorischen Pflichten des Vorstands gemäß § 91 Abs. 2 AktG dargestellt: Liquiditätsstatus, Liquiditätsplan, Früherkennungsanalyse, Aufbau- und Ablauforganisation einschließlich Überwachungssystem sowie Dokumentation.

Im zweiten Abschnitt dieses Kapitels schließt sich eine Untersuchung an, welche Sorgfaltspflichten den Vorstand zur Steuerung von Liquiditätsrisiken im Rahmen von §§ 76 Abs. 1, 93 Abs. 1 AktG treffen. Zunächst geht es um einzelfallbezogene, über das Programm des § 91 Abs. 2 AktG hinausgehende organisatorische Pflichten, wobei insbesondere Maßnahmen der Prävention und Abwehr bestandsgefährdender Liquiditätsrisiken erörtert werden. Schwerpunkt dieses Unterabschnittes sind die Sorgfaltspflichten, die den Vorstand im Rahmen von Investitions- oder Anlageentscheidungen treffen, die mit (potentiell bestandsgefährdenden) Liquiditätsrisiken verbunden sind. Dabei geht es zum einen um die Anforderungen an das Entscheidungsverfahren des Vorstands und zum anderen um sachlich-inhaltliche Schranken wie insbesondere die Frage, ob der Vorstand potentiell zur Zahlungsunfähigkeit führende Investitions- oder Anlageentscheidungen treffen oder sogenannte „Klumpenrisiken" eingehen darf. Abschließend wird darauf eingegangen, welche Pflichten den Vorstand zur Prävention nicht bestandsgefährdender einzelprojektbezogener Liquiditätsrisiken treffen.

Im dritten Abschnitt des zweiten Kapitels wird der Frage nachgegangen, welchen aktienrechtlichen Rahmen der Vorstand bei einer arbeitsteiligen Organisation und Delegation von liquiditätsrisikobehafteten Entscheidungen, Geschäftsprozessen und -aktivitäten zu beachten hat. Dabei werden drei Formen der Delegation liquiditätsrisikobehafteter Entscheidungen, Geschäftsprozessen und -aktivitäten unterschieden: die vertikale Delegation innerhalb der Gesellschaft, die vertikale Delegation innerhalb des Unternehmens und die Delegation an wirtschaftlich und rechtlich selbständige Dritte.

Nach der Darstellung der Vorstandspflichten zur Steuerung von Liquiditätsrisiken im ersten Abschnitt werden im zweiten Abschnitt des zweiten Kapitels die entsprechenden Pflichten aus der Perspektive des Aufsichtsrats untersucht. Dazu gehören einerseits die Überwachung und Kontrolle der Früherkennungs- und Liquiditätsrisikoorganisation des Vorstands. Besonders berücksichtigt werden dabei die Hilfestellungen für den Aufsichtsrat, die sich im Rahmen der Rechnungslegung aus der Prüfung des Lageberichts durch die Abschlussprüfer ergeben. Andererseits werden Kontroll- und Überwachungsmaßnahmen des Aufsichtsrats in den Blick genommen, die sich auf Liquiditätsrisiken aus einzelnen Investitions- oder Anlageentscheidungen beziehen.

Im dritten Kapitel werden die bankaufsichtsrechtlichen Anforderungen an die Steuerung von Liquiditätsrisiken untersucht. Einführend werden die besonderen, aus dem Geschäftsmodell von Geschäftsbanken herrührenden Anforderungen an die Steuerung und Sicherstellung der Liquidität dargestellt, um danach einen kurzen Abriss über die geschichtliche Entwicklung der bankbetrieblichen und bankaufsichtsrechtlichen Liquiditätsregelungen zu geben.

Im Hauptabschnitt des dritten Kapitels werden zunächst im Überblick die jüngst eingeführten bzw. novellierten quantitativen (kennzahlenbasierten) Regelungen dargestellt, zu denen die Liquiditätsdeckungsanforderung, die Refinanzierungs- und weitere Beobachtungskennzahlen gehören, mit denen ein Mindeststandard für die Liquiditätsausstattung von Kreditinstituten vorgegeben wird. Im Mittelpunkt des dritten Kapitels stehen die qualitativen bankaufsichtlichen Regelungen zur Steuerung von Liquiditätsrisiken nach § 25 a Abs. 1 und § 25 b KWG sowie die diese Regelungen konkretisierenden „Mindestanforderungen an das Risikomanagement (Banken)" der BaFin. Auf Grundlage der Darstellung der allgemeinen den § 25 a Abs. 1 und § 25 b KWG zugrundeliegenden Regulierungsprinzipien werden die von der BaFin formulierten Mindestelemente einer qualitativen Liquiditätsrisikosteuerungorganisation von Kreditinstituten untersucht, zu denen ein internes Kontrollsystem (einschließlich spezifischer Risikosteuerungsprozesse) und eine interne Revision zählen. Abschließend erfolgt eine kurze Untersuchung der aufsichtsbehördlichen Vorgaben, die sich aufgrund der Auslagerung von Geschäftsaktivitäten und -prozesse ergeben können, die bankaufsichtsrechtlich relevante (wesentliche) Liquiditätsrisiken begründen.

Im letzten Kapitel der Untersuchung wird der Frage nachgegangen, ob, unter welchen Voraussetzungen und in welchem Umfang die im dritten Kapitel dargestellten bankaufsichtsrechtlichen Regelungen eine „Ausstrahlungswirkung"[2] bzw. eine „Schrittmacherrolle"[3] für die Auslegung und Anwendung der im zweiten Kapitel untersuchten Pflichten des Vorstands nach § 91 Abs. 2 AktG bzw. §§ 76 Abs. 1, 93 Abs. 1 AktG und des Aufsichtsrats haben. Zu diesem Zweck werden im ersten Abschnitt die rechtstheoretischen Grundlagen einer Ausstrahlungswirkung des branchenspezifischen Bankaufsichtsrechts auf das rechtsformbezogene Verbandsrecht diskutiert und deren Voraussetzungen herausgearbeitet. Auf dieser Basis werden sodann im zweiten Abschnitt die positiven und negativen Ausstrahlungswirkungen des Bankaufsichtsrechts für die bereits behandelte Frage herausgearbeitet, ob § 91 Abs. 2 AktG zu einem umfassenden Liquiditätsrisikomanagement verpflichtet und wie das Verhältnis zu den Pflichten nach §§ 76 Abs. 1, 93 Abs. 1 AktG ist. Im dritten Abschnitt werden Ausstrahlungswirkungen allgemeiner aufbau- und ablauforganisatorischer Wertungen des Bankaufsichtsrechts für die aktienrechliche Steuerung von Liquiditätsrisiken untersucht wie etwa die Prinzipien der Funktionstrennung und Prozessunabhängigkeit. Im darauf folgenden Abschnitt geht es um die Ausstrahlung einzelner bankaufsichtsrechtlicher Liquiditätsrisikosteuerungsprozesse auf die aktienrechtlichen Organisationspflichten wie beispielsweise die Liquiditätsübersicht, Pflichten zur Begrenzung von Risikokonzentrationen, Stresstests und Regelungen über Höhe und Zusammensetzung einer Liquiditätsreserve. Abschließend werden die Ausstrahlungswirkungen der bankaufsichtsrechtlichen Regelungen bei

2 *Dreher*, ZGR 2010, 496 (503 ff.).
3 *Fleischer*, ZIP 2003, 1 (10).

Auslagerung wesentlicher Geschäftsaktivitäten und -prozesse für die aktienrechtlichen Pflichten des Vorstands untersucht.

Die Arbeit schließt mit einem kurzen Ausblick auf einen weiteren Forschungsgegenstand. Es wird die Frage aufgeworfen, welche Herausforderungen für eine Weiterentwicklung der aktienrechtlichen Liquiditätsrisikosteuerung *de lege ferenda* unter Berücksichtigung der bankaufsichtsrechtlichen Regelungen bestehen.

B. Die Steuerung von Liquiditätsrisiken in der Betriebswirtschaft

I. Das Liquiditätsrisiko

1. Begriff und Bedeutung der Liquidität für das Unternehmen

Der Begriff der Liquidität wird in der Betriebswirtschaftslehre in vier unterschiedlichen Ausprägungen verwendet.[4] Liquidität wird zunächst als positiver Zahlungsmittelbestand, d. h. als Guthaben von Zahlungsmitteln (in der Regel in der Form von Bar- oder Giralgeld) verstanden. Weiterhin kann Liquidität im Sinne von Liquidierbarkeit eines Vermögensgegenstandes verstanden werden und bezeichnet damit die sogenannte *Geldnähe* eines Vermögensgegenstandes.[5] Zudem wird Liquidität als das Deckungsverhältnis von Vermögenspositionen zu kurzfristigen Verbindlichkeiten verstanden, das in verschiedenen Verhältniskennzahlen, den sog. Liquiditätsgraden ausgedrückt wird. Für die vorliegende Fragestellung steht die sogenannte *relative Liquidität* als die Fähigkeit eines Unternehmens, fällige Zahlungsverbindlichkeiten termingerecht und uneingeschränkt erfüllen zu können,[6] im Mittelpunkt des Interesses. Denn in dieser Bedeutung stellt Liquidität den Zusammenhang zwischen dem Bedarf an Mitteln und den zur Deckung zur Verfügung stehenden Mitteln her. Liquidität ist somit als Zahlungsfähigkeit zu verstehen. Wird diese Definition um den Zusatz erweitert, dass die Zahlungsfähigkeit unter der Voraussetzung gewährleistet sein muss, dass der reibungslose Ablauf des betrieblichen Leistungsbereiches nicht gestört wird (z.B. durch Erfüllung von Verbindlichkeiten durch Notverkäufe von Maschinen), so nennt man dies *„finanzielles Gleichgewicht“*[7].

2. Liquidität, Rentabilität und Kapitaldeckung

Siegwart[8] hat das Verhältnis von Liquidität, Rentabilität und Kapitaldeckung in plastischer Weise mit den folgenden Worten beschrieben:

4 *Perridon/ Steiner*, Finanzwirtschaft der Unternehmung, S. 12; *Weber*, Produktivität und Liquidität, S. 119.

5 Liquidierbarkeit meint die Eigenschaft von Wirtschaftsgütern, diese entweder als Zahlungsmittel zu verwenden oder sie in solche umwandeln zu können, sog. Vermögensliquidität, vgl. *Wöhe/Bilstein/Ernst/Häcker*, Unternehmensfinanzierung, S. 26.

6 *Perridon/Steiner/Rathgeber*, Finanzwirtschaft der Unternehmung, S. 13; *Witte*, Finanzplanung und Unternehmung, S. 24.

7 *Wöhe/Bilstein/Ernst/Häcker*, Unternehmensfinanzierung, S. 25; *Schmidt/Terberger*, Investitions- und Finanzierungstheorie, S. 15.

8 *Siegwart*, Kennzahlen für die Unternehmensführung, S. 11.

„Die Liquidität ist der Sauerstoff, der Überschuss die Nahrung, das Eigenkapital die Substanz der Unternehmung. Ohne Sauerstoff (Liquidität) kann eine Unternehmung weder leben noch überleben, denn wenn eine Unternehmung nicht über genügend liquide Mittel verfügt, so bedeutet dies auch bei positivem Erfolg das Ende der Unternehmung. Andererseits kann eine Unternehmung bei gesicherter Liquidität auch bei anhaltenden Verlusten durchaus (für einige Zeit) weiterexistieren. In ihrer minimalen Ausprägung sind die genannten Größen daher als conditio sine qua non unternehmerischer Existenz aufzufassen."

Die Sicherstellung der Liquidität ist mithin unabdingbare Nebenbedingung für die Existenz eines Unternehmens. Gleichwohl ist die Sicherstellung der Liquidität für ein Unternehmen kein eigenständiges Ziel, wie etwa die Sicherung der Rentabilität, d.h. die Fähigkeit, Überschüsse zu erwirtschaften.[9] Kurz gesagt: Kein Unternehmen wird gegründet, um liquide zu sein. Dieser Zusammenhang wirkt sich, vereinfachend gesagt, in doppelter Weise aus:

Einerseits unterliegen die Maßnahmen zur Sicherstellung der Liquidität in bestimmten Grenzen der Überprüfung am Kriterium der Rentabilität. Gefragt wird beispielsweise, in welchem Umfang mit einem bestimmten Investitionsprojekt verbundene Liquiditätsrisiken abgesichert werden sollen. Aus der Perspektive der Existenzsicherung wäre es am vorteilhaftesten, Maßnahmen zu ergreifen, z.B. eine Liquiditätsreserve nach Art, Umfang und Dauer vorzuhalten, die die denkbar schlechteste Entwicklung der Zahlungsströme abfedern könnte. Dem setzt der Rentabilitätsgedanke Grenzen, da Sicherungsmaßnahmen Opportunitätskosten verursachen bzw. Gewinnchancen verhindern.[10] Andererseits gilt, dass nicht jede Investition, die rentabel ist, aufgrund der damit verbundenen Liquiditätsrisiken mit der Liquiditätsbedingung zu vereinbaren ist.

3. Zahlungsunfähigkeit und Zahlungsstockung

Zahlungsunfähigkeit im Sinne von § 17 Abs. 2 InsO liegt vor, wenn der Schuldner seine fälligen Zahlungsverpflichtungen nicht termingerecht und betragsgenau erfüllen kann.[11] Unter einer Zahlungsstockung dagegen versteht man die vorübergehende Unfähigkeit, fällige Zahlungsverpflichtungen mit der verfügbaren Zahlungskraft termin- und betragsgenau erfüllen zu können. Sofern der Schuldner in der Lage ist, innerhalb eines überschaubaren Zeitraums – der BGH[12] geht von einem dreiwöchigen Zeitraum aus – die benötigten Zahlungsmittel zu beschaffen oder die Liquiditätslücke geringfügig[13] ist, liegt eine Zahlungsunfähigkeit nicht vor. Danach

9 *Wöhe/Bilstein/Ernst/Häcker*, Unternehmensfinanzierung, S. 27.

10 *Schierenbeck/Wöhle*, Betriebswirtschaftslehre, S. 579.

11 BGH NJW 1962, 102 (103); *Mönning*, in: Nerlich/Römermann, Insolvenzordnung, § 17 Rn. 12; *Uhlenbruck*, in: Uhlenbruck, Insolvenzordnung, § 17 Rn. 4.

12 BGH NZG 2005, 811 (813); BGH NJW 2005, 3062 (3064).

13 BGH NJW 2005, 3062 (3065 f.); BGH NZI 2007, 36 (37), wonach eine Liquiditätslücke, die nicht innerhalb von drei Wochen beseitigt werden kann, regelmäßig als

führen also bloß vorübergehende oder geringfügige Liquiditätslücken nicht zum Vorwurf der Zahlungsunfähigkeit. Dahinter steht die Überlegung, dass strukturell gesunde Unternehmen nicht an einer vorübergehenden oder geringfügigen Störung ihres Zahlungsmittelhaushalts scheitern sollen.[14] Diese Abgrenzung ist von erheblicher Bedeutung nicht zuletzt deswegen, weil eine fehlende oder verspätete Insolvenzantragstellung zur Strafbarkeit des antragsverpflichteten Organs führen kann (vgl. § 15a InsO).[15] Dies erfordert eine sorgfältige Prognose u. a. des Umfangs der liquidierbaren Vermögensgegenstände, der anderen zu erwartenden Zahlungsströme und ganz generell der zu erwartenden Auftrags- und Ertragslage sowie die darauf aufbauende Erstellung eines entsprechenden Liquiditätsplans.[16] Einer solchen Prognose haften, wie noch gezeigt werden wird, erhebliche Unsicherheiten an. In der vorliegenden Untersuchung wird auf diese Unterscheidung nicht vertieft eingegangen. Ziel ist es zu untersuchen, welcher aktien- und bankaufsichtsrechtliche Regelungsrahmen besteht, der die *dauerhafte* Zahlungsfähigkeit eines Unternehmens sicherstellen soll.

4. Definition, Ursachen und Steuerung von Liquiditätsrisiken

Wie noch zu zeigen ist,[17] stößt eine tagesgenaue Erfassung der Ein- und Auszahlungen nach Betrag und Zeitpunkt auf vielfältige Schwierigkeiten. Daraus folgt, dass die Fähigkeit eines Unternehmens, seine fälligen Zahlungsverpflichtungen mit der vorhandenen Zahlungskraft an einem bestimmten Tag in der Zukunft termin- und betragsgenau erfüllen zu können, gefährdet sein kann. Im Folgenden wird ein Überblick über die wirtschaftswissenschaftliche Auseinandersetzung mit dem Begriff des Liquiditätsrisikos gegeben.

a) Liquiditätsrisiko und Liquiditätsrisiken

Der Begriff des Risikos wird in den Wirtschaftswissenschaften unterschiedlich definiert. Lange Zeit dominierte in der wirtschaftswissenschaftlichen Auseinandersetzung eine Definition des Risikos als Möglichkeit der Vermögensminderung.[18] In der aktuellen Diskussion werden zwei Auffassungen vertreten, die sich gegenseitig bedingen: ein ursachenbezogener und ein wirkungsbezogener Risikobegriff.[19] Der

---

geringfügig anzusehen ist, wenn diese 10% der fälligen Gesamtverbindlichkeiten in diesem Zeitraum nicht überschreitet.

14 *Witte*, Finanzplanung und Unternehmung, S. 27.

15 Vgl. *Pape/Uhlenbruck/Voigt-Salus, Insolvenzrecht*, Kap. 18 und Kap. 47 Rn. 29 ff.

16 *Pape/Uhlenbruck/Voigt-Salus*, Insolvenzrecht, Kap. 17 Rn. 9; *Godefroid/Witting*, FLF 2008, 126 (127).

17 Vgl. B.II.2(3).

18 *Kremers*, Risikoübernahme in Industrieunternehmen, S. 36 mwN.

19 *Hölscher*, Ertragsorientierte Messung und Steuerung bankbetrieblicher Erfolgsrisiken, S. 4 ff.

ursachenbezogene Risikobegriff versteht den Begriff des Risikos als eine Wahrscheinlichkeitsverteilung der möglichen künftigen Entwicklungen.[20] Die Ursache für das Risiko wird in dem unvollkommenen Informationsstand des Entscheidungsträgers gesehen, der die zukünftige Entwicklung naturgemäß nicht voraussagen kann. Im Unterschied dazu betont der wirkungsbezogene Risikobegriff nicht den unvollkommenen Informationsstand, sondern stellt die mit dem Risiko verbundenen Konsequenzen in den Mittelpunkt. Risiken können zu Zielverfehlungen führen mit der Folge, dass ein bestimmtes Ergebnis nicht erreicht wird. Bei positiven Zielverfehlungen (sog. symmetrischen Zielverfehlungen) spricht man vom Risiko im weiteren Sinne; werden unter den wirkungsbezogenen Risikobegriff nur negative Zielverfehlungen (sog. asymmetrische Zielverfehlungen) gefasst, spricht man vom Risiko im engeren Sinne.[21] Das Risikoverständnis des wirkungsbezogenen Risikobegriffs soll auch der weiteren Untersuchung zugrundeliegen.

Dem engen Risikobegriff folgend meint der Begriff des Liquiditätsrisikos mithin Folgendes: Aufgrund möglicher Abweichungen der geplanten Ein- und Auszahlungen kann es zu Zielverfehlungen kommen, indem der tatsächliche Endbestand an Zahlungsmitteln den geplanten Endbestand an Zahlungsmitteln unterschreitet und deswegen ein Unternehmen seinen Zahlungsverpflichtungen nicht mehr nachkommen kann.[22] Wenn im Folgenden der Begriff *Liquiditätsrisiko* gebraucht wird, ist also das Risiko der Zahlungsunfähigkeit gemeint. Das Liquiditätsrisiko kann in bestimmte (Liquiditäts-)Teilrisiken zerlegt werden.[23] Diese werden im Folgenden als „*Liquiditätsrisiken*“ bezeichnet.

b) Ursachen für Liquiditätsrisiken

Allgemein gesagt können die Ursachen für Planabweichungen entweder darin liegen, dass die Einzahlungen niedriger sind oder zeitlich später als geplant eingehen oder dass Auszahlungen höher sind oder früher anfallen.

Diese Abweichungen können sowohl Zahlungsströme im leistungswirtschaftlichen bzw. güterwirtschaftlichen Bereich als auch im finanzwirtschaftlichen Bereich betreffen. Dies soll im Folgenden anhand einiger Beispiele verdeutlicht werden: Güterwirtschaftliche Einzahlungen werden durch die tatsächlich erreichte Absatzmenge und das Zahlungsverhalten der Kunden beeinflusst.[24] Güterwirtschaftliche Auszahlungen können abweichen, weil die Auszahlungen für Rohstoffe z.B. aufgrund eines größeren Verbrauches (Mengenabweichung) oder aufgrund der Veränderung des Wechselkurses (Preisabweichung) höher als geplant sind. Finanzwirtschaftliche Abweichungen können darauf zurückgeführt werden, dass Einzahlungen aus dem Verkauf von Vermögensanlagen geringer sind als erwartet,

20 *Kremers*, Risikoübernahme in Industrieunternehmen, S. 36.
21 *Hölscher*, Integrative Risikobewältigung, S. 5f.
22 Vgl. *Bonn*, Finanzplanbasierte Messung und Steuerung des Liquiditätsrisikos, S. 115 f.
23 Siehe sogleich B.I.4.b).
24 *Matschke/Hering/Klingelhöfer*, Finanzanalyse und Finanzplanung, S. 145.

weil z. B. der Aktienkurs oder der Marktzins von Unternehmensanleihen niedriger als geplant ist. Finanzwirtschaftliche Auszahlungen können höher sein, weil eine Anschlussrefinanzierung nur zu ungünstigeren Zinskonditionen als geplant gelingt oder weil – bei Vereinbarung eines variablen Kreditzinssatzes – der tatsächlich zu zahlende Kreditzins vom prognostizierten abweicht.

Die Bankbetriebslehre hat sich intensiv mit der Analyse der Ursachen für das Liquiditätsrisiko beschäftigt. Wissenschaft und Praxis zerlegen und beschreiben das Liquiditätsrisiko in (Liquiditäts-)Teilrisiken. Grundsätzlich ist zwischen den originären und derivativen Liquiditätsrisiken zu unterscheiden.

Zu den originären Liquiditätsrisiken gehören das *Terminrisiko*, das *Abrufrisiko* und das *Liquiditätsanspannungsrisiko*. Unter *Terminrisiken* werden alle Folgen für die Liquiditätslage eines Kredit- oder Finanzdienstleistungsinstituts erfasst, die aus einer unerwarteten, nicht vertraglich vorgesehenen Ausweitung von Aktivgeschäften herrühren. Solche Ausweitungen können z. B. darauf beruhen, dass Zins- und Tilgungsleistungen für ausgereichte Kredite nicht fristgerecht erfolgen. Das *Abrufrisiko* umfasst die Auswirkungen, die sich aus einem dem Zeitpunkt oder der Höhe nach unplanmäßigen Abruf von Einlagen oder einer unplanmäßigen Inanspruchnahme von Kreditzusagen ergeben.[25] Unter dem *Liquiditätsanspannungsrisiko* wird einerseits das Risiko verstanden, aufgrund von Marktschwierigkeiten Anschlussfinanzierungen nicht oder nur zu ungünstigen Konditionen abschließen zu können (sog. *Refinanzierungsrisiko*). Andererseits gehört dazu das sogenannte objektbezogene Risiko, d. h. das Risiko, Vermögensgegenstände nicht oder nur zu ungünstigen Konditionen am Markt liquidieren zu können (sog. *Marktliquiditätsrisiko*).

Neben diesen originären Liquiditätsrisiken können auch *derivative Liquiditätsrisiken* Auswirkungen auf die Liquiditätssituation haben. Derivative Liquiditätsrisiken sind solche, die sich als mittelbare Folge von Erfolgsrisiken ergeben. Zu diesen *liquiditätswirksamen Erfolgsrisiken* gehören das *Kreditrisiko*, das *Zinsänderungsrisiko*, das *Marktpreisrisiko* und das *operationelle Risiko*. Der Zusammenhang zwischen Erfolgsrisiken und den davon abgeleiteten Liquiditätsrisiken soll an einem Beispiel veranschaulicht werden: Übersieht das Kundenforderungsmanagement einer Bank, dass eine Kreditforderung fällig ist und der Kunde zur Rückzahlung aufzufordern ist, verwirklicht sich damit ein operationelles Risiko. Das operationelle Risiko kann sich unter bestimmten Bedingungen auf den Erfolg auswirken, da diese Mittel nicht zu einer optimalen Kapitalbindung, z. B. in Form von Neugeschäften, verwendet werden können (eventuell höhere Zinssätze, fixe Vertragslaufzeit etc.). Eine optimale Kapitalbindung hätte einen positiven Effekt auf den Jahresüberschuss des Unternehmens. Zugleich wird dadurch, dass der Zahlungszufluss aus der Tilgungszahlung nicht realisiert wird, die Liquiditätsposition der Bank berührt. Denn mit den nicht realisierten Einzahlungen können nun keine geplanten Auszahlungen mehr gedeckt werden. Damit wird aus dem operationellen Risiko ein Risiko für die Liquidität.

25 *Schierenbeck*, Ertragsorientiertes Bankmanagement, Bd. 2, S. 512.

c) Steuerung des Liquiditätsrisikos und Steuerung des Überschuldungsrisikos

Aus der Perspektive der betriebswirtschaftlichen Risikosteuerung sowie aus rechtlicher Perspektive ist zwischen dem Liquiditätsrisiko und dem soeben erwähnten Erfolgsrisiko zu unterscheiden. Mit dem Erfolgsrisiko wird die Möglichkeit negativer Zielabweichungen des tatsächlichen Ertrages von einem geplanten Ertrag einer bestimmten Maßnahme bzw. eines Unternehmens beschrieben. Negative Zielabweichungen mindern den Jahresüberschuss oder begründen bzw. verstärken einen Jahresfehlbetrag, wodurch sich das Eigenkapital der Gesellschaft verringert. Werden die bestehenden Verbindlichkeiten nicht mehr von Vermögen des Unternehmens gedeckt, tritt Überschuldung ein. Um festzustellen, ob Überschuldung vorliegt, wird – vereinfacht gesagt – das gesamte Vermögen und die gesamten Verbindlichkeiten des Unternehmens mittels einer sogenannten Überschuldungsbilanz bzw. eines sogenannten Überschuldungsstatus einander gegenübergestellt werden.[26] Sofern nicht eine positive Fortführungsprognose gestellt werden kann, führt die Überschuldung zur Insolvenz des Schuldners (vgl. § 19 InsO). Hingegen wird zur Feststellung der Zahlungsfähigkeit danach gefragt, ob der Schuldner seine fälligen Zahlungsverpflichtungen termingerecht und betragsgenau erfüllen kann.[27]

Das Risiko der Überschuldung und das Liquiditätsrisiko fallen häufig zusammen, jedoch gibt es auch Situationen, in denen das Liquiditätsrisiko schlagend wird, ohne dass zugleich das Überschuldungsrisiko berührt wird. Dazu ein Beispiel:[28] Eine Gesellschaft schuldet einen Betrag von 100. Die Gesellschaft hat ihrerseits gegen einen Dritten eine Forderung in Höhe von 100 aus einem Warenverkauf auf Ziel, die zum selben Zeitpunkt fällig ist. Wird der Dritte insolvent, kann dieser Umstand sowohl die Überschuldung der Gesellschaft auslösen (sofern kein weiteres Vermögen vorhanden ist) als auch deren Zahlungsunfähigkeit. Ist der Dritte dagegen solvent, bestreitet er aber die Forderung der Gesellschaft (ohne dass die Gesellschaft die Forderung abschreiben muss), so verwirklicht sich nur das Liquiditätsrisiko, nicht aber das Risiko der Überschuldung. Denn während die Forderung gegen den Dritten die Verbindlichkeit der Gesellschaft bilanziell deckt, kann mangels Liquidierbarkeit der nicht termingerechte Zahlungsmittelzufluss den tatsächlichen Zahlungsmittelabfluss nicht ausgleichen.

Werden die Wirkungszusammenhänge dieses Beispiels abstrahiert, wird deutlich, warum das Risiko der Zahlungsunfähigkeit einerseits und das Risiko der Überschuldung andererseits unterschiedlich gesteuert werden müssen: Bewegungen auf der Erfolgsebene einerseits und Bewegungen auf der Zahlungsstromebene andererseits

26 *Mönning*, in: Nerlich/Römermann, Insolvenzordnung, § 19 Rn. 31; *Uhlenbruck/Gundlach*, in: Gottwald, Insolvenzrechts-Hdb, § 6 Rn. 44.

27 BGH NJW 1962, 102 (103); *Mönning*, in: Nerlich/Römermann, Insolvenzordnung, § 17 Rn. 12; *Uhlenbruck*, in: Uhlenbruck, Insolvenzordnung, § 17 Rn. 4; *Uhlenbruck*, in: Uhlenbruck, Insolvenzordnung, § 17 Rn. 4.

28 Nach *Baums*, ZGR 2011, 218 (258).

fallen zeitlich häufig auseinander:[29] Während im Beispiel die Forderung der Gesellschaft gegen den Dritten ab dem Zeitpunkt der Fakturierung auf Erfolgsebene als Ertrag gebucht werden konnte, steht die für die Liquiditätsebene entscheidende Zahlungsbewegung noch aus. Die Bewertung desselben betrieblichen Prozesses (hier: der Warenverkauf über 100) kann mithin kontrovers ausfallen und ist davon abhängig, ob die unternehmerische Entscheidung aus erfolgswirtschaftlicher Perspektive oder aus der Perspektive der Liquiditätssicherung getroffen wird.

Daraus ergeben sich unterschiedliche Regelungsmechanismen: Die Erfolgsrisikosteuerung orientiert sich an *Bilanzgrößen*, d.h. sie nimmt potentielle negative Abweichungen der tatsächlichen von den geplanten Gesamterträgen der Gesellschaft in den Blick und setzt diese in ein Verhältnis zum vorhandenen Eigenkapital. Das Eigenkapital hat dabei die Funktion eines Verlustpuffers. Je größer der Verlustpuffer in Relation zu den eingegangen Erfolgsrisiken ist, desto höher ist die Risikotragfähigkeit.

Die Liquiditätsrisikosteuerung ist dagegen *zahlungsstromorientiert*, d.h. dort werden nach Anfallzeitpunkt und Höhe zu prognostizierende Mittelzu- und -abflüsse für bestimmte Perioden einander gegenübergestellt. Das Risiko unerwarteter Zahlungsstromabweichungen wird durch verschiedene Maßnahmen vermindert, wozu insbesondere das Vorhalten einer Liquiditätsreserve gilt.

Die vorliegende Untersuchung konzentriert sich auf die Steuerung originärer Liquiditätsrisiken. Bankaufsichtsrechtliche Regelungen und betriebswirtschaftliche Mechanismen, die die Steuerung liquiditätswirksamer Erfolgsrisiken zum Gegenstand haben, werden insoweit dargestellt, als es für das Verständnis oder einzelne Rechtsfragen erforderlich ist.

d) Dispositives und strukturelles Liquiditätsrisiko

In zeitlicher Hinsicht wird in der Betriebswirtschaft zwischen *dispositivem* und *strukturellem Liquiditätsrisiko* unterschieden.[30]

Das dispositive Liquiditätsrisiko fragt danach, in welcher Höhe und mit welcher Wahrscheinlichkeit die kurzfristig zu erwartenden Zahlungseingänge von den Zahlungsausgängen abweichen können. Die Steuerung des kurzfristigen Liquiditätsrisikos erfolgt zahlungsstrombezogen. Demgegenüber will die Steuerung des strukturellen Liquiditätsrisikos die langfristige Zahlungsfähigkeit sicherstellen, indem auf eine ausgeglichene bzw. stabile Kapitalstruktur des Unternehmens geachtet wird.

Im Mittelpunkt dieser Untersuchung steht die Steuerung des dispositiven Liquiditätsrisikos.[31] Über den Zeitraum, der von der Steuerung des kurzfristigen Liquiditätsrisikos umfasst wird, lassen sich nur allgemeine Aussagen treffen, da die

29 *Witte*, Finanzplanung und Unternehmung, S. 18 ff.

30 *Pohl*, Liquiditätsrisiko-Management in Banken, S. 7.

31 Wenn im Folgenden der Begriff des Liquiditätsrisikos gebraucht wird, ist damit das dispositive Liquiditätsrisiko gemeint.

Ausgestaltung von den Besonderheiten des jeweiligen Unternehmens und seines Geschäftsmodells abhängen. Die zahlungsstrombasierte Steuerung umfasst üblicherweise einen Zeitraum von einem Jahr. Der darüberhinausgehende Planungshorizont wird von der langfristigen Liquiditätsplanung abgedeckt.

Bevor die bankaufsichtsrechtlichen und aktienrechtlichen Pflichten im Umgang mit dem dispositiven Liquiditätsrisiko betrachtet werden, soll im folgenden Kapitel ein Überblick über die betriebswirtschaftlichen Steuerungskonzepte für das dispositive Liquiditätsrisiko gegeben werden. Die betriebswirtschaftlichen Steuerungsinstrumente für das strukturelle Liquiditätsrisiko werden insoweit dargestellt, als es für das Verständnis der Steuerung des dispositiven Liquiditätsrisikos von Bedeutung ist.

II. Betriebswirtschaftliche Liquiditätsrisikosteuerung

1. Allgemeine Charakteristika und Funktion der betriebswirtschaftlichen Liquiditätsrisikosteuerung

Üblicherweise werden Risikosteuerungsinstrumente funktionell danach geordnet, ob sie der Phase der Identifikation, Messung oder Bewältigung des Risikos dienen. Für den Teilbereich des Liquiditätsrisikos bietet sich darüber hinaus eine sachliche Einteilung der Maßnahmen in zwei grundlegende Teilbereiche an: die Finanzplanung und die Liquiditätsrisikosteuerung im engeren Sinne.[32] Dabei handelt es sich nicht um eine dichotomische Abgrenzung von zwei in der Unternehmenspraxis selbständigen Bereichen, sondern um eine gedankliche Unterscheidung zwischen Maßnahmen, die einerseits der Koordination erwarteter, geschätzter Zahlungsströme zugeordnet werden können (sog. *Finanzplanung*), und andererseits solchen, die sich gezielt mit der Steuerung und Bewältigung von unerwarteten Abweichungen dieser Zahlungsströme z.B. in Form von Liquiditätsreserven beschäftigen (sog. *Liquiditätsrisikosteuerung im engeren Sinn*). Beide Bereiche sind der Liquiditätsrisikosteuerung in einem weiter gefassten Sinne zuzuordnen, weil sowohl der Finanzplan als auch die Liquiditätsrisikosteuerung im engeren Sinn der Bewältigung von unsicheren, in der Zukunft liegenden Zahlungsströmen dienen, die die Zahlungsfähigkeit gefährden.[33]

Branchenunabhängig ist das Management von Liquiditätsrisiken deshalb erforderlich, weil die Sicherstellung jederzeitiger Zahlungsfähigkeit eine Existenzbedingung für jedes Unternehmen ist.[34] Als mindestens ebenso wichtig ist es für die (Bank-) Betriebswirtschaftslehre, das Liquiditätsrisiko aber aus dem Blickwinkel der Erfolgswirksamkeit zu betrachten. Danach stellt das Liquiditätsrisiko eine erfolgswirksame Größe dar, d.h. das Risiko negativer Abweichung der Zahlungsströme wird von

32 Vgl. *Bonn*, Finanzplanbasierte Liquiditätsrisikosteuerung, S. 106 f.

33 Wenn im Folgenden der Begriff Liquiditätsrisikosteuerung verwendet wird, ist damit die Liquiditätsrisikosteuerung im weiteren Sinn gemeint.

34 Vgl. B.I.2.

dessen negativer Auswirkung auf die Erfolgsrechnung betrachtet. Man spricht in diesem Zusammenhang auch vom *erfolgswirksamen Liquiditätsrisiko*[35]. So gesehen dient die Identifikation, Messung und Steuerung der Liquidität einer unter Erfolgsgesichtspunkten optimalen Allokation von Zahlungsmitteln, denn jede ungünstige Allokation wirkt sich negativ auf den Unternehmenserfolg aus:[36] Beispielsweise könnte der Teil eines Kassenbestandes, der nicht zur Absicherung des dispositiven Liquiditätsrisikos benötigt wird, aber trotzdem der Liquiditätsreserve vorbehalten ist, gewinnbringend in einem Anlage- oder Investitionsprojekt eingesetzt werden. Muss aufgrund eines unvorhergesehenen Zahlungsmittelbedarfes eine außerplanmäßige Notliquidation von Vermögenswerten durchgeführt werden, können die Vermögenswerte in dieser Situation häufig nur mit erheblichen Preisabschlägen am Markt liquidiert werden, was sich ebenfalls negativ auf die Erfolgsrechnung des Unternehmens auswirkt. Diese Beispiele deuten an, dass es ein Bedürfnis für die Quantifizierung des Liquiditätsrisikos gibt, um den Zustand einer Über- oder Unterliquidität zu vermeiden.

Zudem steht aus betriebswirtschaftlicher Sicht ein weiteres Ziel im Fokus der Liquiditätsrisikosteuerung: Liquidität bedeutet auch die Fähigkeit, Zahlungsmittel so rechtzeitig und in einem Umfang zur Verfügung zu haben, dass der betriebliche Prozess ungestört fortgesetzt werden kann und das finanzielle Gleichgewicht erhalten bleibt. Zu den betrieblichen Prozessen gehört auch die Wahrnehmung von sich bietenden Gewinnchancen, die regelmäßig Investitionen erfordern. Liquidität bedeutet also auch die Fähigkeit, für diese Zwecke ausreichende Zahlungsmittel bereitzuhalten.[37]

Der Schwerpunkt dieser Untersuchung liegt auf der Darstellung der existenzsichernden Funktion des Liquiditätsrisikosteuerung. Ertragsbezogene Steuerungsgesichtspunkte werden dann angesprochen, wenn es für das Gesamtverständnis der Liquiditätsrisikosteuerung erforderlich ist oder einzelfallbezogen beispielsweise bei der Frage nach einer optimalen Liquiditätsreserve.

Im Folgenden werden typische betriebswirtschaftliche Instrumente der Liquiditätsrisikosteuerung dargestellt. Dabei wird auf die Verhältnisse und Notwendigkeiten eines Industrie- oder Handelsunternehmens abgestellt. Dort, wo es für das Verständnis erforderlich ist, wird auf bankbetriebswirtschaftliche Spezifika der Liquiditätssteuerung eingegangen.

2. Finanzplanung

Im Mittelpunkt der Liquiditätssicherung eines Unternehmens stehen Prognosen über die zukünftige Liquidität, die im Rahmen einer vorausschauenden Planrechnung, der sog. *Finanzplanung*, erfolgen. Die Finanzplanung wird als systematisches Schätzen und Vorausberechnen der künftigen finanziellen Lage eines Unternehmens sowie als gedankliche Vorwegnahme von Finanzierungsmaßnahmen unter

35 Vgl. etwa *Schierenbeck*, Ertragsorientiertes Bankmanagement, Bd. 2, S. 515.
36 *Schierenbeck/Wöhle*, Grundzüge der Betriebswirtschaftslehre, S. 568 ff.
37 *Franke/Hax*, Finanzwirtschaft des Unternehmens, S. 16.

Berücksichtigung der Ziele des Unternehmens definiert.[38] Grundsätzlich unterscheiden die ökonomischen Ansätze zwischen einer kurz- und mittelfristigen sowie einer langfristigen Finanzplanung. Während im Mittelpunkt der kurz- und mittelfristigen Finanzplanung die Erfassung von Ein- und Auszahlungen (Zahlungsströme) steht, wird im Rahmen der langfristigen Planung anhand von bilanziellen Größen ein geplanter Kapitalbedarf der verfügbaren Kapitaldeckung gegenübergestellt und auf diesem Wege indirekt eine Aussagen über die zukünftigen Zahlungsströme getroffen.[39]

Weil im Mittelpunkt der vorliegenden Untersuchung die Steuerung des dispositiven Liquiditätsrisikos liegt, werden die langfristigen, bilanzorientieren Steuerungsinstrumente nur insoweit dargestellt, als es zum Verständnis der Steuerung des dispositiven Liquiditätsrisikos und der bankrechtlichen Ansätze von Bedeutung ist.

a) Täglicher Liquiditätsstatus

Mittels eines täglichen Liquiditätsstatus wird die situative Liquidität eines Unternehmens, d.h. die Zahlungsfähigkeit am gegenwärtigen Betrachtungstag, festgestellt.[40] Durch eine Gegenüberstellung der an diesem Tag erwarteten Einzahlungen und zu leistenden Auszahlungen und unter Berücksichtigung des Zahlungsmittelendbestandes des Vortags wird die aktuelle Zahlungskraft des Unternehmens ermittelt. Die erforderlichen Daten können aus den vorhandenen Ist-Größen der Buchhaltung ermittelt werden. Dabei erfolgt die Prognose unsicherer entscheidungsautonomer Einzahlungen, wie beispielsweise Umsatzeinzahlungen, mithilfe einer Reihe statistisch-formaler und subjektiv-pragmatischer Prognosemethoden.[41]

Wird ein Zahlungsmitteldefizit festgestellt, so wird auf der Basis des täglichen Liquiditätsstatus über Gegenmaßnahmen zur Beseitigung des Zahlungsmitteldefizits entschieden.[42] Um die Entscheidungsfindung bezüglich möglicher und angemessener Gegenmaßnahmen zu erleichtern, sollte die Gegenüberstellung bestimmte Informationen über die Charakteristika der Zahlungsströme enthalten. Beispielsweise ist es förderlich, wenn liquide Mittel nicht nur als aggregierter Betrag, sondern nach Kassenbeständen und Sichtguthaben bei Banken getrennt ausgewiesen werden und Auszahlungen nach fälligen und noch nicht fälligen unterschieden werden.[43] Als Gegenmaßnahmen im Rahmen der täglichen Liquiditätsdisposition kommen insbesondere das Verschieben geplanter, aber noch nicht fälliger Auszahlungen oder die Inanspruchnahme von Kontokorrentkrediten in Frage.

---

38 *Lachnit*, in: HdWb Bank- und Finanzwesen, S. 887.
39 *Perridon/Steiner/Rathgeber*, Finanzwirtschaft der Unternehmung, S. 639 f.
40 *Matschke/Hering/Klingelhöfer*, Finanzanalyse und Finanzplanung, S. 144 f.; *Witte*, Finanzplanung und Unternehmung, S. 38.
41 Diese Prognosemethoden werden unter B.I.2(2)(i) eingehend dargestellt.
42 *Bonn*, Finanzplanbasierte Messung und Steuerung des Liquiditätsrisikos, S. 61.
43 *Bonn*, Finanzplanbasierte Messung und Steuerung des Liquiditätsrisikos, S. 63.

b) *Kurz- und mittelfristige Finanzplanung*

(1) *Konzepte kurz- und mittelfristiger Finanzpläne*

Das Ziel eines täglichen Liquiditätsstatus ist es, die gegenwärtige, situative Zahlungsfähigkeit sicherzustellen. Da etwaige Maßnahmen zum Erkennen und Beseitigen von Zahlungsmitteldefiziten im Laufe des Betrachtungstages erfolgen müssen, ist die Zeitspanne für Gegenmaßnahmen kurz. Dementsprechend sind die Handlungsalternativen zur Sicherung der Zahlungsfähigkeit äußerst begrenzt. Insbesondere wird die Aufnahme zusätzlicher Fremd- und Eigenmittel untertägig nicht oder nur in sehr eingeschränktem Maße möglich sein, falls die Liquiditätsreserve (wie z. B. die Ausnutzung eines Kontokorrentkredits oder die Nutzung vorhandener Bargeldbestände) nicht ausreicht.[44] Auch können mithilfe des täglichen Liquiditätsstatus keine planerischen Aussagen getroffen werden, wie lange die zur Deckung eines Zahlungsmitteldefizits erforderlichen Mittel gebraucht werden.[45] Aus diesen Gründen wird der tägliche Liquiditätsstatus um eine kurzfristige Finanzplanung ergänzt. In der allgemeinen Betriebswirtschaft und der Bankbetriebswirtschaft[46] wird zwischen verschiedenen Ausprägungen von kurzfristigen Finanzplänen unterschieden.[47] Äußerlich unterscheiden sich diese zum einen im Hinblick auf ihren Planungshorizont und zum anderen bezüglich der gewählten Planungseinheit. In der Sache unterscheiden sie sich dadurch, dass die Ein- und Auszahlungen in

---

44 *Walz/Gramlich*, Investitions- und Finanzplanung, S. 223.

45 *Bonn*, Finanzplanbasierte Messung und Steuerung des Liquiditätsrisikos, S. 68 mwN.

46 In der bankbetrieblichen Praxis entspricht den Finanzplänen zur Steuerung des dispositiven Liquiditätsrisikos mit gewissen Einschränkungen die sog. *Liquiditätsablaufbilanz* bzw. *GAP-Analyse*. Anhand einer Liquiditätsablaufbilanz sollen etwaige Liquiditätsunter- oder -überdeckungen (sog. *Gaps*) ermittelt werden, die sich aus den Zahlungsströmen eines Bankinstitutes innerhalb verschiedener Untersuchungszeiträume (sog. *Laufzeitbänder*) ergeben. Die Ausgestaltung der Liquiditätsablaufbilanz erfolgt institutsspezifisch und ist auf die jeweilige Art und den Umfang der Zahlungsströme des Bankinstituts zugeschnitten. Das Grundmodell einer Liquiditätsablaufbilanz sieht vor, dass Aktiva und Passiva nach ihrem Zu- und Abflusszeitpunkt in verschiedene Laufzeitbänder eingeordnet und gegenübergestellt werden. Die Zuordnung in das jeweilige Laufzeitband erfolgt entweder mittels der vertraglichen Kapitalbindung oder bei Fehlen einer solchen mittels der ökonomischen Laufzeit, die sich auf statistische Daten oder Experteneinschätzungen stützt. Darin liegt eine wesentliche Schwachstelle einer Liquiditätsablaufbilanz bzw. einer GAP-Analyse, denn anders als bei stochastischen Analyseverfahren werden keine Aussagen zur Eintrittswahrscheinlichkeit einer Liquiditätslücke getroffen. Diesem Mangel wird mithilfe stochastischer Ansätze, wie dem sog. Liquidity at Risk-Ansatz (siehe B.II.2(2)), begegnet (vgl. *Ludwig*, Liquiditätsrisikosteuerung unter Berücksichtigung der weiterentwickelten bankaufsichtsrechtlichen Regelungen, Corporate Finance biz 2010, 347 (350); vertiefend: *Pohl*, Ertragsorientierte Steuerung des Liquiditätsrisikos, S. 77 ff.).

47 *Lachnit*, in: HdWb Bank- und Finanzwesen, S. 887 f.

unterschiedlichen Aggregationsstufen erfasst und in die Planung eingestellt werden. Zur Aufrechterhaltung der Liquidität ist es ideal, den Saldo zwischen Ein- und Auszahlungen tagesgenau für einen beliebigen Planungshorizont bestimmen zu können. Da mit zunehmendem Planungshorizont die Erfassungsgenauigkeit der Zahlungsströme abnimmt, werden weiter in der Zukunft liegende Zahlungsströme stärker aggregiert dargestellt werden. Für diese Zeiträume wird die Liquidität nicht mehr tagesgenau, sondern durchschnittlich sichergestellt. Man spricht von der sogenannten *Periodenliquidität*[48].

Die Wahl des Planungshorizontes und der richtigen Planungseinheit hängt von der Branche und den Besonderheiten, dem Umfang und dem Risikoprofil des operativen Geschäftes des jeweiligen Unternehmens ab.[49] In der Praxis hat der kurzfristige Finanzplan einen Planungshorizont von höchstens einem Jahr.[50] In Bezug auf die Planungseinheiten hat die folgende Einteilung exemplarischen Charakter:[51] Die *tagesgenaue Liquiditätsvorschau* plant für die ersten vier Wochen einen tagesgenauen Ausweis der Liquidität. Ab der fünften Woche bis zur 20. Woche wird durch eine *wochengenaue Planung* die Periodenliquidität für die jeweilige Woche bestimmt. Die *monatsgenaue Planung* bestimmt für die 21. Woche bis zur 52. Woche die Periodenliquidität für den jeweiligen Monat. Diese Planungsperioden müssen im Wege einer sogenannten *rollierenden Planung*[52] fortgeschrieben werden. Das bedeutet, dass der Finanzplan jeweils nach Ablauf eines Monats neu aufgestellt werden muss. Die Monate zwei bis zwölf des alten Plans bilden nun die Monate eins bis elf des neuen Plans, der um einen weiteren Monat ergänzt wird. Ebenso ist die tagesgenaue Vorschauplanung fortzuschreiben.

(2) Prozess der kurz- und mittelfristigen Finanzplanung

Der kurzfristigen Finanzplanung liegt ein Planungsprozess zugrunde, der in die Phasen Planerstellung, Planausgleich, Planfeststellung, Plankontrolle und -änderung unterteilt werden kann.[53]

(i) Erstellung eines Finanzplans; Planungsgrundsätze

Zunächst wird ein sog. *Finanzplan* erstellt. Die Grundstruktur eines Finanzplanes sieht vor, dass zunächst die geplanten Ein- und Auszahlungen unter Berücksichtigung des (Plan-)Anfangsbestandes gegenübergestellt werden, um für die jeweilige Planungsperiode den geplanten Endbestand zu ermitteln, der entweder

---

48 *Zunk*, Finanz Betrieb 2000, 557 (561).
49 *Zunk*, Finanz Betrieb 2000, 557 (561).
50 *Bonn*, Finanzplanbasierte Messung und Steuerung des Liquiditätsrisikos, S. 69 mwN.
51 *Walz/Gramlich*, Investitions- und Finanzplanung, S. 234 f.
52 *Franke/Hax*, Finanzwirtschaft des Unternehmens, S. 128.
53 *Lachnit*, Finanzplanung, in: HdWb Bank- und Finanzwesen, S. 887 (898); *Bonn*, Finanzplanbasierte Steuerung des Liquiditätsrisikos, S. 77 ff.

in der Form eines Zahlungsmittelüberschusses oder eines -fehlbetrags vorliegt.[54] Für jede Planteilperiode des Planungszeitraumes werden vom Anfangsbestand an Zahlungsmitteln zu Beginn der Planungsteilperiode die geplanten Einzahlungen hinzugezogen und die geplanten Auszahlungen abgezogen. Ergebnis ist der Bestand an Zahlungsmitteln am Ende der Planungsperiode. Ergibt die Saldierung einen Zahlungsmittelüberschuss oder einen -fehlbetrag müssen Ausgleichsmaßnahmen in Betracht gezogen werden.

Die Erstellung des Finanzplanes orientiert sich an fünf Planungsgrundsätzen:[55] Nach dem *Grundsatz der Vollständigkeit* ist jede in einer Planperiode anfallende Ein- und Auszahlung zu erfassen, die das Unternehmen betreffen. Zudem ist der Finanzmittelbestand zu ermitteln. Der *Grundsatz der Genauigkeit* fordert, dass die Ein- und Auszahlungen sowohl in zeitlicher Hinsicht als auch der Höhe nach genau bestimmt werden müssen, denn nur dann können Ungleichgewichte umfassend erkannt werden. Nach dem *Grundsatz des Bruttoausweises* sind alle Zahlungen unsaldiert zu erfassen, d.h. Ein- und Auszahlungen dürfen nicht miteinander verrechnet werden. Dahinter steht die Überlegung, dass eine Erhöhung der Transparenz der Zahlungsströme die Analyse von festgestellten Abweichungen erleichtert. Der *Grundsatz der Wirtschaftlichkeit* verlangt, dass Kosten und Nutzen des für die Planung betriebenen Aufwandes abgewogen werden müssen. Kurzgesagt muss die Genauigkeit der Zahlungsstromerfassung nicht um jeden Preis verbessert werden. Die Beschaffung weiterer Informationen findet dort ihre Grenze, wo der Grenznutzen der zusätzlichen Information die Grenzkosten der Informationsbeschaffung übersteigt.[56] Der *Grundsatz der Kontinuität* soll gewährleisten, dass die Finanzplanung zum einen lückenlos ist und zum anderen nicht nur situationsbezogen, z.B. bei einem finanziellen Engpass, erfolgt.

Grundlage der Planung sind die Zahlungsvorgänge, die in anderen betrieblichen Teilplänen festgelegt werden. Dies sind zum einen die dem erfolgswirtschaftlichen Bereich zuzuordnenden Teilpläne, d.h. der Beschaffungsplan, der Personal- und der Investitionsplan sowie vor allem der Absatz- und Umsatzplan.[57] Zum anderen sind den finanzwirtschaftlichen Teilplänen Informationen über künftige Zahlungsströme zu entnehmen. Zu den finanzwirtschaftlichen Teilplänen gehören u.a. Finanzierungspläne, Tilgungs- und Zinspläne, Steuerpläne sowie Verträge, in denen Zahlungsströme nach Betrag und Zeitpunkt festgelegt sind.[58] Schließlich müssen in die kurzfristige Planung die Zahlungsströme einfließen, die in der langfristigen Planung durch den sog. Kapitalbindungsplan festgelegt worden sind.[59] Eine der wichtigsten Informationsquellen ist die Finanzbuchhaltung.

---

54 *Wöhe*, Einführung in die Allgemeine Betriebswirtschaftslehre, S. 538 ff.

55 *Bieg*, Der Steuerberater 1999, 425 (426); *Krümmel*, Zeitschrift für Betriebswirtschaft 1964, 225 (228 ff.).

56 *Bieg*, Finanzwirtschaftliche Entscheidungen, S. 4.

57 *Witte*, Finanzplanung und Unternehmung, S. 64 f.

58 *Bonn*, Finanzplanbasierte Steuerung des Liquiditätsrisikos, S. 81.

59 Vgl. A.I.1.d).

Vor allem aus den erfolgswirtschaftlichen Teilplänen lassen sich häufig nicht unmittelbar Plan-Daten über Zahlungsströme ablesen, da diese aus Daten der Mengen- oder Wertebene bestehen. Die sich aus den geplanten Mengen oder Werten ergebenden Zahlungsströme sind entweder auf der Basis der Daten früherer Mengen oder Werte und den damit korrespondierenden Zahlungsströmen zu ermitteln, die mittels geeigneter Prognosen für die Zukunft fortgeschrieben werden. Oder diese Zahlungsströme müssen mittels Prognoseverfahren geschätzt werden, wenn entsprechende Daten nicht vorhanden sind. Bei der Prognose wird entweder auf *subjektiv-pragmatische* oder auf *statistisch-formale* Methoden zurückgegriffen.[60] Die Auswahl der geeigneten Prognosemethode orientiert sich zum einen an heuristischen Merkmalen, d.h. solchen, die sich aus den Charakteristika des zu prognostizierenden Zahlungsstroms selbst ergeben, zum anderen an statistischen Merkmalen, d.h. einer statistisch untermauerten Beurteilung der Geeignetheit der Prognosemethode und schließlich ökonomischen Merkmalen, die die Wirtschaftlichkeit der Prognosemethode betreffen.[61]

(a) Gegenstand der Prognose: Entscheidungsautonome Zahlungsströme

Die mit der Prognose zukünftiger Zahlungsströme verbundenen planerischen Unsicherheiten ergeben sich in erster Linie in Bezug auf entscheidungsautonome Zahlungsströme. Als solche gelten alle Zahlungsströme, deren Zeitpunkt und Höhe nicht vom Unternehmen beeinflusst werden kann, sondern vom Verhalten anderer abhängen.[62] Als praktisch bedeutsamste Gruppe entscheidungsautonomer Einzahlungen gelten die Plan-Einzahlungen aus der Umsatzplanung, deren Höhe und Zeitpunkt im Wesentlichen durch das Verhalten der Kunden bestimmt wird. Die aus dem Verkauf von Waren bzw. der Erbringung von Dienstleistungen resultierenden Umsätze sollen in der kurzfristigen Finanzplanung nur insoweit erfasst werden, als sich daraus in der Planungsperiode voraussichtlich liquiditätswirksame

---

60 *Bonn*, Finanzplanbasierte Steuerung des Liquiditätsrisikos, S. 84; ausdrücklich für die Anwendung subjektiv-pragmatischer Methoden zur Ermittlung kurz- und mittelfristiger Prognosegrößen *Hansmann*, in: Köhler/Küpper/Pfingsten, HdWb Betriebswirtschaft, S. 1481 (1490). Die Arten von Prognosemethoden werden in der betriebswissenschaftlichen Literatur unterschiedlich bezeichnet: So werden die subjektiv-pragmatischen Modelle auch als *qualitative* Methoden und die statistisch-formalen als *quantitative* Methoden bezeichnet (vgl. *Emde*, in: HdWb der Planung, S. 1645 ff.). Für eine guten Überblick der verschiedenen Prognosetechniken siehe *Brockhoff*, Prognosen, S. 785 ff. sowie *Barth*, controller magazin 1984, S. 113 ff. und S. 175 ff.

61 *Brockhoff*, Prognosen, S. 793 ff.

62 Einer engeren, funktionellen Definition folgend *Glaser*, Liquiditätsreserven und Zielfunktionen, S. 21, der als entscheidungsautonom nur solche Zahlungen ansieht, die von der Finanzleitung durch finanzwirtschaftliche Maßnahmen nicht beeinflusst werden können; durch andere betriebliche Teilpläne vorgegebene Zahlungsströme werden als für die Finanzplanung determiniert angesehen.

Einzahlungen ergeben. Der bloße Umstand, dass Forderungen gegenüber Kunden aus unbaren Verkäufen oder der unbaren Erbringung von Dienstleistungen in bestimmter Höhe bestehen, soll demgegenüber für sich allein nicht berücksichtigt werden.[63] Stattdessen ist eine Prognose erforderlich, wann und in welchem Umfang diese Umsatzforderungen tatsächlich zu Einzahlungen werden.

Demgegenüber ist der überwiegende Teil der Auszahlungen der Höhe und dem Zeitpunkt nach für die Planungsperiode weitestgehend (vertraglich) determiniert oder kann vom Unternehmen beeinflusst werden. Hierbei ist zu beachten, dass dies desto eher zutrifft, je weniger weit der Planungshorizont ist. Zu diesen Auszahlungen gehören fällige Lohn- und Gehaltszahlungen, Zins- und Tilgungszahlungen für Kredite, Sachkosten und Materialkosten. Zu beachten ist jedoch, dass die Erhöhung z.B. der Material- und Fremdkapitalkosten infolge einer nachteiligen Zins-, Währungs- oder Rohstoffpreisentwicklung zu autonomen Auszahlungen führen kann. Ebenso kann die Zahlung von Schadensersatz oder für die Beseitigung von Altlasten autonome Auszahlungen darstellen, soweit diese nicht aufgrund vorhergehender Entscheidungen oder Prozesse als für die jeweilige Planungsperiode determiniert anzusehen sind.

(b) Prognose mithilfe statistisch-formaler Methoden

Statistisch-formale Methoden sind dadurch gekennzeichnet, dass der Prognoseprozess aufgrund mathematischer Formalisierung auch von Dritten nachvollzogen und überprüft werden kann.[64] Die Betriebswissenschaft unterscheidet zwischen extrapolierenden und kausalen Methoden. *Extrapolierende Methoden* sind dadurch charakterisiert, dass sie die zu prognostizierenden (autonomen) Zahlungsströme auf der Basis von Vergangenheitswerten, die für den jeweiligen Zahlungsstrom vorliegen (sog. *Zeitreihe*), für die Zukunft fortschreiben.[65] Einer solchen Extrapolation liegt die Annahme zugrunde, dass sich die Bedingungen, unter denen die Vergangenheitswerte entstanden sind, in Zukunft nicht verändern werden.[66] Kausale Methoden dagegen versuchen, neu eintretende Ereignisse in der Prognose von Zahlungsströmen zu berücksichtigen.

Eine vergleichsweise einfache und in der Praxis weit verbreitete extrapolierende Methode zur Prognose von Einzahlungen aus dem Umsatzbereich basiert auf der Errechnung *durchschnittlicher Debitorenlaufzeiten*.[67] Dazu wird für eine geeignete Betrachtungsperiode[68] der folgende Quotient gebildet: Netto-Kundenforderungen

63 *Erichsen*, Controlling-Instrumente, S. 111.

64 *Emde*, in: HdWb der Planung, S. 1647.

65 *Bonn*, Finanzplanbasierte Messung und Steuerung des Liquiditätsrisikos, S. 86.

66 *Hansmann*, Betriebswirtschaftliche Forschung und Praxis 1995, 269 (273 f.).

67 *Erichsen*, Controlling-Instrumente, S. 113.

68 Neben der Berechnung des einfachen Mittelwertes bietet sich vor allem die Berechnung sog. *gleitender Mittelwerte* an. Dabei wird die Betrachtungsperiode parallel zum Prognosezeitraum nach vorn verschoben. Das führt dazu, dass die Berechnung

multipliziert mit dem Zeitraum zwischen Rechnungsstellung und tatsächlichem Zahlungseingang geteilt durch den Periodenumsatz. Auch diese Methode geht vom Vorliegen konstanter Verhältnisse (hier: das Zahlungsverhalten der Kunden) aus.

Im Unterschied zu den extrapolierenden Methoden versuchen *kausale Methoden* neu eintretende Ereignisse in der Prognose der Zahlungsströme zu berücksichtigen. Dazu ist erforderlich, die Ursachen der Zahlungsströme zu analysieren. Eine weit verbreitete kausale Methode ist die Prognose mithilfe von sogenannten *Verweilzeitverteilungen*[69]. Eine Verweilzeitverteilung ermittelt, wie lange eine bestimmte Position, z.B. eine Umsatzforderung, braucht, um in eine zahlungswirksame Position, z.B. eine Einzahlung, überzugehen, indem der Übergangsprozess sachlich und zeitlich in seine betrieblichen Teilprozesse (wie z.B. Rechnungsstellung, Forderungsmanagement, Buchung) zerlegt wird. Dafür sind für jeden Teilprozess empirisch-statistische Untersuchungen notwendig, die zu einer mathematischen Gesetzmäßigkeit (sog. *Übergangsfunktion*) verdichtet werden.[70] Je nach Ausgangspunkt der Prognose kann es für die Ableitung zudem erforderlich sein, dass man neben der Verweilzeitverteilung die Dauer anderer Phasen des Leistungserstellungsprozesses, wie z.B. der Kette Kundenauftrag-Fertigung-Forderung, kennt.[71] Der Vorteil der Prognose mithilfe Verweilzeitverteilungen liegt darin, dass die Finanzplanung in die Lage versetzt wird, die Wirkung neu eintretender Einflussfaktoren auf einzelne Teilprozesse isoliert zu betrachten und ihre Wirkung auf die Prognosegröße (z.B. den Mittelwert von Umsatzeinzahlungen) zu analysieren.[72]

Die Qualität der Prognose mithilfe mathematisch-statistischer Methoden hängt insbesondere vom Vorhandensein, dem Umfang und der Aussagekraft des statistischen Datenmaterials ab. Beispielweise muss eine genügend großen Anzahl von Kundenforderungen zur Verfügung stehen, die im Hinblick auf das Zahlungsverhalten vergleichsweise homogen sind, um bei der Prognose das Risiko von Zufallsergebnissen zu vermeiden. Auch die Berechnung von Verweilzeitverteilungen setzt in empirischer Hinsicht voraus, dass eine genügend große Anzahl an Übergängen zwischen den betrieblichen Teilprozessen vorliegt.[73] Deshalb sind der Prognose mittels statistischer Mittelwerte von vornherein Grenzen gesetzt, wenn es keine geeignete Grundmenge an Daten aus der Vergangenheit gibt, weil es sich um einmalige oder völlig neue Ereignisse handelt, die Zahlungsströme auslösen. Zudem kann die Länge einer Planungsperiode auf das Prognoseergebnis Einfluss nehmen,

---

des ersten Prognosewertes ausschließlich auf Vergangenheitswerten basiert, aber alle nachfolgenden Prognosewerte ihrerseits auch auf Prognosewerten basieren (vgl. *Bonn*, Finanzplanbasierte Messung und Steuerung des Liquiditätsrisikos, S. 87).

69 *Perridon/Steiner/Rathgeber*, Finanzwirtschaft der Unternehmung, S. 696 f.

70 *Bonn*, Finanzplanbasierte Messung und Steuerung des Liquiditätsrisikos, S. 90 mwN.

71 *Perridon/Steiner/Rathgeber*, Finanzwirtschaft der Unternehmung, S. 697.

72 *Bonn*, Finanzplanbasierte Messung und Steuerung des Liquiditätsrisikos, S. 90.

73 *Bonn*, Finanzplanbasierte Messung und Steuerung des Liquiditätsrisikos, S. 91 f.

da die Verweilzeitverteilung mit Mittelwerten angegeben wird, die unter Umständen verbergen, dass es innerhalb einer längeren Periode einzelne Spitzenwerte gibt.[74]

(c) Prognose mithilfe subjektiv-pragmatischer Methoden

Soweit Prognosen getroffen werden sollen, die *erwartete singuläre Ereignisse*[75] betreffen, d.h. solche, über deren Zahlungsströme keine bzw. noch keine geeigneten historischen Daten zur Verfügung stehen, die eine Quantifizierung mit formal-statistischen Methoden erlauben, versucht die Finanzplanung mit *subjektiv-pragmatischen Methoden*, die daraus erwachsenden Zahlungsströme im Rahmen der Liquiditätsrisikosteuerung handhabbar zu machen. Zu beachten ist, dass die Genauigkeit und Vollständigkeit der mit den subjektiv-pragmatischen Methoden erzielbaren Prognosen darüber entscheidet, ob die Zahlungsströme entweder innerhalb des Finanzplans und/oder im Rahmen der Liquiditätsreserve oder gar nicht berücksichtigt werden.

Zu diesen singulären Ereignissen können unter der genannten Voraussetzung beispielsweise Umsatzeinzahlungen aufgrund der Markteinführung eines völlig neuartigen Produkts und die damit verbundenen, subjektiv für wahrscheinlich gehaltenen Auszahlungen aufgrund von Gewährleistungsfällen oder Auszahlungen im Anschluss an Tarifverhandlungen[76] zählen. *Witte* nennt diese Untergruppe erwarteter singulärer Ereignisse plastisch *„errechnete Gefahren"*.[77] Weiterhin gehören zu den erwarteten singulären Ereignissen eventuelle Auszahlungen zur Altlastenbeseitigung oder zur Kompensation von Patentverletzungen, deren Eintritt subjektiv nicht für unwahrscheinlich oder außergewöhnlich gehalten wird, deren Eintrittszeitpunkt jedoch sehr unsicher ist. Bei letzteren, in der Regel nicht unmittelbar auf geplante Güterströme zurückzuführenden Zahlungsströmen kann trotz des Einsatzes subjektiv-pragmatischer Methoden häufig eine Prognosequalität, die den Anforderungen eines tagesgenauen Finanzplans genügt, nicht bzw. erst im Zeitablauf sichergestellt werden. *Witte* spricht insofern von *„erwogenen Gefahren"*[78], die bestenfalls im Rahmen der Periodenliquidität erfasst werden können, d.h. nur für längere Planungseinheiten eines Finanzplans. In Bezug auf die erwogenen Gefahren fließen die im Rahmen der subjektiv-pragmatischen Methoden gewonnenen Schätzungen dementsprechend in die Bildung einer angemessenen Liquiditätsreserve für die Planungsperiode ein.[79]

Von diesen singulären Ereignissen sind generell solche Ereignisse zu unterscheiden, die sich zwar unter Umständen erheblich auf das finanzielle Gleichgewicht des Unternehmens auswirken können, jedoch von den Entscheidungsträgern von

---

74 *Perridon/Steiner/Rathgeber*, Finanzwirtschaft der Unternehmung, S. 698.
75 *Noelle*, Zur Bestimmung optimaler Liquiditätsreserven von Unternehmungen, S. 174.
76 *Bonn*, Finanzplanbasierte Messung und Steuerung von Liquiditätsrisiken, S. 85.
77 *Witte*, Finanzplanung und Unternehmung, S. 135.
78 *Witte*, Finanzplanung und Unternehmung, S. 136.
79 Vgl. im Detail A.I.1.e).

vornherein als so außergewöhnlich und unwahrscheinlich beurteilt werden, dass sie weder in der Finanzplanung noch bei der Bildung einer angemessenen Liquiditätsreserve Berücksichtigung finden und dementsprechend als *„ignorierte Gefahren"* bezeichnet werden können.[80] Dazu gehören beispielsweise unerwartete Zahlungsströme aufgrund von Naturkatastrophen, Epidemien oder politischen Eingriffen.

Unter *subjektiv-pragmatischen Methoden* werden solche Prognosemethoden gefasst, die auf einer verbalen Umschreibung zukünftiger Geschehensabläufe beruhen und mangels ausreichender quantitativer Bestimmungsmöglichkeiten insbesondere auf Urteil, Erfahrung und Fachkenntnis des Planenden oder von ihm eingesetzter Personen beruht, um daraus Tendenzen und Entwicklungen abzuleiten.[81] Ziel ist, zahlungsstrombezogene Wahrscheinlichkeiten mit einer angemessenen Genauigkeit einzuschätzen, beispielsweise durch eine sachkundige Person, die in ähnlichen Bereichen Erfahrungen mit der Entwicklung von Zahlungsströmen gemacht hat. Die pragmatischen Prognosetechniken sind heuristische Verfahren[82], mittels derer Informationen zu Prognosezwecken gewonnen, systematisiert und verbalargumentativ kombiniert werden.[83] Betont wird, dass heuristische Verfahren nicht den Anspruch erheben, das Auffinden der optimalen Lösung garantieren zu wollen.[84]

Für jede der Teilstufen Informationsgewinnung, Informationssystematisierung und Informationskombination werden in der betrieblichen Praxis und Literatur verschiedene Techniken bzw. Verfahren vorgeschlagen, deren Auswahl insbesondere von der Art und der Bedeutung des zu prognostizierenden Zahlungsstroms, ökonomischen Zweckmäßigkeitserwägungen, der Qualität des Verfahrens und dem

---

80 *Witte*, Finanzplanung und Unternehmung, S. 135.

81 *Barth*, controlling magazin 1984, S. 178. Als subjektiv-pragmatisch ist auch die Prognose des ordentlichen Kaufmanns einzuordnen, der im Rahmen von § 249 HGB bzw. § 5 Abs. 3 EStG abwägen und einschätzen muss, ob das Be- bzw. Entstehen von und die Inanspruchnahme aus ungewissen Verbindlichkeiten bzw. aufgrund von Schutzrechtsverletzungen wahrscheinlich sind und deswegen Rückstellungen zu bilden sind. Beispielsweise werden Schutzrechtsverletzungen als rückstellungsfähig anerkannt, wenn *„der Rechtsinhaber Ansprüche wegen der Rechtsverletzung geltend gemacht hat oder mit einer Inanspruchnahme wegen der Rechtsverletzung ernsthaft zu rechnen ist."* Nach den Grundsätzen des BFH-Urteils vom 19.10.2005, XI R 64/04 – NJW-RR 2006, 1039 (1040) ist die zweite Tatbestandsalternative als erfüllt anzusehen, wenn aus der Sicht des Steuerpflichtigen mehr Gründe für das Vorliegen einer Verletzung und für die Inanspruchnahme sprechen als dagegen.

82 In der Betriebswirtschaft versteht man unter *heuristischen Verfahren* (Heuristiken) Vorgehensweisen zur Ermittlung von Lösungsmodellen, mittels derer reale Entscheidungsprobleme mathematisch abgebildet werden können. In der Unternehmensplanung werden mithilfe heuristischer Verfahren umsetzbare Pläne ermittelt, die – unter der Voraussetzung geeigneter Umsetzungsverfahren – zur Erreichung der Planungsziele hinreichend gut beitragen (*Domschke/Scholl*, in: Köhler/Küpper/Pfingsten, HdWb Betriebswirtschaft, S. 674).

83 *Witte*, Finanzplanung und Unternehmung, S. 71.

84 *Domschke/Scholl*, in: Köhler/Küpper/Pfingsten, HdWb Betriebswirtschaft, S. 674 f.

Prognosehorizont abhängig ist.[85] Im Folgenden werden einige typische subjektiv-pragmatische Verfahren vorgestellt:

Im Rahmen der Absatzplanung, die Grundlage für die Umsatzplanung und den darauf aufbauenden Teil der Finanzplanung ist, erfolgt die Gewinnung von Informationen über mögliche Absatzmengen eines neuartigen Produktes (Konsum- oder Investitionsgut) in der betrieblichen Praxis beispielsweise mittels empirischer Methoden wie Repräsentativbefragungen über zukünftiges Konsum- bzw. Investitionsverhalten.[86] Die Erhebung einer zweckmäßigen Stichprobe erfolgt im Rahmen eines Stichprobenplans, in dem die Gestaltung des Verfahrens zur Auswahl der Stichprobe, die Verfahren zur Hochrechnung und Umrechnung der Ergebnisse und die Verfahren zur Beurteilung der Genauigkeit der Ergebnisse festgelegt werden müssen. Sofern sich Repräsentativbefragungen zum Beispiel aufgrund von Vertraulichkeitserwägungen oder wegen eines negativen Kosten-Nutzen-Kalküls für den Prognosegegenstand nicht eignen, muss die Finanzplanung eine andere Methode wählen.

In der betrieblichen Praxis zudem weit verbreitet sind *Expertenbefragungen*. So werden beispielsweise im Rahmen des sogenannten *Delphi-Verfahrens*[87] mehrere Experten einer Reihe von Befragungsrunden unterzogen, in denen ihnen unabhängig voneinander die gleichen Fragen zu verschiedenen Determinanten einer Prognosegröße gestellt werden.[88]

Weiterhin stützt sich die Finanzplanung auf die sogenannte *Szenarioanalyse*[89]. Diese zielt – im Unterschied zum Delphi-Verfahren – darauf ab, eine Bandbreite möglicher Entwicklungen eines Zahlungsstroms zu ermitteln. Dazu müssen die Parameter, die auf das zahlungsstromwirksame Ereignis Einfluss haben, zunächst mittels eines Modells dargestellt werden. Diese müssen in nachvollziehbarer Weise systematisch aus dem Ist-Zustand entwickelt und mathematisch erfasst werden. Anschließend

---

85 *Hansmann*, in: Köhler/Küpper/Pfingsten, HdWb Betriebswirtschaft, S. 1481 (1490).

86 Eingehend *Brockhoff*, Prognoseverfahren für die Unternehmensplanung, S. 63 ff.

87 Vgl. *Brockhoff*, Prognoseverfahren für die Unternehmensplanung, S. 80 ff.

88 Extrem vom Median des Antwortspektrums abweichende Antworten werden einer näheren Analyse unterzogen. Kann der jeweilige Experte seine Extremposition hinreichend begründen, so werden die anderen Experten mit dieser Extremposition sowie dem Median des Antwortspektrums konfrontiert. Die Experten geben unter Berücksichtigung der übermittelten Informationen wiederum Antwort auf die gestellten Fragen. Daran schließt sich wiederum die Abweichungsanalyse an. Dieses Vorgehen wird mehrfach wiederholt. Der Median, der sich als Ergebnis einer vorher festgelegten Fragerunde ergibt, wird schließlich als verbindliche Einschätzung (die Determinante) der Prognosegröße angesehen. Damit liegt eine eindeutige Prognose vor. Voraussetzung ist, dass die Experten mit dem jeweiligen Vorgang vertraut sind und rational urteilen. Außerdem sollen mehrere Experten befragt werden, um das Risiko von Fehlurteilen einzelner Personen zu vermeiden (vgl. *Hölscher*, in: Schierenbeck, Risk-Controlling in der Praxis, S. 341 (364)).

89 *Brockhoff*, Prognoseverfahren für die Unternehmensplanung, S. 135 ff.

werden die ermittelten Parameter einer Simulation mit alternativen Umweltzuständen unterzogen und beobachtet, welchen Einfluss die Veränderung der Parameter auf den Zahlungsstrom hat. Wenn für die jeweiligen Parameter keine verlässlichen Daten vorhanden sind, muss die Finanzplanung auf subjektive Schätzungen zurückgreifen. Bei der Aufstellung der erforderlichen Szenarien und der Auswahl des Szenarios, das der Finanzplanung zugrunde gelegt wird, kann sich die Finanzplanung an historischen Szenarien oder wiederum an Expertenbefragungen orientieren.[90]

Die Nachvollziehbarkeit der dargestellten subjektiv-pragmatischen Modelle wird erhöht, indem die einzelnen Verfahrensschritte und die zugrunde liegenden Annahmen und Schätzungen nach außen hin schriftlich dokumentiert werden. Weiterhin ist zu beachten, dass die subjektiv-pragmatischen Methoden nicht nur die Aufgabe haben, Prognosen auf unsicherer Datenbasis zu treffen. Sie werden ebenso als Kontrollverfahren eingesetzt, um zu verhindern, dass die Finanzplanung statistisch ermittelten Zahlungsstromprognosen „blindes Vertrauen" entgegenbringt.[91] Das bedeutet, dass die qualitativen Verfahren als Ergänzung und als Korrektiv für die im Rahmen der statistischen Methoden ermittelten Prognosen dienen und deren „Richtigkeit" bzw. Aussagekraft erhöhen.

(d) Kontrolle des Prognoseprozesses

Schließlich werden die angewandten Prognoseprozesse im Rahmen der Finanzkontrolle[92] auf ihre Wirksamkeit überprüft.[93] Dies geschieht jedenfalls ex-post anhand eines Vergleiches der Ist-Werte mit den mittels einer bestimmten Methode prognostizierten Soll-Werten und einer Analyse der Ursachen der festgestellten Planabweichungen. Diese Analyse kann dazu führen, dass die Finanzplanung eine anspruchsvollere Analysemethode anwenden muss.

(ii) Finanzplanausgleich

Sind alle Plan-Zahlungsströme vollständig, betrags- und zeitpunktgenau ermittelt, wird die Liquiditätsübersicht in der bereits dargestellten Weise erstellt. Für den – regelmäßigen – Fall, dass der Plan-Endbestand einen Fehlbetrag oder Überschuss an liquiden Mitteln aufweist, müssen Maßnahmen des Finanzplanausgleiches getroffen werden.

Die Art der zu treffenden Finanzplanausgleichsmaßnahmen bestimmt sich nach der Höhe und der zeitlichen Ausdehnung des Fehlbetrages bzw. Überschusses.[94] Planausgleichsmaßnahmen können sowohl den Bereich des Finanzmanagements, d. h.

---

90 Vgl. *Romeike/Hager*, Erfolgsfaktor Risiko-Management, S. 201 ff. für die Simulation von Bandbreiten von Marktpreisrisiken.

91 *Barth*, controlling magazin 1984, S. 178; *Bonn*, Finanzplanbasierte Messung und Steuerung des Liquiditätsrisikos, S. 85.

92 Vgl. im Detail B.I.2(2)(iv).

93 *Witte*, Finanzplanung und Unternehmung, S. 153.

94 *Bonn*, Finanzplanbasierte Messung und Steuerung des Liquiditätsrisikos, S. 93.

kurzfristige Finanzierungs- und Anlagemaßnahmen, als auch den Leistungsbereich[95] betreffen. Im Folgenden wird nur auf Ausgleichsmaßnahmen bei einem Fehlbetrag eingegangen. Der Planausgleich kann dadurch erreicht werden, dass Einzahlungen beschleunigt oder erhöht werden (z.B. durch verstärktes Kundenforderungsmanagement bzw. Kreditaufnahme)[96] oder dass Auszahlungen verzögert oder gesenkt (z.B. durch Verlängerung von Lieferkrediten bzw. Verringerung des Investitionsvolumens) werden.[97] Bei der Wahl der Maßnahme ist darauf zu achten, dass es z.B. durch eine Verzögerung von Auszahlungen nicht zu einem Reputationsverlust des Unternehmens kommt. Reichen finanzwirtschaftliche Maßnahmen nicht aus, müssen eventuell auch Veränderungen des Leistungsbereiches (z.B. Verringerung der Produktion) vorgenommen werden. Es ist zu beachten, dass die Planausgleichsmaßnahmen sowohl einen Einfluss auf die Zahlungsströme anderer Planungsperioden als auch auf die finanz- und erfolgswirtschaftlichen Vorpläne selbst haben können.

(iii) Finanzplanfeststellung und Finanzbudget

Aufgrund des Einflusses der Planausgleichsmaßnahmen auch auf den erfolgswirtschaftlichen Bereich ist es notwendig, die Veränderung der Ein- und Auszahlungen in den betrieblichen Vorplänen zu verankern. Nun beeinflusst die Finanzplanung – gleichsam in umgekehrter Richtung – die Eckdaten z.B. für die Mengen und Werte des Leistungsbereiches. Ein solcher Vorgabe-Plan wird auch als *Finanzbudget*[98] bezeichnet. Die Vorgabe-Werte sind dann von den Betriebsbereichen einzuhalten, damit die Liquidität des gesamten Unternehmens gesichert ist.[99]

---

95 *Neugebauer*, Implementierung EDV-gestützter Finanzplanungssysteme in mittelständischen Unternehmen,, S. 151; kritisch, aber im Ergebnis zustimmend: *Glaser*, Liquiditätsreserven und Zielfunktionen, S. 21 ff. mwN, der die kurzfristige Finanzplanung als passive Finanzplanung kennzeichnet, in deren Rahmen die im Zusammenhang mit Beschaffungs-, Produktions- und Absatzmaßnahmen stehenden Zahlungen grundsätzlich als für die Finanzplanung feststehend behandelt werden und sich demzufolge der Finanzplanausgleich auf rein finanzwirtschaftliche Aktivitäten beschränkt. Zugleich erkennt *Glaser* aber die Notwendigkeit von Abstimmungen zwischen dem leistungswirtschaftlichen und dem Finanzbereich für den Fall an, dass nicht ausreichend kurzfristige Finanzierungsquellen zur Verfügung stehen. Diese Anpassungen vollzögen sich ausschließlich außerhalb der kurzfristigen Finanzplanung.

96 Dies umfasst auch Maßnahmen zur Optimierung betriebsinterner Prozesse, z.B. des Fakturierungsprozesses, wobei das Controlling zur Festlegung von Optimierungszielen einen Kennzahlen- bzw. Prozessvergleich mit Wettbewerbern (sog. Benchmarking-Analyse) anstellen kann (vgl. *Böhnert*, Benchmarking – Charakteristik eines aktuellen Managementinstruments, S. 265.

97 Übersicht der finanzwirtschaftlichen und güterwirtschaftlichen Anpassungsmaßnahmen bei *Bieg*, Finanzwirtschaftliche Entscheidungen, S. 16.

98 *Eilenberger/Ernst/Toebe*, Betriebliche Finanzwirtschaft, S. 362 f.

99 *Bonn*, Finanzplanbasierte Steuerung des Liquiditätsrisikos, S. 96.

(iv) Finanzkontrolle und Finanzplanrevision

Schließlich wird die Einhaltung der Vorgaben der Vorschau- und Vorgabeplanung dadurch kontrolliert, dass die Plan-Zahlungen mit den tatsächlich eingetretenen Ist-Zahlungen verglichen werden. Unter Finanzkontrolle versteht man den systematischen, regelmäßigen und institutionalisierten Abgleich von geplanten und realisierten Zahlungsmittelbeständen und Zahlungsströmen.[100] Die Finanzkontrolle dient insbesondere der Kontrolle des Planvollzuges. Ziel ist, es Abweichungen möglichst frühzeitig festzustellen, um Gegenmaßnahmen im Rahmen der Finanzdisposition oder der Planrevision einzuleiten. Dies geschieht zum einen durch einen Vergleich der Ist- mit den Plan-Zahlungen. Zum anderen werden Vorgänge erfasst, die im Vorhinein auf die Entstehung von Abweichungen hindeuten. Beispielsweise weist die Entwicklung der Auftragseingänge oder der Umsätze auf den später eingehenden Umfang an Einzahlungen hin. Die Finanzkontrolle dient zudem der Verbesserung finanzwirtschaftlicher Dispositionen. So kann ermittelt werden, ob Einzahlungen termingerecht eingegangen sind oder ob Kreditlinien überzogen worden sind.[101] Eine Kontrolle des Planvollzuges setzt organisatorisch voraus, dass die Ist-Werte der Zahlungsströme erfasst werden, zudem eine Vorgabe, in welchem Umfang und mit welcher Intensität Plan-Ist-Vergleiche angestellt werden, und schließlich eine geeignete Analyse der Ursachen für die festgestellten Abweichungen.

Auf der Basis der Abweichungsanalyse müssen Maßnahmen ergriffen werden, um für die Zukunft die festgestellten Abweichungen zu verhindern. Neben der Wahl einer geeigneteren Prognosemethode[102] kann dies auch eine umfassende Revision der Finanzplanung bedeuten, indem die Aufstellung von Teil- und Alternativpläne erwogen wird oder die Ein- und Auszahlungspositionen detaillierter erfasst werden.[103]

(3) Schwächen der kurz- und mittelfristigen Finanzplanung

Ein wesentlicher konzeptioneller Schwachpunkt der kurz- und mittelfristigen Finanzplanung besteht darin, dass die Planungsgrundsätze der Vollständigkeit und Genauigkeit nicht umfassend beachtet werden können.[104] Dies liegt einerseits an der natürlichen Erfassungsungenauigkeit, die zukünftigen, vom Unternehmen nicht beeinflussbaren Zahlungsströmen anhaftet. Dafür ist unter anderem ursächlich, dass die Zahlungen zu einem sehr großen Teil fremdbestimmt sind und die Prognose der Plan-Zahlungen auf subjektiven Einschätzungen oder Daten aus der Vergangenheit beruht. Andererseits beschränkt der Grundsatz der Wirtschaftlichkeit den für die Ermittlung der Ein- und Auszahlungen zu betreibenden Informationsaufwand. Daraus folgt, dass die Finanzplanung die Zahlungsströme nicht vollständig, betrags- und

---

100 *Bonn*, Finanzplanbasierte Steuerung des Liquiditätsrisikos, S. 98.
101 *Marx*, Finanzmanagement und Finanzcontrolling im Mittelstand, S. 194.
102 Vgl. B.II.2(2)(i)(d).
103 *Witte*, Finanzplanung und Unternehmung, S. 153.
104 *Bonn*, Finanzplanbasiertes Liquiditätsrisikomanagement, S. 107.

zeitpunktgenau erfasst. Das wird insbesondere bei der mangelnden Erfassung bzw. Erfassbarkeit der „ignorierten Gefahren" deutlich.

Ein zweiter damit in einem engen Zusammenhang stehender Schwachpunkt im Hinblick auf die Steuerung des Liquiditätsrisikos besteht darin, dass sich der Finanzplan an prognostizierten Ein- und Auszahlungen orientiert. Demgegenüber findet eine Einschätzung unerwartet eintretender oder falsch prognostizierter Zahlungsverpflichtungen nicht statt.[105]

Hinzu kommt, dass bei „erwogenen Gefahren" allenfalls eine Sicherstellung der Periodenliquidität erfolgt, d. h. aufgrund der Unsicherheiten insbesondere in Bezug auf den Zeitpunkt von Auszahlungen wird die Liquidität nicht tagesgenau geplant, sondern für einen größeren Zeitraum sichergestellt.

Diese Schwachstellen adressierten die Vorkehrung der Liquiditätsrisikosteuerung im engeren Sinne.

c) Liquiditätsrisikosteuerung im engeren Sinne

(1) Allgemeine Anforderungen und Charakteristika

Im Mittelpunkt der Liquiditätsrisikosteuerung im engeren Sinne steht die Steuerung *unerwarteter* Zahlungsströme, die zu einem Zahlungsdefizit führen können. Wie bereits gezeigt, ergeben sich unerwartete Zahlungsströme zum einen daraus, dass die Fortschreibung statistischer Daten z. B. bezüglich Umsatzeinzahlungen Prognoseunsicherheiten unterliegt, die sowohl aus unbeabsichtigten subjektiven Planungsmängeln bzw. Irrtümern und beabsichtigten Planunschärfen als auch aus unvollkommenen Informationen über zukünftige Entwicklungen resultieren. Zum anderen ergeben sich unerwartete Zahlungsdefizite daraus, dass eine Reihe von Zahlungsströmen im Rahmen von Simulationen nur innerhalb von Bandbreiten gemessen werden können. Zudem können bestimmte „erwogene" Zahlungsströme nicht bzw. noch nicht mit der erforderlichen Vollständigkeit und Genauigkeit für den – *idealiter* tagesgenau – zu erstellenden Finanzplan prognostiziert werden und werden deshalb nicht oder nur mit den genannten Einschränkungen, d. h. im Sinne der Periodenliquidität, im Finanzplan adressiert.

Das Ausmaß der von einem Risiko ausgehenden Bedrohung wird allgemein durch dessen Eintrittswahrscheinlichkeit und dessen Tragweite (Höhe) bestimmt, die in Kombination als Dringlichkeit des Liquiditätsrisikos bezeichnet werden.[106] Je größer Eintrittswahrscheinlichkeit und Höhe sind, desto größer ist die Dringlichkeit.

Das Liquiditätsrisiko ist nach Möglichkeit zu quantifizieren, weil die Risikosteuerungsmaßnahmen[107] (z. B. die Liquiditätsreserve) größtenteils selbst monetärer Art sind.[108] Hierzu eignet sich die Errechnung einer Wahrscheinlichkeitsverteilung

---

105 *Schierenbeck/Lister*, Value-Controlling, S. 408.

106 *Bonn*, Finanzplanbasiertes Liquiditätsrisikomanagement, S. 121.

107 Vgl. B.II.4.

108 *Bonn*, Finanzplanbasiertes Liquiditätsrisikomanagement, S. 128.

möglicher negativer Zahlungsdifferenzen des Zahlungsmittelendbestands einer Planungsperiode.[109] Wie bereits bei der Prognose der Zahlungsströme des Finanzplans angedeutet, hängt eine Quantifizierung davon ab, inwieweit Informationen über zukünftige entscheidungsautonome Ereignisse, die sich in Zahlungsströmen niederschlagen, verfügbar sind. Dabei lassen sich vier verschiedene Kategorien der Unsicherheit unterscheiden:[110] Bezüglich Ereignissen der ersten Kategorie liegen statistische Daten vor, aus denen objektive Prognosewahrscheinlichkeiten gewonnen werden können. Ereignisse der zweiten Kategorie können zumindest aufgrund subjektiver Schätzungen von Wahrscheinlichkeiten prognostiziert werden. Demgegenüber ist bei Ereignissen der dritten Kategorie zwar die Art des künftigen Ereignisses bekannt, jedoch können nicht einmal subjektive Wahrscheinlichkeiten geschätzt werden, weil es keine Erfahrungswerte mit diesen Ereignissen gibt. Ereignisse der vierten Kategorie sind ihrer Art nach unbekannt. Eine Einschätzung von Wahrscheinlichkeiten scheidet naturgemäß aus.

Grundsätzlich können nur Zahlungsstromdifferenzen quantifiziert werden, die auf Ereignisse der ersten und zweiten Kategorie zurückgeführt werden können. Zahlungsstromrisiken, die mit Ereignissen der dritten Kategorie zusammenhängen, sind unter Umständen einer qualitativen Beschreibung zugänglich.[111] Bei Ereignissen dieser Art ist auf eine quantitative Bewertung zu verzichten, da die Gefahr besteht, dass eine solche Quantifizierung eine nicht vorhandene Genauigkeit vortäuscht.[112] Dementsprechend erfassen die in der betriebswissenschaftlichen Literatur vorgeschlagenen Methoden zur Quantifizierung des Liquiditätsrisikos nur Ereignisse der ersten und zweiten Kategorie. Im Übrigen erfolgt eine bloß qualitative Einschätzung des Liquiditätsrisikos derart, dass zum Beispiel zwischen den Stufen „niedrig“, „mittel“ und „hoch“ unterschieden wird, obwohl dies als wenig zielführend bezeichnet wird, weil – wie bereits gesagt – die Gegenmaßnahmen zur Abwehr einer Zahlungsunfähigkeit größtenteils selbst monetärer Art sind.

Ein in den Bankbetriebswissenschaften lebhaft diskutierter Ansatz zur Quantifizierung des Liquiditätsrisikos ist die Berechnung der sogenannten *Liquidity at Risk*[113]. Dieser Ansatz erlangt auch in der allgemeinen betriebswissenschaftlichen Diskussion außerhalb des Bank- und Finanzwesens für die Steuerung des Liquiditätsrisikos zunehmend an Aufmerksamkeit.[114] Die betriebswissenschaftliche Literatur weist darauf hin, dass bei der Übertragung des Liquidity at Risk-Ansatzes

---

109 *Bonn*, Finanzplanbasierte Messung und Steuerung des Liquiditätsrisikos, S. 121.

110 Nach *Weber*, Risk Tracking and Reporting – Unternehmerisches Chancen- und Risikomanagement nach dem KonTraG, S. 13.

111 *Kremers*, Risikoübernahme im Industrieunternehmen, S. 44.

112 *Kremers*, Risikoübernahme in Industrieunternehmen, S. 45; *Bonn*, Finanzplanbasierte Messung und Steuerung des Liquiditätsrisikos, S. 122 f.

113 Dazu umfassend: *Pohl*, Ertragsorientierte Steuerung des Liquiditätsrisikos, S. 77 ff.

114 Vgl. *Bonn*, Finanzplanbasierte Messung und Steuerung des Liquiditätsrisikos, S. 129 ff.; *Schöning/Hollederer/Rutsch*, Corporate Finance biz 2011, 369 ff.

die Charakteristika des Liquiditätsrisikos von Industrie–, Handels- und Dienstleistungsunternehmen zu beachten sind. Dazu zählt vor allem der Umstand, dass die Zahlungsströme eines Industrie–, Handels- und Dienstleistungsunternehmens im Vergleich zu Bank- und Finanzdienstleistungsunternehmen in viel geringerem Umfang entscheidungsautonome Zahlungsströme sind.[115] Zu denken ist beispielsweise an den faktischen Zwang der Banken, Kundeneinlagen aus Reputationsgründen auch vor Fälligkeit auszahlen zu müssen. Diese und weitere entscheidungsautonome Finanzdispositionen durch Kunden gibt es grundsätzlich bei Industrie–, Handels- und Dienstleistungsunternehmen nicht. Dies bedingt, dass die Planung von Zahlungsströmen und die Steuerung des Liquiditätsrisikos, insbesondere dessen Quantifizierung, bei Bank- und Finanzdienstleistungsinstituten schwieriger ist,[116] was sich in der Komplexität einer Berechnung des Liquiditätsrisikos mithilfe der Liquidity at Risk-Methode niederschlägt.

(2) Quantifizierung des Liquiditätsrisikos am Beispiel der Liquidity at Risk-Kennzahl

(i) Merkmale der Liquidity at Risk

Unter Berücksichtigung der beschriebenen Besonderheiten ist die Liquidity at Risk-Kennzahl eine monetäre Risikogröße, die den maximalen, über den im Rahmen der Finanzplanung hinausgehenden Zahlungsmittelbedarf angibt, der innerhalb einer vorgegebenen Periode mit einer vorgegebenen Wahrscheinlichkeit nicht überschritten wird.[117]

Zur Bestimmung der Liquidity at Risk gibt es in der Betriebswirtschaft unterschiedliche Modelle. Im Grundsatz sind parametrische von nicht-parametrischen Ansätzen zu unterscheiden.[118] Während bei den parametrischen Verfahren eine Annahme getroffen werden muss, wie die Risikoparameter verteilt sind (Normalverteilung, Extremwertverteilung), schreibt die historische Simulation als einfachste Form eines nicht-parametrischen Verfahrens die historische Verteilung für die Zukunft fort und schließt daraus unmittelbar auf die Liquidity at Risk.[119] Die Messverfahren können dabei so ausgestaltet werden, dass nicht nur die möglichen Abweichungen

115 Vgl. D.I.2.

116 *Zeranski*, Liquidity at Risk zur Steuerung des liquiditätsmäßig-finanziellen Bereichs von Kreditinstituten, S. 36.

117 *Schöning/Hollederer/Rutsch*, Corporate Finance biz 2011, 369 ff.

118 Eingehende Darstellung bei *Bonn*, Finanzplanbasierte Messung und Steuerung des Liquiditätsrisikos, S. 110 ff., S. 168 ff.

119 Neben der historischen Simulation werden auch stochastische Simulationen („Monte-Carlo-Simulation“) zur Ermittlung der Wahrscheinlichkeitsverteilung verwendet, in deren Rahmen die mögliche Verteilung von Abweichungen des Zahlungsmittelendbestands nicht auf Basis von Vergangenheitsdaten, sondern auf der Basis von Zufallszahlen ermittelt wird (Vgl. *Bonn*, Finanzplanbasierte Messung und Steuerung des Liquiditätsrisikos, S. 175 ff. mwN).

auf Ebene des aggregierten Zahlungsmittelendbestandes, sondern auch die Abweichungen auf Ebene einzelner Zahlungsarten oder Zahlungen gemessen werden.[120]

Die Ermittlung der Liquidity at Risk soll im Folgenden exemplarisch anhand der parametrischen Verfahren verdeutlicht werden.[121] Der Ermittlung liegt grob skizziert das folgende Phasenschema[122] zugrunde:

In einem *ersten Schritt* müssen die Risikoparameter bestimmt werden, deren Veränderung zu einer Abweichung des geplanten Zahlungsmittelendbestands führen kann. Als Risikoparameter sind u. a. die Ursachen einzuordnen, die die einzelnen Zahlungen beeinflussen. Z. B. stellt das Zahlungsverhalten der Kunden bei Käufen auf Ziel einen Risikofaktor für die Umsatzeinzahlungen dar. In einem *zweiten Schritt* sind zunächst die Auswirkungen zu untersuchen, die eine Veränderung der Risikoparameter gegenüber dem Planansatz auf den Zahlungsmittelendbestand haben. Dann sind Szenarien aufzustellen, wie sich die Risikoparameter entwickeln könnten. Die Prognose möglicher Veränderungen der Risikoparameter erfolgt bei den parametrischen Ansätzen auf der Basis von Vergangenheitsdaten, aus denen – unter der Prämisse, dass diese entweder einer Normalverteilung oder einer Extremwertverteilung folgen – Wahrscheinlichkeitsverteilungen für die zukünftigen Schwankungen der Risikoparameter abgeleitet werden.[123] In einem *dritten Schritt* werden die möglichen negativen Abweichungen des Zahlungsmittelendbestandes ermittelt. Dazu werden die autonomen Zahlungsströme der Bandbreite der möglichen Veränderungen der Risikoparameter unterworfen. Das Ergebnis dieser Phase sind Wahrscheinlichkeitsverteilungen für die zukünftigen Abweichungen des Zahlungsmittelendbestands bzw. den maximalen zusätzlichen Zahlungsmittelbedarf. Im *vierten und letzten Schritt* ist das sogenannte *Konfidenzniveau* von der finanziellen Leitung zu bestimmen. Das Konfidenzniveau meint die Wahrscheinlichkeit, mit der eine mögliche Abweichung vom geplanten Zahlungsmittelendbestand nicht überschritten werden soll. Eine beispielhafte Aussage über die Wahrscheinlichkeitsverteilung möglicher maximaler Zahlungsmittelbedarfe könnte folgendermaßen lauten: Mit einer Wahrscheinlichkeit von 99 % (Konfidenzniveau) wird innerhalb der Periode „X" der maximale, über die Größen des Finanzplans hinausgehende Zahlungsmittelbedarf nicht größer als „Y" sein.

---

120 *Bonn*, Finanzplanbasierte Liquiditätsrisikosteuerung, S. 150 f.

121 Die Ermittlung der Liquidity at Risk mittels historischer Simulation ist demgegenüber einfacher, da die historischen Abweichungen jeder Zahlungsart innerhalb der Stützperiode selbst als Risikoparameter dienen und es keiner Bestimmung der Schwankungsbreite der Risikoparameter bedarf. Nachteil dieses Vorgehens ist, dass Werte, die außerhalb der empirischen Stichprobe liegen, mit der historischen Simulation nicht approximiert werden können (vgl. Schöning/Hollederer/Rutsch, Corporate Finance biz 2011, 369 (371)).

122 *Bonn*, Finanzplanbasiertes Liquiditätsrisikomanagement, S. 135.

123 *Bonn*, Finanzplanbasierte Messung und Steuerung des Liquiditätsrisikos, S. 139 f.; *Schöning/Hollederer/Rutsch*, Corporate Finance biz 2011, 369 (371).

In der Auswahl des Konfidenzniveaus kommt die Risikoneigung des Unternehmens zum Ausdruck.[124] Die Unternehmensführung hat zu entscheiden, ob die Messung der maximal möglichen Tragweite (*maximum possible loss*), (nur) der wahrscheinlich höchsten Tragweite (*probable maximum loss*) oder die Messung eines dazwischenliegenden Belastungsszenarios erfolgen soll.[125] Eine Entscheidung hat weitreichende Auswirkungen auf die darauf aufbauenden Liquiditätsrisikosteuerungsmaßnahmen, insbesondere auf den Umfang der Liquiditätsreserve, und ist deswegen von erheblicher praktischer Relevanz.[126] Im ersten Fall wird die Entwicklung mit der größten Tragweite unterstellt, die in der Regel aber eine sehr geringe Eintrittswahrscheinlichkeit hat. Im zweiten Fall wird die Abweichung gemessen, die mit einer bestimmten Wahrscheinlichkeit (z.B. mit einer 99%-igen Wahrscheinlichkeit) nicht überschritten wird. Mit anderen Worten: Der Teil der Wahrscheinlichkeitsverteilung, der die größtmöglichen Abweichungen enthält, wird nicht erfasst.[127] Bei der Entscheidung muss die Unternehmensführung unternehmensspezifische Umstände berücksichtigen.[128]

(ii) Schwächen der Liquidity at Risk

In der betriebswirtschaftlichen Literatur[129] wird betont, dass auch die soeben grob skizzierten parametrischen Verfahren nicht in der Lage sind, die reale Entwicklung abzubilden. Das hängt zum einen damit zusammen, dass sich die Prognosen möglicher Schwankungen der Risikoparameter auf Vergangenheitsdaten stützen und bisher nicht empirisch erfasste Schwankungen nicht abgebildet werden. Zum anderen basiert die Ermittlung auf Prämissen (in der Regel einer Normalverteilungsannahme) und bestimmten Restriktionen, von deren Wahl die Prognosequalität entscheidend abhängt. Deshalb wird davon ausgegangen, dass die Liquidity at Risk ein bloßer Näherungswert für die zukünftigen negativen Abweichungen des Zahlungsmittelendbestandes ist und keine mathematisch korrekte Quantifizierung des Liquiditätsrisikos leisten kann.[130]

(3) Ausrichtung auf den Maximalbelastungsfall

In der betriebswirtschaftlichen Literatur ist umstritten, auf welchen Belastungsfall die Liquiditätsrisikomessung und -steuerung auszurichten ist. *Witte*[131] fordert,

---

124 *Schöning/Hollederer/Rutsch*, Corporate Finance biz 2011, 369 (371).

125 Vorreiter der betriebswissenschaftlichen Auseinandersetzung mit dieser Frage ist die Versicherungsbetriebslehre: *Hoffmann*, Risk Management – Neue Wege der betrieblichen Risikopolitik, S. 62 ff.

126 Vgl. B.II.4(1).

127 *Bonn*, Finanzplanbasiertes Liquiditätsrisikomanagement, S. 124.

128 Vgl. Schierenbeck/Lister, Value Controlling, S. 364.

129 *Bonn*, Finanzplanbasierte Liquiditätsrisikosteuerung, S. 189 ff.

130 *Bonn*, Finanzplanbasierte Messung und Steuerung des Liquiditätsrisikos, S. 191.

131 *Witte*, Finanzplanung und Unternehmung, S. 136.

in Bezug auf die Einschätzung der finanziellen Belastungen aus den erwogenen Gefahren pessimistische statt optimistische Erwägungen zugrunde zu legen und deswegen die Liquiditätsreserve so zu dimensionieren, dass sie den „*maximal erwogenen Fehlbetrag*" deckt. *Glaser*[132] relativiert, seiner Ansicht nach sei die Liquiditätsreserve nicht im Hinblick auf die maximale finanzwirtschaftliche Gefahr auszurichten, sondern nur zur Deckung solcher ungeplanten Zahlungsdefizite, bei denen noch keine grundlegenden Änderungen der geplanten betrieblichen (Absatz-, Beschaffungs- und Finanz-)Prozesse erforderlich seien. Vor allem in der jüngeren betriebswirtschaftlichen Literatur gibt es Stimmen, die eine Ausrichtung am theoretisch möglichen maximalen Belastungsfall als nicht zweckmäßig ansehen, weil der Eintritt des Maximalbelastungsfalls eben eher theoretischer Natur sei und dieser von keinem Unternehmen getragen werden könne.[133] Ein Restrisiko sei zu akzeptieren, wenn einem Unternehmen nicht unverhältnismäßig häufig eine Risikovermeidung mit erheblichen Auswirkungen auf die Rentabilität nahegelegt werden soll. Schließlich wird auch von der Gegenmeinung eingeräumt, dass eine absolute Sicherheit in der Regel nicht erreichbar ist.[134] Ob eine Rechtspflicht besteht, der Messung und Steuerung den Maximalbelastungsfall zugrunde zu legen, wird noch untersucht.[135]

d) Langfristige Finanzplanung

Die Erfassungsgenauigkeit von Zahlungsströmen nimmt mit zunehmendem Planungshorizont ab. Dieser ist insbesondere bei strategischen Investitions- und Finanzierungsentscheidungen eines Unternehmens sehr weit. So kann zwischen den Auszahlungen für ein Investitionsprojekt (z.B. einer neuen Fertigungsanlage) und den Einzahlungen aus dem Investitionsprojekt (z.B. aus dem Absatz der damit gefertigten Produkte) ein langer Zeitraum (die sog. Kapitalbindungsdauer) liegen mit der Folge, dass geplante Einzahlungen, die für die Deckung von Auszahlungen für Finanzierungsmaßnahmen notwendig sind (z.B. Zins- und Tilgungszahlungen für Kredite), erst in späteren Jahresperioden anfallen.[136] Deswegen orientiert sich die langfristige Finanzplanung an Kapitalbewegungen. Genauer gesagt: Im Rahmen der Sicherung der strukturellen Liquidität werden der Kapitalbedarf und die Kapitalbereitstellung innerhalb der Planungsperiode analysiert und mithilfe eines sogenannten Kapitalbindungsplanes aufeinander abgestimmt.[137] Die Positionen des

---

132 *Glaser*, Liquiditätsreserven und Zielfunktionen, S. 53 ff.

133 *Kremers*, Risikoübernahme in Industrieunternehmen, S. 115 und S. 262; *Bonn*, Finanzplanbasiertes Liquiditätsrisikomanagement, S. 124 und; *Hoffmann*, Risk-Management- Neue Wege der betrieblichen Risikopolitik, S. 64.

134 *Schierenbeck*, Ertragsorientiertes Bankmanagement, Bd. 2, S. 23.

135 Vgl. C.I.2.c)(2)(iii) und E.IV.5.

136 *Bonn*, Finanzplanbasiertes Liquiditätsrisikomanagement, S. 50.

137 *Lachnit*, in: HdWB Bank- und Finanzwesen, S. 888; der Kapitalbindungsplan wird auch als Kapitalbedarfs- und Kapitalbedarfsdeckungsplan oder nur als Kapitalbedarfsplan bezeichnet (*Bonn*, Finanzplanbasiertes Liquiditätsrisikomanagement, S. 54).

Kapitalbedarfs bzw. der Kapitalbereitstellung werden komprimiert in der Bilanz abgebildet. Deswegen sind Bilanzpositionen der Ausgangspunkt für die Erstellung eines Kapitalbindungsplanes.

Die Orientierung an Bilanzpositionen hat zudem den Vorteil, dass daraus Kennzahlen abgeleitet werden können, die mit bestimmten Normwerten, den sogenannten *Finanzierungsregeln*, verglichen werden können.[138] Aus einem (Branchen-) Vergleich können Rückschlüsse auf Liquiditätsbelastungen und auch Liquiditätspotentiale gezogen werden. Er ist aus einer unternehmensexternen Perspektive ein verlässliches Informationsmedium z.B. für eventuelle Kapitalgeber.

(1) Kapitalbindungsplan und Kapitalbedarfsplanung

Der Kapitalbindungsplan stellt das am weitesten in die Zukunft reichende Instrument zur Steuerung der Liquidität dar. Er hat eine Planungsperiode von einem Jahr, das nicht in weitere Unterperioden unterteilt wird.[139] Der Kapitalbindungsplan orientiert sich in seinem Aufbau an einer sogenannten Bewegungsbilanz.[140] Mithilfe des Kapitalbindungsplanes werden die in der Planungsperiode anfallenden Auszahlungen den Einzahlungen gegenübergestellt. Die Ein- und Auszahlungen werden aus einem Vergleich von Bilanzpositionen verschiedener aufeinanderfolgender Plan-Bilanzen gewonnen. Dabei steht die Erfassung solcher Ein- und Auszahlungen im Vordergrund, die einen wesentlichen Einfluss auf die Liquidität des Unternehmens haben. Dazu gehören Zahlungen im Rahmen von Investitionsprojekten oder Mittelaufnahmen und Mittelrückzahlungen erheblichen Umfanges.[141] Sind Ein- und Auszahlungen ausgeglichen, liegt ein finanzielles Gleichgewicht vor; die Periodenliquidität ist sichergestellt. Ergibt sich ein Auszahlungsüberschuss in der jeweiligen Periode, ist der Bestand an liquiden Mitteln zu Anfang der Planungsperiode damit zu saldieren.[142] Liegt nach der Saldierung immer noch ein Auszahlungsüberschuss vor, sind Maßnahmen der Plananpassung auf Auszahlungsseite (z.B. Verschiebung von Investitionsvorhaben in eine spätere Periode) oder auf Einzahlungsseite (z.B.

---

138 Vgl. *Lachnit*, in: HdWB Bank- und Finanzwesen, S. 888.

139 *Witte*, Finanzplanung und Unternehmung, S. 41.

140 Zur Erstellung einer Bewegungsbilanz wird jeder Bilanzposten mit dem Vorjahreswert verglichen. Der sich daraus ergebende Saldo ist Ausdruck der finanzwirtschaftlichen Dispositionen des Unternehmens. Die Aktivseite einer Bewegungsbilanz gibt die Mittelverwendung wieder, die Passivseite zeigt die Mittelherkunft an. Die Abnahme von Aktivposten sowie jede Erhöhung von Passivposten zeigt eine Kapitalbedarfsdeckung an. Dagegen bilden die Zunahme von Aktivposten und die Verringerung von Passivposten einen Kapitalbedarf ab. Vor diesem Hintergrund lässt sich ablesen, welche Zahlungsströme aufgrund welcher finanzwirtschaftlichen Disposition erfolgen (vgl. *Franke/Hax*, Finanzwirtschaft des Unternehmens und Kapitalmarkt, S. 120).

141 *Witte*, Finanzplanung und Unternehmung, S. 40.

142 *Witte*, Finanzplanung und Unternehmung, S. 41.

durch Aufnahme weiterer Fremd- oder Eigenmittel) erforderlich. Der Kapitalbindungsplan informiert darüber, ob am Ende einer Planungsperiode zusätzliche Finanzierungsmaßnahmen notwendig sind bzw. Investitionschancen bestehen. Die Informationen sind insoweit unpräzise, als der Kapitalbindungsplan lediglich den Saldo der Ein- und Auszahlungen am Ende der einjährigen Planungsperiode ausweist, jedoch keine Aussage darüber trifft, wann eine Liquiditätslücke in welcher Höhe innerhalb der Planungsperiode auftritt.[143]

Eine spezielle Form der Kapitalbedarfsrechnung ist die sogenannte *Kapitalflussrechnung*. Diese wurde entwickelt, um eine Aussage über die Veränderungen und die zugrundeliegenden finanzwirtschaftlichen Dispositionen eines Unternehmens zwischen zwei Bilanzstichtagen treffen zu können.[144] Die Kapitalflussrechnung soll transparent machen, wie das Unternehmen durch die laufende Geschäftstätigkeit und Finanzierungsmaßnahmen Zufluss von Finanzmitteln generiert hat und wofür diese verwendet wurden und ob Zufluss und Abfluss von Finanzmitteln ausgeglichen sind.

Die Kapitalflussrechnung zeichnet sich dadurch aus, dass die Bewegungsbilanz in einem zweiten Schritt mit der Gewinn- und Verlustrechnung kombiniert wird. Ziel der Kapitalflussrechnung ist es, die Veränderung eines bestimmten abgegrenzten Mittelbestandes (eines sog. *(Finanzmittel-)Fonds*) aus der Veränderung der nicht zu diesem Fonds gehörenden Mittelbestände zu erklären.[145] Ein (Finanzmittel-) Fonds ist ein abgegrenzter, zu Rechenzwecken verselbständigter Mittelbestand. So besteht beispielsweise der (Finanzmittel-)Fonds „Kurzfristig verfügbares Netto-Geldvermögen" aus den Zahlungsmitteln (Kasse, Bank, Postscheck, Wechsel, Scheck und bestimmte Wertpapiere) zuzüglich der kurzfristigen Forderungen, von denen die kurzfristigen Verbindlichkeiten abgesetzt werden müssen.[146] Der Vorteil der Kapitalflussrechnung gegenüber der Bewegungsbilanz liegt darin, dass sie eine verursachungsgerechte Analyse der Zu- und Abflüsse des Finanzmittelfonds leistet.

Für die mehrjährige Finanzplanung stellen Unternehmen häufig Planbilanzen auf, die für mehrere Jahre eine Prognose der Bilanzpositionen enthalten. Essentielle Planungsvorgabe der planenden Kapitalflussrechnung ist, dass Mittelverwendung und Mittelherkunft zu einem Ausgleich gebracht werden müssen. Dies zwingt im Planungsprozess dazu, alle finanzwirtschaftlichen Dispositionen so zu treffen, dass dieser Ausgleich sichergestellt ist.[147]

(2) Finanzierungsregeln

Ein für die langfristige Liquiditätssteuerung nicht zu unterschätzender Vorteil der Kapitalbedarfsrechnung und von Planbilanzen ist der, dass die Unternehmensleitung

143 *Witte*, Finanzplanung und Unternehmung, S. 41.
144 *Franke/Hax*, Finanzwirtschaft des Unternehmens und Kapitalmarkt, S. 120.
145 *Wöhe/Bilstein/Ernst/Häcker*, Grundzüge der Unternehmensfinanzierung, S. 36f.
146 *Franke/Hax*, Finanzwirtschaftdes Unternehmens und Kapitalmarkt, S. 123.
147 *Franke/Hax*, Finanzwirtschaftdes Unternehmens und Kapitalmarkt, S. 125.

die Planbilanzen auf ihre Vereinbarkeit mit eventuell bestehenden Bilanzstrukturnormen bzw. Finanzierungsregeln überprüfen und gegebenenfalls anpassen kann. Häufig machen Kreditgeber ihre Kreditentscheidung von der Einhaltung bestimmter liquiditätsbezogener Bilanzkennzahlen abhängig. Hintergrund ist, dass für die externe Beurteilung der finanziellen Lage eines Unternehmens regelmäßig keine verlässlichere Informationsgrundlage als die Bilanz zur Verfügung steht.[148] Zudem kann die Aufstellung solcher operationalen Zielgrößen der unternehmensinternen Steuerung und Kontrolle der finanziellen Dispositionen dienen.

Zu den im Rahmen der langfristigen Finanzplanung häufig anzutreffenden Bilanzkennzahlen gehören neben dem Verschuldungsgrad[149] vor allem die horizontalen Finanzierungsregeln. Diese basieren auf der Forderung nach einer fristenkongruenten Finanzierung. Die sogenannte „*Goldene Finanzierungsregel*“, deren Vorbild die im Bankbereich diskutierte sogenannte „*Goldene Bankregel*“[150] ist, verlangt, dass die Dauer der Kapitalverwendung mit der Dauer der Kapitalüberlassung übereinstimmen soll. Das bedeutet, dass das Kapital genau für den Zeitraum überlassen sein soll, in dem das Kapital gebunden wird.[151] Zu diesem Zweck werden Gruppen von Aktiva und Passiva mit gleicher Kapitalbindungsdauer bzw. Fristigkeit gebildet. Dann werden die Aktiva mit einer bestimmten Kapitalbindungsdauer den Passiva mit entsprechender Fristigkeit einander gegenübergestellt. Wenn der Vergleich ergibt, dass der Umfang der Aktiva einer Gruppe mit einer bestimmten Kapitalbindungsdauer (oder höheren Kapitalbindungsdauer) größer oder zumindest gleich dem Umfang der Gruppe der Passiva mit entsprechender Fristigkeit (oder einer höheren Fristigkeit) ist, dann ist die erforderliche Fristenkongruenz gegeben. Eine (vereinfachte) Ausprägung dieser Regel ist, dass das Anlagevermögen durch Eigenkapital (und langfristiges Fremdkapital) gedeckt sein soll.[152]

(3) Kritik an Liquiditätsrisikosteuerung mittels bilanzieller Finanzinformationen

Die Aussagekraft von Kennzahlen, die mittels Gegenüberstellung bilanzieller Finanzinformationen ermittelt werden, ist für die Bewertung, ob ein Unternehmen seine fälligen Zahlungsverpflichtungen termingerecht und betragsgenau jederzeit erfüllen kann, sehr eingeschränkt:[153] Neben der fehlenden Aktualität der bilanziellen Größen fehlt es insbesondere an der zeitlichen Genauigkeit und der Vollständigkeit der Finanzinformationen, um ein umfassendes Bild der erwarteten Ein- und

---

148 *Franke/Hax*, Finanzwirtschaft des Unternehmens und Kapitalmarkt, S. 114.

149 Der Verschuldungsgrad ist eine Kennzahl, die das Verhältnis von Fremdkapital zu Eigenkapital ausdrückt, vgl. *Franke/Hax*, Finanzwirtschaft des Unternehmens und Kapitalmarkt, S. 114 f.

150 Vgl. D.II.a).

151 *Töndury*, Finanzierungen, S. 37; *Boemle*, Unternehmensfinanzierung, S. 67 ff.

152 *Schierenbeck/Wöhle*, Grundzüge der Betriebswirtschaftslehre, S. 801.

153 *Witte*, Finanzplanung und Unternehmung, S. 36 f.

Auszahlungen zu erhalten. Bilanzielle Größen werden in zeitlicher Hinsicht selten näher als durch die Adjektive „kurzfristig“, „mittelfristig“ oder „langfristig“ bestimmt. Zeitpunktangaben, wann Ein- oder Auszahlungen anfallen werden, lassen sich daraus nicht ableiten. Die Bilanzinformationen sind zudem sehr lückenhaft, da sie zukunftsgerichtete Informationen nur insoweit enthalten, wie sie bereits buchhalterisch erfasst und in der Bilanz abgebildet wurden. Darüber hinaus werden Zahlungsbewegungen, die sich nicht in der Vermögens- oder Kapitalstruktur niederschlagen wie z. B. außerbilanzielle Zahlungsverpflichtungen nicht erfasst.

Im Hinblick auf die Goldene Finanzierungsregel wird in der betriebswirtschaftlichen Literatur zu Recht kritisiert, dass diese Norm für die Finanzplanung von Unternehmen zu undifferenziert ist, da sie andere Planungsgrößen, wie z. B. die Ertragsentwicklung oder die Liquiditätsnähe von Vermögenswerten außer Acht lässt.[154]

3. Früherkennung von liquiditätsgefährdenden Entwicklungen

Der mit dem Gesetz zur Kontrolle und Transparenz im Unternehmensbereich (KonTraG)[155] im Jahr 1998 eingefügte § 91 Abs. 2 AktG verpflichtet den Vorstand, Maßnahmen zur Früherkennung von bestandsgefährdenden Entwicklungen zu ergreifen. Diese Forderung nach organisatorischen Vorkehrungen mit Präventionsfunktion hat das Interesse der Rechtswissenschaft auf einen Bereich gelenkt, mit dem sich die betriebswissenschaftliche Forschung schon seit den sechziger Jahren des letzten Jahrhunderts beschäftigt. Im Folgenden werden die Grundstrukturen der in der betriebswissenschaftlichen Forschung und Praxis diskutierten einzelwirtschaftlichen[156] Früherkennungsansätze skizziert, um diese dann in einem gesonderten Kapitel[157] an den liquiditätssichernden Anforderungen des § 91 Abs. 2 AktG zu messen.

a) Frühwarnsysteme

Zunächst wurden sog. Frühwarnsysteme entwickelt, die auf das systematische und frühzeitige Erkennen von bedrohlichen Entwicklungen und Risiken im Unternehmen gerichtet sind.[158] Technisch sehen diese Systeme automatisierte Meldungen vor, wenn bestimmte vordefinierte Schwellenwerte oder Toleranzgrenzen von Kennzahlen überschritten werden. Eine Überschreitung dieser Schwellenwerte

154 *Boemle*, Unternehmensfinanzierung, S. 68.

155 BGBl. I 1998, S. 786 ff.

156 Vgl. *Krystek/Müller*, Controlling 1999, S. 177 (178). Die Beschäftigung mit Früherkennungssystemen, die die Gesamtwirtschaft, d. h. insbesondere die konjunkturelle Entwicklung, in den Blick nehmen, begann Ende des 19. Jahrhunderts; vgl. *Krystek/Müller-Stewens*, Frühaufklärung für Unternehmen, S. 17 f. mwN.

157 Vgl. C.I.1.

158 Vgl. *Krystek/Müller-Stewens*, Frühaufklärung für Unternehmen, S. 19 ff.

oder Toleranzgrenzen wird mithilfe von Plan-/Ist- Vergleichen ermittelt. Die Kennzahlen werden auf der Grundlage der bestehenden betrieblichen Ergebnis- und Liquiditätsrechnungen ermittelt. An die Überschreitung eines Schwellenwertes schließt sich eine Abweichungs- und Ursachenanalyse an. In Ergänzung zu diesen periodisch vorzunehmenden Plan-/Ist-Vergleichen gibt es Ansätze, mit denen für dieselbe Beobachtungsperiode die Ist- Zahlen hochgerechnet werden und dann mit den Planzahlen verglichen werden (sog. Soll-/Wird-Vergleich).[159]

b) Frühindikatorsysteme

Diese Frühwarnsysteme wurden zu sog. Frühindikatorsystemen[160] weiterentwickelt. Ziel eines solchen Systems ist es, neben Gefährdungen auch Chancen für das Unternehmen frühzeitig zu identifizieren. Dazu müssen neben den Beobachtungsbereichen und Risikofeldern geeignete Frühindikatoren unternehmensspezifisch definiert werden, von denen angenommen werden kann, dass sie einer noch im Verborgenen liegenden Entwicklung „*vorauseilen*".[161] Neben Indikatoren für unternehmensinterne Bedrohungen und Chancen gibt es auch solche für unternehmensexterne Bedrohungen und Chancen. Beispiele dieser „*vorauseilenden Anzeichen*" sind Auftragseingänge, das Verhalten von Wettbewerbern oder Gesetzesänderungen.[162] Auch für diese Frühindikatoren werden Sollwerte und Toleranzgrenzen festgelegt, bei deren Überschreiten ein Früherkennungssignal erfolgt.

c) Frühaufklärungssysteme

Die beiden vorangegangenen Ansätze, die auf den operativ-kurzfristigen Bereich ausgerichtet sind, wurden schließlich um eine strategische, auf die Unternehmensplanung ausgerichtete Perspektive erweitert. Diese sog. Frühaufklärungssysteme gehen auf das Konzept der „*schwachen Signale*"[163] zurück. Dem liegt zugrunde, dass sich strategische Bedrohungen und auch Chancen lange Zeit durch schwache Signale ankündigen, bevor sie sich zu Bedrohungen oder Chancen verdichten.[164] Beispiele für schwache Signale sind Tendenzen in der Rechtsprechung oder die plötzliche Häufung gleichartiger Ereignisse mit strategischer Bedeutung für das

---

159 Guter Überblick bei: *Krystek/ Müller-Stewens*, Frühaufklärung für Unternehmen, S. 63 ff.

160 Diese Systeme werden in der betriebswirtschaftlichen Literatur auch als „Früherkennungssysteme" bezeichnet, vgl. *Krystek/Müller*, Controlling 1999, 177 (178). In dieser Untersuchung wird der Terminologie von *Wall*, in: Lange/Wall, Risikomanagement nach dem KonTraG, S. 207 (220 ff.) gefolgt.

161 *Krystek/Müller-Stewens*, Frühaufklärung für Unternehmen, S. 20.

162 *Hahn*, DBW 1981, 314 (315).

163 *Ansoff*, zfbf 1976, 129 ff.

164 *Wall*, in: Lange/Wall, Risikomanagement nach dem KonTraG, S. 207 (220 ff.).

Unternehmen.[165] Im Unterschied zu Früherkennungssystemen werden Risikofelder und Bereiche für Chancen nicht von vornherein festgelegt, sondern das Unternehmen und seine Umwelt werden gleichsam mit einem „strategischen Radar“ nach Strukturbrüchen abgesucht, von denen auf neue, noch nicht identifizierte Risikofelder oder Bereiche für Chancen geschlossen werden kann. Ziel ist vor allem, aus den schwachen Signalen Handlungsprogramme ((Gegen-)Maßnahmen und Reaktionsstrategien) für die Unternehmensleitung abzuleiten.[166]

d) Diskussion

Die Wirksamkeit der vorgestellten Ansätze ist in der betriebswirtschaftlichen Literatur umstritten. Der wesentliche Kritikpunkt an einer Früherkennung mittels Frühwarnsystemen besteht darin, dass diese Systeme nicht früh genug ansetzten, da auf der Basis vergangenheitsbezogener Daten lediglich Bedrohungen erkannt werden könnten, die schon vorhanden seien.[167] An dieser Rückwärtsgewandtheit litten auch die Ansätze, die Ist- Zahlen hochrechnen, da die Hochrechnungen auf der Basis von Zahlen der Vergangenheit erfolgten.[168] Andererseits seien Frühwarnsysteme einfach umzusetzen und lieferten in effizienter Weise leicht erfassbare Informationen.[169]

Hinsichtlich der Früherkennung mittels Frühindikatoren wird bemängelt, dass aufgrund der vorherigen Festlegung von Beobachtungsbereichen und Indikatoren diese Systeme neuartige Bedrohungen und Chancen nur eingeschränkt erkennen können.[170] Andererseits sei die Früherkennung sowohl in zeitlicher als auch in sachlicher Hinsicht breiter ausgerichtet. Gegen die Wirksamkeit der Früherkennung mittels Frühaufklärungssystemen spreche grundsätzlich, dass schwache Signale aufgrund ihres häufig qualitativen Charakters mehrdeutig, diffus bzw. ambivalent seien und eine Vielzahl von Interpretationen zuließen, was zur Gefahr von Fehlinterpretationen führe. Weil die Frühaufklärungssysteme aufgrund ihrer Komplexität hohe Anforderungen an die Interpretationsfähigkeiten der Anwender stellten, sei der Informationswert zweifelhaft.[171] Andererseits könnten solche Ansätze aufgrund ihrer konzeptionellen Ganzheitlichkeit ein komplexes und dynamisches Unternehmensumfeld am besten abbilden.[172] Die Ganzheitlichkeit bedinge aber auch, dass die

---

165 Beispiele nach *Krystek/Müller*, Controlling 1999, 177 (181).

166 *Krystek/Müller*, Controlling 1999, 177 (178).

167 *Krystek/Müller-Stewens*, Frühaufklärung für Unternehmen, S. 56; die insofern von einem „Ex-post-Analysecharakter“ der Frühwarnsysteme sprechen; *Wall*, in: Lange/Wall, Risikomanagement nach dem KonTraG, S. 207 (221).

168 *Geißler*, Frühaufklärungssysteme, S. 98.

169 *Müller-Stewens*, in: HdWB Betriebswirtschaft, S. 558 (560).

170 *Weigand/Buchner*, in: Horvath, Früherkennung in der Unternehmenssteuerung, S. 1 (15).

171 *Neumann*, Partizipative Früherkennung von Chancen und Risiken, S. 160.

172 *Müller-Stewens*, in: Köhler/Küpper/Pfingsten, HdWb Betriebswirtschaft, S. 558 (563).

Ansätze ein großes Maß an Offenheit und ein hohes Abstraktionsniveau aufweisen, die die betriebliche Konkretisierung und Umsetzung erheblich erschwere.[173]

Um den aufgezeigten Schwachstellen der einzelnen Ansätze zu begegnen, wird schließlich vorgeschlagen, das strategische Frühaufklärungssystem mit dem operativen Frühwarn- oder Frühindikatorsystem zu einer *„Integrativen Frühaufklärung"* zu kombinieren.[174] Jedenfalls ist festzuhalten, dass die Früherkennungssysteme als gleichwertige Ansätze angesehen werden, die sich gegenseitig ergänzen und nicht verdrängen.[175]

4. Maßnahmen zur Prävention und Bewältigung des Liquiditätsrisikos

Nachdem die Ursachen des Liquiditätsrisikos identifiziert und der Grad der von ihm für den Bestand des Unternehmens ausgehenden Bedrohung quantifiziert wurde, stehen eine Reihe von Maßnahmen zur Bewältigung des Liquiditätsrisikos zur Verfügung. Diese lassen sich systematisch in *aktive Maßnahmen* und *passive Maßnahmen* der Risikobewältigung einteilen.[176] Die aktiven Risikobewältigungsmaßnahmen zielen darauf ab, die Eintrittswahrscheinlichkeit bzw. die Tragweite des Risikos zu verringern. Dies kann durch Maßnahmen der Risikovermeidung, der Risikominderung und durch Risikodiversifikation geschehen. Demgegenüber verfolgen passive Maßnahmen das Ziel, die Folgen schlagend gewordener Liquiditätsrisiken abzuwehren.[177] Zu den passiven Risikobewältigungsmaßnahmen zählen der Risikotransfer und die Risikovorsorge. Zudem gibt es zur Bekämpfung eines akuten oder sich abzeichnenden Liquiditätsengpässen eine Vielzahl finanzwirtschaftlicher Maßnahmen.

a) *Risikovermeidung*

Die Risikovermeidung zielt darauf, die Eintrittswahrscheinlichkeit eines Risikos vollständig zu beseitigen, d.h. das Risiko auszuschalten. Regelmäßig kann das nur dadurch erreicht werden, dass die mit Liquiditätsrisiken verbundene Maßnahme unterbleibt.[178] In diesem Fall kann aber auch die mit dem Risiko verbundene Chance nicht realisiert werden. Das Liquiditätsrisiko wird vermieden, wenn der tatsächliche Zahlungsmittelendbestand den geplanten in keiner Planungsperiode unterschreitet.

---

173 *Müller-Stewens*, Früherkennungssysteme, in: Köhler/Küpper/Pfingsten, HdWb Betriebswirtschaft, S. 558 (563).

174 Vgl. *Geißler*, Frühaufklärungssysteme, S. 151 ff.; *Wiegand/Buchner*, Früherkennung in der Unternehmenssteuerung, S. 19.

175 *Schneider*, Früherkennung und Intuition, S. 48 mwN.

176 *Schierenbeck/Lister*, Value Controlling, S. 352; *Hölscher*, Integrativen Risikobewältigung, S. 3 (13 ff.).

177 *Kremers*, Risikoübernahme in Industrieunternehmen, S. 84.

178 *Bonn*, Finanzplanbasierte Liquiditätsrisikosteuerung, S. 196.

Dies erfordert, dass alle Zahlungen vollständig, betragsgenau und termingerecht erfasst werden. Dies ist jedoch nicht möglich.[179]

b) Risikominderung

Maßnahmen der Risikominderung zielen darauf ab, Eintrittswahrscheinlichkeit und Tragweite des Liquiditätsrisikos zum einen dadurch zu verringern, dass die Informationsbasis und die Prognoseverfahren der Finanzplanung verbessert werden. Zum anderen kann versucht werden, Ein- und Auszahlungen derart zu beeinflussen, dass sie sich mit einem höheren Maß an Sicherheit einstellen. Dazu einige Beispiele:[180] Leistungswirtschaftliche Zahlungen lassen sich dadurch absichern, dass feste Preis- und Mengenvereinbarungen oder ein fester Zahlungszeitpunkt vereinbart werden. Auch eine geeignete Gestaltung der Skontopolitik kann den Zeitrahmen, in dem eine Einzahlung erwartet wird, eingrenzen. Anstatt Zahlungsziele einzuräumen, kann versucht werden, Kunden für das Lastschriftverfahren zu gewinnen. Dies hat zur Folge, dass – eine entsprechende Deckung vorausgesetzt – der Einzahlungszeitpunkt nicht mehr fremdbestimmt ist. Den Zeitpunkt leistungswirtschaftlich bedingter Auszahlungen kann das Unternehmen beispielsweise durch die Wahl geeigneter Zahlungsbedingungen beeinflussen. Finanzwirtschaftlich bedingte Zahlungen kann ein Unternehmen z.B. durch die Wahl einer Vermögensanlage beeinflussen, deren Rückflüsse hinsichtlich Betrag und Zeitpunkt der Rückflüsse wahrscheinlicher sind als andere. Aus Liquiditätsrisikogesichtspunkten sind festverzinsliche Kredite den variabel verzinslichen Krediten vorzuziehen, da bei letzteren die Auszahlungen für den Kapitaldienst der Höhe nach unsicher sind. An den beiden letztgenannten Beispielen wird deutlich, dass Maßnahmen der Risikominimierung in der Regel Einfluss auf die Rentabilität des Unternehmens haben. So sind „sicherere" Vermögensanlagen in der Regel auch ertragsschwächer, festverzinsliche Kredite haben häufig schlechtere Kreditkonditionen als variabel verzinsliche.

c) Risikodiversifikation

Maßnahmen der Risikodiversifikation zielen darauf ab, ein Gesamtrisiko in mehrere Einzelrisiken zu zerlegen, die nach Möglichkeit nicht positiv korreliert[181] sind.[182]

Das Gesamtrisiko wird dabei derart zerlegt, dass die Einzelrisiken zwar die gleiche Eintrittswahrscheinlichkeit, aber eine geringere Höhe haben. In Abhängigkeit von den Besonderheiten der Branche und des Geschäftsmodells des Unternehmens kann das Einzahlungsrisiko aufgrund von Umsatzerlösen eventuell durch eine Diversifizierung des Kundenstammes gemindert werden. Eine Diversifizierung der Lieferanten kann die einseitige Abhängigkeit des Produktionsprozesses und damit

179 Vgl. B.II.2(3).

180 Beispiele nach *Bonn*, Finanzplanbasierte Liquiditätsrisikosteuerung, S. 196 ff.

181 Vgl. Text zu Fn. 448.

182 *Schierenbeck/ Lister*, Value Controlling, S. 355.

der Lieferfähigkeit verringern. Ob den Vorstand einer Aktiengesellschaft eine Pflicht trifft, bei Investitions-, Anlage- oder Refinanzierungsentscheidungen auf eine Risikodiversifikation zu achten, wird noch untersucht.[183]

d) Risikotransfer

Risikotransfermaßnahmen zielen darauf ab, ein Risiko auf Dritte zu übertragen.[184] Der Versicherungsvertrag ist eine typische Form der Übertragung eines Risikos auf Dritte mit einer langen Tradition.[185] Der Versicherungsgeber gibt dem Versicherungsnehmer gegen die Zahlung einer Versicherungsprämie ein Schutzversprechen, im Versicherungsfall (z.B. Schadensereignis) die Versicherungsleistung zu erbringen. Auf diese Weise wird eine unsichere Auszahlung in eine sichere, aber kleinere Auszahlung transformiert.[186] Es wird bezweifelt, ob das Liquiditätsrisiko insgesamt Gegenstand einer Versicherung sein kann. Sieht man die Zahlungsunfähigkeit als Ereignis an, das den Versicherungsfall auslöst, so fehlt es an der Zufälligkeit des Ereignisses, da der Versicherungsnehmer dessen Eintritt beeinflussen kann.[187] Die Zufälligkeit des Ereignisses ist aber wesentliches Charakteristikum einer Versicherung. Denkbar ist dagegen, dass im Rahmen von Sach- und Betriebsunterbrechungsversicherungen einzelne Ereignisse versichert werden, die zu einem unerwarteten Anstieg der Auszahlungen oder einer unerwarteten Verminderung der Einzahlungen führen können.

Aus betriebswirtschaftlicher Sicht wichtige Instrumente des Risikotransfers stellen Zahlungssicherungsinstrumente dar. Ein Zahlungsausfall hat nicht nur Einfluss auf den Ertrag, sondern auch auf die Liquidität des Unternehmens. Zur Sicherung von Einzahlungen gegen Forderungsausfall dienen zum einen Personalsicherheiten wie Bürgschaft (§ 765 BGB), Schuldbeitritt (§ 311 Abs. 1 BGB) und selbständiges Garantieversprechen (§ 311 Abs. 1 BGB). Um das Liquiditätsrisiko nicht nur dem Betrag nach, sondern auch in zeitlicher Hinsicht auf den Dritten überwälzen zu können, müssen diese Sicherungsinstrumente derart ausgestaltet sein, dass der Dritte auf erstes Anfordern zahlt. Zum anderen kann die Delkrederefunktion[188] des echten Factoring genutzt werden, um die Sicherheit von Umsatzeinzahlungen zu

---

183 Vgl. E.IV.3.

184 *Schierenbeck/ Lister*, Value Controlling, S. 357.

185 Die ersten Ansätze einer „Risikomanagementstrategie“ in Form der Risikoüberwälzung durch Versicherung lassen sich bereits im Seehandel der Renaissance finden (vgl. *von Zedwitz*, Die rechtgeschichtliche Entwicklung der Versicherung, S. 132; *Hannemann/Schneider/Weigl*, Mindestanforderungen an das Risikomanagement, S. 2).

186 *Bonn*, Finanzplanbasiertes Liquiditätsrisikomanagement, S. 201.

187 *Bonn*, Finanzplanbasiertes Liquiditätsrisikomanagement, S. 201.

188 Die Delkrederefunktion des Factoring besteht in der Übernahme des Ausfallrisikos (vgl. Fischer, in: Schimansky/Bunte/Lwowski, Bankrechtshandbuch, Band 1, § 127 Rn. 44).

erhöhen.[189] Im Rahmen des echten Factorings wird eine unsichere Einzahlung durch eine sicherere etwas geringere Einzahlung ersetzt. Dies erfolgt dadurch, dass ein Gläubiger eine Forderung an einen Dritten (sog. Factor) verkauft und abtritt und der Factor dem Gläubiger den Forderungsbetrag auszahlt, der um einen Prozentsatz der Forderung gekürzt ist. Der Factor übernimmt das Ausfallrisiko des Schuldners und reduziert durch die Zahlung des gekürzten Forderungsbetrages das aus dem Ausfallrisiko abgeleitete Liquiditätsrisiko des Gläubigers. Ein in dieser Hinsicht ähnliches Mittel zur Absicherung von Einzahlungen ist das Forfaitierungsgeschäft[190], das vor allem zur Absicherung von Umsatzeinzahlungen aufgrund von Exportgeschäften über Investitionsgüter dient. Ein weiteres Mittel zur Sicherung von Umsatzeinzahlungen aus Exportgeschäften unter Einschaltung einer Bank als Drittem stellen Akkreditive, insbesondere das Dokumentenakkreditiv, dar.[191]

Schließlich sind Derivate ein weitverbreitetes Mittel, um Zahlungsströme, die aus Devisen-, Zinsänderungs- und Rohstoffpreisrisiken herrühren, unter Einschaltung eines Dritten abzusichern.[192] Mit Devisenoptionen oder Devisenfutures lässt sich das mit einer ungünstigen Entwicklung des Wechselkurses im Rahmen von Außenhandelsgeschäften verbundene Liquiditätsrisiko,[193] mit sog. Commodity Futures lassen sich die Marktpreisrisiken für Rohstoffe absichern.

Zu welchem Zweck und in welchem Umfang der Einsatz von Derivaten im Rahmen des statutarischen Unternehmensgegenstandes erlaubt ist, wird noch untersucht.[194]

e) Risikovorsorge

Eine weitere Maßnahme zur passiven Risikobewältigung ist die Risikovorsorge, mit der die Wirkungen schlagend gewordener Risiken vom Unternehmen selbst aufgefangen werden sollen. Die Risikovorsorge reserviert eine bestimmte Deckungsmasse, um negative Abweichungen der tatsächlichen von den geplanten Ein- und Auszahlungen ausgleichen zu können (sog. *Liquiditätsreserve*). Die Liquiditätsreserve umfasst den greifbaren Bestand an Zahlungsmitteln und auch potentielle Zahlungsmittel, d. h. mögliche Einzahlungen.[195] Zu den potentiellen Zahlungsmitteln

---

189 *Bonn*, Finanzplanbasiertes Liquiditätsrisikomanagement, S. 208.

190 *Martinek/Oechsler*, in: Schimansky/Bunte/Lwowski, Bankrechtshandbuch, Band 2, § 103 Rn. 1 ff.

191 Eingehend: *Nielsen*, in: Schimansky/Bunte/Lwowski, Bankrechtshandbuch, Band 2, § 120 Rn. 1 ff.

192 Vgl. zu Struktur und Wirkungsweise der unterschiedlichen Arten von Derivaten: *Hull*, Optionen, Futures und andere Derivate, S. 28 ff.; empirischer Überblick bei *Eichhorn*, ZGesKredW 2007, 73 ff.

193 *Bonn*, Finanzplanbasiertes Liquiditätsrisikomanagement, S. 210.

194 Vgl. C.I.2.c)(1).

195 *Cherubini*, Unschärfen bei der Festlegung der Liquiditätsreserve im Rahmen der mittelfristigen Finanzplanung, S. 11.

gehören beispielsweise nicht ausgeschöpfte Kreditlinien, über die ein Unternehmen jederzeit disponieren kann, und Vermögenswerte, die sofort und ohne nennenswerten Abschlag liquidierbar sind.

Im Bereich der Erfolgsrisiken folgt die Risikovorsorge dem Leitbild des sog. Risikotragfähigkeitskalküls, wonach der Umfang an Risikodeckungsmasse[196] größer oder gleich dem Risikopotenzial der eingegangenen Erfolgsrisiken sein muss.[197] In Übertragung auf das Liquiditätsrisiko muss gewährleistet sein, dass die Liquiditätsreserve größer oder gleich dem Risikopotenzial aufgrund möglicher negativer Zahlungsstromabweichungen ist, wobei zur Abwehr des finanziellen Ungleichgewichtes ein Eingriff in die leistungswirtschaftlichen Teilpläne möglichst vermieden werden sollte.[198]

(1) Umfang der Liquiditätsreserve

(i) Liquiditätsreserve für quantifizierbare Zahlungsmitteldefizite

Die Bestimmung des Umfangs der optimalen Liquiditätsreserve unterliegt dabei konkurrierenden Zielsetzungen: Aufgrund erfolgswirtschaftlicher Erwägungen ist die Liquiditätsreserve so gering wie möglich zu halten, zu Zwecken der Liquiditätssicherung sollte sie jedoch so hoch wie erforderlich sein.[199] Die Höhe der möglichen negativen Abweichungen des geplanten Zahlungsmittelendbestandes innerhalb einer Planungsperiode ist der Ausgangspunkt für die Bestimmung des Umfangs der Liquiditätsreserve. Soweit die autonomen Zahlungsströme subjektiv oder objektiv quantifizierbar sind, können für unterschiedliche Wahrscheinlichkeitsniveaus die Zahlungsmittelbedarfe beispielsweise mithilfe der Liquidity at Risk berechnet werden. Neben dieser Berechnungsmethode finden sich in der betriebswirtschaftlichen Literatur auch pragmatische Erfahrungsregeln für den Gesamtumfang der erforderlichen Liquiditätsreserven.[200]

Wie bereits dargestellt, wird dabei die Wahl eines 100%-igen Konfidenzniveaus von der neueren betriebswirtschaftlichen Forschung für nicht sinnvoll und effektiv erachtet.[201] Zur Veranschaulichung des Zusammenhanges sei das folgende Beispiel genannt: Entscheidet sich die Unternehmensführung für ein Konfidenzniveau von 99% bei einer Planungsperiode von einem Tag, so bedeutet dies, dass der maximale Zahlungsmittelbedarf einmal in 100 Tagen nicht durch die Liquiditätsreserve gedeckt

---

196 In diesem Zusammenhang ist das Eigenkapital in seiner Funktion als Verlustpuffer gemeint.

197 *Schierenbeck/Lister/Kirmße*, Ertragsorientiertes Bankmanagement, Band 2, S. 15.

198 *Bonn*, Finanzplanbasierte Messung und Steuerung des Liquiditätsrisikos, S. 213.

199 *Witte*, Finanzplanung und Unternehmung, S. 27.

200 Nach *Drukarczyk*, Finanzierung, S. 108 gilt ein operativer Kassenbestand in Höhe von 2% der Nettoumsatzerlösen als erforderlich. *Volkart*, Corporate Finance, S. 1013 schlägt eine Liquiditätsreserve in Höhe von 5% des Jahresumsatzes oder mehr vor.

201 Vgl. B.II.2(2).

ist und insoweit die Zahlungsunfähigkeit droht.[202] Dieses Restliquiditätsrisiko soll die Unternehmensführung vor allem aus Rentabilitätsgesichtspunkten tragen können. Jedoch kann ein Unternehmen auch auf andere Verfahren zur Quantifizierung unerwarteter Zahlungsstromabweichungen zurückgreifen.

(ii) Liquiditätsreserve für nicht quantifizierbare Zahlungsmitteldefizite

Soweit autonome Zahlungsströme aufgrund erwogener Gefahren nicht prognostizierbar sind, weil sie zwar ihrer Art nach bekannt sind, Wahrscheinlichkeiten bezüglich Höhe und Zeitpunkt aber mangels Informationen nicht ermittelt werden können (wie z. B. Auszahlungen für die unerwartete Reparatur einer Maschine, Auszahlungen aufgrund Schadensersatz- bzw. Lizenzzahlungen für Patentverletzungen), müssen für diese Sonderereignisse Zahlungsmittel in Höhe von Pauschalwerten vorgehalten werden.[203] Da auch diese Zahlungsströme die Liquidität eines Unternehmens in Frage stellen, können diese nicht ignoriert werden.[204]

(2) Zusammensetzung der Liquiditätsreserve

(i) Arten und Spezifika von Risikodeckungsmassen

Die Liquiditätsreserve setzt sich zusammen aus Mitteln der *Zahlungskraftreserve, Vermögensreserve* und *Finanzierungsreserve.*[205]

Als sogenannte Zahlungskraftreserve werden Zahlungsmittel bezeichnet, die in Form von Bar- und Buchgeld, Zahlungsmittelsurrogaten wie Wechsel und Schecks oder zugesagten, aber noch nicht in Anspruch genommenen Krediten zur Verfügung stehen und die ausschließlich für den Zweck der Liquiditätssicherung reserviert sind.[206] Als Vermögensreserve werden Aktiva gezählt, die „geldnah" sind, d. h. über einen Markt leicht veräußert werden können, und dazu bestimmt sind, finanzwirtschaftliche Risiken aufzufangen.[207] Als geldnahe Aktiva kommen beispielsweise kündigungsfähige Tagesgeld- oder Termineinlagen, liquidierbare Unternehmensbeteiligungen des Finanzanlagevermögens oder auch liquidierbare *Commercial Papers*[208] in Frage.[209] Zu den Mitteln der Finanzierungsreserve zählen

---

202 Beispiel nach *Bonn*, Finanzplanbasierte Messung und Steuerung des Liquiditätsrisikos, S. 225.

203 *Mensch*, Finanz-Controlling, S. 68.

204 *Mensch*, Finanz-Controlling, S. 68.

205 *Witte*, Finanzplanung und Unternehmung, S. 136.

206 *Witte*, Finanzplanung und Unternehmung, S. 136.

207 Sog. Near Money Assets, eingehend: *Walz/Gramlich*, Investitionsplanung, S. 192 ff.

208 Als Commercial Paper werden kurzfristige wechselähnliche Papiere bezeichnet, die regelmäßig als Inhaberschuldverschreibungen von Finanz-, Industrie- und Handelsunternehmen erstklassiger Bonität im Rahmen von dauerhaften Emissionsprogrammen begeben werden (vgl. *Kölln/Rhein*, in: HdWb Bank- und Finanzwesen, S. 506).

209 *Süchting*, Finanzmanagement) S. 563 ff.

sämtliche Formen der Beschaffung von Zahlungsmitteln im Wege der Außen- und Innenfinanzierung.[210] Ein wichtiges Element der Außenfinanzierung sind zugesagte, aber noch nicht ausgenutzte Kreditlinien sowie die Erweiterung von Kreditrahmen. Als flexibles Mittel der Innenfinanzierung ist die Ausgabe junger Aktien im Rahmen einer Kapitalerhöhung aus genehmigtem Kapital (§§ 202 ff. AktG) zu nennen.

Die Unternehmensführung muss bei der Auswahl der Bestandteile der Liquiditätsreserve bestimmte Gesichtspunkte beachten. Ausgangspunkt der Überlegungen sind Art und Höhe möglicher unerwarteter Zahlungsdefizite (dazu im nächsten Abschnitt). Die Auswahl muss sich an den folgenden Merkmalen und Vorgaben orientieren: Die Bestandteile der Liquiditätsreserve unterscheiden sich in ihrem *Liquidierungsbetrag* und ihrer *Liquidierungsdauer*.[211] Der Liquidierungsbetrag ist der Wert, der im Fall der Liquidation des Bestandteils erzielt werden kann. Dieser ist nicht gleichzusetzen mit dem Anschaffungswert. Die Liquidierungsdauer umfasst den Zeitraum zwischen dem Beschluss, einen Bestandteil zu liquidieren, und der effektiven Erhöhung der Zahlungskraft des Unternehmens. Neben diesen beiden grundlegenden Merkmalen muss die Unternehmensführung bei der Auswahlentscheidung aus betriebswirtschaftlicher Sicht beachten, dass die Reservierungskosten, d. h. die Kosten, die aus der Reservierung (bzw. für die Bereitstellung) des Bestandteils entstehen, unterschiedlich sind. Opportunitätskosten ergeben sich daraus, dass die Bestandteile der Liquiditätsreserve nicht zur Erzielung von (höheren) Erlösen verwendet werden können. Die höchsten Opportunitätskosten hat die Vorhaltung von baren Zahlungsmitteln, wohingegen die Kreditzusage in am günstigsten ist.[212] Andererseits sind auch die Kosten zu berücksichtigen, die bei einer Inanspruchnahme beispielsweise einer Kreditlinie in Form von Zinsen entstehen. Bare Zahlungsmittel verursachen bei Eintritt des Liquiditätsrisikos dagegen keine zusätzlichen Kosten.

Schließlich ist aus betriebswirtschaftlicher Perspektive zu berücksichtigen, dass die Inanspruchnahme des Liquiditätspuffers zur Wiederherstellung des finanziellen Gleichgewichtes möglichst geringe Eingriffe in den leistungswirtschaftlichen Bereich erfordern soll.[213]

Die Entscheidung über die Zusammensetzung ist in geeigneten Abständen oder anlassbezogen einer Revision zu unterziehen, um die Struktur der Liquiditätsreserve sich wandelnden finanzwirtschaftlichen Gefahren bzw. sich im Zeitablauf ergebenden besseren Erkenntnissen anzupassen.[214]

---

210 *Bonn*, Finanzplanbasiertes Liquiditätsrisikomanagement, S. 217.
211 *Witte*, Finanzplanung und Unternehmung, S. 137.
212 *Bonn*, Finanzplanbasiertes Liquiditätsrisikomanagement, S. 218.
213 Vgl. B.I.1.
214 *Witte*, Finanzplanung und Unternehmung, S. 137.

(ii) Klassifizierung und Zuordnung von Risikodeckungsmassen

Aufgrund der Spezifika der möglichen Deckungsmassen wird darüber hinaus vorgeschlagen, unterschiedlichen, mit ihrer Eintrittswahrscheinlichkeit gewichteten Belastungsfällen unterschiedliche Risikodeckungsmassen, nämlich Risikodeckungsmassen erster, zweiter und dritter Ordnung, zuzuordnen:[215]

Der *Normalbelastungsfall* ist ein mit sehr hoher Wahrscheinlichkeit eintretender Zustand, der häufig eintretende negative Abweichungen vom Zahlungsmittelendbestand erfasst, die sich beispielsweise aus den Schwankungen der Umsatzeinzahlungen ergeben können. Die Messung des Liquiditätsrisikos im Normalbelastungsfall orientiert sich an einem eher geringen Konfidenzniveau, z. B. von 60%. Beträgt die Liquidity at Risk bei diesem Konfidenzniveau 50.000 Geldeinheiten muss das Unternehmen Risikodeckungsmassen erster Ordnung in dieser Höhe reservieren. Als Risikodeckungsmassen der ersten Ordnung kommen insbesondere solche Bestandteile in Frage, deren häufige Inanspruchnahme nicht zu einer Beeinträchtigung des betrieblichen Ablaufs führt und aus Reputationsgründen auch nicht von außen, zum Beispiel durch Banken oder Lieferanten, wahrgenommen werden kann. Diese Kriterien treffen vor allem auf Bar- und Buchgeldbestände des Unternehmens zu.

Der *negative Belastungsfall* ist ein mit mittlerer bis geringerer Wahrscheinlichkeit eintretender Belastungsfall, dessen Eintritt qualitativ als Ausnahmefall zu charakterisieren ist. Für die Messung der Liquidity at Risk bietet sich ein hohes Konfidenzniveau an, z. B. von 90%. Beträgt die Liquidity at Risk bei diesem Konfidenzniveau 300.000 Geldeinheiten, müssen die Risikodeckungsmassen der zweiten und ersten Ordnung ausreichen, um diesen Zahlungsmittelbedarf decken zu können. Als Risikodeckungsmasse kommen solche Bestandteile in Frage, deren Inanspruchnahme mit einer gewissen Außenwahrnehmung einhergeht, wie z. B. nicht ausgeschöpfte Kreditlinien, leicht liquidierbare und nicht betriebsnotwendige Vermögensgegenstände sowie liquidierbare Forderungen.[216]

Der *Maximalbelastungsfall* realisiert sich nur mit einer äußerst geringen Wahrscheinlichkeit und ist deswegen qualitativ ein Extremfall. Für die Messung der damit verbundenen Liquidity at Risk bietet sich ein sehr hohes Konfidenzniveau an, z. B. von 99%. Wie bereits dargestellt, wird es von der jüngeren betriebswirtschaftlichen Literatur abgelehnt, den Maximalbelastungsfall als den theoretisch möglichen größten Belastungsfall zu definieren.[217] Beträgt der maximale Zahlungsmittelbedarf im Maximalbelastungsfall 600.000 Geldeinheiten, so müssen die Risikodeckungsmassen erster, zweiter und dritter Ordnung diesen Zahlungsmittelbedarf abdecken können. Die Risikodeckungsmassen dritter Ordnung bestehen aus den liquidierbaren

215 *Kremers*, Risikoübernahme in Industrieunternehmen, S. 261 ff.; *Bonn*, Finanzplanbasierte Messung und Steuerung des Liquiditätsrisikos, S. 225; *Schierenbeck/Lister*, Value Controlling, S. 364 f *Schierenbeck/Lister/Kirmße*, Ertragsorientiertes Bankmanagement, Band 2, S. 31 f.

216 Vgl. auch *Weber/Weißenberger/Liekweg*, Risk Tracking, S. 17.

217 Vgl. B.II.2(2).

Vermögensgegenständen, die nicht schon von der Risikodeckungsmasse zweiter Ordnung erfasst sind, wozu neben betriebsnotwendigem Vermögen auch die Aufnahme zusätzlichen Fremd- und Eigenkapitals gehört.

f) Finanzwirtschaftliche Maßnahmen bei akutem oder sich abzeichnendem Liquiditätsengpass

Zur Bewältigung eines akuten oder zukünftigen Liquiditätsengpasses gibt es eine Vielzahl von Maßnahmen, um durch eine Anpassung der Zahlungsein- oder -ausgänge Fehlbeträge der Zahlungskraft auszugleichen. Dazu zählen beispielsweise die Liquidation von Vermögenswerten, die Prolongation bzw. Neuaufnahme von Krediten oder eine Verkürzung der Zahlungsziele von Debitoren und weitere finanzwirtschaftliche Dispositionen.[218]

5. Zwischenergebnis

Die Liquiditätsrisikosteuerung erfüllt in den Betriebswissenschaften mehrere Funktionen. Ausgangspunkt ist die Einsicht, dass die Sicherstellung der Liquidität *Nebenbedingung* für die Existenz eines Unternehmens ist. Mindestens gleichwertig daneben steht die betriebswirtschaftliche Überzeugung, dass kein Unternehmen gegründet wird, um liquide zu sein. Deshalb betrachten die (Bank-)Betriebswissenschaften die Liquiditätsrisikosteuerung mindestens gleichwertig unter Ertragsgesichtspunkten. Das bedeutet vor allem, dass Maßnahmen der Liquiditätsrisikosteuerung dem Zweck dienen, negative Einflüsse von erfolgswirksamen Liquiditätsrisiken auf den Jahresüberschuss zu vermindern bzw. zu vermeiden. Daneben setzen Ertragsgesichtspunkte Art und Umfang der betrieblichen Liquiditätsrisikosteuerung Grenzen.

Die betriebswirtschaftlichen Mittel der dispositiven Liquiditätsrisikosteuerung lassen sich sachlich in Maßnahmen der kurzfristigen Finanzplanung, der Liquiditätsrisikosteuerung im engeren Sinne, der Früherkennung und Bewältigung identifizierter Liquiditätsrisiken unterteilen. Eine kurzfristige Liquiditätsübersicht ergänzt den aktuellen tagesbezogenen Liquiditätsstatus, indem er einer bestimmte – in der Regel nicht mehr als ein Jahr betragende –Planungsperiode die sich aus anderen betrieblichen Teilplänen ergebenden Ein- und Auszahlungen gegenüberstellt. Die Saldierung der Ein- und Auszahlungen erfolgt in gestaffelten Planungseinheiten, die eine tages–, wochen- bzw. monatsgenaue Liquiditätsvorschau erlauben. Bei der Erstellung der Liquiditätsübersicht sind die Plangrundsätze der Vollständigkeit, der Genauigkeit, des Bruttoausweises, der Wirtschaftlichkeit und der Kontinuität zu beachten. Ein Großteil der in der Zukunft liegenden fremdbestimmten Zahlungsströme der Mengen- und Wertebene muß auf der Basis subjektiv-pragmatischer und statistisch-formaler Methoden prognostiziert werden. Statistisch-formale Methoden

218 *Fischer*, in: Küpper/Wagenhofer, HdWB Unternehmensrechnung und Controlling, S. 569 (572 f.).

zeichnen sich aufgrund ihrer mathematischen Formalisierung dadurch aus, dass sie von Dritten nachvollzogen und überprüft werden können. Dazu zählen extrapolierende, d.h. Zeitreihen der Vergangenheit für die Zukunft fortschreibende Methoden sowie kausale Methoden, die anhand von Verweilzeitverteilungen auch die Berücksichtigung neu eintretender Ereignisse bei der Zahlungsstromprognose abbilden können. Die Qualität mathematisch-statistischer Prognosen hängt vom Vorhandensein, dem Umfang und der Aussagekraft der statistischen Datengrundlage ab. Subjektiv-pragmatische Methoden werden eingesetzt, wenn es um die Prognose von Zahlungsströmen aus singulären Ereignissen geht, über die noch keine oder nur in eingeschränktem Maße historische Daten vorhanden sind. Daneben dienen subjektiv-pragmatische Prognosemethoden der Überprüfung und Kontrolle der Ergebnisse der mathematisch-statistischen Verfahren. Zu den subjektiv-pragmatischen Methoden gehören empirische Methoden wie beispielsweise Repräsentativbefragungen zu Investitions- und Konsumverhalten, Expertenbefragungen, zu denen die Delphi-Methode gerechnet wird, und die Szenarioanalyse, die die Entwicklung der Zahlungsströme für verschiedene Szenarien ermittelt. Um ein Mindestmaß an Nachvollziehbarkeit zu schaffen, wird der Prognoseprozess einschließlich der zugrundeliegenden Annahmen schriftlich dokumentiert.

Ergeben die prognostizierten Ein- und Auszahlungen in einer Planungsperiode einen positiven oder negativen Saldo, muss ein Finanzplanausgleich erfolgen, indem bei einem negativen Saldo beispielsweise Investitionen verschoben oder neue Fremdmittel aufgenommen werden. Diese Maßnahmen können auf die betrieblichen Vorpläne zurückwirken und Vorgaben im Sinne eines Finanzbudgets formulieren. Die Liquiditätsübersicht ist einer Kontrolle zu unterziehen, die bei einem Abgleich der tatsächlich eingetretenen mit den geplanten Zahlungsströmen ansetzt. Eine wesentliche Schwäche der kurzfristigen Finanzplanung besteht in der natürlichen Erfassungsungenauigkeit zukünftiger fremdbestimmter Zahlungsströme, die nur unzureichend prognostiziert werden können. Ein weiterer wesentlicher Schwachpunkt besteht darin, dass die kurzfristige Finanzplanung *unerwartete* Zahlungsströme und Zahlungsstromabweichungen nicht erfasst.

Aufgabe der Liquiditätsrisikosteuerung im engeren Sinne ist es, das Risiko unerwarteter Zahlungsstromabweichungen nach Möglichkeit zu quantifizieren, weil die Gegenmaßnahmen größtenteils selbst monetärer Art sind. Sofern und soweit hinreichend geeignetes Datenmaterial bzw. zumindest subjektive Erfahrungswerte zu Verfügung stehen, können Wahrscheinlichkeitsverteilungen zukünftiger, im kurzfristigen Finanzplan nicht erwarteter Zahlungsströme berechnet bzw. geschätzt werden. Liegen nicht einmal subjektive Erfahrungswerte vor, ist die Art des Ereignisses aber bekannt, erfolgt eine qualitative Einschätzung von Risiken. Ihrer Art nach unbekannte Ereignisse werden ignoriert.

Ein in den Bankbetriebswissenschaften lebhaft diskutierter Ansatz zur Quantifizierung des Liquiditätsrisikos auf Basis von Vergangenheitsdaten ist die Berechnung der Liquidity at Risk. Die Liquidity at Risk ist eine Kennzahl, die den maximalen Zahlungsmittelbedarf angibt, der innerhalb einer vorgegebenen Periode mit einer vorgegebenen Wahrscheinlichkeit nicht überschritten wird. In der Wahl der

Wahrscheinlichkeitsschwelle, dem sogenannten Konfidenzniveau, kommt die Risikoneigung eines Unternehmens zum Ausdruck. Das Unternehmen kann sich zwischen der Messung der maximal möglichen Tragweite, der wahrscheinlich höchsten Tragweite oder eines dazwischenliegenden Belastungsfalls entscheiden. Vor allem in der jüngeren betriebswissenschaftlichen Literatur gibt es Stimmen, die die Ausrichtung auf einen Maximalbelastungsfall ablehnen und ein gewisses Restrisiko akzeptieren wollen.

Zu den Maßnahmen der Bewältigung identifizierter Liquiditätsrisiken zählen Maßnahmen der Risikovermeidung, Risikominderung, Risikodiversifikation, des Risikotransfers und der Risikovorsorge. Die Risikovorsorge stützt sich vor allem auf das Vorhalten einer angemessenen Liquiditätsreserve. Die Höhe der Liquiditätsreserve richtet sich dabei nach der Höhe möglicher negativer Abweichungen der zukünftigen Zahlungsströme von den der Liquiditätsübersicht zugrunde gelegten. Die Höhe wird entweder anhand der aufgezeigten Methoden quantifiziert oder mittels pragmatischer Erfahrungsregeln bestimmt. Auf pragmatische Erfahrungsregeln muss auch zurückgriffen werden, soweit Zahlungsströme nach Anfallzeitpunkt bzw. Höhe nicht prognostizierbar sind. Die Auswahl der Bestandteile der Liquiditätsreserve orientiert sich an dem Liquidierungsbetrag und der Liquidierungsdauer der Vermögenswerte. Es wird vorgeschlagen, unterschiedlichen Belastungsfällen unterschiedliche Risikodeckungsmassen zuzuordnen, die sich nach Liquidierungsbetrag und -dauer unterscheiden.

Die langfristige Finanzplanung orientiert sich im Unterschied zur kurzfristigen Finanzplanung nicht an Zahlungsströmen, sondern an Kapitalbewegungen. Die langfristige Finanzplanung zielt darauf, die strukturelle Liquidität sicherzustellen, indem für einen längeren Zeitraum der geplante Kapitalbedarf durch eine angemessene Kapitalbereitstellung abgedeckt ist. Instrumente der langfristigen Finanzplanung sind der Kapitalbindungsplan und die Kapitalbedarfsplanung. Die Aussagekraft dieser Pläne für die Frage, ob ein Unternehmen seine fälligen Zahlungsverpflichtungen betragsgenau und termingerecht erfüllen kann, ist sehr gering.

Die Betriebswissenschaften beschäftigen sich seit den 60er Jahren des vorigen Jahrhunderts mit einzelwirtschaftlichen Früherkennungsansätzen, die gleichwertig nebeneinanderstehen. Während Frühwarnsysteme auf die systematische Erfassung und frühzeitige Erkennung bedrohlicher Entwicklungen und Risiken für ein Unternehmen zielen, wollen Frühindikatorsysteme neben Gefährdungen auch Chancen frühzeitig ausmachen. Frühaufklärungssysteme setzen zeitlich sehr früh an und zielen darauf, „schwache Signale" zu erfassen, die Hinweise auf das Vorliegen von Bedrohungen und Chancen für ein Unternehmen geben. Die Wirksamkeit dieser Früherkennungsansätze ist in den Betriebswissenschaften umstritten.

C. Die Steuerung von Liquiditätsrisiken im Aktienrecht

Das Aktienrecht beschäftigt sich schon seit längerer Zeit mit der Steuerung von unternehmerischen Risiken. Im Rahmen der allgemeinen Leitungspflicht des Vorstandes hat die Rechtsprechung ein Pflichtenprogramm des Vorstandes für den Umgang mit risikobehafteten Entscheidungen ausgeformt.[219] Schwere Unternehmensschieflagen in den achtziger und neunziger Jahren des letzten Jahrhunderts[220] führten darüber hinaus zu einer intensiven Diskussion um die Angemessenheit von unternehmensinternen und -externen Leitungs- und Überwachungsanforderungen in Bezug auf unternehmerische Risiken, die zu verschiedenen Normsetzungen geführt haben. Das KonTraG griff verschiedene Forderungen auf und konkretisierte den Rechtsrahmen für die Unternehmensleitung und -kontrolle im Hinblick auf deren präventive Bestandssicherungssicherungspflicht. Im Mittelpunkt der Neuregelung stehen die aus der allgemeinen Leitungspflicht des Vorstandes abgeleiteten organisatorischen Bestandssicherungspflichten und die auf die Liquiditätssituation und risikoreiche Einzelmaßnahmen zielenden Berichtspflichten des Vorstands gegenüber dem Aufsichtsrat. Das Gesetz zur Unternehmensintegrität und Modernisierung des Anfechtungsrechts (UMAG)[221] kodifizierte mit § 93 Abs. 1 Satz 2 AktG einen bereits seit langem anerkannten[222] Haftungsfreiraum des Vorstands für risikobehaftete unternehmerische Entscheidungen mit prognostischem Charakter.

Die folgende Darstellung der aktienrechtlichen Regelungen zur Liquiditätsrisikosteuerung geht zunächst auf die organisatorischen Pflichten nach § 91 Abs. 2 AktG ein, um dann die aus §§ 76 Abs. 1, 93 Abs. 1 AktG folgenden weiteren Pflichten des Vorstandes zu beleuchten. Im Anschluss wird der Pflichtenrahmen aufgezeigt, der bei der Delegation von liquiditätsrisikobezogenen Kontroll- und

---

219 BGHZ 135, 244 ff – „ARAG/Garmenbeck"; BGHZ 69, 207 (213 ff.); BGHZ 119, 305 (331 ff.) – „Klöckner"; BGHZ 134, 392 (398 f.); aus der Rspr. des RG etwa RG JW 1911, 223 (224); RG DR 1939, 2164 (2165 f.); RG SeuffA 93 (1939), 257 (258 f.).

220 So stand die Klöckner & Co. KG am Ender der achtziger Jahre aufgrund von Zahlungsverpflichtungen aus Rohöl-Termingeschäften am Rande der Zahlungsunfähigkeit (Vgl. „Vom Erbe befreit", Die Zeit, 21.10.1988, Nr. 43). Ebenso hatten zu Anfang der neunziger Jahre Rohöl-Termingeschäfte zur Beinahe-Zahlungsunfähigkeit der Metallgesellschaft AG sowie zur Insolvenz einer ihrer Tochtergesellschaften geführt (Vgl. „Am Rande des Ruins", Der Spiegel, 10.1.1994, Nr. 2); weitere Beispiele bei *Lohse*, Unternehmerisches Ermessen, S. 10 ff.

221 BGBl. I 2005, S. 2802 ff.

222 BGHZ 135, 244 (253) – „ARAG/Garmenbeck"; *Hüffer*, AktG, § 93 Rn. 4b; *Roth*, Unternehmerisches Ermessen, S. 77 ff.; *ders.*, BB 2004, 1066 (1068); *Thümmel*, DB 2004, 471 (472); *Linnerz*, NZG 2004, 307 (311 f.); *Weiss/Buchner*, WM 2005, 162 (165).

Entscheidungsbefugnissen zu beachten ist. Abschließend werden die liquiditätsrisikobezogenen Kontroll- und Überwachungspflichten des Aufsichtsrats untersucht.

I. Rechtspflichten des Vorstandes

1. Organisatorische Pflichten nach § 91 Abs. 2 AktG

a) Überblick

Nach § 91 Abs. 2 AktG hat „*der Vorstand geeignete Maßnahmen zu treffen, insbesondere ein Überwachungssystem einzurichten, damit den Fortbestand der Gesellschaft gefährdende Entwicklungen früh erkannt werden.*" Die Norm stellt Anforderungen an die Unternehmensorganisation, damit Entwicklungen, die den Bestand des Unternehmens in Frage stellen können, frühzeitig erkannt werden. Der Bestand der Gesellschaft ist bedroht, wenn entweder die Überschuldung droht oder wenn die Gesellschaft nicht mehr zahlungsfähig ist. Dabei werden keine konkreten aufbau- oder ablauforganisatorischen Elemente vorgeschlagen, sondern die Norm beschränkt sich auf die Formulierung einer Zielvorgabe und stellt die Wahl der Mittel in das Ermessen des Vorstandes.[223] Bei der Ermessensausübung hat sich der Vorstand unter anderem an Größe, Branche, Struktur und Kapitalmarktzugang des Unternehmens zu orientieren.[224] Die Frage nach der Geeignetheit der Früherkennungsmaßnahmen setzt eine diesbezügliche prognostische Einschätzung des Vorstandes voraus, die deswegen von der Business Judgement Rule geschützt wird. Eine weitere Konkretisierung hat der Gesetzgeber bewusst der Rechtsprechung und der juristischen und betriebswirtschaftlichen Literatur überlassen. Eine Entscheidung für einen bestimmten betriebswirtschaftlichen Ansatz erfolgte nicht, obwohl die betriebswirtschaftliche Forschung sich – wie bereits dargelegt – schon seit langem mit dem Problem der Früherkennung von Entwicklungen, Risiken und Chancen beschäftigt.[225]

Das Organisationsziel ist Ausfluss der allgemeinen Sorgfaltspflichten des Vorstandes nach §§ 76 Abs. 1, 93 Abs. 1 Satz 1 AktG.[226] Zwar war für den Vorstand auch ohne ausdrückliche Normierung dieses Ziels anerkannt, dass er Vorkehrungen treffen muss, damit bestandsgefährdende Entwicklungen erkannt werden.[227] Der

223 *Spindler*, in: MüKo-AktG, § 91 Rn. 19, 24; *Fleischer*, in: Spindler/Stilz, AktG, § 91 Rn. 33; *Hüffer*, § 91 Rn. 7; *Kindler/Pahlke*, in: Lange/Wall, Risikomanagement, S. 60 (69); *Huth*, BB 2007, 2167 (2167 f.).

224 BegrRegE, BT-Drucks. 13/9712, S. 15.

225 Zu den einzelwirtschaftlichen Früherkennungsansätzen siehe unter B.II.3.

226 *Adler/Düring/Schmalz*, Rechnungslegung und Prüfung, § 91 AktG nF Rn. 1; *Mertens/Cahn*, in: KölnKomm AktG, § 91 Rn. 14; *Spindler*, in: MüKo-AktG, § 91 Rn. 3; *Seibert*, in: FS Bezzenberger, S. 427 (437).

227 BegrRegE BT-Drucks. 13/9712, S. 15; manche Autoren sprechen in diesem Zusammenhang zu Recht von einer „Selbstverständlichkeit" (vgl. *Seibert*, in: FS Bezzenberger, S. 427 (437)).

Gesetzgeber hielt es aber vor dem Hintergrund der bereits erwähnten Unternehmenskrisen für angezeigt, dem Vorstand die zukunftsbezogenen, der Krisenprävention dienenden Leitungspflichten deutlich vor Augen zu führen.[228] Hinter dem § 91 Abs. 2 AktG steht die Grundüberlegung, dass der Vorstand bestandsgefährdenden Entwicklungen nur auf der Grundlage ausreichender, und vor allem frühzeitiger Information entgegenwirken kann. Mithin müssen die Maßnahmen geeignet und angemessen sein, Liquiditätsengpässe frühzeitig zu erkennen – und zwar so frühzeitig, dass die betreffenden Informationen an den Vorstand weitergeleitet werden können, so dass dieser ausreichend Zeit hat, Gegenmaßnahmen einzuleiten,[229] um den Fortbestand der Gesellschaft sichern zu können.[230]

§ 91 Abs. 2 AktG dient zudem als Anknüpfungspunkt für die externe Prüfung der Früherkennungsorganisation durch Wirtschaftsprüfer nach § 317 Abs. 4 HGB. Im Rahmen der Jahresabschlussprüfung muss der Wirtschaftsprüfer beurteilen, ob der Vorstand geeignete Maßnahmen zur Früherkennung getroffen hat und ob das Überwachungssystem wirksam ist. Im Prüfungsbericht nach § 321 Abs. 4 HGB hat der Prüfer die Ergebnisse der Prüfung darzustellen und – falls erforderlich – Vorschläge zur Verbesserung des Überwachungssystems zu machen.

Die Offenheit der Formulierung sowie eine mangelnde Klarheit der Gesetzesbegründung haben zu einer lebhaften Diskussion über den genauen Inhalt der organisatorischen Anforderungen geführt, die zwischen weiten Teilen der rechtswissenschaftlichen Literatur auf der einen Seite und der Betriebswirtschaft und Wirtschaftsprüfungspraxis auf der anderen Seite geführt wird.

b) Früherkennungsmaßnahmen versus Risikomanagementsystem

Angesichts der Unbestimmtheit der Formulierung – vereinzelt wird sogar von einem „*Normvakuum*"[231] gesprochen – und einer unklaren Gesetzesbegründung hat sich ein breites Meinungsspektrum zur Frage herausgebildet, welchen Umfang die zu ergreifenden Maßnahmen haben. Eine Kernfrage beschäftigt sich damit, ob § 91 Abs. 2 AktG entweder ein nach betriebswirtschaftlichen Erkenntnissen gegliedertes, alle Risiken umfassendes „Risikomanagement" fordert oder sich auf „Maßnahmen zur Früherkennung" für bestandsgefährdende Entwicklungen beschränkt. Diese Frage hat unmittelbare Auswirkungen auf Art und Umfang der Maßnahmen der Liquiditätsrisikosteuerung.

228 *Kort*, in: Großkomm AktG, § 91 Rn. 26.

229 BegrRegE, BT-Drucks. 13/9712, S. 15; LG München I NZG 2008, 319 (320); *Scharpf*, in: SCHITAG Ernst&Young, Risikomanagement- und Überwachungssytem, S. 4; *Huth*, Vorstandspflicht zur Risikoüberwachung, S. 86.

230 *Hüffer*, § 91 Rn. 7; *Fleischer*, in: Spindler/Stilz, AktG, § 91 Rn. 32; *Krieger/Sailer-Coceani*, in: Schmidt/Lutter, § 91 Rn. 11; *Kort*, in: Großkomm AktG, § 91 Rn. 44; *Spindler*, in Hdb. VorstandsR, § 19 Rn. 11.

231 *Vogler/Engelhardt/Gundert*, DB 2000, 1425 (1425).

Die Verortung der liquiditätsrisikobezogenen Organisationspflichten im aktienrechtlichen Regelungsgefüge ist nicht trivial: Sollte sich eine Pflicht zur Etablierung eines umfassenden Liquiditätsrisikomanagementsystems mit Früherkennungsfunktionalität aus § 91 Abs. 2 AktG ergeben und fehlt ein solches, stellt allein der Umstand des Fehlens eine schwer zu widerlegende Vermutung einer Pflichtverletzung des Vorstands dar, die dessen Abberufung, die Kündigung des Anstellungsvertrages oder – bei Vorliegen eines Schadens – die Bejahung eines Schadensersatzanspruches nach § 93 Abs. 2 Satz 1 AktG ohne Weiteres rechtfertigen könnte.[232] Beschränkt man das Pflichtenprogramm des § 91 Abs. 2 AktG dagegen auf Maßnahmen, die der Früherkennung von bestandsbedrohenden (im vorliegenden Kontext: die Zahlungsfähigkeit bedrohenden) Entwicklungen dienen, und verortet die Pflicht, im Einzelfall (nicht institutionalisierte) Elemente eines Liquiditätsrisikomanagementsystems zu etablieren, unter §§ 76 Abs. 1, § 93 Abs. 1 AktG, so besteht keine Vermutung für einen pflichtwidrigen Organisationsmangel im Bereich der Früherkennungsmaßnahmen.

Auch deshalb ist die Beantwortung dieser Frage eine wichtige Weichenstellung für die Frage, mit welchen Maßnahmen Entwicklungen, die die Liquidität bedrohen, gesteuert werden müssen.

(1) Betriebswirtschaftslehre

Die überwiegenden Stimmen in der Betriebswirtschaftslehre sehen in § 91 Abs. 2 AktG eine Pflicht zur Einrichtung eines alle Geschäftsbereiche und jedes Einzelrisiko umfassenden Risikomanagementsystems.[233] Auch wenn eine Vielzahl unterschiedlicher Ansätze und Kategorisierungen vertreten wird,[234] so besteht weitgehend Einigkeit darüber, dass ein *ganzheitliches Risikomanagementkonzept*[235] die Mindestelemente Risikostrategie, Risikomanagementprozess und Risikomanagementorganisation umfasst. Grundlage für das operative Risikomanagement ist eine Risikostrategie, die aus der Unternehmensstrategie heraus zu entwickeln und gegebenenfalls anzupassen ist. In der Risikostrategie sollen risikopolitische Grundsätze mit unternehmensweitem Geltungsanspruch und unternehmensspezifische

---

232 LG Berlin AG 2002, 682 (683 f.); *Mertens/Cahn*, in: Köln Komm AktG, § 91 Rn. 27; *Fleischer*, in: Spindler/Stilz, § 91 Rn. 46.

233 *Lück*, in: Reform des Aktienrechts, der Rechnungslegung und der Prüfung, S. 329 ff.; *ders.*, DB 1998, 8 ff.; *ders.* DB 1998, 1925 ff.; *Potthoff/Trescher/Theisen*, Das Aufsichtsratsmitglied, 6. Aufl. 2003, Rn. 378 f.; *Scharpf*, DB 1997, 737 ff.; *Wolf/Runzheimer*, Risikomanagement und KonTraG, 5. Aufl. 2009, S. 21 und 35 ff.; *Schmidbauer*, DB 2000, 153 ff.; *Füser/Gleißner/ Meier*, DB 1999, 753 ff.; *Pollanz*, DB 1999, 393 ff.; *Gernoth*, DStR 2001, 299 (299 f.).; *Wolf*, DStR 2002, 1729 ff.; *Preußner/Becker*, NZG 2002, 846 (848 ff.); *Preußner*, NZG 2004, 303 (305); jedoch Maßnahmen der Risikobewältigung aus betriebswirtschaftlicher Sicht ausklammernd *Kajüter*, in: Freidank/Peemöller, Corporate Governance und Interne Revision, S. 109 (112).

234 Vgl. Kategorisierung bei *Kort*, in: Hopt/Wiedemann, Großkomm AktG, § 91 Rn. 56.

235 *Pampel/Glage*, in: Hauschka, Corporate Compliance, § 5 Rn. 21.

Risikodefinitionen festgelegt sein. Der Risikomanagementprozess zielt auf die Identifikation, Bewertung, Kommunikation und Steuerung aller möglichen Risiken der Geschäftstätigkeit und jedes einzelnen Geschäftsvorfalles eines Unternehmens. Die Risikobewertung sollte nach Möglichkeit die Quantifizierung der identifizierten Risiken nach Ausmaß und Eintrittswahrscheinlichkeit vorsehen und auf objektiven und nachvollziehbaren Annahmen beruhen.[236] Auch soll die Steuerung der identifizierten Risiken durch Maßnahmen der Risikovermeidung, -verminderung, -überwälzung und -übernahme – zumindest nach der weit überwiegenden Ansicht in der Betriebswirtschaft – Teil des in § 91 Abs. 2 AktG verankerten Risikomanagementkonzeptes sein. Die Risikomanagementorganisation muss dafür sorgen, dass die Risikostrategie und der Risikomanagementprozess in der Aufbau- und Ablauforganisation des Unternehmens verankert werden. In einem weiteren Schritt muss mittels interner Kontrollen und eines Risikocontrollings die Entwicklung der identifizierten Risiken verfolgt werden und in einem Risikostatus zusammengefasst werden.[237] Dieser und andere risikobezogene Informationen sind Gegenstand einer turnusmäßigen bzw. ad-hoc-Berichterstattung an die Geschäftsleitung. Schließlich prüft die interne Revision das Risikomanagementkonzept und die Risikoorganisation auf ihre Wirksamkeit und berät und kontrolliert gegebenenfalls notwendige Anpassungen.

Aus der Perspektive der Betriebswirtschaft wird das Risikomanagement(system) nicht nur als Mittel zur Existenzsicherung gesehen, sondern vor allem als Faktor, um den Unternehmenswert zu steigern.[238] Ein umfassendes Risikomanagement bildet die informatorische Grundlage für eine systematische Abwägung von Chancen *und* Risiken bei Geschäftsentscheidungen, was zu einem Wettbewerbsvorteil führen kann.

Überträgt man diese für das Risikomanagement allgemein entwickelten Forderungen auf das Management von dispositiven Liquiditätsrisiken, so müsste ein Vorstand im Rahmen von § 91 Abs. 2 AktG Maßnahmen ergreifen, die nach Art und Umfang den im ersten Teil dieser Untersuchung dargestellten Elemente weitestgehend entsprechen oder über diese sogar hinausgehen.[239]

---

236 *Pampel/Glage*, in: Hauschka, Corporate Compliance, § 5 Rn. 28.

237 Der Unterschied zwischen internen Kontrollen und Risikocontrolling liegt darin, dass bei internen Kontrollen der Überwachungsträger auch für die Ausführung des zu überprüfenden Prozesses zuständig ist (sog. prozessimmanente Überwachung). Dagegen zielt das Risikocontrolling auf eine prozessübergreifende Überwachung, indem Informationen vieler Prozesse zusammengetragen, analysiert und für die Zwecke der Unternehmenssteuerung aufbereitet werden (vgl. *Pampel/Glage*, in: Hauschka, Corporate Compliance, § 5 Rn. 31).

238 *Füser/Gleißner/Meier*, DB 1999, 753 (754).

239 Vgl. B.II.

(2) *Wirtschaftsprüfungspraxis – Prüfungsstandard IDW PS 340*

Gemäß § 317 Abs. 4 HGB müssen im Rahmen der Prüfung des Jahresabschlusses einer börsennotierten Aktiengesellschaft die vom Vorstand nach § 91 Abs. 2 AktG getroffenen Maßnahmen zur Früherkennung auf ihre Geeignetheit und das einzurichtende Überwachungssystem auf seine Tauglichkeit zur Aufgabenerfüllung geprüft werden. Für die Wirtschaftsprüfungspraxis wesentliche Prüfungsleitlinien werden durch den vom Institut der Wirtschaftsprüfer[240] (IDW) erarbeiteten Prüfungsstandard (PS) IDW PS 340 formuliert. Zwar hat der IDW PS 340 keine Bindungswirkung für die geprüften Unternehmen oder bei der Auslegung des § 91 Abs. 2 AktG durch die Gerichte. Aber es ist darauf hinzuweisen, dass ein solcher auf betriebswirtschaftlichen Erkenntnissen beruhender Prüfungsstandard nach sorgfältiger Prüfung im Einzelfall in den auch für die Pflichten nach § 91 Abs. 2 AktG geltenden normativen Sorgfaltsmaßstab des § 93 Abs. 1 Satz 1 AktG einfließen kann, sofern er als betriebswirtschaftlich gesichert gilt und sich in der Praxis bewährt hat.[241] Zudem stellt er einen verbindlichen Standard für die Mitglieder des IDW dar.[242]

Die derzeitige Fassung des IDW PS 340 ist in Bezug auf die Frage, ob § 91 Abs. 2 AktG ein umfassendes Risikomanagement verlangt, nicht konsequent. Zwar erkennt der Standard an, dass das *„Risikofrüherkennungssystem i.S.v. § 91 Abs. 2 AktG auf die Früherkennung bestandsgefährdender Entwicklungen und damit auf einen wichtigen Teilaspekt des Risikomanagements ausgerichtet“*[243] ist. Dieser differenzierende Ansatz wird aber in der weiteren Darstellung nicht konsequent durchgehalten. Stattdessen fordert der Standard eine umfassende Risikosteuerung derart, dass *„alle wesentlichen Risiken bzw. Risikoarten vom System zutreffend und frühzeitig erfasst, bewertet und kommuniziert werden“*[244]. Zu diesem Zweck sind *„sämtliche betrieblichen Prozesse und Funktionsbereiche* [...] *darauf zu untersuchen, ob aus ihnen Risiken resultieren*

---

240 Das „Institut der Wirtschaftsprüfer e.V.“ ist eine Vereinigung deutscher Wirtschaftsprüfer und Wirtschaftsprüfungsgesellschaften, der zum 1. Januar 2013 über 13.000 Mitglieder angehörten. Dies entspricht ca. 85% aller Wirtschaftsprüfer. Ziel des IDW ist es unter anderem, sich für eine einheitliche, unabhängige und eigenverantwortliche Berufsausübung der Wirtschaftsprüfer einzusetzen und die Einhaltung entsprechender Grundsätze zu überwachen.

241 *Spindler*, in: Spindler/Stilz, AktG, § 93 Rn. 50 mwN; so auch: *Hofmann-Becking*, in: Münch Hdb GesR AG, § 33 Rn. 59 ff. für etwaige Verhaltensstandards von Aufsichtsratsmitgliedern im Rahmen von §§ 116, 93 AktG; ähnlich: *Wellhöfer*, in: Wellhöfer/Peltze/Müller, Haftung von Vorstand, Aufsichtsrat und Wirtschaftsprüfer, § 2 Rn. 16.

242 Mitglieder, die vom Prüfungsstandard abgewichen sind, müssen dies ausführlich begründen (vgl. IDW PS 201, Tz. 13, 28 f.) In IDW PS 201 Tz. 13, 29 f. werden die Mitglieder zudem darauf hingewiesen, dass ein Abweichen vom Prüfungsstandard möglicherweise zum Nachteil des Wirtschaftsprüfers ausgelegt wird.

243 IDW PS 340, Tz. 5, S. 3.

244 IDW PS 340, Tz. 27, S. 10.

können, die nach Art oder Umfang […] den Bestand des Unternehmens gefährden können.“[245] Maßnahmen der Risikobewältigung sind jedoch nach dem Standard nicht Gegenstand des § 91 Abs. 2 AktG, und damit nicht Gegenstand der Abschlussprüfung.[246] Im Ergebnis wird vom Vorstand eine umfassende Erfassung, Bewertung und Kommunikation von Einzelrisiken verlangt,[247] die die vom Prüfungsstandard eingangs vorgenommene Differenzierung zwischen „Früherkennungssystem“[248] und allgemeinem und umfassendem Risikomanagement ins Leere laufen lässt.[249]

Das von § 91 Abs. 2 AktG geforderte „Überwachungssystem“ besteht nach dem Prüfungsstandard einerseits aus „integrierten Kontrollmaßnahmen“ und andererseits aus Prüfungsmaßnahmen der internen Revision.[250] Unter internen Kontrollmaßnahmen werden im Steuerungsprozess selbst verankerte Kontrollen verstanden, die beispielsweise die Überwachung von definierten Meldegrenzen und die Einhaltung von Terminen oder den Vergleich interner Daten mit externen Quellen umfassen sollen.[251]

Schließlich fordert der Prüfungsstandard, dass die im Rahmen von § 91 Abs. 2 AktG getroffenen Maßnahmen dokumentiert werden sollen, damit eine dauerhafte und personenunabhängige Funktionsfähigkeit der Maßnahmen gewährleistet ist und der Vorstand einen Nachweis über die Art und Weise der Pflichterfüllung erhält.[252]

(3) Herrschende Meinung in den Rechtswissenschaften

Die weit überwiegenden Stimmen in der rechtswissenschaftlichen Literatur[253] halten dagegen ein ganzheitliches Risikomanagementkonzept unter § 91 Abs. 2 AktG für

---

245 IDW PS 340, Tz. 7, S. 4; als Beispiel für die Erfassung- und Steuerungsgenauigkeit werden Umweltrisiken für das Unternehmen genannt (vgl. IDW PS 340, Tz. 30, S. 11).

246 IDW PS 340, Tz. 6, S. 3 und Tz. 26, S. 10.

247 So auch *Brebeck/Herrmann*, WPg 1997, 381 ff.; *Gelhausen*, in: IDW, WP-Handbuch, S. 1597 ff.; *Adler/Düring/Schmalz*, Rechnungslegung und Prüfung, § 91 AktG nF Rn. 7 und 14 ff.

248 Die Verwendung des Begriffs „Früherkennungssystem“ durch den Prüfungsstandard kann schon für sich gesehen als missverständlich angesehen werden, da § 91 Abs. 2 AktG bloß von „Entwicklungen“ spricht (vgl. *Baums*, ZGR 2011, 218 (272)).

249 Vgl. *Bunting*, ILF Working Paper Series No. 127, S. 5.

250 IDW PS 340, Tz. 29, S. 10.

251 IDW PS 340, Tz. 15, S. 6.

252 IDW PS 340, Tz. 17, S. 7.

253 *Krieger/Sailer-Coceani*, in: Schmidt/Lutter, § 91 Rn. 14; *Hüffer*, AktG, § 91 Rn. 9; *Zimmer/Sonneborn*, in: Lange/Wall, Risikomanagement nach dem KonTraG, S. 38 (42); *Seibert*, in: FS Bezzenberger, 427 ff.; *J. Hüffer*, in: FS Imhoff, 1998, S. 91 ff.; *Kindler/Pahlke*, in: Lange/Wall, Risikomanagement nach dem KonTraG, S. 60 (64).; *Bitz*, BFuP 2000, 231, 236 f.; *Pahlke*, NJW 2002, 1680 (1682); *Baums*, ZGR 2011, 218, 250 f.; *Dreher*, in: FS Hüffer, S. 161 (162); *Kort*, in: Großkomm AktG, § 91 Rn. 51;

nicht erforderlich. § 91 Abs. 2 AktG stelle ein Minimalprogramm[254] für Kapitalgesellschaften auf. In einem ersten Schritt müssten Vorkehrungen zur Früherkennung getroffen werden, damit bestandsgefährdende *Entwicklungen* vom Vorstand erkannt werden. In einem zweiten Schritt seien Maßnahmen zu ergreifen, mit denen die Wirksamkeit dieses Früherkennungssystems überwacht werde.

Aus betriebswirtschaftlicher Sicht und aufgrund praktischer Erwägungen möge es sinnvoll sein, ein Gesamtrisikoprofil aller Einzelrisiken unabhängig von ihrem jeweiligen Schadenspotential zu erstellen und eine systematische Risikobewältigung zu etablieren, eine dahingehende rechtliche Verpflichtung bestehe jedoch nach § 91 Abs. 2 AktG nicht.[255]

(4) Diskussion

(i) „Angemessenes Risikomanagement"

Für die Sichtweise von Betriebswirtschaft und Prüfungspraxis spricht, dass die Regierungsbegründung ein *„angemessenes Risikomanagement"*[256] fordert, was den Schluss auf ein nach betriebswirtschaftlichen Erkenntnissen gestaltetes ganzheitliches Risikomanagementkonzept jedenfalls zulässt. Zwingend ist ein solches betriebswirtschaftliches Begriffsverständnis dennoch nicht. Vielmehr ist davon auszugehen, dass es sich dabei um ein redaktionelles Versehen handelt. Denn der Referentenentwurf forderte ursprünglich, dass die Maßnahmen zur Früherkennung *„insbesondere risikobehaftete Geschäfte* [...]" von erheblichem Gewicht erfassen sollte.[257] Diese Forderungen wurden nach breiter Diskussion und scharfer Kritik aus der Wissenschaft[258] auf die Früherkennung von bestandsgefährdenden Entwicklungen reduziert.[259] Diese Verschlankung des Norminhaltes und -textes hat (leider) keine Entsprechung in der Regierungsbegründung gefunden.[260] Wortlaut der Norm und Regierungsbegründung passen insoweit nicht zueinander.

Spindler, in: Handbuch Vorstandsrechts, 2006, § 19 Rn. 7, 57; *ders.*, Münch Komm AktG, § 91 Rn. 27; *ders.* in: FS Hüffer, S. 985 (989); *Mertens/Cahn*, in: Köln Komm AktG, § 91 Rn. 20; instruktiv aus der Perspektive der der ökonomischen Analyse des Rechts: *Jacobsen*, Risikomanagement, S. 163 ff., wenn auch nicht überzeugend; vermittelnde Ansicht: *Drygala/Drygala*, ZIP 2000, 297 (299); *Huth*, Vorstandspflicht zur Risikoüberwachung, S. 73 ff.

254 *Baums*, ZGR 2011, 218 (273).

255 *Seibert*, FS Bezzenberger, S. 427 (437).

256 BegrRegE zum KonTraG, BT-Drucks. 13/9712, S. 15.

257 RefE KonTraG, abgedruckt in: ZIP 1996, 2129 (2131 f.).

258 Vgl. nur die pointierte Stellungnahme *Lutters*, der die Formulierung sprachlich und inhaltlich für *„vollkommen mißglückt"* hielt (Schriftliche Stellungnahme zur Aktienrechtsreform, Sonderheft AG, August 1997, S. 52 (54).

259 Vgl. *Seibert*, Sonderheft AG 1997, 65 (66).

260 *Seibert*, FS Bezzenberger, S. 427 (438).

(ii) Leitungs- und Organisationsermessen des Vorstands

Ein weites betriebswirtschaftliches Begriffsverständnis entspricht ebenfalls nicht dem gesetzgeberischen Willen, nach dem *„eine weitere Regulierung unseres Unternehmensrechts vermieden werden sollte, gegenüber zwingenden gesetzlichen Verboten der Selbstorganisation der Unternehmen und der Kontrolle durch die vorhandenen Überwachungsebenen der Vorzug zu geben ist“.*[261] Diesen Grundsätzen widerspräche es, wenn der Gesetzgeber ein detailliertes, umfassendes Risikomanagementsystems zum Inhalt der ausschließlich auf Früherkennungsmaßnahmen zielenden Organisationvorgaben machen wollte. Darin wird das Anliegen des Gesetzgebers deutlich, den Ermessensspielraum des Vorstandes auch in Bezug auf die Unternehmensorganisation nicht zugunsten detaillierter gesetzlicher Vorgaben im Bereich der Risikomanagement-Organisation leerlaufen zu lassen. Erkennbar wird diese Selbstbeschränkung des Gesetzgebers auch daran, dass nur das „Ob“ von Früherkennungsmaßnahmen als Rechtspflicht festgeschrieben wurde. Demgegenüber ist das „Wie“ der Ausgestaltung der Früherkennungsmaßnahmen aber vom Haftungsprivileg der Business Judgement Rule erfasst und vor allem von der Größe, Branche, Struktur und dem Kapitalmarktzugang abhängig.[262]

(iii) Bestandsgefährdende Entwicklungen

Gegen ein allgemeines Risikomanagement spricht vor allem der Wortlaut der Norm. In § 91 Abs. 2 AktG geht es nicht um das Erkennen von (Liquiditäts-)Risiken, sondern von *„bestandsgefährdenden Entwicklungen“*. Der Vorstand muss Vorkehrungen treffen, damit bestandsgefährdende *Entwicklungen* frühzeitig erkannt werden. Das Gesetz spricht also von Entwicklungen, und nicht von Risiken. Während ein Risiko allgemein die Wahrscheinlichkeit beschreibt, mit der ein bestimmter negativer Umstand in Zukunft eintreten wird,[263] meint „Entwicklung“ im allgemeinen Sprachgebrauch den Vorgang des allmählichen Entstehens, des sich stufenweise Herausbildens.[264] Mithin setzt eine Entwicklung den tatsächlichen Beginn einer Veränderung, eines Prozesses voraus.[265]

Die Begriffe „Risiko“ und „bestandsgefährdende Entwicklung“ unterscheiden sich demnach in mehrfacher Hinsicht: Zeitlich liegt die bloße Risikolage vor dem tatsächlichen Beginn einer Entwicklung. In sachlicher Hinsicht beschreiben Risikolagen auch die potentiellen Auswirkungen von (auch unwahrscheinlichen) Einzelrisiken auf die Ertrags- und Liquiditätssituation des Unternehmens, während

261 BegrRegE zum KonTraG, BT-Drucks. 13/9712, S. 11.

262 BegrRegE zum KonTraG, BT-Drucks. 13/9712, S. 15; *Fleischer*, in: Spindler/Stilz, AktG, § 93 Rn. 69.

263 Vgl. B.I.4.a).

264 *Drosdowski*, Duden, S. 932.

265 *Hüffer*, AktG, § 91 Rn. 6; *J. Hüffer*, in: FS für Imhoff, S. 91 (98 f.); *Seibert*, in: FS Bezzenberger, S. 427 (437); *Kindler/Pahlke*, in: Lange/Wall, Risikomanagement nach KonTraG, S. 60 (64).

bestandsgefährdende Entwicklungen dadurch charakterisiert sind, dass sie zu einer schwerwiegenden Veränderung der *Gesamtsituation* des Unternehmens führen können.[266] Die Einwirkung auf die Gesamtsituation ist darauf zurückzuführen, dass sich im Rahmen von Entwicklungen bestimmte Ursachen parallel auf mehrere vergleichbare Sachverhalte negativ auswirken. Negative Auswirkungen dieser Art können sich zwar auch aus Einzelrisiken oder deren Aggregation ergeben; gleichwohl folgt daraus jedenfalls im Rahmen von § 91 Abs. 2 AktG keine Pflicht, alle Einzelrisiken aus jedem Geschäftsvorfall zu identifizieren und zu quantifizieren.[267] Die Früherkennung bestandsgefährdender Entwicklungen verlangt stattdessen, die *Ursachen* für die bestandsgefährdenden Entwicklungen zu erforschen.[268]

Schließlich kann sich die Früherkennung auf *bestandsgefährdende* Entwicklungen beschränken, d.h., dass nicht jede nachteilige Entwicklung frühzeitig erkannt werden muss, sondern nur solche, die den Fortbestand der Gesellschaft gefährden.[269] Die Auslegung dieses Merkmals ist umstritten: Nach der Gesetzesbegründung sind damit alle Entwicklungen gemeint, die sich wesentlich auf die Vermögens-, Ertrags- oder Finanzlage der Gesellschaft oder des Konzerns auswirken.[270] Die herrschende Ansicht im Schrifttum engt die Definition ein und folgt einem insolvenzrechtlichen Maßstab, wonach eine bestandsgefährdende Entwicklung nur dann anzunehmen ist, wenn die Gefahr einer Insolvenz aufgrund von Überschuldung (§ 17 InsO) oder Zahlungsunfähigkeit (§ 19 InsO) erheblich gesteigert oder hervorgerufen wird.[271] Erfasst sind also Umstände, denen zufolge überwiegend wahrscheinlich ist, dass das Unternehmen bei ungehinderter Weiterentwicklung der Situation in absehbarer Zukunft überschuldet ist oder zahlungsunfähig wird.

Eine andere Meinung im Schrifttum zieht demgegenüber aus der Gesetzesbegründung den Schluss, dass auch solche Entwicklungen erkannt werden müssen, die nach § 264 Abs. 2 HGB im Jahresabschluss bzw. Anhang dargestellt werden müssten.[272] Diese bilanzorientierte Sichtweise ausweitend, verlangt eine weitere Ansicht, eine Entwicklung bereits dann als bestandsgefährdend anzusehen, wenn

---

266 *Kindler/Pahlke*, in: Lange/Wall, Risikomanagement nach KonTraG, S. 60 (64); *Bunting*, ILF Working Paper Series No. 127, 2011, S. 6.

267 Zu den Liquiditätsrisikosteuerungspflichten des Vorstands in Zusammenhang mit der Übernahme einzelprojektbezogener Risiken siehe unter C.I.2.c).

268 *Bunting*, ILF Working Paper Series No. 127, 2011, S. 6.

269 *Spindler*, in: Münch Komm AktG, § 91 Rn. 21.

270 BegrRegE KonTraG, BT-Drucks 13/9712, S. 15.

271 *Seibert*, in: FS Bezzenberger S. 427 (437); *Kort*, in: Großkomm AktG, § 91 Rn. 36; *Spindler*, in: Münch Komm AktG, § 91 Rn. 21; *Mertens/Cahn*, in: Köln Komm AktG, § 91 Rn. 23; *Krieger/Sailer-Coceani*, in: Schmidt/Lutter, § 91 Rn. 9; *Arnold*, in: Marsch-Barner/Schäfer, Hdb börsennotierte AG, § 19 Rn. 19; *Fleischer*, in: Spindler/Stilz, AktG, § 91 Rn. 32; *Becker/Janker/Müller*, DStR 2004, 1578 (1579).

272 *J. Hüffer*, in: FS Imhoff, S. 91 (100); *Hüffer*, AktG, § 91 Rn. 6.

dadurch die dauerhafte Rentabilität der Gesellschaft bedroht ist.[273] Begründet wird diese Auffassung damit, dass der Vorstand nach §§ 76 Abs. 1, 93 Abs. 1 Satz 1 AktG verpflichtet ist, die Gesellschaft gewinnbringend zu leiten.[274] Auch diese Ansicht kann sich auf den Wortlaut der im Vorangegangenen zitierten Gesetzesbegründung stützen.

Der herrschenden Auffassung ist zuzustimmen. Gegen eine bilanzorientierte Sichtweise spricht die Gefahr, dass die die dispositive Liquidität gefährdendenden Entwicklungen von bilanziellen Positionen nur ungenügend erfasst werden. Denn wie bereits gezeigt, ist eine bilanzielle Betrachtungsweise zur Erkennung von zahlungsstrombezogenen Entwicklungen nur sehr eingeschränkt geeignet.[275] Gegen das Kriterium der dauerhaften Rentabilität spricht, dass das Früherkennungssystem eine Unternehmensfunktion ist, die – ähnlich der Buchführung – von den planenden und operativen Einheiten zu unterscheiden ist.[276] Während die planende und operative Tätigkeit vorrangig an Renditezielen ausgerichtet ist, dienen die Früherkennungsmaßnahmen ausschließlich der Sicherung des Fortbestandes des Unternehmens. Schließlich muss stark bezweifelt werden, ob das Kriterium der „dauerhaften Gefährdung der Rentabilität" geeignet ist, die notwendige Abgrenzung der bestandsgefährdenden von bloß nachteiligen Entwicklungen leisten zu können.[277]

(iv) Überwachungssystem

Insoweit die Befürworter eines umfassenden Risikomanagementsystems demgegenüber aus dem Wort „Überwachungssystem" ableiten wollen, dass damit ein System zur Überwachung sämtlicher Geschäftsrisiken gemeint ist, muss dieser Argumentation die Entstehungsgeschichte der Norm entgegengehalten werden. Der ausufernde Normtext des Referentenentwurfes[278] hat die Funktion des Überwachungssystems sehr deutlich beschrieben, wonach das Überwachungssystem die „*Aufgabe* [hat], *die Einhaltung der nach Satz 2* [d.h. der Maßnahmen zur Früherkennung, Anm. d. Verf.] *zu treffenden Maßnahmen zu überwachen*". Darin wird das vom Gesetzgeber beabsichtigte Stufenverhältnis zwischen den Maßnahmen zur Früherkennung bestandsgefährdender Entwicklungen und den unternehmensinternen Kontroll- und Überwachungsmaßnahmen zur Überprüfung der Wirksamkeit der eingeleiteten

273 *Zimmer/Sonnenborn*, in: Lange/Wall, Risikomanagement nach dem KonTraG, S. 38 (52); *Hillebrand*, Früherkennungs- und Überwachungssystem, S. 19; *J. Hüffer*, in: FS für Imhoff, S. 91 (98); *Huth*, Vorstandspflicht zur Risikoüberwachung, S. 89 f.; *Lachnit/Müller*, in: FS Strobel, S. 363 (367).

274 *Hüffer*, AktG, § 76 Rn. 13; *Semler*, Leitung und Überwachung der AG, § 3 Rn. 40 ff.

275 Vgl. B.II.2(3).

276 *Baums*, ZGR 2011, 218 (271).

277 *Spindler*, in: Münch Komm AktG, § 91 Rn. 21.

278 RefE KonTraG abgedruckt in ZIP 1996, 2129 ff. und 2193 ff.

Früherkennungsmaßnahmen deutlich.[279] Die im weiteren Gesetzgebungsverfahren vorgenommene Verschlankung des Normtextes erfolgte aus Gründen der Übersichtlichkeit und Klarheit, nicht aber um dem „Überwachungssystem" einen anderen Bedeutungsgehalt zu geben.[280]

(v) Konkretisierung durch das BilMoG

In systematischer Hinsicht sprechen auch die im Rahmen der Umsetzung der Abschlussprüfer[281]- und Abänderungsrichtlinie[282] neugefassten § 289 Abs. 5 HGB und § 107 Abs. 3 Satz 2 AktG, die ein *„Risikomanagementsystem"* zum Gegenstand der Prüfung bzw. Überwachung haben, nicht für die Verpflichtung zur Einrichtung eines umfassenden Risikomanagementsystems im Rahmen von § 91 Abs. 2 AktG.[283] Zunächst ist zweifelhaft, ob § 289 Abs. 5 HGB überhaupt bei der Auslegung des § 91 Abs. 2 AktG herangezogen werden kann.[284] Denn während § 289 Abs. 5 HGB ausschließlich für kapitalmarktorientierte Aktiengesellschaften im Sinne des § 264 d HGB gilt, erfasst § 91 Abs. 2 AktG alle Aktiengesellschaften.[285] Vor allem aber wird in den Begründungen zu den Neufassungen ausdrücklich darauf hingewiesen, dass es im Ermessen des Vorstandes liegt, über das „Ob" und das „Wie" der Einrichtung eines umfassenden Risikomanagementsystems zu entscheiden:[286] Die Maßnahmen nach § 91 Abs. 2 AktG seien lediglich ein Teil des im Übrigen in das Ermessen des Vorstandes gestellten Risikomanagementsystems. § 289 Abs. 5 HGB beziehe sich nur auf die Darstellung des schon *vorhandenen* Risikomanagementsystems, begründe aber nicht selbst eine Rechtspflicht zur Einrichtung eines solchen.

(vi) Maßnahmen zur Risikoprävention und Risikobewältigung

Schließlich ist fraglich, ob § 91 Abs. 2 AktG den Vorstand auch zu Maßnahmen zur Vorbeugung bzw. Bewältigung von erkannten bestandsgefährdenden

---

279 *Kort*, in: Großkomm AktG, § 91 Rn. 51; *Zimmer/Sonnenborn*, in: Lange/Wall, Risikomanagement und KonTraG, S. 38 (55).

280 *Hüffer*, AktG, § 91 Rn. 8.

281 RiLi 2006/43/EG v. 9. 6. 2006, ABl. L 157, S. 87 ff.

282 RiLi 2006/46/EG v. 16. 8. 2006, ABl. L 224, S. 1 ff.

283 *Dreher*, in: FS Hüffer, S. 161, (163 f.); *Widmann*, Risikomanagement und Corporate Governance, S. 56 ff.; *Mertens/Cahn*, in: Köln Komm AktG, § 91 Rn. 20; aA: *Hommelhoff/Mattheus*, BB 2007, 2787 (2788) für kapitalmarkorientierte Aktiengesellschaften; *Spindler*, in: FS Hüffer, S. 985 (986), der sich aber iE gegen ein umfassendes Risikomanagementsystem unter § 91 Abs. 2 AktG ausspricht.

284 *Kort*, ZGR 2010, 440 (445).

285 Daneben geht die Gesetzesbegründung von einer Ausstrahlungswirkung des § 91 Abs. 2 AktG auf andere Gesellschaftsformen aus, vgl. BegrRegE KonTraG, BT-Drucks 13/9712, S. 15; zusammenfassend zum Streitstand: *Mertens/Cahn*, in: Köln Komm AktG, § 91 Rn. 17 mwN.

286 Begründung zu § 289 HGB bzw. zu § 107 AktG: BegrRegE BilMoG, BT-Drucks 16/10067, S. 76 bzw. S. 102.

Liquiditätsentwicklungen bzw. -lagen verpflichtet. Die betriebswirtschaftliche Literatur unterteilt Maßnahmen zur Vorbeugung in solche der Risikovermeidung, -verminderung, -überwälzung und -kompensation und finanzwirtschaftliche Maßnahmen bei akuten oder sich abzeichnenden Liquiditätsengpässen.[287] In der betriebswirtschaftlichen Literatur herrscht die Meinung vor, dass Maßnahmen der Prävention und Bewältigung von Risiken Bestandteil eines umfassenden Risikomanagementsystems nach § 91 Abs. 2 AktG sind.[288] Die herrschende Meinung im rechtswissenschaftlichen Schrifttum wendet sich gegen die Herleitung einer Risikopräventions- und -bewältigungspflicht aus § 91 Abs. 2 AktG.[289] Maßnahmen der Risikoprävention und -bewältigung seien allenfalls Gegenstand der allgemeinen Leitungspflicht des Vorstandes aus §§ 76 Abs. 1, 93 Abs. 1 AktG. Gegen die Herleitung aus § 91 Abs. 2 AktG spricht vor allem der Wortlaut, der ausschließlich Maßnahmen zur *Erkennung* von bestandsgefährdenden Entwicklungen, nicht aber auch zu deren Bewältigung oder Prävention fordert.[290] Auch widerspricht eine weite Auslegung der Absicht des Gesetzgebers des KonTraG, das ausgewogene und insgesamt bewährte Kontrollgefüge der Aktiengesellschaft, bestehend aus Aufsichtsrat, Abschlussprüfung und Hauptversammlung, beibehalten zu wollen.[291] Maßnahmen zur Risikoprävention bzw. -bewältigung sind Geschäftsführungsaufgaben.[292] Die Geschäftsführung wird aber durch den Aufsichtsrat kontrolliert (§ 111 AktG).[293] Würde man die Maßnahmen zum Gegenstand des § 91 Abs. 2 AktG machen, wäre aber der Abschlussprüfer im Rahmen des § 317 Abs. 4 HGB für die Kontrolle zuständig. Eine solche Ausweitung der Zuständigkeiten des Abschlussprüfers ist aber nicht durch das KonTraG gewollt. Die Prüfung der Angemessenheit des Früherkennungssystems durch den Abschlussprüfer soll sicherstellen, dass der Aufsichtsrat ausreichende Informationen über bestehende liquiditätsgefährdende Entwicklungen erhält;[294] sie betrifft aber nicht den im Ermessen des Vorstandes liegenden Umgang mit diesen Entwicklungen.

---

287 Vgl. B.II.4 und *Wall*, in: Lange/Wall, Risikomanagement nach dem KonTraG, S. 207 (214 und 227 ff.).

288 *Lange, in:* Lange/Wall, Risikomanagement, § 3 Rn. 116 ff.; *Eggermann/Konradt*, BB 2000, 505 (508); *Kromschröder/Lück*, DB 1998, 1573 (1575); *Pollanz*, DB 1999, 393 (394); *Kuhl/Nickel*, DB 1999, 133 (134); *Lück*, DB 1998, 1925 (1927).

289 *Kort*, in: Großkomm AktG, § 91 Rn. 64; *Mertens/Cahn*, in: Köln Komm AktG, § 91 Rn. 25; *Offerhaus*, in: Schüppen/Schaub, Münch Hdb AktR, § 18 Rn. 18; *Hommelhoff/Mattheus*, in: Dörner, Praxis des Risikomanagements, S. 14; *Krieger/Sailer-Coceani*, in: Schmidt/Lutter, § 91 Rn. 12.

290 Vgl. *Bunting*, Früherkennungssytem und Prüfungspraxis, ILF Working Paper Series No. 127, 2011, S. 4.

291 RegBegr KonTraG BT-Drucks. 13/9712, S. 11.

292 *Kort*, in: Großkomm AktG, § 91 Rn. 64; *Offerhaus*, in: Schüppen/Schaub, Münch Hdb AktR, § 18 Rn. 18; *Hommelhoff/Mattheus*, in: Dörner, Praxis des Risikomanagements, S. 14.

293 *Mertens/Cahn*, in: Köln Komm zum AktG, § 91 Rn. 20; *Huth*, Vorstandspflicht zur Risikoüberwachung, S. 73 f.

294 RegBegr KonTraG BT-Drucks. 13/9712, S. 11.

Aus Bestandssicherungsgründen kann es jedoch für den Vorstand im Rahmen der allgemeinen Leitungspflicht nach §§ 76 Abs. 1, 93 Abs. 1 AktG geboten sein, Maßnahmen der Risikoprävention und -bewältigung zu ergreifen, worauf noch eingegangen wird.[295]

c) *Ausgestaltung der Maßnahmen zur Früherkennung liquiditätsgefährdender Entwicklungen*

(1) *Charakteristika liquiditätsbezogener Früherkennungsmaßnahmen*

Die vorangegangene allgemeine Betrachtung des § 91 Abs. 2 AktG hat zu dem Ergebnis geführt, dass der Vorstand unter § 91 Abs. 2 AktG nicht verpflichtet ist, alle Einzelrisiken zu identifizieren, zu bewerten und geeignete Gegenmaßnahmen im Sinne betriebswirtschaftlicher Modelle zu ergreifen. Auch konnten keine Anhaltspunkte für eine Pflicht des Vorstands gefunden werden, im Rahmen des § 91 Abs. 2 AktG für eine Liquiditätsrisikostrategie oder ein Liquiditätsrisikomanagementkonzept zu sorgen.

Aus der vorangegangenen Auslegung und Abgrenzung des § 91 Abs. 2 AktG ergibt sich eine Reihe von Charakteristika für die Ausgestaltung der Maßnahmen zur Früherkennung von liquiditätsbedrohenden Entwicklungen. Zusammenfassend müssen die Maßnahmen der liquiditätsbezogenen Früherkennung folgende positive und negative Merkmale aufweisen:

- Die Maßnahmen müssen geeignet sein, eine Gefährdung der Zahlungsfähigkeit, d.h. sich abzeichnende Zahlungsmitteldefizite, aufzudecken.
- Die Maßnahmen müssen geeignet sein, Ereignisse zu identifizieren, die bereits begonnen haben, sich auszuwirken nicht aber jedwede Liquiditätsrisiken, d.h. potentielle Ursachen für potentielle Zahlungsmitteldefizite.
- Die Maßnahmen müssen geeignet sein, sich abzeichnende Zahlungsmitteldefizite frühzeitig zu erkennen, d.h. so rechtzeitig, dass der Vorstand das sich abzeichnende Zahlungsmitteldefizit noch abwenden kann. Wie frühzeitig ein sich abzeichnendes Zahlungsmitteldefizit erkannt werden muss, richtet sich nach der Tragweite desselben und den zur Verfügung stehenden Gegenmaßnahmen.
- Die Maßnahmen müssen geeignet sein, die Ursachen von sich abzeichnenden Zahlungsmitteldefiziten zu erforschen.

Die im vorigen Abschnitt erfolgte Abgrenzung des aus juristischer Perspektive von § 91 Abs. 2 AktG geforderten Minimalprogramms gegenüber dessen in Betriebswirtschaft und Wirtschaftsprüfungspraxis vertretener extensiver Auslegung soll nicht den Blick dafür verstellen, dass die Ansätze in Betriebswirtschaft und Wirtschaftsprüfungspraxis bei der Konkretisierung des Minimalprogramms eine sehr wertvolle Stütze sind. Im Folgenden wird deshalb geprüft, mit welchen betriebswirtschaftlichen Mindestelementen die rechtlichen Organisationspflichten

---

295 Vgl. C.I.2.

nach § 91 Abs. 2 AktG für den Bereich der Liquiditätssicherung erfüllt werden können.

(2) Geeignete Maßnahmen

(i) Liquiditätsstatus

Eine in der betriebswirtschaftlichen Praxis der Liquiditätsrisikosteuerung weitverbreitete Maßnahme zur Ermittlung der aktuellen, innertägigen Zahlungskraft ist der tägliche Liquiditätsstatus.[296] Fraglich ist, ob dieser eine im Rahmen von § 91 Abs. 2 AktG geeignete Maßnahme zur Früherkennung liquiditätsgefährdender Zahlungsmitteldefizite ist. Denn er erfüllt die obigen Merkmale nur eingeschränkt: Die Gegenüberstellung der innertägig erwarteten Ein- und Auszahlungen unter Berücksichtigung des Zahlungsmittelbestandes am Anfang des Tages ist zwar geeignet, sich abzeichnende aktuelle Zahlungsmitteldefizite aufzudecken. Zu beachten ist aber, dass der tägliche Liquiditätsstatus aufgrund seines Gegenwartsbezugs auf die Feinabstimmung der täglichen Zahlungsströme abzielt und deshalb nicht geeignet ist, weiter in der Zukunft liegende bestandsgefährdende Entwicklungen, zu deren Steuerung ein längerer Zeithorizont erforderlich ist, frühzeitig zu erkennen.[297]

(ii) Liquiditätsübersicht

Als Kernelement der Früherkennungsmaßnahmen speziell für liquiditätsgefährdende Entwicklungen wird eine Liquiditätsübersicht[298] vorgeschlagen,[299] die die obigen Merkmale weitestgehend erfüllt: Die Gegenüberstellung der prognostizierten Ein- und Auszahlungen unter Berücksichtigung des jeweiligen Zahlungsmittelbestands zu Anfang einer Planungsperiode ist geeignet, ein Zahlungsmitteldefizit am Ende einer Planungsperiode aufzudecken. Die rollierende Planung mit sich verjüngenden Planungseinheiten sowie einem Planungshorizont von in der Regel einem Jahr ermöglicht, sich abzeichnende Zahlungsmitteldefizite so frühzeitig zu erkennen, dass dem Vorstand genügend Zeit bleibt, termin- und betragsgerecht ausreichende finanzwirtschaftliche Dispositionen zu ergreifen. Dabei sind an die Technik der Liquiditätsübersicht bestimmte Mindestanforderungen zu stellen, die insbesondere die Prognose der entscheidungsautonomen Zahlungsströme betreffen. In Abhängigkeit von der Bedeutung des zu prognostizierenden Zahlungsstroms für die Zahlungskraft des Unternehmens und den tatsächlichen Möglichkeiten sollte der Vorstand erwägen, statistisch-formale und/oder subjektiv-pragmatische Methoden zur Prognose

---

296 Vgl. A.I.1.a).

297 So auch *Baums*, ZGR 2011, 218 (263).

298 Dabei die kurzfristige Liquiditätsübersicht häufig auch als „Vorschau-Finanzplan“ bezeichnet.

299 Aus der betriebswirtschaftlichen Literatur: *Zunk*, Finanz Betrieb 2000, 557 ff.; aus der rechtswissenschaftlichen Literatur: *Baums*, ZGR 2011, 218 (263); *Bunting*, ILF Working Paper Series No. 127, 2011, S. 12 f.

des jeweiligen Zahlungsstroms heranziehen. Im Übrigen hat sich die Auswahl der geeigneten Prognosemethoden an heuristischen, statistischen und ökonomischen Merkmalen zu orientieren.[300] Der Vorstand sollte aus Gründen der besseren Nachvollziehbarkeit[301] insbesondere bei subjektiv-pragmatischen Prognosen den Prognoseprozess und die getroffenen Annahmen schriftlich dokumentieren.[302]

Ein Merkmal erfüllt die Liquiditätsübersicht jedoch nicht: Eine Analyse der Ursachen für ein sich abzeichnendes Zahlungsmitteldefizit kann eine bloße Gegenüberstellung der Plan-Einzahlungen und Plan-Auszahlungen einer Planungsperiode nicht leisten. Denn das Ergebnis der Liquiditätsübersicht ist die bloße Feststellung, dass am Ende einer Planungsperiode punktuell entweder ein finanzielles Gleichgewicht herrscht oder eine Über- oder Unterdeckung an Zahlungsmitteln, die einen Finanzplanausgleich[303] erforderlich macht. Vielmehr kann die Liquiditätsübersicht zu den Ursachen in der Regel keine Aussage treffen. „Entwicklungen" im Sinne des § 91 Abs. 2 AktG sind aber nicht auf die punktuelle Feststellung von sich abzeichnenden Zahlungsmitteldefiziten am Ende einer Planungsperiode beschränkt. Vielmehr erfordert die Früherkennung von bestandsgefährdenden Entwicklungen eine Identifizierung und Erforschung der Ursachen von sich abzeichnenden Zahlungsmitteldefiziten. Die Feststellung eines Zahlungsmitteldefizit mittels eines Liquiditätsplans erschöpft sich in einer punktuellen Feststellung eines Mangels von Zahlungsmitteln. Auch wenn diese punktuelle Festellung aus der Perspektive der Sicherstellung der Zahlungsfähigkeit primär von Interesse ist, so ist nicht zu verkennen, dass das Gesetz mit dem Früherkennen von „Entwicklungen" in zeitlicher Hinsicht darüber hinausgeht und danach fragt, ob punktuelle Feststellungen in einer Gesamtbetrachtung auf eine gemeinsame Ursache zurückzuführen sind oder einem gemeinsamen Muster folgen und deswegen im Sinne einer Entwicklung miteinander verbunden sind. Deswegen bedarf es eines weiteren analytischen und bewertenden Schritts.[304]

300 Vgl. B.I.2(2)(i).

301 Vgl. *Roth*, Unternehmerisches Ermessen, S. 240, im Zusammenhang mit der Bewertung von Forderungen und Schulden zum Zweck der Abgrenzung der bloßen Zahlungsstockung von der dauerhaften Zahlungsunfähigkeit durch den Vorstand und der Beurteilung, ob die Bewertungsannahmen des Vorstands vertretbar sind.

302 Vgl. A.I.1.e).

303 Vgl. B.I.2(2)(ii).

304 So auch *Spindler*, in: Münch Komm AktG, § 91 Rn. 22; *ders.*, in: Fleischer, Hdb VorstandsR, § 19 Rn. 10, der einen kontinuierlichen Abgleich zwischen geplanten Unternehmenszahlen und tatsächlich eingetretener Lage fordert; ferner: *Zimmer/Sonneborn*, in: Lange/Wall, Risikomanagement nach dem KonTraG, S. 38 (51).

(iii) Früherkennungs-Ansätze

Fraglich ist, ob einer der in der Betriebswirtschaft entwickelten Früherkennungs-Ansätze die Anforderungen des § 91 Abs. 2 AktG an die Identifizierung und Erforschung der Ursachen von sich abzeichnenden Zahlungsmitteldefiziten erfüllt.

Zur Früherkennung werden im Wesentlichen Frühwarnsysteme, Frühindikatorsysteme und Frühaufklärungssysteme vorgeschlagen.[305] Aus § 91 Abs. 2 AktG ergeben sich Anhaltspunkte dafür, dass die Norm ein Anforderungsprofil aufweist, das weniger komplexe Früherkennungsmaßnahmen ähnlich einem Frühwarnsystem für ausreichend ansieht. Im Zentrum des Frühwarnansatzes stehen Vergleiche von Plan-Werten, die mithilfe der betrieblichen Liquiditätsrechnung ermittelt und zu Kennzahlen verdichtet werden, und tatsächlich beobachteten Ist-Werten dieser Kennzahlen. Überschreiten die Abweichungen dieser Kennzahlen bestimmte vorher definierte Schwellenwerte, so wird (automatisch) eine Meldung ausgelöst, die zu einer Information des Vorstands führt.[306]

Für die Anerkennung eines kennzahlenbasierten Frühwarnsystems spricht vor allem, dass es bei Erlass des KonTraG die Grundintention des Gesetzgebers war, die Grundsätze guter Unternehmensführung festzuschreiben. Kennzahlenbasierte Frühwarnsysteme stellen eine seit langem in der betrieblichen Praxis anerkannte Möglichkeit dar, Informationen über Entwicklungen zu erhalten.[307] Kennzahlenbasierte Frühwarnsysteme haben ihre Daseinsberechtigung auch nicht aufgrund der Entwicklung der Frühaufklärungs- bzw. Frühindikatorsysteme verloren; diese verdrängen sich nicht gegenseitig.[308]

Dagegen gehen Frühindikator- und Frühaufklärungsansätze über das Minimalprogramm des § 91 Abs. 2 AktG deutlich hinaus, da es gleichberechtigtes Ziel dieser Ansätze ist, zugleich unternehmerische Chancen durch entsprechende Indikatoren oder schwache Signale aufzuspüren, und der Vorstand verpflichtet wird, auf der Basis der Früherkennungsinformationen strategische (Gegen-)Maßnahmen zu ergreifen. Die Verpflichtung, auf erkannte bestandsgefährdende Entwicklungen zu reagieren, folgt nicht aus § 91 Abs. 2 AktG, sondern aus der allgemeinen Leitungspflicht des Vorstands.[309] Auch wenn es in der betrieblichen Praxis die Tendenz gibt, die Früherkennung sehr eng mit der strategischen Unternehmensplanung zu verknüpfen, so kann man nicht davon ausgehen, dass die Vorstandspflicht zur Unternehmensplanung nach §§ 76 Abs. 1, 93 Abs. 1 AktG auf die rechtlichen Anforderungen zur Früherkennung bestandsgefährdender Entwicklungen nach § 91 Abs. 2 AktG im Sinne einer strategischen Früherkennung ausstrahlt. Vor allem aber

305 Vgl. B.II.3.

306 Vgl. A.I.1.a).

307 Vgl. *Staudt*, Kennzahlen und Kennzahlensysteme, S. 96; *Weigand/Buchner*, in: Früherkennung in der Unternehmenssteuerung, S. 1 (13); *Geißler*, Frühaufklärungssysteme, S. 98 mwN.

308 *Schneider*, Früherkennung und Intuition, S. 48 mwN.

309 Vgl. C.I.1(4)(vi).

übersieht der Frühaufklärungsansatz den durch § 91 Abs. 2 AktG abgesteckten Früherkennungshorizont. Bestandsgefährdende Entwicklungen im Sinne des § 91 Abs. 2 AktG zeichnen sich dadurch aus, dass sie im Moment der Früherkennung schon begonnen haben, sich zu verdichten. Die Früherkennung mittels schwacher Signale versucht demgegenüber alle erdenklichen Signale und Entwicklungen in einem weit vorgelagerten Stadium aufzufangen. Dies mag aus betriebswirtschaftlicher Sicht sinnvoll sein, es ist aber ebenso wenig wie ein umfassendes Risikomanagementsystem von § 91 Abs. 2 AktG gefordert. Der Vorstand wird dementsprechend im Rahmen von § 91 Abs. 2 AktG nicht zur Einrichtung eines detaillierten Frühindikatorsystems oder eines strategischen Frühaufklärungssystems in dem beschriebenen Sinne verpflichtet.

In Übertragung auf die Früherkennung von liquiditätsbedrohenden Entwicklungen könnte ein Frühwarnansatz – vorbehaltlich des Vorrangs des Ausgestaltungsermessens des Vorstands – skizzenhaft folgendermaßen ausgestaltet sein: Ausgangspunkt einer Ursachenidentifikation und -analyse muss für jede Betrachtungsperiode die Prüfung sein, ob und in welchem Umfang die tatsächliche Zahlungskraft von der in der Liquiditätsübersicht prognostizierten Zahlungskraft am Ende einer Planungsperiode abgewichen ist. Dabei ist unter tatsächlicher Zahlungskraft das Maß an Zahlungskraft zu verstehen, das sich ohne nachträgliche finanzwirtschaftliche Maßnahmen zur Herstellung des finanziellen Gleichgewichts ergeben hätte. In Abhängigkeit von Art, Umfang und Häufigkeit der Abweichungen der tatsächlichen Zahlungskraft ergeben sich für den Vorstand wichtige Hinweise für das Vorhandensein einer liquiditätsgefährdenden Entwicklung. In einem zweiten Schritt können die Ursachen der als wesentlich erkannten Abweichungen der Zahlungskraft auf Zahlungsstromebene analysiert werden. Die Zahlungskraft ist eine stark aggregierte Kennzahl, die zu Zwecken der Ursachenanalyse in ihre Einzelbestandteile, d. h. Zahlungsströme, zerlegt werden muss. Zu diesem Zweck sind die von der Liquiditätsübersicht abweichenden tatsächlichen Zahlungsströme im Wege eines Soll/Ist-Vergleichs zu identifizieren und es ist nach den Ursachen für die Abweichungen zu fragen.

Zu beachten ist der Modellcharakter des soeben gezeigten Vorgehens, denn § 91 Abs. 2 AktG gewährt dem Vorstand ein weites Ausgestaltungsermessen. Hinsichtlich der konkreten Ausgestaltung der Früherkennungsmaßnahmen hat sich der Vorstand vor allem an Größe und Unternehmensgegenstand der Gesellschaft sowie dem Umfang und der Risikoträchtigkeit der Geschäftsaktivitäten zu orientieren. Der Vorstand ist an kein bestimmtes betriebswirtschaftliches Modell gebunden.[310]

(iv) Umfassende Quantifizierung von Liquiditätsrisiken

Eine Rechtspflicht des Vorstands, das Risiko von Zahlungsmitteldefiziten aufgrund *unerwarteter* Zahlungsströme (beispielsweise mittels eines Liquidity at Risk-Ansatzes)[311]

310 *Hommelhof/Matheus*, in: Dörner, Praxis des Riskomanagements, S. 11 f.
311 Vgl. B.II.2(2).

umfassend zu quantifizieren, ergibt sich aus § 91 Abs. 2 AktG nicht. Gegen die Pflicht zu einer umfassenden Quantifizierung spricht, dass sie im Ergebnis auf eine systematische Erfassung und Bewertung von Liquiditätsrisiken hinausliefe, die von § 91 Abs. 2 AktG nicht gefordert ist.[312] Denn beispielweise zeigt die Technik der Simulation von Risikoparametern, dass die Quantifizierung der Liquidity at Risk nicht auf die Früherkennung von *Entwicklungen* zielt, die in der Gegenwart bereits ihren Ausgangspunkt genommen haben.

Eine Pflicht des Vorstands, die Quantifizierung potentieller Zahlungsmittedefizite aufgrund unerwarteter Zahlungsstromabweichungen zu erwägen, kann sich jedoch, wie noch gezeigt wird,[313] aus Bestandssicherungsgründen im Rahmen seiner allgemeinen Sorgfaltspflichten nach §§ 76 Abs. 1, 93 Abs. 1 AktG ergeben.

(v) Organisatorische Ausgestaltung der Früherkennungsmaßnahmen

Hinsichtlich der Frage, wie die Wahrnehmung der Früherkennungsaufgabe aufbau- und ablauforganisatorisch ausgestaltet ist, hat der Vorstand grundsätzlich ein weites Organisationsermessen. Der Vorstand wird die Wahrnehmung dieser Aufgabe bis auf damit verbundene nicht übertragbare Leitungsentscheidungen regelmäßig an Mitarbeiter delegieren. Deshalb wird auf die Fragen der organisatorischen Ausgestaltung der Früherkennungsmaßnahmen im Rahmen des entsprechenden Kapitels eingegangen.[314]

Auf die umstrittene Frage, ob der Vorstand einer Muttergesellschaft zur Einrichtung konzernweiter Früherkennungsmaßnahmen verpflichtet ist, wird im Rahmen der Pflichten des Vorstands bei Delegation und Auslagerung liquiditätsrisikobehafteter Geschäftsaktivitäten und -prozesse eingegangen.[315]

d) Ausgestaltung des Überwachungssystems

Es wurde bereits festgestellt, dass mit der Forderung nach einem „Überwachungssystem" die unternehmensinterne Kontrolle der Früherkennungsmaßnahmen gemeint ist.[316] Das Wort Überwachungs*system* impliziert, dass die Kontrolle systematisch zu erfolgen hat, d. h. die Wirksamkeit und Angemessenheit der Früherkennungsmaßnahmen jedenfalls in geeigneten Zeitabständen zu überprüfen sind.[317] Dabei hat sich der Vorstand insbesondere von der Wirksamkeit und Angemessenheit seiner organisatorischen Vorgaben für die Erstellung der Liquiditätsübersicht zu

---

312 Ähnlich *Bunting*, Working Paper Series No. 127 des Institute for Law and Finance, S. 11 f.

313 Vgl. C.I.2.a).

314 Vgl. zu den Voraussetzungen der vertikalen Delegation im Rahmne von § 91 Abs. 2 AktG durch den Vorstand C.I.3.b)(2).

315 Vgl. C.I.3.c)(1)(ii).

316 Vgl. C.I.1(4)(iv).

317 *Baums*, ZGR 2011, 218 (274).

vergewissern. Dies betrifft beispielsweise den Planungshorizont, die Länge der Planungseinheiten und die Wirksamkeit und Angemessenheit der Prognosemethoden. Der Gesetzeswortlaut selbst gibt keine weiteren Hinweise für die Konkretisierung des Überwachungssystems. Nach der Gesetzesbegründung soll der Vorstand neben einem angemessenen Risikomanagement (d. h. Früherkennungsmaßnahmen für bestandsgefährdende Entwicklungen) auch für eine angemessene interne Revision[318] sorgen.[319] Die Kontrolltätigkeit der internen Revision unterscheidet sich von anderen unternehmensinternen Kontrollen dadurch, dass sie *prozessunabhängig* durchgeführt wird.[320] Das bedeutet, dass die Aufgaben der internen Revision von anderen Stellen durchgeführt werden müssen als denjenigen, die mit der Ausführung der Früherkennungsmaßnahmen und operativen, die Liquiditätsrisiken auslösenden Geschäftsaktivitäten befasst sind. Um diese Unabhängigkeit und Unbefangenheit der internen Revision zu gewährleisten, bedarf es einer klaren Zuweisung von Zuständigkeiten.[321] Die Aufgabe der internen Revision muss dabei nicht notwendigerweise einer separaten Unternehmensabteilung übertragen werden, solange die Unabhängigkeit und Unbefangenheit der Überwachungsmaßnahmen gewährleistet ist. Die Überwachung des Früherkennungssystems kann auch durch den Vorstand selbst erfolgen.[322] Werden die Überprüfungen nicht durch den Vorstand selbst, sondern durch eine nachgelagerte Stelle ausgeführt, beispielsweise durch eine Stabsabteilung, die dem (Gesamt-)Vorstand zugeordnet ist,[323] so muss durch ein engmaschiges Berichtswesen sichergestellt sein, dass die Vorstandsebene über die Prüfungsergebnisse informiert wird.[324]

Innerhalb der Vorgaben zur Zuständigkeitstrennung, zum Berichtwesen und zur Periodizität der Überprüfung (zur Dokumentationspflicht siehe im nächsten Abschnitt) hat der Vorstand ein Ausgestaltungsermessen, wie er die Wirksamkeit und Angemessenheit der Früherkennungsmaßnahmen überwacht. Ebenso wie die Früherkennungsmaßnahmen hängt die Ausgestaltung des Überwachungssystems u. a. von der Größe, Branche, Struktur und dem Kapitalmarktzugang des jeweiligen Unternehmens ab.[325]

---

318 Vom Institute of Internal Auditors (IIA) wird interne Revision definiert als „*independent, objective, assurance and consulting activity designed to add value and improve an organization's operations. It helps an organization accomplish its objectives by bringing a systematic, disciplined approach to evaluate and improve effectiveness of risk management, control and governance process*" (vgl. unter https://na.theiia.org; zuletzt abgerufen am 13. Mai 2013).

319 RegBegr KonTraG BT-Drucks. 13/9712, S. 15.

320 *Jung*, Interne Revision, in: Handelsblatt, Wirtschaftslexikon, S. 2629 (2632).

321 *Hüffer*, AktG, § 91 Rn. 8.

322 *Dreher*, in: FS U. Hüffer, S. 161 (167).

323 *Jung*, Interne Revision, in: Handelsblatt, Wirtschaftslexikon, S. 2629 (2632).

324 *Kort*, in: Großkomm AktG, § 91 Rn. 52; *Fleischer*, in: Spindler/Stilz, AktG, § 91 Rn. 36.

325 RegBegr KonTraG BT-Drucks. 13/9712, S. 15.

e) Dokumentation

Die Pflicht, die Früherkennungsmaßnahmen sowie das Überwachungssystem schriftlich zu dokumentieren, wie es Ziffer 3.5 des IDW PS 340 fordert, folgt zwar nicht unmittelbar aus dem Wortlaut des § 91 Abs. 2 AktG, aber aus dessen Regelungsgehalt.[326] Für den organisatorischen Aufbau, die Zuständigkeitsverteilung sowie die Festlegung von Weisungsrechten und Berichtspflichten wird eine schriftliche Dokumentation von der fast einhelligen Meinung regelmäßig für erforderlich gehalten[327] und eine entsprechende Rechtspflicht anerkannt.[328] Schließlich wird zu Recht darauf hingewiesen, dass bei fehlender Dokumentation eine Prüfung durch Wirtschaftsprüfer nicht möglich ist.[329] Dem ist vor dem Hintergrund der Beweislast des Vorstands für die Geeignetheit und Angemessenheit der Früherkennungsmaßnahmen im Rahmen des § 93 Abs. 2 Satz 2 AktG zuzustimmen:[330] Insbesondere die Prognose entscheidungsautonomer Zahlungsströme mittels subjektiv-pragmatischer Methoden zur Erstellung einer Liquiditätsübersicht muss für außenstehende Dritte soweit wie möglich nachvollziehbar sein. Dazu sollte der Vorstand die getroffenen Annahmen und die Prognoseschritte schriftlich niederlegen, um sich leichter vom Vorwurf der Verletzung seiner organisatorischen Pflichten nach § 91 Abs. 2 AktG exkulpieren zu können.

f) Zwischenergebnis

Als Zwischenergebnis ist festzuhalten, dass § 91 Abs. 2 AktG zentrale Organisationspflichten für die institutionalisierte Identifikation liquiditätsgefährdender Entwicklungen aufstellt. Dabei sind nicht alle Maßnahmen, die aus der Perspektive der Betriebswirtschaftslehre und Wirtschaftsprüfungspraxis zur Steuerung von (Liquiditäts-)Risiken vorgeschlagen werden, zur Konkretisierung des Pflichtenrahmens des § 91 Abs. 2 AktG erforderlich bzw. tauglich. Eine am Sinn und Zweck sowie der Gesetzgebungsgeschichte orientierte Auslegung des Wortlauts der Norm ergibt, dass § 91 Abs. 2 AktG ein Minimalprogramm formuliert, das gerade auch von Aktiengesellschaften kleineren und mittleren Zuschnitts erfüllt werden kann. Restriktiv sind die vorgeschlagenen Maßnahmen dementsprechend an den folgenden Kriterien

---

326 Vgl. *Bunting*, Working Paper Series des Institute for Law and Finance No. 127, S. 14.

327 LG München I, NZG 2008, 319 (320); VG Frankfurt am Main, AG 2005, 264 (266); *Preußner/Becker*, NZG 2002, 846 (851); *Mertens/Cahn*, in: Köln Komm AktG, § 91 Rn. 25; a. A.: Theusinger/ Liese, NZG 2008, 289 (290).

328 *Kort*, in: Großkomm AktG, § 91 Rn. 52; *Hüffer*, AktG, § 91 Rn. 8; *Fleischer*, in: Spindler/Stilz, AktG, § 91 Rn. 36.

329 *Habersack/Schürnbrand*, in: Staub HGB Komm, § 317 Rn. 32; *Schmidt/Almeling*, in: Beck'scher Bil-Komm, § 317 HGB, Rn. 84; *Huth*, Vorstandspflicht zur Risikoüberwachung, S. 220 ff.; *Bunting*, Working Paper Series No. 127 des House for Law and Finance, S. 14.

330 So auch *Huth*, Die Vorstandspflichten zur Risikoüberwachung, S. 220.

zu messen: (1) Eignung zur Identifikation sich bereits abzeichnender Zahlungsmitteldefizite, nicht aber jedweder Liquiditätsrisiken. (2) Eignung zur frühzeitigen Identifikation. (3) Eignung zur Erforschung der Ursachen von sich abzeichnenden bzw. eingetretenen Zahlungsmitteldefiziten.

Danach ist der Vorstand verpflichtet, eine Liquiditätsübersicht zu erstellen, um etwaige Zahlungsmitteldefizite aufgrund der erwarteten Zahlungsströme zu identifizieren. Ein bloßer täglicher Liquiditätsstatus reicht aufgrund seines Gegenwartsbezugs hierzu nicht aus.

Zur Ursachenforschung ist darüber die geplante Soll-Zahlungskraft mit der tatsächlichen Ist-Zahlungskraft (ohne Berücksichtigung etwaiger nachträglicher finanzwirtschaftlicher Ausgleichsmaßnahmen) zu vergleichen. In Abhängigkeit von der Art, dem Umfang und der Häufigkeit der Zahlungskraftabweichungen sollte der Vorstand erwägen, die erwarteten Plan-Zahlungsströme mit den tatsächlich eingetretenen Ist-Zahlungsströmen zu vergleichen, um die Zahlungsströme zu identifizieren, die für die Zahlungsstromabweichungen ursächlich waren. Dieser Rückschauanalyse lassen sich wichtige (Trend-)Informationen über liquiditätsgefährdende Entwicklungen entnehmen.

Eine Quantifizierung von Liquiditätsrisiken aufgrund unerwarteter Zahlungsströme, beispielsweise mithilfe der Liquidity at Risk-Kennzahl, ist hingegen im Rahmen von § 91 Abs. 2 AktG nicht erforderlich, da dies im Ergebnis auf eine umfassende Identifikation und Bewertung aller Liquiditätsrisiken hinausliefe, die gerade nicht Gegenstand von § 91 Abs. 2 AktG ist. Auch nicht von § 91 Abs. 2 AktG umfasst ist die Pflicht, bei erkannten Zahlungsmitteldefiziten Gegenmaßnahmen zu ergreifen.

Das Überwachungssystem im Sinne von § 91 Abs. 2 AktG verpflichtet den Vorstand, periodisch die Wirksamkeit, Angemessenheit und Umsetzung der organisatorischen Vorgaben bezüglich der Liquiditätsübersicht zu überprüfen. Führt er die Prüfung – wie im Regelfall – nicht selbst durch, hat der Vorstand für ein engmaschiges Berichtswesen und klare Zuständigkeitstrennungen zu sorgen, die die Unabhängigkeit und Unbefangenheit der Überprüfung gewährleisten.

Der Forderung nach konzernweiten Früherkennungsmaßnahmen kann nur insoweit gefolgt werden, wie sich aus Zahlungsstromabweichungen von Verbundgesellschaften liquiditätsgefährdende Entwicklungen für den Bestand der Spitzengesellschaft ergeben können. Im Übrigen muss der Vorstand der Spitzengesellschaft keine Früherkennungsmaßnahmen einrichten, die die Zahlungsströme der Verbundgesellschaften vollständig erfassen.

Schließlich hat der Vorstand die Etablierung und das Betreiben der Früherkennungsmaßnahmen aus praktischen, prüfungstechnischen und Beweislasterwägungen schriftlich zu dokumentieren.

Auf die Frage, ob sich insbesondere aus der bankaufsichtsrechtlichen Norm des § 25 a Abs. 1 KWG Hinweise für die Ausgestaltung der Früherkennungsmaßnahmen ergeben, wird im letzten Kapitel der Untersuchung eingegangen.[331]

2. Vorstandspflichten zur Steuerung von Liquiditätsrisiken nach §§ 76 Abs. 1, 93 Abs. 1 AktG

Nachdem festgestellt wurde, dass § 91 Abs. 2 AktG ein Minimalprogramm zur Früherkennung von bestandsgefährdenden Entwicklungen verbindlich festschreibt, stellt sich die Frage, welche Pflichten zur Steuerung von Liquiditätsrisiken sich aus der allgemeinen Leitungspflicht des Vorstands nach §§ 76 Abs. 1, 93 Abs. 1 AktG ergeben. § 91 Abs. 2 AktG hat keine verdrängende Wirkung.[332] Aufgrund seiner Bestandssicherungsverantwortung trifft den Vorstand die Pflicht, Risiken mit Bedeutung für den Bestand der Gesellschaft zu erfassen und zu bewältigen.[333] Dazu werden zunächst liquiditätsrisikobezogene Organisationspflichten außerhalb von § 91 Abs. 2 AktG untersucht, um dann auf die Vorstandspflichten bei einer liquiditätsgefährdenden Entwicklung oder bei Bestehen eines akuten Liquiditätsengpasses einzugehen. Abschließend werden Liquiditätsrisikosteuerungspflichten untersucht, die sich im Vorfeld von Maßnahmen der Geschäftsführung ergeben, die mit der Übernahme von Liquiditätsrisiken verbunden sind. Im Mittelpunkt des Interesses stehen dabei liquiditätsrisikobehaftete Investitions- und Anlageentscheidungen.

a) Organisatorische Vorstandspflichten zur Steuerung von bestandsgefährdenden Liquiditätsrisiken; Maßnahmen der Prävention bestandsgefährdender Liquiditätsrisiken

Die Erfassung liquiditätsgefährdender Entwicklungen einer Gesellschaft mittels einer Liquiditätsübersicht und bestimmter Früherkennungsanalysen im Rahmen von § 91 Abs. 2 AktG weist bestimmte Schwächen auf.[334] Diese sind im Wesentlichen darauf zurückzuführen, dass bei der Erstellung des Liquiditätsplans die Grundsätze der Vollständigkeit und Genauigkeit nicht umfassend eingehalten werden können und in der Regel keine Einschätzung möglicher *unerwarteter* Abweichungen geplanter Zahlungsströme bzw. keine Einschätzung *unerwartet* eintretender Zahlungsströme erfolgt. Vor diesem Hintergrund ist zu untersuchen, ob und in welchem Umfang der Vorstand Maßnahmen der Liquiditätsrisikosteuerung im engeren Sinn[335]

331 Vgl. Abschnitt E.

332 Begr. RegE KontraG BT-Drucks. 13/9712 S. 15; *Kort*, in: Großkomm AktG, § 91 Rn. 64; *Spindler*, in Münch Komm AktG, § 91 Rn. 3.

333 *Spindler*, in: Münch Komm AktG, § 91 Rn. 22 und Rn. 3; *Wiesner*, in: Münch Hdb AG, § 25 Rn. 6; *Widmann*, Risikomanagement und Corporate Governance, 2010, S. 89; *Hommelhoff/Mattheus*, in: Dörner, Praxis des Risikomanagements, S. 10 ff.

334 Vgl. B.II.2(3).

335 Vgl. aus betriebswirtschaftlicher Sicht A.I.1.c).

ergreifen muss. Damit eng verknüpft ist die Frage, ob und in welchem Umfang der Vorstand zu präventiven Maßnahmen[336] im Hinblick auf identifizierte bestandsgefährdende Liquiditätsrisiken verpflichtet ist. Im Zentrum der in den Betriebswissenschaften diskutierten Maßnahmen der Liquiditätsrisikosteuerung im engeren Sinne steht die umfassende Identifizierung und Quantifizierung von negativen Zahlungsstromabweichungen. Diese sind die Grundlage für in der Regel monetäre Risikovorsorgemaßnahmen, vor allem in Form einer ausreichend zu bemessenden Liquiditätsreserve.

(1) Maßnahmen der Liquiditätsrisikosteuerung im engeren Sinn

Ob und in welchem Umfang der Vorstand nach §§ 76 Abs. 1, 93 Abs. 1 AktG verpflichtet ist, Liquiditätsrisiken aufgrund unerwarteter Zahlungsströme bzw. Zahlungsstromabweichungen zu erfassen und Präventionsmaßnahmen zu ergreifen, ist im Grundsatz eine Ermessensentscheidung des Vorstands. Eingrenzend gilt jedoch, dass der Vorstand solche unerwarteten Zahlungsströme bzw. Zahlungsstromabweichungen zu erfassen hat, die den Bestand der Gesellschaft bedrohen. Um den Anforderungen an eine angemessen informierte Entscheidung im Sinne von § 93 Abs. 2 Satz 1 AktG zu entsprechen, muss der Vorstand keine umfassende Quantifizierung aller möglichen unerwarteten Zahlungsströme bzw. Zahlungsstromabweichungen durchführen.

Zwar wird es aus praktischen Gesichtspunkten in der Regel unvermeidlich sein, dass der Vorstand mögliche unerwartete Zahlungsstromabweichungen einem ersten Schritt identifiziert – bzw. durch Mitarbeiter oder Dritte identifizieren lässt – und in einem zweiten Schritt auf ihr Bestandsgefährdungspotential bewertet.[337] Diese Risikoinventur muss jedoch nicht zwingend quantitativer Art sein. Eine Quantifizierung des (Gesamt-)Liquiditätsrisikos der Gesellschaft nach Art der *Liquidity at Risk* oder anderer Kennzahlen schießt über das Ziel hinaus und wird mangels Datenbasis – anders als in Banken – häufig nicht möglich sein. Vielmehr hat der Vorstand bei der Ausgestaltung der Risikoinventur wiederum eine Einschätzungsprärogative, die sich nach der Art des betroffenen Zahlungsstroms – güterwirtschaftlich oder finanzwirtschaftlich – und ganz generell nach Art, Umfang und Liquiditätsrisikoprofil der Geschäftstätigkeit der Gesellschaft richtet. Zudem ergeben sich Wechselwirkungen mit der vorhandenen Liquiditätsausstattung sowie sonstigen Risikovorsorge- bzw. Risikoüberwälzungsmechanismen. So wird beispielsweise ein Bauunternehmen, das die Projektierung und Errichtung industrieller Großanlagen zum Unternehmensgegenstand hat, aufgrund des zumeist mehrjährigen Herstellungszyklus und der Vorleistungspflicht im Vergleich zu einem Einzelhandelsunternehmen einen zeitlich weit gestreckten Liquiditätsbedarf haben bzw. höheren Liquiditätsrisiken ausgesetzt sein, was für eine intensivere Risikoinventur spricht. Dagegen wird sich ein Unternehmen, das aufgrund eines individuellen Sicherheitsbedürfnisses über

336 Vgl. aus betriebswirtschaftlicher Sicht A.I.1.a) – A.I.1.e).

337 *Baums*, ZGR 2011, 218 (272).

einen vergleichsweise hohen (und unrentablen) Bestand an liquidem Vermögen verfügt, weniger intensiv mit der Quantifizierung von Liquiditätsrisiken auseinandersetzen müssen als ein Unternehmen, das eine solche Quantifizierung – zumindest näherungsweise – als Richtschnur für die Bemessung einer unter Ertrags- *und* Bestandssicherungsgesichtspunkten optimalen Liquiditätsreserve nutzt.

Gegen den Zwang zur gesamthaften Quantifizierung spricht zudem folgende Überlegung: Weder entlastet dieses Vorgehen den Vorstand automatisch im Rahmen des § 93 Abs. 1, 2 AktG – bzw. trägt es die Vermutung sorgfaltsgemäßen Verhaltens in sich –, noch führt das Unterlassen der Einrichtung einer quantitativen Risikoinventur zu einer automatischen Haftung des Vorstandes.[338] Gegen eine Vermutungswirkung spricht vor allem, dass auch die aufgezeigten betriebswirtschaftlichen Verfahren aufgrund von Modellschwächen oder in Ermangelung einer geeigneten Datenbasis nur eingeschränkt in der Lage sind, unerwartete Zahlungsstromabweichungen bzw. Zahlungsströme umfassend zu quantifizieren.[339]

Vielmehr ist davon auszugehen, dass der Vorstand mit der verkehrsüblichen Sorgfalt handelt, wenn er sich aus vertretbaren Gründen im Hinblick auf die aufgrund einer (qualitativen) Voreinschätzung für potentiell liquiditätsgefährdend erachteten operativen und finanzwirtschaftlichen Zahlungsströme für ein bestimmtes betriebswirtschaftlich gesichertes Prognoseverfahren zur Identifikation und Messung der anhaftenden Liquiditätsrisiken entscheidet. Die Pflicht zur sorgfältigen Auswahl ist gesteigert, wenn sich aus der Geschäftsstruktur der Gesellschaft bereits eine liquiditätsgefährdende Entwicklung ergibt. Wie noch gezeigt wird, muss der

---

338 So auch *Spindler*, in: Münch Komm AktG, § 93 Rn. 29; *ders.*, Unternehmensorganisationspflichten, S. 809 ff. für die Bedeutung technischer Regelwerke im Rahmen der Produkthaftung und Produzentenhaftung mwN zur Gegenansicht; anderer Ansicht *Hommelhoff/Mattheus*, in: Dörner, Praxis des Risikomanagements, S. 13 f., die eine solche Vermutungswirkung im Rahmen des § 91 Abs. 2 AktG befürworten. An dieser Stelle ist jedoch bereits darauf hinzuweisen, dass das Fehlen einer rechtstechnischen Vermutungswirkung etwaiger betriebswirtschaftlicher (Risikomanagement-)Standards im Rahmen von § 93 Abs. 2 nicht verdecken soll, dass diese, sofern sie als betriebswirtschaftlich gesichert gelten und sich in der Praxis bewährt haben, im Einzelfall nach sorgfältiger Prüfung in den normativen Sorgfaltsmaßstab des § 93 Abs. 1 S. 1 AktG einfließen können (*Spindler*, in: Spindler/Stilz, AktG, § 93 Rn. 50; *Wiesner*: in: Münch Hdb AG, § 25 Rn. 7; *Bürgers/Körber*, in: Bürgers/Körber, AktG, § 93 Rn. 4; *Hüffer*, in: Aktienrecht im Wandel II, Kap. 7 Rn. 21; so auch: *Hofmann-Becking*, in: Münch Hdb AG, § 33 Rn. 59 für etwaige Verhaltensstandards von Aufsichtsratsmitgliedern im Rahmen von §§ 116, 93 AktG; ähnlich: *Wellhöfer*, in: Wellhöfer/Peltze/Müller, Die Haftung von Vorstand, Aufsichtsrat und Wirtschaftsprüfer, § 2 Rn. 16). Darüber hinaus können die betriebswirtschaftlichen Regeln zur Risikosteuerung die Basis für wohlinformierte und am Unternehmenswohl orientierte unternehmerische Entscheidungen des Vorstands darstellen, die von der Business Judgment Rule (§ 93 Abs. 1 S. 2 AktG) geschützt werden (BGH NZG 2013, 293 (296)).

339 Vgl. B.II.2(2)(ii) und B.II.2(3).

Vorstand nicht stets von einer Investitions- oder Anlagemaßnahme absehen, weil diese bei ungünstigster Entwicklung den Bestand der Gesellschaft gefährdet.[340] Mit anderen Worten muss der Vorstand bei unternehmerischen Entscheidungen nicht stets die ungünstigste Prognose zugrundelegen. Das setzt aber voraus, dass er diese zumindest vor seiner Entscheidungsfindung im Rahmen seines Entscheidungsfindungsprozesses angestellt und abgewogen hat.

In aufbauorganisatorischer Hinsicht muss der Vorstand eine Berichtsorganisation etablieren, die ihm einerseits ermöglicht, die ihn gegenüber dem Aufsichtsrat treffenden periodischen und anlassbezogenen Berichtspflichten im Hinblick auf Liquiditätslage und wesentliche Einzelrisiken zu erfüllen.[341] Andererseits muss die Berichtsorganisation sicherstellen, dass der Vorstand über die zur Steuerung der geschäftsstruktur- und einzelprojektbezogenen Liquiditätsrisiken erforderlichen Informationen verfügt. Diese Anforderung hat vor allem im Rahmen der Delegation von Aufgaben und Zuständigkeiten an nachgelagerte Ebenen durch den Vorstand große Bedeutung und wird deswegen in dem entsprechenden Kapitel besprochen.[342]

(2) Vorstandspflichten im Hinblick auf Präventivmaßnahmen

Gelangt der Vorstand zu der Einschätzung, dass eine Investitions- oder Anlageentscheidung mit potentiell bestandsgefährdenden Liquiditätsrisiken behaftet ist, muss der Vorstand aktive oder passive Maßnahmen der Risikobewältigung[343] in Erwägung ziehen und im Regelfall ergreifen.[344]

b) Vorstandspflichten bei Erkennen einer liquiditätsgefährdenden Entwicklung nach §§ 76 Abs. 1, 93 Abs. 1 AktG

Hat der Vorstand eine bestandsgefährdende Entwicklung erkannt oder hätte er eine solche bei sorgfaltsgemäßer Einrichtung der nach § 91 Abs. 2 AktG erforderlichen Maßnahmen erkennen können, stellt sich ausgehend von der Bestandssicherungspflicht des Vorstands die Frage nach den Pflichten zur Abwendung dieser Bestandsgefahr. Zunächst trifft den Vorstand das Zahlungsverbot gemäß § 92 Abs. 2 Satz 3 AktG, wonach er alle Zahlungen und andere liquiditätsbelastende Leistungen an die Aktionäre der Gesellschaft zu unterlassen hat, die die Zahlungsunfähigkeit der Gesellschaft begründen würden.[345]

---

340 Vgl. C.I.2.c)(2)(iii).

341 Vgl. C.II.1.c) und C.II.2.

342 Vgl. C.I.3.b).

343 Vgl. aus betriebswirtschaftlicher Sicht A.I.1.a) – A.I.1.e).

344 Vgl. noch C.I.2.c)(2)(vi).

345 *Mertens/Cahn*, in: Köln Komm AktG, § 92 Rn. 38 ff; daneben gibt es im Hinblick auf eine potentielle Insolvenz noch weitere Verhaltenspflichten des Vorstands, wie etwa die Pflicht, anfechtbare Rechtshandlungen zugunsten einzelner

In dieser Situation ist der Ermessensspielraum des Vorstands nach § 93 Abs. 1 Satz 2 AktG in Abhängigkeit von dem Ausmaß der Bestandsgefahr und der verbleibenden Reaktionszeit eingeschränkt. Der Vorstand hat die beeinflussbaren Zahlungsströme daraufhin zu überprüfen, ob einerseits Auszahlungen verringert sowie auf einen späteren Zeitpunkt verlagert werden können und ob andererseits Einzahlungen vergrößert sowie vorgezogen werden können. Die Auswahl der optimalen Strategie zur Abwendung der Liquiditätsgefahr hängt von den Umständen im Einzelfall ab. Gleichwohl gilt grundsätzlich als Richtschnur – sofern nicht besondere Umstände ein anderes Vorgehen rechtfertigen –, dass der Vorstand auf das Reputationsrisiko zu achten hat, d.h. er sollte zunächst die Maßnahmen mit dem geringsten Außenwahrnehmungspotential auswählen, um Kunden, Lieferanten und Kapitalgeber nicht (zusätzlich) zu verunsichern und dadurch die Krise zu vertiefen. Dies kann durch die Verschiebung nicht betriebsnotwendiger Investitionen z.B. in den Bereichen Forschung, Entwicklung und Marketing erfolgen. Erst wenn diese Maßnahmen nicht weiterführend sind, sollte an u.U. reputationsgefährdende Maßnahmen wie die Vereinbarung einer Stundungsabrede mit Kreditgebern oder sonstigen Gläubigern gedacht werden. Ähnliche Erwägungen gelten für die Art und Weise der Auflösung von Liquiditätsreserven. Die Liquidation von Vermögenswerten sollte den leistungswirtschaftlichen Bereich so weit und so lange wie möglich nicht beeinträchtigen.

In organisatorischer Hinsicht hat der Vorstand die Maßnahmen zur Früherkennung auf ihre Wirksamkeit zu überprüfen und gegebenenfalls Anpassungen der erkannten Schwachstellen, wie z.B. der Prognoseverfahren und -annahmen, vorzunehmen. Insgesamt muss der Vorstand die Entwicklung der Liquidität aufmerksamer verfolgen, was z.B. durch kürzere Prognose- und Revisionsintervalle des Liquiditätsplans sowie eine Intensivierung der Berichterstattung durch die mit der Früherkennung betrauten Mitarbeiter erfolgen kann.

Anlageentscheidungen hat der Vorstand in dieser Situation primär an dem Gesichtspunkt der Liquidierbarkeit auszurichten, und nicht nach Rentabilitätsgesichtspunkten.

Die Aufnahme von Neugeschäft während einer Phase angespannter Liquidität unterliegt besonderen Sorgfaltsanforderungen des Vorstands, die im folgenden Kapitel erörtert werden.

c) Vorstandspflichten im Umgang mit einzelprojektbezogenen Liquiditätsrisiken nach §§ 76 Abs. 1, 93 Abs. 1 AktG

(1) Beachtung des Unternehmensgegenstands

Die Anlage- und Investitionsentscheidungen des Vorstandes müssen sich zunächst innerhalb des Rahmens halten, der durch Gesetz und Unternehmensgegenstand und die zwingenden Regelungen der Geschäftsordnung von Vorstand und Aufsichtsrat

Insolvenzgläubiger zu unterlassen. Vor Eintritt der Zahlungsunfähigkeit ist vor allem § 131 Abs. 1 Nr. 1 InsO von Bedeutung.

vorgegeben ist. Dieser äußere Rahmen hat eine risikobegrenzende Wirkung für die Geschäftsführung des Vorstands. Insbesondere der Unternehmensgegenstand der Gesellschaft nach § 23 Abs. 3 Nr. 2 AktG enthält besonders wichtige Konkretisierungen der Vorstandsbefugnisse im Hinblick auf die Übernahme von Liquiditätsrisiken. Dem statutarischen Unternehmensgegenstand muss unmittelbar, namentlich durch die Angabe der Art der Erzeugnisse, Waren oder Dienstleistungen, entnommen werden können, in welchem Geschäftszweig sich die Gesellschaft auf welche Weise betätigen will.[346] Der Einfluss des so festgelegten Unternehmensgegenstandes auf das Liquiditätsrisikoprofil des Unternehmens soll anhand von zwei Beispielen erläutert werden: Besteht der Schwerpunkt der geschäftlichen Betätigung eines Unternehmens in der Planung und Errichtung von Großkraftwerken oder aber im Vertrieb von Industriebauteilen, so weisen die Geschäftstätigkeiten zwei sehr unterschiedliche Liquiditätsrisikoprofile auf: Die Errichtung von Großkraftwerken erfordert eine mehrjährige Planungs- und Herstellungsperiode und ist dementsprechend mit einem langfristigen Finanzierungsbedarf und daraus resultierenden Finanzierungsrisiken verbunden. Zudem führt die Beschränkung auf wenige Großprojekte zu einer Konzentration von Ausfallrisiken und damit einhergehenden derivativen Liquiditätsrisiken. Demgegenüber besteht in einem Handelsunternehmen für Industriebauteile ein weitaus geringerer Finanzierungsbedarf für die Abwicklung der Handelsaktivitäten. Auch ist das Ausfallrisiko deutlich diversifizierter.

Außerhalb des in der Satzung festgelegten und historisch gewachsenen Unternehmensgegenstandes darf die Gesellschaft keine Geschäfte betreiben.[347] Ein Vorstand, der durch eine Investitions- oder Anlageentscheidung den Unternehmensgegenstand verlässt, verstößt gegen die Satzung und handelt bei Vorliegen der weiteren Voraussetzungen des § 93 Abs. 1 AktG pflichtwidrig[348] und kann sich schadensersatzpflichtig gegenüber der Gesellschaft machen.[349] Unter Umständen hat er auch gegen seine Pflicht, fremde Vermögensinteressen zu schützen, verstoßen mit der Folge einer Strafbarkeit nach § 266 StGB.[350] Aufgrund der Registerpublizität können sich gegenwärtige und zukünftige Aktionäre über das mit dem beschriebenen Tätigkeitsbereich verbundene Risikoprofil der Gesellschaft informieren.[351] Diese Funktion kommt auch (zukünftigen) Gläubigern der Gesellschaft zugute.

---

346 *Röhricht*, in: Großkomm AktG, § 23 Rn. 108; *Barz*, AG 1966, 39 (40).

347 *Mertens/Cahn*, in: Köln Komm AktG, § 82 Rn. 26; *Tieves*, Unternehmensgegenstand, S. 208.

348 *Röhricht*, in: Großkomm AktG, § 23 Rn. 83.

349 BGH NZG 2013, 293 ff.

350 OLG Celle NdsRPfl 1982, 212 (214).

351 *Kraft*, in: Köln Komm AktG, § 23 Rn. 43.

(i) Risikoausweitung infolge von Tätigkeiten eigener Art und infolge von Hilfstätigkeiten

Ob eine Investitions- oder Anlageentscheidung noch eine zulässige Betätigung zur Ausfüllung des Unternehmensgegenstandes darstellt, ist durch die Auslegung der Satzungsbestimmung unter Heranziehung der historischen Entwicklung sowie der Verkehrsauffassung im Einzelfall zu bestimmen.[352] Nicht mehr vom Unternehmensgegenstand umfasst sind alle Tätigkeiten, die nach der Verkehrsanschauung als Gegenstände eigener Art aufzufassen sind.[353] So gilt der Erwerb der Triumph-Adler AG, einem Hersteller von Schreibmaschinen und elektronischen Datenverarbeitungssystemen, durch die Volkswagen AG im Jahr 1979 als unzulässige Tätigkeit eigener Art.[354] In jüngster Vergangenheit hat das OLG Düsseldorf[355] entschieden, dass der umfangreiche Ankauf von verbrieften hypothekenbesicherten Kreditforderungen („Mortgage Backed Securities" – MBS) durch die IKB Deutsche Industriebank AG und nicht konsolidierte Zweckgesellschaften nicht vom Unternehmensgegenstand gedeckt war. Ausweislich der Satzung war der Unternehmensgegenstand auf die Förderung der gewerblichen Wirtschaft und die Finanzierungsbedürfnisse des Mittelstands ausgerichtet.

Andererseits gilt, dass die Individualisierung des Schwerpunktes der Geschäftstätigkeit Hilfstätigkeiten, die der Verwirklichung der Kerntätigkeit dienen, nicht von vornherein ausschließt.[356] So hat der BGH den Erwerb von Lizenzen für Embleme verschiedener Sportvereine als mit dem Unternehmensgegenstand eines Sportartikelherstellers für vereinbar anerkannt, weil die Lizenzen der besseren Vermarktung der hergestellten Produkte dienten.[357] Zu den zulässigen Hilfstätigkeiten werden auch die Gründung einer Leasinggesellschaft durch einen Kraftfahrzeughersteller oder der Betrieb einer eigenen Werbeagentur gezählt.[358] Auch die Beteiligung an innovativen Start-up-Unternehmen im Technologiebereich wird man dazu zählen müssen, sofern diese den Forschungs- und Entwicklungsbereichs eines Industrieunternehmens ergänzt und erweitert und nicht nur eine Form von Vermögensanlage ist, die der Erwirtschaftung zusätzlicher Erträge dient.[359]

---

352 Dazu eingehend *Tieves*, Unternehmensgegenstand, Köln 1998, S. 194 ff.

353 *Mertens/Cahn*, in: Köln Komm, § 82 Rn. 25.

354 *Mertens/Cahn*, in: Köln Komm AktG § 82 Rn. 27; *Tieves*, Unternehmensgegenstand, S. 287 ff.

355 OLG Düsseldorf, ZIP 2010, 28 ff.

356 *Hüffer*, AktG, § 23 Rn. 24.

357 BGH BB 2000, 1643 ff.

358 Beispiele nach *Tieves*, Unternehmensgegenstand, S. 212.

359 Zu Beispielen aus der deutschen Industrie: Financial Times Europe v. 13. März 2012 (Chris Bryant), „In search of outside inspiration", S. 10.

(ii) Finanzwirtschaftliche Betätigungen im Rahmen des Unternehmensgegenstands

Anders als bei den soeben erwähnten Beispielen ist die Grenzziehung bei finanzwirtschaftlichen Betätigungen eines Industrie–, Handels- oder Dienstleistungsunternehmens erheblich schwieriger,[360] aber gerade aus der Perspektive des Liquiditätsrisikoprofils für die vorliegende Untersuchung von erheblichem Interesse – nicht zuletzt deswegen, weil aufsehenerregende Unternehmensschieflagen in den letzten beiden Jahrzehnten der deutschen Wirtschaftsgeschichte auf Betätigungen im finanzwirtschaftlichen Bereich und die daraus resultierenden Liquiditätsrisiken zurückzuführen sind.[361] Zu den finanzwirtschaftlichen Betätigungen eines Industrie–, Handels- oder Dienstleistungsunternehmens gehören beispielsweise Devisen- und Rohstoffoptionen bzw. -termingeschäfte zur Absicherung von Währungs- bzw. Rohstoffpreisrisiken oder Zinsderivate in Form von Zinsswaps oder Forward Rate Agreements zur Absicherung von Zinsänderungsrisiken beispielsweise als Kreditnehmer eines variabel verzinslichen Darlehens.[362] Der Einsatz von Derivaten als Risikotransfergeschäfte wird als sog. Hedging[363] bezeichnet. Dies ist als eine vom Unternehmensgegenstand als Hilfsgeschäft erlaubte Betätigung anzusehen, sofern die Satzung dies nicht ausdrücklich verbietet.

Daneben kann der Hebeleffekt[364] von Derivaten jedoch auch dazu genutzt werden, unabhängig von der Absicherung von bestehenden Grundgeschäftsrisiken eine separate Ertragsquelle des Unternehmens dadurch zu schaffen, dass bewusst offene Positionen gegenüber Marktpreisrisiken eingegangen werden. Dieser Einsatz von Derivaten wird allgemein als Spekulation bezeichnet.[365] Sofern die Satzung diese nicht ausdrücklich erlaubt, wird man darin grundsätzlich einen unzulässigen Gegenstand eigener Art sehen müssen.[366] Es ist umstritten, ob und in welchen Grenzen

360 *Mertens/Cahn*, in: Köln Komm AktG, § 82 Rn. 25.

361 So stand die Klöckner & Co. KGaA (siehe bereits oben Fn. 220) aufgrund von Zahlungsverpflichtungen aus Rohöl-Termingeschäften am Rande der Zahlungsunfähigkeit. Ebenso hatten Rohöl-Termingeschäfte zur Beinahe-Insolvenz der Metallgesellschaft AG sowie zur Insolvenz einer ihrer Tochtergesellschaften geführt.

362 Eingehend *Hull*, Optionen, Futures und andere Derivate, Kapitel 8; Überblick bei *Köhler*, Die Zulässigkeit derivativer Finanzinstrumente in Unternehmen, Banken und Kommunen, S. 15 ff.; empirischer Überblick bei *Eichhorn/Heil*, ZGesKredW 2007, 73 ff.; speziell zu Zins- und Währungsderivaten *Sernetz*, Derivate und Corporate Governance, S. 63 ff.

363 Im deutschen Sprachgebrauch abgeleitet von dem englischen Wort *„to hedge"* = abgrenzen, umzäunen.

364 Dazu *Sernetz*, Derivate und Corporate Governance, S. 83 ff. mwN.

365 Vgl. aus der wirtschaftswissenschaftlichen Literatur *Rudolph*, in: Rudolph (Hrsg.), Derivative Finanzinstrumente, S. 15 ff.; und aus der rechtswissenschaftlichen Literatur *Clouth*, Rechtsfragen der außerbörslichen Finanz-Derivate, S. 122.

366 *Sernetz*, Derivate und Corporate Governance, S. 201 ff.

die Spekulation mit Derivaten in Ausnahmefällen erlaubt ist.[367] *V. Randow*[368] will den spekulativen Derivateinsatz insoweit erlauben, als die Basiswerte einen Bezug zum Unternehmensgegenstand aufweisen, wie z. B. Rohöl-Termingeschäfte bei einer auf den Handel mit Öl spezialisierten Gesellschaft. Nach *Sernetz*[369] sollen im Einzelfall auch spekulative Finanzderivate, d. h. Derivate, deren Basiswerte Devisen, Zinsen, Wertpapiere o.ä. sind, als zulässige Hilfsgeschäfte angesehen werden, sofern diese *„im Rahmen von wohlüberlegten und abgewogenen Transaktionen aus wirtschaftlichen Gesichtspunkten einer strategischen Positionierung des Unternehmens am Markt dienen"* und deshalb als Hilfsgeschäft gelten.[370] Säcker hingegen wendet sich gegen den Einsatz von Derivaten zu spekulativen Zwecken, wenn er bereits für das Hedging fordert, dass dieses nicht *„exzessiv-spekulativ"* erfolgen dürfe, sondern sich die Gegengeschäfte an dem Gesamtvolumen und der Struktur des bestehenden bzw. des voraussichtlich mit hoher Wahrscheinlichkeit zu erwartenden Geschäfts zu orientieren hätten.[371] Den beiden erstgenannten Ansichten kann nur in besonderen Konstellationen zugestimmt werden, und zwar dann, wenn der spekulative Charakter eines Derivats unbeabsichtigte Nebenfolge einer im Ausgangspunkt auf die Absicherung von Grundgeschäftsrisiken gerichteten[372] Transaktion ist. Insbesondere im Rahmen des pauschalen Hedgings[373] kann es zu sog. offenen Spitzen kommen, weil möglicherweise Umfang und Laufzeit der Derivate nur eingeschränkt mit dem Umfang und der Laufzeit der abzusichernden Risiken kongruieren. Diesen offenen Spitzen steht kein abzudeckendes Grundgeschäft gegenüber, weswegen man diese als spekulativ bezeichnen könnte. Diese Inkongruenzen können beispielsweise darauf zurückzuführen sein, dass sich die Prognose[374] des Vorstands bezüglich des zu

367 Großzügig: *v. Randow*, ZGR 1996, 594 (610 f.); *Sernetz*, Derivate und Corporate Governance, S. 210; strenger: BGHZ 119, 305 (332 f.) – „Klöckner"; ablehnend: *Säcker*, NJW 2008, 3313 (3316).

368 *v. Randow*, ZGR 1996, 594 (610).

369 *Sernetz*, Derivate und Corporate Governance, S. 211.

370 *Sernetz*, Derivate und Corporate Governance, S. 211.

371 *Säcker*, NJW 2008, 3313 (3316).

372 Dabei wird es vor allem auf die innere Zwecksetzung des Vorstands ankommen, die anhand von Indizien erforscht werden muss (eingehend zum Rückgriff auf Indizien: *Henssler*, Risiko als Vertragsgegenstand, S. 552 ff.).

373 Im Unterschied zum einzelgeschäftsbezogenen Hedging, bei dem die Risiken einer bestimmten Vermögensposition durch ein in Höhe und Laufzeit (nach Möglichkeit) kongruentes Derivat abgedeckt werden, erfolgt ein pauschales Hedging durch Zusammenfassung verschiedener Risikopositionen in einem Unternehmen zu einer „Nettorisikoposition", die dann gesamthaft über pauschalierte Zeiträume und Beträge durch entsprechende Derivate abgesichert wird (vgl. *Hadding/Hennrichs*, in FS Claussen, S. 447 (451); *Groh*, DB 1986, 869 (872)).

374 Die Entscheidung über die Art und Weise des Derivateinsatzes verlangt eine am Grundgeschäft orientierte Abwägung der Chancen und Risiken des Derivateinsatzes und trägt in Bezug auf Art, Laufzeit und Umfang der Kurssicherung prognostische Züge.

erwartenden und abzusichernden Neugeschäfts als ungenau erweist, ein bestehendes Geschäft nach Vornahme der Derivattransaktion aus in der Person der Gegenpartei liegenden Gründen wegfällt oder passgenaue Derivate von vornherein nicht zur Verfügung stehen.

Im Übrigen ist Zurückhaltung geboten. Es ist davon auszugehen, dass der darüberhinausgehende Einsatz von Derivaten mangels ausdrücklicher Regelung in der Satzung regelmäßig nicht vom Unternehmensgegenstand gedeckt ist und auch nicht durch wirtschaftliche Zweckmäßigkeitsüberlegungen gerechtfertigt werden kann. Die Erlangung eines Wettbewerbsvorteils mittels Spekulation muss sich aufgrund der besonderen Risikoträchtigkeit für Aktionäre und Gläubiger der Gesellschaft aus der Satzung ergeben. In Bezug auf Warentermingeschäfte kommt es dabei auf eine sorgfältige, an der Verkehrsanschauung orientierte Auslegung des Satzungswortlauts an.

(2) Sonstige Sorgfaltspflichten des Vorstands im Umgang mit einzelprojektbezogenen Liquiditätsrisiken

Die Entscheidung, Liquiditätsrisiken eines Investitions- oder Anlageprojektes zu übernehmen, genießt als unternehmerische Entscheidung den Schutz durch die Business Judgement Rule nach § 93 Abs. 1 Satz 2 AktG, sofern verschiedene Voraussetzungen inhaltlich-sachlicher Art sowie Vorgaben für das Entscheidungsverfahren erfüllt sind. Im Folgenden werden einerseits die ökonomischen Verfahren und Regeln zur Vorbereitung risikobehafteter Investitions- und Anlageentscheidungen und ihre rechtliche Bedeutung unter § 93 Abs. 1 Satz 2 AktG untersucht. Andererseits wird der Frage nachgegangen, ob für den Vorstand Ermessensschranken bestehen, wenn er plant, potentiell bestandsgefährdende Liquiditätsrisiken, „Klumpenrisiken" oder in einer bestandsgefährdenden Lage zusätzliche Liquiditätsrisiken zu übernehmen. Darf der Vorstand nach den vorstehenden Maßstäben einzelprojektbezogener Liquiditätsrisiken eingehen, stellt sich schließlich die Frage, ob und mit welchen Mitteln er diese zu minimieren hat.

(i) Ökonomische Entscheidungsregeln und Messung von einzelprojektbezogenen Liquiditätsrisiken

(a) Erfolgswirtschaftliche Betrachtung

Aufgabe der ökonomische Entscheidungslehre ist die Bestimmung, ob eine Investitions- oder Anlageentscheidung für sich gesehen und im Vergleich zu möglichen Investitions- oder Anlagealternativen vorteilhaft ist, also einen (höheren) positiven Nettobarwert (*Net Present Value*) aufweist.[375] Neben der Berechnung des Nettobarwertes einer Investition werden in der betrieblichen Praxis auch einfachere Verfahren zur Bewertung einer Investition verwendet, die das Risiko möglicher

375 *v. Nitzsch*, Investitionslehre, S. 2.

Zielabweichungen z.B. aufgrund von Erfahrungswerten nur grob abschätzen oder gar nicht berücksichtigen.[376]

Die Berechnung des Nettobarwerts soll im Folgenden kurz skizziert werden:[377] Zunächst wird der erwartete *Cash-flow*, d.h. der aufgrund der Investitions- oder Anlagemaßnahme erwartete Einzahlungsüberschuss, entweder mithilfe einfacher subjektiv-pragmatischer oder mithilfe formal-mathematischer Verfahren geschätzt. Die Unsicherheit des künftigen Cash-flow wird im Rahmen der formal-mathematischen Verfahren in der Berechnung dadurch abgebildet, dass beispielsweise die Unsicherheitsfaktoren des erwarteten Cash-flow alternativen Zukunftslagen unterzogen werden, deren Wahrscheinlichkeitsverteilung genau bekannt sein muss. Das Ergebnis ist ein Spektrum an möglichen Cash-flows, denen eine bestimmte Eintrittswahrscheinlichkeit zugeordnet werden kann. Durch die Multiplikation der möglichen Cash-flows mit den jeweiligen Eintrittswahrscheinlichkeiten und der Bildung der Summe dieser Cash-flows kann der sog. Erwartungswert ermittelt werden. Um bei der Berechnung des Erwartungswerts auch das spezifische Risiko der Investition widerzuspiegeln, multipliziert die Entscheidungslehre den Erwartungswert in einem weiteren Schritt mit einem Risikomaß, wie beispielswiese die Varianz. Diese drückt aus, in welchem Umfang die errechneten möglichen Cash-flows um den Erwartungswert gestreut sind, d.h. von ihm abweichen. Je höher die Varianz einer Investitionsalternative ist, desto höher ist deren Risiko.[378] Schließlich muss der ermittelte Erwartungswert mit dem Kapitalkostensatz abdiskontiert und der investierte Betrag abgezogen werden.

Wiederholt man dieses Vorgehen für eine oder mehrere Investitionsalternativen, können die Erwartungswerte miteinander verglichen werden. Nach einer weitverbreiteten Regel der ökonomischen Entscheidungslehre soll ein risikoneutraler Vorstand eine Investition nur dann tätigen, wenn sie einen positiven Nettobarwert hat. Von zwei Investitionsalternativen hat er grundsätzlich die mit dem höheren Nettobarwert auszuwählen, es sei denn, es gibt gute Gründe, die die Wahl der Alternative mit dem geringeren Erwartungswert rechtfertigen.[379] Bei gleichem Erwartungswert hat der Vorstand bei Risikoaversion die mit der niedrigeren Standardabweichung zu wählen.[380]

Dieser Zusammenhang soll anhand eines vereinfachten Berechnungsbeispiels veranschaulicht werden: Ein Vorstand muss sich zwischen zwei Investitionsalternativen, die beide den gleichen Kapitaleinsatz erfordern, entscheiden. Für den Vorteilsvergleich wurden zwei unterschiedliche Zukunftsszenarien gebildet, wie sich die Investitionsalternativen fortentwickeln könnten.

376 *Volkart*, Corporate Finance, S. 296 ff.

377 Vgl. eingehende Darstellung bei *Perridon/ Steiner/ Rathgeber*, Finanzwirtschaft der Unternehmung, S. 113 ff.

378 *Perridon/ Steiner/ Rathgeber*, Finanzwirtschaft der Unternehmung, S. 115.

379 *Volkart*, Corporate Finance, S. 287.

380 *Perridon/ Steiner/ Rathgeber*, Finanzwirtschaft der Unternehmung, S. 116.

Investitionsalternative A: Im ersten Szenario wird ein Rückfluss von 50 mit einer Wahrscheinlichkeit von 90 % errechnet ((Teil-)Erwartungswert = 45), im zweiten Szenario ein negativer Rückfluss von -30 mit einer Wahrscheinlichkeit von 10 % ((Teil-) Erwartungswert = -3). Bei Addition der Erwartungswerte der beiden Zukunftslagen ergibt sich ein (Gesamt-)Erwartungswert 42 für Investitionsalternative A.

Investitionsalternative B: Im ersten Szenario ergibt sich ein Rückfluss von 120 mit einer Wahrscheinlichkeit von 60 % ((Teil-)Erwartungswert = 72); im zweiten Szenario ergibt sich ein negativer Rückfluss von -7 mit einer Wahrscheinlichkeit von 40% ((Teil-)Erwartungswert = -28). Bei Addition der Erwartungswerte der beiden Zukunftslagen ergibt sich ein (Gesamt-)Erwartungswert von 44 für Investitionsalternative B. Ein risikoneutraler Vorstand würde sich – den obigen Investitionsregeln folgend – demnach für die Investitionsalternative B entscheiden.

(b) Finanzwirtschaftliche Betrachtung; Messung des einzelprojektbezogenen Liquiditätsrisikos

Zu beachten ist, dass die Berechnung des Nettobarwerts als Ausgangspunkt für die Steuerung der mit einer Investitions- oder Anlageentscheidung verbundenen Zahlungsstromrisiken nur sehr eingeschränkt geeignet ist, da ein positiver Nettobarwert im Hinblick auf Zahlungsstromrisiken nur eine Aussage dergestalt trifft, dass die Einzahlungen die Auszahlungen innerhalb des gesamten Planungszeitraums des Investitionsvorhabens übersteigen. Dieser Planungszeitraum einer Investition kann sich aber über mehrere Jahre erstrecken. Man denke in diesem Zusammenhang nur an die Planung und Errichtung eines großen Stahl- oder Heizkraftwerks. Deshalb wird in der betriebswirtschaftlichen Literatur vorgeschlagen, für einzelne Planungsabschnitte bzw. -perioden die möglichen künftigen Differenzen zwischen den geplanten und den tatsächlich eingetretenen Cash-flows z.B. mittels der Berechnung einer sog. Cash-flow at Risk-Kennzahl zu schätzen.[381] In Struktur und Berechnung der Liquidity at Risk-Kennzahl[382] ähnlich, wird unter dem Cash-flow at Risk die innerhalb einer Planungsperiode mit einer bestimmten Wahrscheinlichkeit auftretende maximale Abweichung des tatsächlichen Cash-flows vom erwarteten Cash-flow verstanden.[383] Dazu gehört auch, die ermittelte maximale Abweichung mit den in jeder Betrachtungsperiode zur Verfügung stehenden Risikodeckungsmassen abzugleichen, um die jederzeitige Zahlungsfähigkeit bei Übernahme des mit einer Investition verbundenen Liquiditätsrisikos sicherzustellen.

Es stellt sich die Frage, welche Bedeutung die ökonomischen Investitionsregeln und die von der betriebswirtschaftlichen Literatur vorgeschlagene Methodik zur Messung des einzelprojektbezogenen Liquiditätsrisikos für den rechtlichen Rahmen der Entscheidungsfindung durch den Vorstand haben. Ausgangspunkt ist dabei § 93 Abs. 1 Satz 2 AktG, wonach eine Pflichtverletzung nicht vorliegt, wenn der Vorstand

381 Vgl. *Kremers*, Risikoübernahme in Industrieunternehmen, S. 256 ff.
382 Vgl. B.II.2(2).
383 *Kremers*, Risikoübernahme in Industrieunternehmen, S. 256.

bei einer unternehmerischen Entscheidung vernünftigerweise annehmen durfte, auf der Grundlage angemessener Information zum Wohle der Gesellschaft zu handeln.

(ii) Einzelprojektbezogene Liquiditätsrisiken und Grenzen des unternehmerischen Ermessens

(a) Gesellschaftszweck und positiver Ergebnisbeitrag

Nicht nur der statutarische Unternehmensgegenstand setzt dem Vorstand Grenzen bei der Eingehung liquiditätsrisikobehafteter Investitionen, sondern auch der Gesellschaftszweck. Dieser wird regelmäßig in der Erzielung von Gewinnen liegen, sofern nicht die Satzung einen anderen, zum Beispiel einen ideellen oder sozialwirtschaftlichen Zweck, festschreibt.[384] Sofern der Vorstand eine Investitionsentscheidung zu treffen hat, ist in der Regel davon auszugehen, dass eine Investition, die schon ex-ante betrachtet einen negativen Nettobarwert aufweist, aus erfolgswirtschaftlicher Sicht nicht getätigt werden darf, weil sie voraussichtlich keinen Gewinnbeitrag liefern wird.[385] Dem ist auch aus der Perspektive des Liquiditätsrisikos zuzustimmen. Denn ein negativer Nettobarwert bedeutet, dass die Investition voraussichtlich zu keinem Einzahlungsüberschuss führen wird, d.h. aus Zahlungsstromperspektive die Auszahlungen voraussichtlich höher als die Einzahlungen sein werden. Dieses einzelprojektbezogene Zahlungsmitteldefizit muss zwar nicht notwendigerweise das Risiko der Zahlungsunfähigkeit begründen, jedoch führt es zu einer in der Regel betrieblich nicht gerechtfertigten nachteiligen Veränderung des finanziellen Gleichgewichts des Unternehmens.[386] Man denke in diesem Zusammenhang nur an die (Opportunitäts-)Kosten für Maßnahmen der Risikovorsorge wie beispielsweise die zur Deckung dieser Liquiditätsrisiken reservierten Deckungsmassen.

(b) Angemessene Informationsgrundlage und Prognoseentscheidung

Nach § 93 Abs. 1 Satz 2 AktG hat der Vorstand unternehmerische Entscheidungen auf der Basis *angemessener Information* zu treffen. In der Auslegung durch den BGH ist erforderlich, dass der Vorstand die verfügbaren Informationsquellen tatsächlicher und rechtlicher Art ausschöpft, auf dieser Grundlage die Vor- und Nachteile der bestehenden Handlungsoptionen sorgfältig abschätzt und den erkennbaren Risiken Rechnung trägt.[387] Die erfolgswirtschaftliche Bewertung eines Investitionsvorhabens erfordert

---

384 H.M.: *Röhricht*, in: Großkomm AktG, § 23 Rn. 92; *Wiedemann*, in: Großkomm AktG, § 179 Rn. 54; *Zöllner*, in: Köln Komm AktG, § 179 Rn. 111; *Wiesner*, in: Münch Hdb AG, § 9 Rn. 10; *Schön*, ZGR 1996, 429 (440).

385 So auch *Baums*, ZGR 2011, 218 (234).

386 In diesem Zusammenhang ist jedoch darauf hinzuweisen, dass nicht alle Entscheidungen des Vorstands auf die Erzielung eines positiven Ergebnisbeitrags zielen müssen, um im Rahmen des § 93 Abs. 1 AktG Bestand zu haben.

387 BGH WM 2008, 1688 (1689); *Goette*, in: FS 50 Jahre BGH, S. 123 (141) mwN.

eine prognostische Entscheidung durch den Vorstand, die auf einer angemessenen Tatsachenermittlung und einem nachvollziehbaren Prognoseverfahren basiert.[388]

Am Anfang steht eine angemessene Tatsachenermittlung, deren Umfang sich nach den Umständen des konkreten Einzelfalls richtet: nach der Bedeutung der Entscheidung für die Gesellschaft (v.a. bei strategischen Investitionsentscheidungen), der vermuteten Risikoträchtigkeit des Geschäfts, der Häufigkeit solcher Prognosen in der Vergangenheit und einer Abwägung von Kosten und Nutzen der Tatsachenermittlung, der Eilbedürftigkeit der Entscheidung sowie nach der Art, Größe und wirtschaftlicher Situation der Gesellschaft.[389] Dabei hat der Vorstand bezüglich der Art und des Umfangs der Informationsquellen ein Beurteilungsermessen, das von der Business Judgement Rule geschützt wird. Auf der Basis der gewonnenen Informationen muss der Vorstand ein Prognoseverfahren wählen. Auch wenn er dabei betriebswirtschaftliche Prognoseverfahren berücksichtigen muss, so ist er an kein bestimmtes Verfahren gebunden.[390] Denn zum einen ist in tatsächlicher Hinsicht die Aussagekraft von Investitionsrechenverfahren an ihre Annahmen und Funktionsweise geknüpft, die sich als nicht zutreffend bzw. als ungeeignet erweisen und in der Folge spezifische Fehler hervorbringen können.[391] Zum anderen war es nicht Ziel des UMAG, eine unternehmerische Entscheidung zu verrechtlichen oder zu (schein-)objektivieren.[392] Gleichwohl darf nicht verkannt werden, dass die betriebswirtschaftlichen Verfahren einen Beitrag zur Konkretisierung des unternehmerischen Ermessens leisten.[393] Demnach hat der Vorstand branchenübliche Gepflogenheiten bei der Auswahl zu berücksichtigen, die Wahl des Prognoseverfahrens muss für den jeweiligen Prognosegegenstand nachvollziehbar sein und darf sich in der Vergangenheit nicht als ungeeignet erwiesen haben.[394]

Diese Grundsätze gelten auch für die Prognose der Liquiditätsrisiken eines Einzelprojekts. Ob der Vorstand alternativ oder sogar kumulativ komplexe mathematisch-statistische Prognosemethoden wie den Cash flow at Risk-Ansatz anwendet bzw. aufgrund von Expertenwissen oder eigenen Erfahrungen mögliche Abweichungen der Cash-flows mithilfe von Heuristiken bzw. „Faustregeln" ermittelt, hängt vor allem von der Bedeutung des Investitionsprojekts für die Liquiditätslage des Unternehmens, der Voreinschätzung der Risikoträchtigkeit des Vorhabens und dem Umfang an nicht reservierter Risikodeckungsmasse und anderen Risikovorsorgemaßnahmen ab. Zu dem Prozess der sorgfältigen Entscheidungsvorbereitung wird man jedenfalls die Analyse und Abwägung der unterschiedlichen

---

388 Vgl. *Spindler*, Prognosen im Gesellschaftsrecht, AG 2006, 677 (680 ff.).

389 *Fleischer*, ZIP 2004, 685 (691); *Spindler*, in: Münch Komm AktG, § 93 Rn. 24; *Roth*, Unternehmerisches Ermessen, S. 81 ff.; *Kock/ Dinkel*, NZG 2004, 441 (444).

390 Vgl. *Baums*, ZGR 2011, 218 (235).

391 Vgl. *Baums*, ZGR 2011, 218 (235) mwN.

392 *Grundei/v. Werder*, AG 2005, 825 (830 u. 834); siehe auch Begr. RegE UMAG, BT-Drucks. 15/5092, S. 11.

393 *Spindler*, AG 2006, 677 (681).

394 Vgl. *Spindler*, AG 2006, 677 (682).

Prognosemethoden durch den Vorstand zu zählen haben. Zur Erleichterung der Exkulpation des Vorstands im Rahmen von § 93 Abs. 2 Satz 1 AktG in eventuellen Haftungsprozessen wird es sich anbieten, diesen Analyse- und Abwägungsprozess gegebenenfalls schriftlich zu dokumentieren.

Schließlich ist zu untersuchen, ob neben dem Unternehmensgegenstand und den soeben dargestellten Pflichten zur sorgfältigen Entscheidungsvorbereitung Ermessenschranken sachlich-inhaltlicher Art für den Vorstand bestehen, die das Ausmaß und die Tragweite des Liquiditätsrisikos betreffen, das der Vorstand im Rahmen eines Einzelprojekts eingehen darf. Diese Frage kann in verschiedene Teilfragen zerlegt werden. Zunächst soll die drängende Frage untersucht werden, ob der Vorstand „unverantwortlich" handelt, wenn er im obigen Beispiel die Investitionsalternative B wählt, die mit einer Wahrscheinlichkeit von 40 % zu einem negativen Erwartungswert von -28 führt, und man unterstellt, dass bei Verwirklichung des negativen Erwartungswerts die Liquiditätsrisikotragfähigkeit bzw. die Zahlungsfähigkeit des Unternehmens in Frage gestellt würde.

(iii) Eingehen liquiditätsgefährdender Einzelprojekte

Es ist in Literatur und Rechtsprechung umstritten, ob ein Vorstand annehmen kann, nach § 93 Abs. 1 Satz 2 AktG *zum Wohl der Gesellschaft zu handeln*, wenn er eine Investitionsentscheidung trifft, die im ungünstigsten Fall den Bestand des Unternehmens in Frage stellt. Unter bestandsgefährdenden Liquiditätsrisiken sind alle Zahlungsstromrisiken zu verstehen, die einzeln oder in Aggregation mit schon bestehenden Liquiditätsrisiken die Zahlungsfähigkeit der Gesellschaft in Frage stellen.[395] Demgegenüber sind aus der Fragestellung von vornherein solche liquiditätsgefährdenden Zahlungsströme auszuklammern, die entweder ohnehin unvermeidbar sind oder auf extrem selten auftretenden Ursachen beruhen und deswegen vernünftigerweise außer Betracht bleiben können.[396] Zu solchen ignorierten Gefahren[397] für das finanzielle Gleichgewicht zählen beispielsweise Zahlungsstromrisiken, die auf Naturkatastrophen (z.B. führt ein „Jahrhunderthochwasser" zur Verzögerung der Errichtung eines Heizkraftwerks) oder seltene Unfalllagen (z.B. Lieferverzögerungen aufgrund von Flugzeugabsturz auf Werkshalle[398]) zurückzuführen sind.

Die Antwort auf diese Frage ist auch für die bereits aufgeworfene Frage von indizieller Bedeutung, ob ein Vorstand verpflichtet ist, Liquiditätsrisikovorsorge in einem Umfang zu betreiben, so dass die Gesellschaft auf einen Maximalbelastungsfall vorbereitet ist.[399] Denn wenn das Ergebnis sein sollte, dass der Vorstand nicht bzw. nicht immer verpflichtet ist, von einem Investitionsprojekt Abstand zu nehmen, das im ungünstigsten Fall zur Zahlungsunfähigkeit führen kann, dann gelten vergleichbare Verhaltensmaßtäbe auch für seine Pflichten zur Liquiditätsrisikovorsorge.

---

395 *Baums*, ZGR 2011, S. 218 (225).

396 *Drygala*, in: FS Hopt, 2010, Bd. 1 S. 541 (551).

397 Siehe bereits oben B.II.2(2)(i)(a).

398 Beispiel nach *Seibert*, in: FS Bezzenberger, S. 427 (437).

399 Vgl. B.II.2(3).

(a) Ökonomische Analyse des Rechts

Eine insbesondere von Stimmen der ökonomischen Analyse des Rechts vertretene Auffassung nimmt einen risikoneutralen Standpunkt ein.[400] Nach *Drygala*[401] dürfe ein Vorstand – sofern der Nettobarwert einer Investition positiv oder, anders gewendet, nicht erkennbar negativ ist – diese grundsätzlich tätigen, unabhängig davon, ob mit der Maßnahme ein Risiko verbunden ist, bei dessen Verwirklichung der Bestand des Unternehmens gefährdet ist. Dabei habe der Vorstand jedoch darauf zu achten, dass die Investition nicht die Grenzen eines „optimalen Risikoniveaus" überschreitet: Dessen Grenzen seien nicht überschritten, solange die möglichen volkswirtschaftlichen Schäden eines Scheiterns der Investition und damit des Unternehmens insgesamt (z.B. in Form von Mehrbelastungen der Sozialsysteme oder von Steuerausfällen auf Seiten des Staates) die Kosten nicht übersteigen, die dem Unternehmen aufgrund der Nichtdurchführung des potentiell wertsteigernden Investitionsprojekts entstehen.[402] Die Übernahme liquiditätsgefährdender Risiken im Rahmen von Investitionsprojekten jedenfalls sei dann pflichtwidrig, wenn das Risiko der Insolvenz ein systemrelevantes Unternehmen treffe.[403] Dann würde den Gemeinwohlbelangen und Interessen der Arbeitnehmer eine gesteigerte Bedeutung zukommen, der bei der Abwägung im Rahmen von §§ 76 Abs. 1, 93 Abs. 1 AktG ausnahmsweise Vorrang vor den Aktionärsinteressen zukomme, in deren Mittelpunkt ein positiver Erwartungswert stehe.

(b) Diskussion

Der risikoneutrale Entscheidungsansatz ist abzulehnen. Er stützt sich insbesondere darauf, dass Aktionäre der Übernahme existenzbedrohender Risiken durch eine diversifizierte Portfoliostrategie begegnen könnten, indem sie ihre Eigen- und Fremdkapitalanlagen über eine Vielzahl von Unternehmen unterschiedlicher Branchen verteilten.[404] Aus kapitalmarkttheoretischer Sicht mag dies zutreffend sind; eine normative Wirkung kann das Bild des risikoneutralen bzw. -optimierten Anlegers aber nicht entfalten. Mangels zwingender empirischer oder sachgesetzlicher Gründe ist es nicht verallgemeinerungsfähig.[405] Eine Vernachlässigung unternehmensspezifischer Risiken durch den Vorstand läuft auf eine Verdrängung der nicht-diversifizierten Aktionäre aus Publikumsgesellschaften hinaus, die sich diversifiziert allein über Anteile an Fonds an Aktiengesellschaften beteiligen könnten.[406] Bei nicht börsennotierten Aktiengesellschaften trifft dieses

400 *Mülbert*, ZGR 1997, 129 (157); *Jacobsen*, Risikomanagement im Aktienrecht, S. 189 ff.
401 *Drygala*, FS Hopt, 2010, Bd. 1, S. 541 ff.
402 *Jacobsen*, Risikomanagement im Aktienrecht, S. 191 f.
403 *Drygala*, FS Hopt, 2010, Bd. 1, S. 541 (556 f.); *Jacobsen*, Risikomanagement im Aktienrecht, S. 192.
404 Vgl. *Jungmann*, in: FS Huber, S. 831 (841).
405 Grigoleit, Gesellschafterhaftung, S. 363; *Schmidt/Spindler*, in: Freundesgabe Kübler, S. 515 (537 ff.).
406 *Arnold*, Steuerung des Vorstandshandelns, S. 59.

Argument schon von vornherein nicht zu, weil die Möglichkeit zur Risikodiversifizierung eng mit Mechanismen des Kapitalmarktes verbunden ist.

Doch selbst wenn man das Bild des risikodiversifizierten und an risikoneutralen Entscheidungen interessierten Anlegers unterstellt, bedeutet dies nicht, dass der Vorstand allein die Interessen dieser Gruppe verfolgen darf. Nach zustimmungswürdiger vorherrschender Ansicht hat der Vorstand Leitungsentscheidungen unter Beachtung und Abwägung der Interessen auch der Gläubiger, Arbeitnehmer und der Öffentlichkeit zu treffen.[407] Die Interessen von Eigenkapitalgebern einerseits und Gläubigern sowie Arbeitnehmern andererseits können erheblich divergieren. Zurückzuführen ist dieser Interessenpluralismus auf die beschränkte Haftung der Eigenkapitalgeber, die einen Anreiz geben kann, Risiken zum Nachteil der Gläubiger zu übernehmen. Anerkannt ist, dass dieser Anreiz insbesondere bei sehr geringer Eigenkapitaldecke besteht.[408] Denn wenn sich ein mit hohen Gewinnaussichten verbundenes Risiko einer Maßnahme verwirklicht, dann kann dieser Verlust die Eigenkapitalgeber kaum mehr treffen; er wirkt sich nur zu Lasten der sonstigen Gläubiger aus. Verwirklicht sich das Risiko dagegen nicht, profitieren von den hohen Gewinnaussichten überproportional die Eigenkapitalgeber.[409]

Es ist auch nicht überzeugend, dass Fremdkapitalgeber weniger schutzbedürftig sind, weil sie selbst über Mittel verfügen, sich zu schützen. Zwar können die Fremdkapitalgeber einen dem Risikoprofil der Maßnahme angepassten Zinssatz verlangen, von der Finanzierung ganz absehen oder sich über die Vereinbarung von Verhaltenspflichten in den Kredit- und Anleihebedingung (sog. Financial Covenants)[410] schützen. Dagegen ist aber einzuwenden, dass diese Formen der Selbstvorsorge nur Gläubigern mit entsprechender Verhandlungsmacht zur Verfügung stehen. Zwar

---

407 *Hüffer*, AktG, § 76 Rn. 12 b; *Mertens*, in: Köln Komm AktG, § 76 Rn. 16; *Baums*, in: FS Huber, S. 657 (664 ff.); *Henze*, BB 2000, S. 209 (212); demgegenüber wollen andere Auffassungen den Vorstand zur primären Beachtung der Aktionärsinteressen (vgl. Birke, Formalziel der Aktiengesellschaft, S. 166 f.; mit Einschränkungen auch *Mülbert*, ZGR 1997, 129 (140 ff.); *ders.*, in: FS Röhricht, S. 421 (427 ff.); *Klöhn*, ZGR 2008, 110 (141 ff.)) oder zumindest zu deren vorrangiger Beachtung (vgl. *Fleischer*, in Spindler/Stilz, AktG, § 76 Rn. 33; *Spindler*, in: Münch Komm, AktG, § 76 Rn. 76 ff.; *Seibt*, in: Schmidt/Lutter, § 76 Rn. 12) verpflichten.

408 *Bezzenberger*, Das Kapital der Aktiengesellschaft, S. 102 f. mwN.

409 *Hartmann-Wendels/Pfingsten/Weber*, Bankbetriebslehre, S. 394 f.; Baums, ZGR 2011, 218 (244) mwN sowohl zur rechts- als auch wirtschaftswissenschaftlichen Diskussion; *Drygala*, ZGR 2006, 587 (596).

410 Guter Überblick bei: *Merkel/Tetzlaff*, in: Schimansky/Bunte/Lwowski, Bankrechts-Handbuch, Bd. 1, § 98 Rn. 174 ff.; vertiefend: *Baums*, in: Aktienrecht im Wandel II, Kap. 21 Rn. 31 ff. Für die Liquiditätssicherung werden in der Praxis im Wesentlichen zwei Kennzahlen vorgeschlagen: Die sog. Liquiditätsklausel (Current Ratio) verpflichtet den Kreditnehmer, dass während der Laufzeit eines Kredites die (kurzfristig) realisierbaren Mittel (z.B. liquide Mittel, Bankguthaben, Vorratsvermögen) die kurzfristigen Verbindlichkeiten um ein bestimmtes Maß übersteigen. Der Sog. Capex-Limit-Covenant stellt eine Obergrenze für die Gesamtinvestitionen des Unternehmens während der Kreditlaufzeit dar. (vgl. unter C.I.1(2); *Wittig*, WM 1996, 1381 (1383).

profitieren auch verhandlungsschwache Gläubiger von der Vereinbarung von Covenants, jedoch kann ein umfassender Schutz für alle Gläubigergruppen über diesen Rechtsreflex nicht hergestellt werden.[411]

Schließlich kann die Forderung nach Einhaltung eines „optimalen Risikoniveaus" als Maßstab für pflichtgemäßes Vorstandshandeln nicht überzeugen. Indem die potentiellen volkswirtschaftlichen Kosten einer Insolvenz eines Unternehmens mit den Kosten des Unterlassens eines voraussichtlich wertsteigernden, aber möglicherweise bestandsgefährdenden Investitionsprojekt miteinander verglichen werden, bleiben wesentliche Externalitäten, nämlich die Kosten etwaiger Massegläubiger außer Betracht. An diesem Ansatz grundsätzlich zu bemängeln ist, dass er zu ungenau ist, als dass er Beurteilungsgrundlage bilden kann, ob ein Invesititonsentscheidung pflichtgemäß getroffen wurde. Während die Kosten des Unterlassens einer wertsteigernden Investitionsmaßnahme für ein Unternehmen mittels Berechnung des voraussichtlichen Nettobarwerts noch hinreichend prognostizierbar sind, ist eine belastbare Prognose der volkswirtschaftlichen Kosten bzw. der „sozialen Grenzkosten"[412] einer Unternehmensinsolvenz nur schwer vorstellbar. Denn für eine umfassende Einschätzung müssten nicht nur die die direkten Kosten der Unternehmensinsolvenz in den Blick genommen werden, wie der Verlust von Eigen- und Fremdkapital, sondern darüber hinaus beispielsweise auch der Barwert einer möglichen zukünftigen Wertschöpfung des Unternehmens, die der Volkswirtschaft aufgrund der Insolvenz aber entgehen wird. Eine verlässliche Prognose der auf dem Spiel stehenden, zukünftigen volkswirtschaftlichen Wertschöpfung des Unternehmens ist kaum denkbar.

(c) Zwischenergebnis

Es ist festzuhalten, dass es bei der Übernahme eines potentiell existenzgefährdenden Risikos nicht ausreicht, wenn sich der Vorstand darauf verlässt, dass der Nettobarwert positiv ist. Zusätzlich muss der Vorstand fragen, ob mit der Investition oder Anlageentscheidung Liquiditätsrisiken verbunden sind, deren potentielle Auswirkungen den Bestand des Unternehmens gefährden.

Fraglich ist, ob der Vorstand dabei von Investitionsvorhaben Abstand nehmen muss, weil sie mit Liquiditätsrisiken verbunden sind, die allein oder in Verbindung mit bereits vorhandenen geschäftsstrukturbezogenen Liquiditätsrisiken mit einer bestimmten Wahrscheinlichkeit zur Zahlungsunfähigkeit des Unternehmens führen können.

(d) Herrschende Meinung und instanzgerichtliche Rechtsprechung

Lutter[413] hat die Bedenken der herrschenden Meinung[414] gegen die Übernahme potentiell existenzbedrohender Risiken in die folgende Formel gegossen: *„Kein*

---

411 *Merkt*, ZGR 2004, 305 (313 f.) mwN.

412 *Jacobsen*, Risikomanagement im Aktienrecht, S. 191.

413 *Lutter*, ZIP 2009, 197 (199).

414 *Lutter*, in: FS Canaris, S. 244 (246); *ders.*, ZIP 2007, 841 (844); *ders.*, GmbHR 2000, 301 (305); *Mertens/ Cahn*, in: Köln Komm AktG, § 93 Rn. 86; *Wiesner*, in: Münch Hdb AG,

Manager, gleich ob Bankier oder Vorstand eines Industrie- oder Handelsunternehmens, handelt sorgfältig, wenn er Risiken für sein Unternehmen eingeht, die, wenn sie sich verwirklichen, zum Untergang dieses Unternehmens führen können." Danach darf ein ordentlicher und gewissenhafter Geschäftsleiter also keine Risiken eingehen, bei deren Realisierung der Bestand der Gesellschaft gefährdet ist. Denn dann könne er nicht annehmen, zum Wohl der Gesellschaft zu handeln.

Das OLG Jena konkretisiert dieses Gebot, wenn es unter Bezugnahme auf entsprechende Literaturmeinungen ausführt, dass der Vorstand jedenfalls „*berücksichtigen* [muss], *ob der unwahrscheinliche, aber nicht auszuschließende negative Ausgang des beabsichtigten Geschäfts zu unangemessen hohen Risiken für den Bestand und die Entwicklung der Firma führen kann*", und zu dem Schluss kommt, dass diese Geschäfte unterbleiben müssen, auch wenn wahrscheinlich ist, dass diese erfolgreich sein werden.[415] Dem schließt sich das OLG Düsseldorf in seinem vielbeachteten IKB-Beschluss an, demzufolge ein Vorstand per se pflichtwidrig handelt, wenn die übernommenen Risiken schließlich zu einer Existenzgefährdung führen.[416]

Im Ergebnis führt diese Ansicht dazu, dass der Vorstand allein die Tragweite des mit der Investitionsentscheidung verbundenen Liquiditätsrisikos abschätzt und diese in das Verhältnis zur Risikotragfähigkeit setzen muss. Kommt der Vorstand zu dem Ergebnis, dass die Risikotragfähigkeit nicht mehr gegeben ist, muss er das Geschäft unterlassen. Die Frage, mit welcher Wahrscheinlichkeit dieser Belastungsfall eintreten wird, hat dabei keine Bedeutung.

(e) Relativierende Ansichten im Schrifttum

Dem tritt eine im Vordringen befindliche Ansicht im Schrifttum[417] entgegen. Danach kann der Vorstand auch bei der Entscheidung über das Eingehen potentiell liquiditätsgefährdender Investitionen die Wahrscheinlichkeit, mit der dieser Belastungsfall eintreten wird, berücksichtigen. Potentiell existenzgefährdende Risiken sind nicht allein aufgrund ihrer potentiellen Tragweite aus dem Anwendungsbereich des „safe harbour" ausgenommen. Erforderlich ist auch im Hinblick auf potentiell existenzgefährdende Risiken, dass deren Übernahme *vertretbar* ist. Darüber, welches Maß an Risikoübernahme noch vertretbar ist, werden unterschiedliche Meinungen vertreten.

---

§ 25 Rn. 8; *Semler*, in: FS Ulmer, S. 627 (635); *Graumann/Grundei/Linderhaus*, ZCG 2009, 20 (23); *Jungmann*, in: FS K. Schmidt, S. 831 (839 Fn. 53); *Arndt*, Die Steuerung des Vorstandshandelns, S. 173; einschränkend *Brömmelmeyer*, WM 2005, 2065 (2069).

415 OLG Jena NZG 2001, 86 (87) für den Geschäftsführer einer GmbH, mwN aus der GmbH-rechtlichen Literatur.

416 OLG Düsseldorf, Beschl. v. 9.12.2009 – I-6 W 45/09, ZIP 2010, 28 (32).

417 *Hopt*, in: Großkomm AktG, § 93 Rn. 82; *Hopt/Roth*, in: Großkomm AktG, Nachtrag zu § 93 n.F. Rn. 36; *Hüffer*, AktG, § 93 Rn. 4g; nun auch (ausdrücklich) *Fleischer*, in: Spindler/Stilz, § 93 Rn. 81; ders., NJW 2010, 1504 (1505 f.); *Roth*, Unternehmerisches Ermessen, S. 245; *Krieger/Sailer-Coceani*, in: Schmidt/Lutter, § 93 Rn. 13; *Baums*, ZGR 2011, S. 218 (255); *Oltmanns*, Geschäftsleiterhaftung, S. 247 f.; *Balthasar/Hamelmann* WM 2010, 589 (590); *Rieder/Holzmann* AG 2011, 265 (268).

Nach *Hopt*[418] setzt dies im Allgemeinen voraus, dass der Vorstand die Eintrittswahrscheinlichkeit des potentiell bestandsgefährdenden Risikos einschätzt und dieses in ein Verhältnis zu den Chancen des Investitionsprojekts setzt. Dies bedeute nicht, dass eine Gewinnchance die Übernahme von nach Tragweite und Eintrittswahrscheinlichkeit sehr hohen, bestandsgefährdenden Liquiditätsrisiken rechtfertigen kann, sofern die Gewinnchance nur entsprechend hoch genug ist. Einschränkend gelte schon auf der Ebene der Einschätzung des Liquiditätsrisikos, dass das Eintrittsrisiko umso geringer sein muss, je größer die zu erwartende Tragweite der Liquiditätsrisiken ist.[419]

Baums[420] differenziert danach, in welcher Situation sich das Unternehmen zum Zeitpunkt der Entscheidung befindet. Befinde sich die Gesellschaft bereits in einer bestandsgefährdenden Lage und habe dies der Vorstand zumindest erkennen müssen, sei es dem Vorstand grundsätzlich nicht gestattet, zusätzliche Liquiditätsrisiken einzugehen, wenn deren Eintritt nach sorgfältiger Einschätzung des Vorstands wahrscheinlich sei und dadurch die Zahlungsunfähigkeit herbeigeführt werde. Ausnahmsweise sei die Übernahme dieser Risiken dann gestattet, wenn jede Investitionsalternative mit der gleichen oder höheren Wahrscheinlichkeit zur Insolvenz der Gesellschaft und voraussichtlich zu höheren Schäden der Gläubiger führen werde. Anders sei dies, wenn eine Bestandsgefährdung der Gesellschaft nicht bestehe bzw. nicht erkennbar sei. Dann dürfe der Vorstand potentiell insolvenzauslösende Risiken nicht übernehmen, wenn diese nicht durch Maßnahmen der Risikominderung und -vorsorge zuverlässig ausgeschaltet werden könnten. Potentiell insolvenzauslösende Risiken seien dadurch gekennzeichnet, dass deren Tragweite die Risikotragfähigkeit mit geringer Wahrscheinlichkeit wesentlich überschreitet oder mit großer Wahrscheinlichkeit die Risikotragfähigkeit nur geringfügig überschritten wird.

(f) Diskussion

(A) BGHZ 135, 244 – ARAG/Garmenbeck

Einige Vertreter der herrschenden Meinung[421] stützen das umfassende Verbot potentiell bestandsgefährdender Risiken insbesondere auf die ARAG/Garmenbeck-Entscheidung des BGH[422].

Auch wenn sich die ARAG/Garmenbeck-Entscheidung weder ausdrücklich noch implizit mit einem Verbot von potentiell bestandsgefährdenden Risiken beschäftigt,[423] so sollen die darin enthaltenen grundlegenden Aussagen zum Umfang

418 *Hopt/Roth*, in: Großkomm AktG, Nachtrag zu § 93 n.F. Rn. 36.
419 *Hopt*, in: Großkomm zum AktG, § 93 Rn. 82.
420 *Baums*, ZGR 2011, S. 218 (252 ff.).
421 *Lutter*, ZIP 2009, 197 (199); *Mertens/Cahn*, in: Köln Komm AktG, § 93 Rn. 86 f.
422 BGHZ 135, 244 ff. – „ARAG/Garmenbeck".
423 In diesen Urteilen ging es – anders als in dem Beschluss des OLG Düsseldorf zum IKB-Komplex – nicht um die Frage einer potentiellen Bestandsgefährdung aufgrund eingegangener Risiken, sondern um den verschwenderischen bzw.

des unternehmerischen Ermessens daraufhin überprüft werden, ob sich aus ihnen eine absoluten Grenze für potentiell bestandsgefährdende (Liquiditäts-)Risiken ergibt.

Der BGH entschied, dass ein Vorstand seinen Handlungsspielraum dann überschreitet, „***wenn*** *die Grenzen, in denen sich ein von Verantwortungsbewusstsein getragenes, ausschließlich am Unternehmenswohl orientiertes, auf sorgfältige Ermittlung der Entscheidungsgrundlagen beruhendes unternehmerisches Handeln bewegen muss, deutlich überschritten sind,* ***die Bereitschaft, unternehmerische Risiken einzugehen, in unverantwortlicher Weise überspannt worden ist*** [Hervorhebung durch den Verfasser] [...].“[424] Diese Grundsätze wurden durch das Gesetz zur Unternehmensintegrität und Modernisierung des Anfechtungsrechts (UMAG)[425] sodann in das Aktienrecht in Form der sog. Business Judgement Rule übernommen.

Ein Vergleich der gesetzlichen Normierung mit der höchstrichterlichen Fassung ergibt, dass in der Business Judgement Rule die Übernahme unverantwortlicher Risiken nicht mehr erwähnt wird, sondern ein anderer Schwerpunkt gesetzt wird. Die Regierungsbegründung stellt diesbezüglich fest – und dabei nimmt sie Bezug auf die ARAG/Garmenbeck-Entscheidung –, dass der Vorstand nicht annehmen könne, zum Wohl der Gesellschaft zu handeln, „*wenn das mit der unternehmerischen Entscheidung verbundene Risiko in völlig unverantwortlicher Weise falsch beurteilt worden ist.*“[426] Ansatzpunkt für einen Sorgfaltsvorwurf ist nicht der Umstand, dass der Vorstand unverantwortliche Risiken übernommen hat, sondern dass der Vorstand seiner Entscheidung eine unverantwortliche Risikoeinschätzung zugrunde gelegt hat. Mithin kann der Vorstand ein Risiko übernehmen, wenn er aufgrund eines vertretbaren Wahrscheinlichkeitsurteiles zu dem Ergebnis gekommen ist, dass sich das Risiko nicht verwirklichen wird. Seine Bereitschaft, ein „unverantwortliches“ Risiko einzugehen, kann nicht Ansatzpunkt für eine Sorgfaltspflichtverletzung sein. Gründe, warum von diesem grundsätzlichen Haftungskonzept eine weitreichende Ausnahme bei potentiell bestandsgefährdenden Risiken zu machen ist, sind nicht ersichtlich. Würde man dies anders sehen, bestünde darüber hinaus die Gefahr, von einer sich ex-post als bestandsgefährdend erwiesenen Maßnahme allzu leicht auf eine sorgfaltswidrige Prognose durch den Vorstand ex-ante zu schließen. Diesen richterlichen Rückschaufehlern (sog. *hindsight bias*) sollte aber mit der Normierung der Business Judgement Rule gerade vorgebeugt werden.[427]

Demzufolge ergeben sich aus der ARAG/Garmenbeck-Entscheidung keine Anhaltspunkte für eine absolute Ermessensgrenze für die Übernahme potentiell

---

unverantwortlichen Umgang mit Unternehmensmitteln (vgl. *Florstedt*, AG 2010, 315 (320 Fn. 57)).

424 BGHZ 135, 244 (253) – „ARAG/Garmenbeck“.

425 BGBl. I 2005, 2808 ff., dazu *Koch*, ZGR 2006, 769 ff.

426 BegrRegE UMAG, BT- Drucks. 15/5092, S. 11.

427 *Fleischer*, in: Spindler/Stilz, § 93 Rn. 60 ff.; *Spindler*, in: Münch Komm AktG, § 76 Rn. 29; *Bürgers/Israel*, in: Bürgers/Körber, AktG, § 93 Rn. 9; *Brömmelmeyer*, WM 2005, 2065 (2068); *Koch*, ZGR 2006, 769 (782).

bestandsbedrohender Liquiditätsrisiken. Entscheidend ist vielmehr, dass der Vorstand ein vertretbares Wahrscheinlichkeitsurteil über dessen Eintritt gefällt hat.

(B) Verstoß gegen das Gesellschaftswohl

Die Entscheidung des OLG Düsseldorf[428] und die Aussage *Lutters* sind vor dem Hintergrund der Subprime-Krise zu sehen. Die Unterschätzung von Liquiditäts- und Ausfallrisiken, die aus strukturierten, v.a. durch Hypotheken- und Konsumentenkredite besicherten Wertpapieren herrührten, hatten eine Vielzahl von Banken an den Rand der Zahlungsunfähigkeit und Überschuldung gebracht.[429] *Lutter* bestärkt die in Rechtsprechung und Schrifttum überwiegende Meinung[430], dass ein Vorstand bei der Übernahme potentiell existenzgefährdender Risiken nicht vernünftigerweise annehmen kann, zum Wohle der Gesellschaft zu handeln.

Der schwer zu konkretisierende Begriff „Gesellschaftswohl" ist als Handlungsgebot zu verstehen und verpflichtet den Vorstand, auf die Interessen der verschiedenen Bezugsgruppen der Gesellschaft (Aktionäre, Gläubiger, Allgemeinheit) Rücksicht zu nehmen und diese im Rahmen seines weiten unternehmerischen Ermessensspielraumes gewissermaßen im Wege praktischer Konkordanz in Ausgleich zu bringen.[431] Einen ersten Hinweis darauf, dass sich aus dem Gesellschaftswohl kein absoluter Vorrang des Bestandserhaltungsinteresses zugunsten der Gesellschaftsgläubiger ableiten lässt,[432] wenn es um die Übernahme potentiell bestandsgefährdender Risiken geht, gibt der Gesetzgeber in § 91 Abs. 2 AktG selbst. Die Normierung einer Pflicht zur Einrichtung und Überwachung von Früherkennungsmaßnahmen wäre nicht erforderlich, wenn deren Übernahme dem Vorstand von vornherein nicht gestattet ist. Die Ansicht der herrschenden Meinung geht demnach zu weit.

Andererseits ist nicht zu verkennen, dass § 91 Abs. 2 AktG Ausfluss der allgemeinen Bestandssicherungspflicht des Vorstands nach § 76 Abs. 1 AktG ist, die ihn verpflichtet, bei unternehmerischen Entscheidungen für dauerhafte Rentabilität und damit den langfristigen Erhalt des Unternehmens zu sorgen.[433] Dieser Pflicht wird nicht mit einem absoluten, allein durch die Tragweite des Risikos ausgelösten Verbot entsprochen, sondern am besten mit einem nach dem jeweiligen Schutzbedürfnis der Gläubiger abgestuften Pflichtenrahmen.

---

428 OLG Düsseldorf, ZIP 2010, 28 (32).

429 *Rudolph*, ZGR 2010, 1 (24f.).

430 *Arnold*, Steuerung des Vorstandshandelns, S. 173; *Lutter*, in: FS Canaris, S. 244 (246); *ders.*, ZIP 2007, 841 (844 f.); *Mertens/Cahn*, in: Köln Komm AktG, § 93 Rn. 86 f.; *Wiesner*, in: Münchener Hdb GesR AG, § 25 Rn. 8; Semler, in: FS Ulmer, S. 627 (635); *Graumann/Grundei/Linderhaus*, ZCG 2009, 20 (23); *Jungmann*, in: FS K. Schmidt, S. 831 (839 Fn. 53); *Kock/Dinkel*, NZG 2004, 441 (443).

431 *Hopt/Roth*, Großkomm AktG, Nachtrag zu § 93 n.F. Rn. 28.

432 Gegen Vorrangverhältnisse der Interessengruppen in der Aktiengesellschaft im Allgemeinen *Hüffer*, AktG, § 76 Rn. 12b mzN.

433 *Hüffer*, AktG, § 76 Rn. 13; *Mertens/Cahn*, in: Köln Komm AktG, § 76 Rn. 22.

So wird das Bestanderhaltungsinteresse in der Gründungsphase eines Unternehmens regelmäßig von nachrangiger Bedeutung sein. Allgemein formuliert, wird es häufig an einem zu schützenden *Bestand* mangeln. Denn bei einem Unternehmen in der Gründungsphase kann die bloße Entscheidung, die Geschäftstätigkeit aufzunehmen, d.h. durch die Zahlungskraft aufbrauchende Investitionen Betriebsmittel anzuschaffen und Mitarbeiter einzustellen, zur Insolvenz des Unternehmens führen.[434] Für das Ergreifen dieser potentiell existenzgefährdenden Maßnahmen muss dem Vorstand ein größerer Ermessensspielraum verbleiben,[435] gleichwohl für die Art und Weise der Entscheidungsfindung keine erleichterten Voraussetzungen gelten.

In einer Phase der Bestandsgefährdung oder – allgemeiner formuliert – in einer Krise des Unternehmens, in der der Eintritt der Insolvenz in absehbarer Zeit wahrscheinlicher ist als deren Ausbleiben, hat die Bestandssicherungspflicht umso größere Bedeutung, je näher die Gefahr einer Zahlungsfähigkeit ist.[436] Das beruht darauf, dass in dieser Situation die Fortführung des Unternehmens in der Regel nur noch auf Kosten der Fremdkapital- und sonstigen Gläubiger möglich ist.[437] Zu beachten ist, dass die Bestandssicherungspflicht zu zwei sich (scheinbar) widersprechenden Zielvorgaben für den Vorstand führt: Einerseits muss der Vorstand alle Maßnahmen unterlassen, die die Bestandsgefährdung vertiefen, andererseits trifft ihn auch die Pflicht, Maßnahmen zur Abwendung der Krise zu ergreifen. Zu diesen Krisenbewältigungsmaßnahmen können neben Maßnahmen der Risikominderung und -vorsorge für geschäftsstrukturbezogene Liquiditätsrisiken – je nach Krisenursache – eben auch strategische Neuinvestitionen gehören. Neuinvestitionen sind einerseits mit einzelprojektbezogenen Liquiditäts- und Erfolgsrisiken behaftet, die zur Insolvenz der Gesellschaft führen können, andererseits eröffnen sie eine Chance auf den Weiterbetrieb des Unternehmens.[438] Nur folgerichtig ist es, dem Vorstand in dieser Situation einen größeren Risikoappetit zuzugestehen, der auch die Übernahme von existenzbedrohenden Risiken umfasst, solange jede Investitionsalternative mit der gleichen oder einer höheren Wahrscheinlichkeit zur Insolvenz der Gesellschaft und voraussichtlich zu höheren Schäden der Gläubiger führen würde.[439]

Im Übrigen, d.h. außerhalb der genannten Sondersituation, ist bei der Anerkennung eines Risikoappetits in Bezug auf existenzbedrohende Liquiditätsrisiken Zurückhaltung geboten.[440] Dabei verlangt der Schutz der Gläubigerinteressen zwar

---

434 *Oltmanns*, Geschäftsleiterhaftung, S. 247 f.; *Knof*, DStR 2007, 1580 (1586).

435 So auch *Semler*, in: FS Ulmer, S. 627 (635).

436 Vgl. *Baums*, ZGR 2011, 218 (272); *Drygala*, in: FS Hopt, S. 541 (556) mwN.

437 Vgl. *Roth*, NZG 2003, 1081 (1083); *Fleischer*, ZGR 2004, 437 (446 f.).

438 *Hopt/Roth*, in: Großkomm AktG, Nachtrag zu § 93 n.F. Rn. 36; ähnlich *Brömmelmeyer*, WM 2005, 2065 (2069).

439 Ähnlich *Hölters*, in: Hölters, AktG, § 93 Rn. 32.

440 Der Umstand, dass es bisweilen schwierig ist, die Gründungsphase von der Phase des „normalen" Betriebs eines Unternehmens abzugrenzen, kann nicht dazu führen, dass die Risikogrundsätze der Gründungsphase umfassend Geltung beanspruchen können.

einerseits nicht, dass Investitionsvorhaben schon dann unterbleiben müssen, wenn nicht auszuschließen ist, dass bei Verwirklichung der Risiken die Risikotragfähigkeit überschritten wird. Andererseits kann die Übernahme von Liquiditätsrisiken, die die Risikotragfähigkeit wesentlich überschreiten, regelmäßig nicht durch hinreichend große damit verbundene Chancen kompensiert werden. Vielmehr ist davon auszugehen, dass der Vorstand außerhalb der geschilderten Sondersituationen potentiell insolvenzauslösende Liquiditätsrisiken nur dann eingehen darf, wenn er aufgrund einer sorgfältigen und nachvollziehbaren Prognoseentscheidung annähernd ausschließen konnte, dass sich diese Liquiditätsrisiken verwirklichen werden und dass bei Verwirklichung die Risikotragfähigkeit wesentlich überschritten wird. Liquiditätsrisiken, die nach Tragweite oder Eintrittswahrscheinlichkeit höher sind, darf der Vorstand grundsätzlich nicht eingehen, es sei denn, der Vorstand hat entsprechende Maßnahmen der Risikominderung und -vorsorge getroffen, die zu erwarten lassen, dass diese Risiken aufgefangen werden.

(g) Zwischenergebnis

Demnach ist nicht davon auszugehen, dass die Übernahme potentiell existenzbedrohender Risiken stets ein Verstoß gegen das Wohl der Gesellschaft ist. Die Übernahme verlangt im Hinblick auf das Verfahren der Entscheidungsfindung ein vertretbares Wahrscheinlichkeitsurteil des Vorstandes in Bezug auf die Eintrittswahrscheinlichkeit und das Verhältnis von Risikotragweite und Risikotragfähigkeit. In inhaltlich-sachlicher Hinsicht ist grundsätzlich Zurückhaltung geboten. Der Vorstand darf grundsätzlich nur solche potentiell existenzgefährdenden Liquiditätsrisiken eingehen, bei denen annähernd ausgeschlossen werden kann, dass die Risikotragfähigkeit mehr als nur in geringfügigem Maße und mit mehr als nur einer geringen Wahrscheinlichkeit überschritten wird. In der Gründungsphase des Unternehmens kann ein größerer Risikoappetit im Hinblick auf die Übernahme von liquiditätsgefährdenden Risiken gerechtfertigt sein. Zeichnet sich eine bestandsgefährdende Liquiditätskrise ab, erlangt das Bestandserhaltungsinteresse zunehmend an Bedeutung. Gleichwohl kann auch dann ein größerer Risikoappetit gerechtfertigt sein, solange jede Investitionsalternative mit der gleichen oder einer höheren Wahrscheinlichkeit zur Zahlungsunfähigkeit der Gesellschaft und voraussichtlich zu höheren Schäden der Gläubiger führen würde.

(h) Anforderungen an die ex ante-Prognose und weitere Pflichten

Die Anforderungen an die Prognose der Tragweite, die Eintrittswahrscheinlichkeit und die Risikotragfähigkeit vor der Übernahme potentiell existenzgefährdender Liquiditätsrisiken sind hoch. Erste Anzeichen für das Bestehen gesteigerter Sorgfaltspflichten bei der Entscheidungsvorbereitung ergeben sich für den Vorstand aus einer (qualitativen) Voreinschätzung der Tragweite und Bedeutung des Investitionsvorhabens für die erfolgs- und finanzwirtschaftliche Lage der Gesellschaft. Soweit der Vorstand nicht ausschließen kann, dass das Investitionsvorhaben potentiell liquiditätsgefährdende Risiken birgt, hat er die Anstrengungen zur sorgfältigen

Entscheidungsvorbereitung weiter zu vertiefen. Der weitere Prozess vollzieht sich in einer stufenweisen Analyse des Risikopotentials des Investitionsvorhabens. Dazu können eine umfassende Identifikation und Messung der Liquiditätsrisiken sowie eine Einschätzung der zur Verfügung stehenden Liquiditätsreserven und anderer Risikovorsorge- und Risikominderungsmaßnahmen erforderlich sein. Ausgangspunkt für die Analyse der Auswirkungen der zusätzlichen Liquiditätsrisiken wird die im Rahmen von § 91 Abs. 2 AktG erstellte Liquiditätsübersicht sein. Bei der Auswahl der Prognosemethoden muss der Vorstand besonders umsichtig agieren. Bestimmte Auswahlparameter, die normalerweise für den Vorstand maßgebend sind, wie z.B. die Abwägung von Kosten und Nutzen, treten angesichts der Bedeutung des Prognosegegenstands in den Hintergrund. Regelmäßig wird der Vorstand aufgrund der Singularität der Investitionsmaßnahmen nur eingeschränkt auf Prognoseverfahren zurückgreifen können, die anhand von Vergangenheitsdaten potentielle Liquiditätsrisiken quantifizieren. Umso wichtiger ist es dann, dass der Vorstand die Einholung von Marktanalysen, Expertenmeinungen und anderen Meinungen sachverständiger Dritter jedenfalls in Erwägung zieht.[441] Die unternommenen Informationsanstrengungen sollte der Vorstand eingehend dokumentieren, um seine Exkulpation im Rahmen etwaiger Haftungsprozesse nach § 93 Abs. 1 Satz 2 AktG zu vereinfachen.

Ist die Übernahme aufgrund einer sorgfältigen Prognose aus einer ex ante- Perspektive vertretbar, trifft den Vorstand unter Umständen die Pflicht, die getroffenen Annahmen und Prognosen mit der tatsächlichen Entwicklung des Investitionsvorhabens periodisch oder anlassbezogen abzugleichen und etwaige Abweichungen in einer Revision des Prognose- und Planungsverfahrens zu berücksichtigen.[442]

(iv) Sachlich-inhaltliche Ermessensschranken bei Übernahme nicht bestandsgefährdender Liquiditätsrisiken

Schließlich ist zu fragen, ob der Vorstand bei Investitionsentscheidungen, die nicht mit potentiell bestandsgefährdenden Liquiditätsrisiken behaftet sind, Ermessensschranken inhaltlich-sachlicher Art unterliegt.

---

441 *Spindler*, in: Münch Komm AktG, § 93 Rn. 47 f.; *ders.*, AG 2006, 677 (681).

442 In BGH NJW 2009, 850 ff. – „MPS" hat der BGH in Zusammenhang mit der Ausreichung unbesicherter Kredite durch eine Konzerngesellschaft an ihre Mehrheitsaktionärin in erheblichem Umfang entschieden, dass die Verwaltungsorgane der Kreditgeberin nach Kreditgewährung eine Kontrollpflicht nach § 93 Abs. 1 S. 1 AktG dahingehend treffe, „*laufend etwaige Änderungen des Kreditrisikos zu prüfen und auf eine sich nach der Darlehensausreichung andeutende Bonitätsverschlechterung mit einer Kreditkündigung oder der Anforderung von Sicherheiten zu reagieren.*" Diese Kontrollpflicht bestehe unabhängig davon, ob ein Forderungsausfall vor der Kreditgewährung als unwahrscheinlich beurteilt worden war. Der risikosteuerungsbezogene Kern dieser Aussage zur sorgfältigen Revision von risikobehafteten Kreditvergabeentscheidungen in Konzernsachverhalten ist auf liquiditätsrisikobehaftete Investitionsentscheidungen außerhalb von Konzernsachverhalten übertragbar.

Zunächst muss sich der Vorstand innerhalb der durch den Unternehmensgegenstand und den Gesellschaftszweck gesteckten Rahmen für Risikoübernahmen halten.[443]

Im Übrigen findet sich in der Literatur die Aussage, dass der Vorstand Spekulations- und andere gewagte Geschäfte eingehen darf, die zu einem vollständigen Verlust des Kapitaleinsatzes führen können, solange dies nicht gleichzeitig die Insolvenz des Unternehmens bedeute.[444] Diesem auf erfolgswirtschaftliche Risiken zielenden Ansatz ist im Kern auch für die Betrachtung der Zahlungsstromrisiken zuzustimmen.

Wenn eine Bestandsgefährdung aufgrund geschäftsstrukturbezogener Liquiditätsrisiken nicht besteht bzw. trotz sorgfältig eingerichteter und betriebener Früherkennungsmaßnahmen nicht erkennbar ist, dann kann der Vorstand die mit einem Investitionsvorhaben verbundenen zusätzlichen Liquiditätsrisiken auch eingehen, sofern eine vertretbare Prognose ergeben hat, dass diese zusätzlichen Liquiditätsrisiken allein oder in Addition mit den schon bestehenden nicht zu einer Bestandsgefährdung führen werden.[445] In Abhängigkeit von der Bedeutung des Projekts für das Unternehmen und dem zur Abschätzung der Liquiditätsrisiken betriebenen Prognoseaufwand hat der Vorstand jedoch Maßnahmen der Risikovorsorge und Risikominderung in Betracht ziehen. Zu diesen Maßnahmen kann auch gehören, dass der Vorstand bei Bestehen mehrerer Investitionsalternativen diejenige Investitionsalternative mit den geringeren Liquiditätsrisiken wählt und dafür eine geringere Ergebnischance in Kauf nimmt.

(v) Sorgfaltspflichten im Umgang mit „Klumpenrisiken" bzw. Liquiditätsrisikokonzentrationen

Im Zuge der Aufarbeitung der Organhaftung von Bankvorständen nach der Finanzkrise 2007–2009 fordern das OLG Düsseldorf[446] und Stimmen in der Literatur[447] besondere Sorgfaltspflichten des Vorstandes bei der Übernahme und Steuerung von sogenannten „*Klumpenrisiken*". Darunter sind in der Kreditwirtschaft Risikokonzentrationen zu verstehen, die sich aus einer Konzentration auf bestimmte (Arten von) Vermögensbestandteilen und Kapitalquellen ergeben können, die jeweils positiv korreliert sind.[448] Eine Risikokonzentration in der Vermögensstruktur kann

443 Vgl. C.I.2.c)(1) und C.I.2.c)(2)(ii)(a).

444 *Jungmann*, in: FS K. Schmidt, S. 831 ff. (839 Fn. 53).

445 So auch *Baums*, ZGR 2011, 218 (256).

446 OLG Düsseldorf AG 2010, 126 (129) – „IKB Deutsche Industriebank AG".

447 *Fleischer/Schmolke*, ZHR 173 (2009), 649 (673 ff.); *Lutter*, ZIP 2009, 197 (199).

448 Nach der sog. *Portfoliotheorie* ist von einer positiven Korrelation auszugehen, wenn beispielsweise Kurse von Wertpapieren gleichläufig auf äußere Einflüsse reagieren und deswegen die Bewertungsrisiken der Wertpapiere kumulieren. Ein Diversifikationseffekt tritt hingegen dann ein, wenn die Kurse auf äußere Einflüsse gegenläufig reagieren. Weiterführend *Franke/Hax*, Finanzwirtschaft des

beispielsweise infolge der Vergabe von großvolumigen Krediten an einzelne Kreditnehmer entstehen. Auf Kapitalseite kann die Beschränkung auf bestimmte Arten von Refinanzierungsquellen, beispielsweise die schwerpunktmäßige Refinanzierung bestimmter Vermögenswerte über den Interbankenmarkt, eine Konzentration von Refinanzierungs- bzw. Liquiditätsrisiken bewirken. Die bisherige bankaufsichtsrechtliche Steuerung beschäftigte sich schwerpunktmäßig mit der Eindämmung von Ausfallrisikokonzentrationen in Kreditportfolios.[449] Gleichwohl verlangt das Bankaufsichtsrecht auch im Hinblick auf Liquiditätsrisiken eine ausreichende Diversifikation der Vermögens- und Kapitalstruktur.[450]

Es stellt sich mithin die Frage, ob die für Bankvorstände entwickelten besonderen Sorgfaltsanforderungen für Liquiditätsrisikokonzentrationen auf die Sorgfaltsanforderungen des Vorstandes im allgemeinen Aktienrecht ausstrahlen. Aufgrund der stark bankaufsichtsrechtlich geprägten Perspektive soll diese Frage zurückgestellt werden und im letzten Teil dieser Arbeit untersucht werden.[451]

(vi) Vorstandspflichten zur Prävention und Bewältigung einzelprojektbezogener Liquiditätsrisiken

Darf der Vorstand die mit einer Investitions- oder Anlageentscheidung verbundenen Liquiditätsrisiken im Grundsatz übernehmen, ist er verpflichtet, Maßnahmen zu erwägen, mit denen diese Liquiditätsrisiken einerseits von vornherein gemindert, bzw. für den Fall, dass sich diese realisieren, abgewehrt werden können. Andererseits muss er deren Auswirkungen auf die Liquiditätsituation der Gesellschaft überwachen.

In Frage kommen insbesondere Maßnahmen der Risikominderung, z.B. durch die Absicherung von Zahlungsströmen nach Art und Höhe, Maßnahmen der Überwälzung von Zahlungsstromrisiken wie etwa das Factoring für Kundenforderungen, der Einsatz von Zahlungssicherungsinstrumenten oder der Derivateeinsatz für Währungs- und Rohstoffpreisrisiken und Maßnahmen der Risikovorsorge in Form einer Liquiditätsreserve.[452]

Dabei steht dem Vorstand ein unternehmerischer Ermessensspielraum zu, den er nach den Maßstäben des § 93 Abs. 1 Satz 2 AktG auszufüllen hat, sofern nicht spezielle gesetzliche Vorgaben zur Risikominimierung oder -bewältigung (wie z.B. zur Bildung von Rückstellungen für ungewisse Verbindlichkeiten nach § 249 Abs. 1 Satz 1 HGB) bestehen. Ermessensleitend hat der Vorstand zu beachten, ob die zusätzlichen Liquiditätsrisiken in einer Situation bereits angespannter Liquidität

---

Unternehmens und Kapitalmarkt, S. 317 ff; *Schierenbeck/Wöhle*, Grundzüge der Betriebswirtschaftslehre, S. 464 f.

449 Überblick bei *Fleischer/Schmolke*, ZHR 173 (2009), 649 (657ff.) mit empirischen Hinweisen zu Konzentrationsrisiken in Kreditportfolios.

450 BTR 3.1 Tz. 1 MaRisk; Vgl. D.IV.3.c)(1)(ii)(d).

451 Vgl. E.IV.3.

452 Vgl. B.II.4.

eingegangen werden, bzw. ob nicht ausgeschlossen werden kann, dass die zu übernehmenden Liquiditätsrisiken potentiell bestandsgefährdend sind. In diesen Fällen ist die Handlungspflicht des Vorstands intensiviert: Der Vorstand hat die zusätzlichen Liquiditätsrisiken nach Möglichkeit zu minimieren bzw. die möglichen Folgen bei einem Schlagendwerden durch Maßnahmen der passiven Risikobewältigung abzufedern. Rentabilitätsgesichtspunkte der Risikovermeidungs- und -bewältigungsmaßnahmen treten in den Hintergrund. Ausnahmen gelten insoweit, als dass sich die Gesellschaft in der Gründungsphase befindet oder um den Verbleib am Markt kämpft und jede Investitions- oder Anlagealternative mit der gleichen oder einer höheren Wahrscheinlichkeit zur Zahlungsunfähigkeit der Gesellschaft und voraussichtlich zu höheren Schäden der Gläubiger führen würde.

Schließlich muss der Vorstand sicherstellen, dass die mit dem Einzelprojekt verbundenen Liquiditätsrisiken von den Instrumenten der geschäftsstrukturbezogenen Früherkennung erfasst werden. Dazu muss der Vorstand die mit dem Einzelprojekt verbundenen Zahlungsströme in die Liquiditätsübersicht aufnehmen.

(vii) Zwischenergebnis

Neben der Pflicht, Maßnahmen zur Früherkennung liquiditätsgefährdender Entwicklungen einzurichten, ergeben sich für den Vorstand aus seiner allgemeinen Bestandssicherungsverantwortung nach §§ 76 Abs. 1, 93 Abs. 1 AktG Pflichten zur Steuerung von geschäftsstruktur- und einzelprojektbezogenen Liquiditätsrisiken, die für den Bestand der Gesellschaft von Bedeutung sind. Dazu zählen erstens liquiditätsrisikobezogene Organisationspflichten, zweitens Pflichten zur Prävention und Abwehr akuter bzw. sich abzeichnender Liquiditätsengpässe und drittens Liquiditätsrisikosteuerungspflichten im Vorfeld von Investitions- und Anlageentscheidungen im Hinblick auf das Entscheidungsverfahren und sachlich-inhaltliche Ermessensgrenzen.

Der Vorstand hat grundsätzlich ein weites Organisationsermessen, wie er die Liquiditätsrisiken mit Bedeutung für den Bestand der Gesellschaft steuert. Er ist an keine betriebswirtschaftliche Methode gebunden. Insbesondere ist er auch nach §§ 76 Abs. 1, 93 Abs. 1 AktG nicht zur einer institutionalisierten und umfassenden Erfassung, Messung und Steuerung von Liquiditätsrisiken verpflichtet. Vielmehr ist davon auszugehen, dass der Vorstand mit der verkehrsüblichen Sorgfalt handelt, wenn er sich aus vertretbaren Gründen im Hinblick auf die aufgrund einer (qualitativen) Voreinschätzung für potentiell liquiditätsgefährdend erachteten operativen und finanzwirtschaftlichen Zahlungsströme für ein bestimmtes betriebswirtschaftlich gesichertes Prognoseverfahren zur Identifikation und Messung der anhaftenden Liquiditätsrisiken entscheidet. Dabei hat er eine Gesamtbetrachtung durchzuführen, die vor allem den Unternehmensgegenstand der Gesellschaft, das Liquiditätsrisikoprofil und den Umfang der bestehenden Geschäftsstruktur sowie den Umfang eingerichteter Präventionsmaßnahmen in den Blick nimmt. Soweit eine Identifikation und Messung aus vertretbaren Kostenerwägungen oder tatsächlichen Gründen nicht oder nur eingeschränkt möglich ist, kann die Liquidität der Gesellschaft auch mit anderen Mitteln, z.B. der Vorhaltung einer pauschalen Liquiditätsreserve, gesichert werden. Konsequenterweise gilt, dass ein Unternehmen, das aufgrund eines individuellen Sicherheitsbedürfnisses über einen vergleichsweise hohen (und unrentablen) Bestand an liquidem Vermögen verfügt, weniger intensiv mit der Quantifizierung von Liquiditätsrisiken auseinandersetzen muss als ein Unternehmen, das eine solche Quantifizierung – zumindest näherungsweise – als Richtschnur für die Bemessung einer unter Ertrags- *und* Bestandssicherungsgesichtspunkten optimalen Liquiditätsreserve nutzt.

Hat der Vorstand eine liquiditätsgefährdende Entwicklung erkannt (oder hätte er diese bei sorgfältiger Einrichtung der Maßnahmen nach § 91 Abs. 2 AktG erkennen können), so ist das unternehmerische Ermessen des Vorstands nach § 91 Abs. 1 Satz 2 AktG in Abhängigkeit von Ausmaß und Dringlichkeit des (drohenden) Liquiditätsengpasses eingeschränkt. Neben dem Zahlungsverbot nach § 92 Abs. 2 Satz 3 AktG hat der Vorstand die Zahlungsströme, über die die Gesellschaft disponieren kann, daraufhin zu überprüfen, ob Auszahlungen verringert sowie zeitlich verschoben werden können, bzw. ob Einzahlungen vergrößert sowie vorgezogen werden können. Bei der Auswahl der konkreten Maßnahme hat der Vorstand, soweit nicht im Einzelfall ein abweichendes Vorgehen gerechtfertigt ist, die Maßnahmen mit geringeren Reputationsrisiken vorzuziehen, um eine Vertiefung der Liquiditätsgefahr zu vermeiden. Der Vorstand hat die Entwicklung der Liquidität noch aufmerksamer zu verfolgen und dies organisatorisch sicherzustellen.

Die Liquiditätsrisiken, die ein Vorstand im Rahmen von Investitions- und Anlageentscheidungen übernehmen darf, werden zunächst durch den Unternehmensgegenstand, gesetzliche Vorgaben und die zwingenden Regelungen der Geschäftsordnung von Vorstand und Aufsichtsrat begrenzt. Außerhalb des Unternehmensgegenstands darf ein Vorstand keine Geschäfte betreiben. Finanzwirtschaftlichen Betätigungen, wie insbesondere dem Einsatz von Derivaten durch Gesellschaften, sind enge Grenzen gesetzt, soweit die Satzung nichts anderes bestimmt. So müssen sich derivative Gegengeschäfte an dem Gesamtvolumen und der Struktur des bestehenden bzw. des voraussichtlich mit hoher Wahrscheinlichkeit zu erwartenden Grundgeschäfts orientieren. Ausnahmen müssen für sogenannte offene Spitzen von Derivaten gelten.

Damit liquiditätsrisikobehaftete Investitions- und Anlagenentscheidungen den Schutz der Business Judgement Rule genießen können, muss der Vorstand zunächst bestimmte ökonomische Entscheidungsvorgaben beachten. Soweit der Gesellschaftszweck wie üblich auf Gewinnerzielung gerichtet ist, muss die Investition oder Anlage (für sich gesehen und im Vergleich mit anderen Investitions- und Anlagealternativen) voraussichtlich zu einem (höheren) positiven Ergebnisbeitrag führen. Infolge des positiven Ergebnisbeitrags steht aus der Perspektive des Liquiditätsrisikos fest, dass die Anlage oder Investition am Ende der Planungsperiode voraussichtlich einen Einzahlungsüberschuss ergeben wird. Bei der Prognose der (relativen) Vorteilhaftigkeit einer Investition oder Anlage ist der Vorstand nicht an ein bestimmtes betriebswirtschaftliches Investitionsrechenverfahren gebunden.

Zudem muss der Vorstand überprüfen, ob die mit der Anlage oder Investition verbundenen Liquiditätsrisiken allein oder in Aggregation mit schon bestehenden den Bestand der Gesellschaft gefährden können. Dabei ist er wiederum an kein bestimmtes betriebswirtschaftliches Prognoseverfahren gebunden. Die Auswahl richtet sich wiederum nach den geschäfts- und unternehmensspezifischen Umständen des Einzelfalls.

Die Übernahme potentiell liquiditätsgefährdender Risiken durch den Vorstand stellt nicht von vornherein einen Verstoß gegen das Wohl der Gesellschaft dar. Die Übernahme liquiditätsgefährdender Risiken verlangt im Hinblick auf das Verfahren der Entscheidungsfindung ein vertretbares Urteil des Vorstandes in Bezug auf Eintrittswahrscheinlichkeit der Zahlungsunfähigkeit und in Bezug auf das Verhältnis von Risikotragweite und Risikotragfähigkeit. Jedoch ist bei der Übernahme potentiell liquiditätsgefährdender Risiken grundsätzlich Zurückhaltung geboten. Der Vorstand darf grundsätzlich nur solche potentiell liquiditätsgefährdenden Risiken eingehen, bei denen annähernd ausgeschlossen werden kann, dass die Risikotragfähigkeit mehr als nur geringfügig und mit mehr als nur einer geringen Wahrscheinlichkeit überschritten wird. Ausnahmsweise kann in der Gründungsphase einer Gesellschaft ein größerer Risikoappetit gerechtfertigt sein. In einer Situation, in der sich bereits eine bestandsgefährdende Liquiditätskrise abzeichnet, hat der Vorstand bei der Übernahme zusätzlicher Liquiditätsrisiken, die für sich allein oder in Aggregation mit den schon bestehenden Risiken die Gefahr der Zahlungsunfähigkeit begründen, sehr zurückhaltend zu agieren. Gleichwohl kann, um die Wettbewerbsfähigkeit und das Überleben der Gesellschaft sicherzustellen, auch dann ein größerer Risikoappetit gerechtfertigt sein, solange jede Investitionsalternative mit der gleichen oder einer höheren Wahrscheinlichkeit zur Zahlungsunfähigkeit der Gesellschaft und voraussichtlich zu höheren Schäden der Gläubiger führen würde.

3. Rechtspflichten bei Delegation und Auslagerung liquiditätsrisikobehafteter Geschäftsprozesse und -aktivitäten

In den vorigen Abschnitten der Untersuchung wurde aus Vereinfachungsgründen davon ausgegangen, dass der Vorstand Entscheidungen über Investitions- und Anlageentscheidungen, die mit Liquiditätsrisiken verbunden sind, selbst vorbereitet und trifft. Die Unternehmenspraxis ist jedoch von arbeitsteiligen Vorbereitungs-, Entscheidungs- und Umsetzungsprozessen geprägt, die auf die Tendenz zur sog. *Dezentralisierung* zurückzuführen sind. Dezentralisierung bedeutet allgemein die *„Verlagerung von Entscheidungen, Kontrollen und Aktionen auf Personen, die üblicherweise in einer hierarchischen Beziehung zu einer zentralen, leitenden Stelle oder einem entsprechenden Gremium stehen."*[453] Die ökonomischen Gründe für eine Dezentralisierung sind vielfältig. Abgesehen von einer entlastenden Wirkung für das

453 *Drumm*, in: HdWb Unternehmensführung, S. 180 (180).

Management wird geltend gemacht, dass damit die Motivation von Mitarbeitern gesteigert werden kann, was im Ergebnis zu einer qualitativ höherwertigen und risikoreduzierenden Aufgabenwahrnehmung führt.[454]

Zwischen der ökonomischen Notwendigkeit, Arbeitsteilung zuzulassen, und der Pflicht des Vorstands, die Gesellschaft unter eigener Leitung zu führen, besteht ein Spannungsverhältnis. Die (aktien-)rechtlichen Fragestellungen, die sich daraus ergeben, werden unter den Stichworten *Delegation* und *Auslagerung* bzw. *„Outsourcing“* diskutiert. Vorliegend sollen die Vorstandspflichten untersucht werden, die sich im Zusammenhang mit Delegation bzw. der Auslagerung von Aufgaben und Kompetenzen ergeben, die mit potentiell bestandsbedrohenden Liquiditätsrisiken behaftet sind. Diese unterscheiden sich je nachdem, wie die Übertragung von Aufgaben und Zuständigkeiten erfolgt.

a) Fallgruppen von Delegation und Auslagerung

Die in der aktienrechtlichen Literatur zur Erfassung der verschiedenen Fallgruppen vorgeschlagene Terminologie ist uneinheitlich. Für die Zwecke dieser Untersuchung ist in Anlehnung an *Hüffer*[455] unter *Delegation* die Übertragung von Zuständigkeiten und Aufgaben vom Vorstand als Organ auf einzelne Vorstandsmitglieder (*horizontale Delegation*) oder an nachgeordnete, in eine Weisungskette eingebundene Stellen der Gesellschaft (*vertikale Delegation*) zu verstehen. Eine *Auslagerung* bzw. *„Outsourcing“*[456] ist dadurch gekennzeichnet, dass Geschäftsprozesse und -aktivitäten an rechtlich und wirtschaftlich oder zumindest rechtlich selbständige Funktionsträger übertragen werden. Auslagerungen können demnach an rechtlich und wirtschaftlich unverbundene Gesellschaften erfolgen, wie beispielsweise die in der Praxis weit verbreitete Auslagerung von IT-Hilfsfunktionen durch Banken an Drittunternehmen oder die Auslagerung der Debitorenbuchhaltung, des Mahnwesens und weiterer Funktionen durch Dienstleistungs- und Handelsunternehmen an Drittunternehmen im Rahmen eines Factoring-Vertrages[457]. Eine Auslagerung in diesem Sinne liegt aber auch dann vor, wenn das Spitzenunternehmen eines Unternehmensverbundes ein risikoreiches Segment des operativen Geschäfts vollständig an eine Tochtergesellschaft überträgt und sich insoweit auf die Verwaltung der Beteiligungsrechte konzentriert.

Der folgenden Untersuchung der Vorstandspflichten liegen diese Fallgruppen mit Ausnahme der horizontalen Delegation zugrunde. Betriebsführungs- bzw.

454 *Kratzheller*, Risiko und Risk Management aus organisationswissenschaftlicher Perspektive, S. 171 f. mwN.

455 *Hüffer*, in: Aktienrecht im Wandel II, Kap. 7 Rn. 37.

456 „Outsourcing“ ist ein Kunstwort aus den englischen Begriffen „outside“, „resource“ und „using“ (vgl. *Mellewigt*, in: HdWb Betriebswirtschaft, S. 1326 (1326)).

457 Siehe dazu *Beckmann*, in: Staudinger BGB, Neubearbeitung 2004, Vor §§ 433 ff. Rn. 137 ff.

Managementverträge[458] werden ebenfalls ausgeklammert, da diese von eingeschränkter praktischer Bedeutung sind.

b) *Vorstandspflichten bei vertikaler Delegation liquiditätsrisikobehafteter Entscheidungen und im Rahmen von § 91 Abs. 2 AktG*

Im Folgenden werden zum einen die Pflichten des Vorstands bei der vertikalen Delegation von liquiditätsrisikobehafteten Entscheidungen untersucht und zum anderen seine Pflichten bei der Delegation von Maßnahmen der Früherkennung von liquiditätsgefährdenden Entwicklungen bzw. zur Steuerung von Liquiditätsrisiken analysiert.

(1) *Vorstandspflichten bei der vertikalen Delegation liquiditätsrisikobehafteter Entscheidungen*

(i) Nicht delegierbare Entscheidungen

Der Vorstand hat ein weites Organisationsermessen, ob und wie er Aufgaben und Zuständigkeiten an nachgelagerte Stellen in der Gesellschaft delegiert. Das Recht zur Delegation ist jedoch im Hinblick auf Leitungs- und Führungsaufgaben eingeschränkt. Zum Kernbereich nicht delegationsfähiger Leitungs- und Führungsaufgaben zählen einerseits die Pflichtaufgaben, die der Gesetzgeber dem Vorstand als Gesamtorgan anvertraut hat, wie die organisatorischen Pflichten nach § 91 Abs. 2 AktG, und andere originäre Leitungs- und Führungsaufgaben. Funktional werden die originären Leitungs- und Führungsaufgaben generell in die sogenannte Planungs- und Steuerungsverantwortung, die Organisationsverantwortung, die Finanzverantwortung und die Informationsverantwortung unterschieden.[459]

Die Planungs- und Steuerungsverantwortung umfasst die Festlegung des strategischen Rahmens durch Vorgabe der langfristigen Unternehmensziele, der wesentlichen Geschäftsfelder und der wesentlichen Investitions- und Anlageentscheidungen. Zur Konkretisierung des Begriffs der *wesentlichen* Investitions- und Anlageentscheidungen wird unter Bezugnahme auf die Kriterien der § 90 Abs. 1 Satz 1 Nr. 4 AktG bzw. § 116 HGB für Geschäfte mit erheblicher Bedeutung für Rentabilität oder Liquidität der Gesellschaft bzw. ganz allgemein für *„außergewöhnliche Geschäfte"* ein Vorstandsvorbehalt angenommen.[460] Aus dem Blickwinkel der Liquiditätssicherung dürfen jedenfalls solche Investitions- und Anlageentscheidungen nicht delegiert werden, die zur Übernahme von nach Tragweite bzw. Eintrittswahrscheinlichkeit außerordentlichen Liquiditätsrisiken

---

458 Vgl. dazu *Fleischer*, ZIP 2003, 1 (9 f.), demzufolge Managementverträge in speziellen Dienstleistungssektoren wie dem Hotelgewerbe anzutreffen sind; vgl. weiterhin *Krieger*, in: Münch Hdb AG, § 72 Rn. 41; *Huber*, ZHR 152 (1988), 1 ff., 123 ff.

459 *Fleischer*, in: Spindler/Stilz, AktG, § 76 Rn. 19; *ders.*, ZIP 2003, 1 (5); ähnlich *Hüffer*, AktG, § 76 Rn. 8; *Kort*, in: Großkomm AktG, § 76 Rn. 36.

460 Vgl. *Martens*, in: FS Fleck, 1988, S. 191 (197 f.); *Fleischer*, ZIP 2003, 1 (6).

führen könnten, und bei deren Verwirklichung der Fortbestand der Gesellschaft gefährdet sein könnte.

Als in der Praxis wichtiger Maßstab für mit außerordentlichen Liquiditätsrisiken behaftete, nicht delegierbare Entscheidungen gilt der Katalog von Investitions- und Anlagemaßnahmen nach § 111 Abs. 4 Satz 2 AktG in der Geschäftsordnung des Vorstands (§ 77 Abs. 2 Satz 1 AktG). Gegenstand eines Zustimmungskatalogs sollen Maßnahmen und Entscheidungen sein, die die *„Ertragsaussichten oder die Risikoexposition der Gesellschaft grundlegend verändern“*[461]. Unter Beachtung dieser Grenzen legt der Aufsichtsrat je nach Größe des Unternehmens, dem Risikoprofil seiner Geschäftstätigkeit und den Kontrollbedürfnissen der im Aufsichtsrat vertretenen Gesellschafter bzw. eventueller Arbeitnehmervertreter für bestimmte Arten von Investitions–, Anlage- und Refinanzierungsentscheidungen ganz generell oder nach Spezifikation durch Schwellenwerte Zustimmungspflichten des Aufsichtsrats fest.[462]

Weiterhin sind auch dem Vorstand die Investitions- und Anlageentscheidungen vorbehalten, die er zur Abwendung einer Liquiditätskrise zu treffen hat.[463]

(ii) Residualpflichten des Vorstands bei vertikaler Delegation liquiditätsrisikobehafteter Entscheidungen

Innerhalb der soeben aufgezeigten Grenzen kann der Vorstand mit Liquiditätsrisiken verbundene Entscheidungen an nachgelagerte Unternehmensebenen delegieren. Die Delegation führt jedoch nicht zu einem vollständigen Entfallen von Vorstandspflichten, sondern zu einer inhaltlichen Modifizierung ihrer diesbezüglichen Leitungs- und Führungsverantwortung.[464] Ganz allgemein umfassen die *„Residualpflichten“*[465] des Vorstands die sorgfältige Auswahl, Einweisung und Kontrolle der betrauten Mitarbeiter.[466] Hinzutritt die Pflicht des Vorstands, einen ablauf- und aufbauorganisatorischen Rahmen zu schaffen, in dem die Mitarbeiter die übertragenen Aufgaben ausführen und kontrolliert werden können. Wie auch für die dem Vorstand vorbehaltenen Investitions–, Anlage- und Refinanzierungsentscheidungen gilt, dass der Vorstand die Residualpflichten nicht in Gänze aus eigener Kraft erfüllen muss, sondern bei deren Vorbereitung und Durchführung die Hilfe von Mitarbeitern in Anspruch nehmen kann, solange sein *„Letztentscheidungsrecht“*[467] gewahrt ist.

---

461 RegBegr. TransPuG, BT-Drucks. 14/8769 S. 17.

462 Vgl. C.II.2.a)(1)(ii).

463 *Kort*, in: Großkomm AktG, § 76 Rn. 36.

464 *Hopt*, in: Großkomm AktG, § 93 Rn. 59; *Fleischer*, in: Hdb VorstR, § 8 Rn. 28; *ders.*, in: Spindler/Stilz, AktG, § 76 Rn. 65; *ders.*, ZIP 2003, 1 (8).; für die GmbH *Haas/Ziemons*, in: Münch Komm GmbHG, § 43 Rn. 170 ff.

465 *Baums*, ZGR 2011, 218 (269).

466 So für GmbH-Geschäftsführer BGH NJW 1995, 326 (329).

467 *Vetter*, in: Krieger/Schneider, Handbuch Managerhaftung, 2007, § 17 Rn. 66.

(a) Aufbau- und ablauforganisatorische Residualpflichten

Die Delegation von Aufgaben an Mitarbeiter durch den Vorstand setzt zunächst voraus, dass der Vorstand Vorgaben für die Aufbau- und Ablauforganisation der Gesellschaft trifft. Das Bedürfnis für die Festlegung entsprechender Organisations-, Berichts- und Kontrollstrukturen zeigt sich insbesondere im Falle mehrstufiger Delegationen. Dann bezieht sich die Überwachungspflicht des Vorstands auf die unmittelbar nachgelagerte Führungsebene und deren ordnungsgemäße Wahrnehmung der Auswahl-, Einweisungs- und Überwachungssorgfalt. Regelmäßig erfolgt die Festlegung anhand von Organisationsrichtlinien, in denen eine klare Zuweisung von Aufgaben und Zuständigkeiten erfolgt sowie Verantwortungsbereiche voneinander abgegrenzt werden. Der Vorstand muss über die Einrichtung eines internen Berichtswesens sorgen, das ihn zeitnah mit ausreichenden Informationen versorgt, damit er seine Überwachungspflichten ausüben und gegebenenfalls Entscheidungen wieder an sich ziehen kann. Dazu ist erforderlich, dass der Vorstand die Mitarbeiter über den Kreis der Aufgaben informiert, die seiner Entscheidung vorbehalten sind.

Dem Vorstand obliegt es schließlich, die Art und Weise der erfolgten Aufgabenübertragung zu überdenken und aufgrund der veränderten Umstände eventuell anzupassen. Dazu kann insbesondere die Überarbeitung der verschiedenen Richtlinien und der Organisationstruktur gehören. Auch muss organisatorisch sichergestellt sein, dass der Vorstand die übertragenen Aufgaben jederzeit rückgängig machen und diese wieder an sich ziehen kann, wenn dies veränderte Umstände oder eine veränderte Einschätzung der Umstände durch den Vorstand erfordern.[468]

(b) Auswahl und Einweisung

Insbesondere bei der erstmaligen Übertragung von Aufgaben an Mitarbeiter hat der Vorstand bei deren Auswahl darauf zu achten, dass die Mitarbeiter die zur Wahrnehmung erforderlichen persönlichen und fachlichen Qualifikationen besitzen.[469] Die Anforderungen an eine sorgfältige Auswahl eines entsprechend beschäftigten Mitarbeiters steigen proportional zu den mit einer delegierten Aufgabe verbundenen (Liquiditäts-)Risiken.[470] Dies trifft beispielsweise auf Mitarbeiter zu, auf die Entscheidungen zur Umsetzung einer vom Vorstand beschlossenen Derivatestrategie zur Absicherung gegen Währungs- oder Rohstoffpreisrisiken übertragen werden.

Eine sorgfältige Einweisung durch den Vorstand umfasst neben dem Hinweis auf die ihm vorbehaltenen Entscheidungen die Erläuterung von Gegenstand und Umfang der übertragenen Aufgaben, der organisatorischen Einbettung sowie einen Hinweis auf besondere Anforderungen dieser Aufgabe. Der Vorstand muss den Mitarbeitern den Pflichtenrahmen erläutern, der für ihn selbst im Umgang

---

468 *Mertens/Cahn*, in: Köln Komm AktG, § 76 Rn. 45; *Vetter*, in: Krieger/Schneider, Handbuch Managerhaftung, 2007, § 17 Rn. 65.

469 *Hopt*, in: Großkomm AktG, Nachtrag zu § 93 Rn. 59; *Fleischer*, in: Fleischer, Hdb Vorstandsrecht, § 8 Rn. 30; *Schneider*, DB 1993, 1909 (1914).

470 *Fleischer*, in: Fleischer, Hdb Vorstandsrecht, § 8 Rn. 30.

mit Liquiditätsrisiken gilt. Insoweit unterscheidet sich das Pflichtenprogramm der Mitarbeiter kaum von den Pflichten des Vorstands.

In Abhängigkeit von den jeweiligen durch den Unternehmensgegenstand und den vom Vorstand vorgegebenen unternehmens-, geschäfts- und risikopolitischen Zielen sowie den spezifischen Gegebenheiten des Unternehmens muss der Vorstand für die wesentlichen güter- bzw. finanzwirtschaftlichen Zahlungsströme detaillierte Regelungen zur Prognose von möglichen negativen Zahlungsstromabweichungen treffen.[471] Bezüglich der dem Vorstand vorbehaltenen Investitions- und Anlageentscheidungen ist davon auszugehen, dass der Vorstand einzelfallbezogene Vorgaben für die Prognose möglicher negativer Zahlungsstromabweichungen machen muss. Die Prognosen der operativen Einheiten müssen mit den Maßnahmen zur Früherkennung liquiditätsgefährdender Entwicklungen verzahnt werden, damit die Auswirkung geplanter Investitions- und Anlageentscheidungen auf die Liquiditätssituation erfasst werden kann. Demzufolge hat der Vorstand zum einen sicherzustellen, dass die Daten der Zahlungsstromprognosen in die Liquiditätsübersicht einfließen, und zum anderen, dass in umgekehrter Richtung die Ergebnisse der Liquiditätsübersicht bei Investitions- und Anlageentscheidungen berücksichtigt werden. Der Vorstand muss zudem erwägen, detaillierte Vorgaben zur Identifikation und Steuerung von mit bestimmten Geschäften bzw. Geschäftsarten verbundenen Liquiditätsrisiken durch nachgelagerte Ebenen zu machen, z. B. in Form von betragsmäßigen Schwellenwerten für einzelne Geschäftsabschlüsse oder durch Festlegung von Liquiditätsrisikolimiten (sofern eine Quantifizierung stattfindet), ferner durch die Auswahl angemessener Maßnahmen zur Prävention und Bewältigung von Liquiditätsrisiken.[472] Diese Vorgaben müssen umso engmaschiger sein, je gravierender die potentiellen Auswirkungen der delegierten Entscheidung auf die Liquiditätssituation der Gesellschaft sein können.

(c) Überwachung

Schließlich ist der Vorstand verpflichtet, die ordnungsgemäße Erfüllung der übertragenen Aufgaben durch die Mitarbeiter sicherzustellen und laufend zu überwachen.[473] Die Ausgestaltung und die Intensität der Überwachungspflicht richten sich wiederum nach der Art der übertragenen Aufgaben und den damit verbundenen Liquiditätsrisiken.[474] So ist regelmäßig davon auszugehen, dass die Kontrollpflichten in Bezug auf Entscheidungen, die Auswirkungen auf die finanzwirtschaftlichen Zahlungsströme einer Gesellschaft haben, tendenziell intensiver sind als in Bezug auf Entscheidungen, die sich auf güterwirtschaftliche Zahlungsströme auswirken

471 Vgl. C.I.2.a).

472 Vgl. B.II.4.

473 *Hopt*, in: Großkomm AktG, § 93 Rn. 59 mwN; für GmbH-Geschäftsführer KG NZG 1999, 400 (400).

474 *Fleischer*, in: Fleischer, Hdb VorstandR, § 8 Rn. 33; *Druey*, in: FS Koppensteiner, 2001, 3 (9).

können.[475] Schließlich ergeben sich Wechselwirkungen zwischen der Intensität der Überwachungspflicht und den persönlichen und fachlichen Voraussetzungen der betrauten Mitarbeiter. Je sorgfältiger die Mitarbeiter im Hinblick auf ihr Qualifikationsprofil ausgesucht und eingewiesen bzw. fortlaufend geschult wurden, desto eher kann der Vorstand Umfang und Intensität der Überwachungspflicht einschränken.[476]

Die Kontrollintensität ist gesteigert, wenn Verdachtsmomente bezüglich Unregelmäßigkeiten der Aufgabenerfüllung bestehen[477] oder wenn sich das Unternehmen in einem Liquiditätsengpass befindet.[478] Entsprechendes muss gelten, wenn sich eine die Zahlungsfähigkeit gefährdende Entwicklung abzeichnet und der Vorstand dies aufgrund von Früherkennungsmaßnahmen erkennt oder bei Anwendung der gebotenen Sorgfalt zumindest hätte erkennen müssen.

(2) Vorstandspflichten bei vertikaler Delegation im Rahmen von § 91 Abs. 2 AktG

Die Maßnahmen nach § 91 Abs. 2 AktG sind ausdrücklich dem Gesamtvorstand zur Erfüllung zugewiesen[479] und stellen deshalb Pflichtaufgaben dar, die einer Delegation nur eingeschränkt zugänglich sind.[480] Zwar hat der Vorstand die Möglichkeit – und typischerweise besteht auch eine betriebliche Notwendigkeit –, sich bei der Vorbereitung der Entscheidungen über die Ausgestaltung der Früherkennungs- und Überwachungsmaßnahmen sowie bei deren Umsetzung durch Mitarbeiter unterstützen zu lassen. Die Entscheidungen über die Grundparameter dieser Maßnahmen sind aber dem Vorstand vorbehalten. Zu diesen Grundparametern gehört die Ausgestaltung des Liquiditätsplans, genauer, die Vorgabe des Planungszeitraums, der Länge der Planungsperioden und die Konkretisierung der Planungsgrundsätze für die Besonderheiten der Geschäftstätigkeit der Gesellschaft.[481] Der Vorstand hat sicherzustellen, dass die Erkenntnisse der Liquiditätsübersicht bei geplanten Investitions- und Anlageentscheidungen berücksichtigt werden.

Der Vorstand muss eine Berichtsorganisation verankern, damit er zum einen periodisch über die Liquiditätssituation und zum anderen frühzeitig über einen sich abzeichnenden finanziellen Engpasses unterrichtet wird. Anlassbezogen ist

---

475 Zum Unterschied zwischen güter- und finanzwirtschaftlichen Zahlungsströmen vgl. B.I.4.b).

476 *Fleischer*, in: *Fleischer*, Hdb Vorstandsrecht, § 8 Rn. 33; *ders.*, AG 2003, 291 (294 f.).

477 *Fleischer*, in: Fleischer, Hdb Vorstandsrecht, § 8 Rn. 35; *ders.*, AG 2003, 291 (295).

478 BGHZ 133, 370 (379) für den Geschäftsführer einer GmbH; *Hopt*, in: Großkomm AktG, § 93 Rn. 59; *Fleischer*, AG 2003, 291 (295).

479 LG Berlin AG 2002, 682 (684); VG Frankfurt a.M. AG 2005, 264 (265); LG München I NZG 2008, 319 (320); *Hüffer*, AktG, § 91 Rn. 4; *Mertens/Cahn*, Köln Komm AktG, § 91 Rn. 15; *Seibert*, in: FS Bezzenberger, S. 427 (436); *Preußner/Zimmermann* AG 2002, 657 (661); *Hofmann-Becking*, ZGR 1998, 497 (513); *Bihr/Kalinowsky*, DStR 2008, 620 (623).

480 *Fleischer*, in: Spindler/Stilz, AktG, § 76 Rn. 19.

481 Vgl. B.I.2(2)(i).

der Vorstand zudem dann zu informieren, wenn sich aus dem Finanzplan am Ende einer Planungsperiode die Notwendigkeit von Anpassungsmaßnahmen ergibt, die durch übliche finanzwirtschaftliche oder güterwirtschaftliche Dispositionen nicht mehr beseitigt werden können.

Auf die Fragen, ob die Früherkennungsaufgaben von einer eigenständigen organisatorischen Einheit innerhalb des Unternehmens wahrgenommen und von den liquiditätsrisikoverursachenden operative Einheiten getrennt werden müssen, wird in einem gesonderten Abschnitt dieser Untersuchung eingegangen.[482]

Die Vorstandspflichten bei der Ausgestaltung des internen Überwachungssystems bzw. der internen Revision wurden bereits an anderer Stelle dargestellt.[483]

c) Vorstandspflichten bei Auslagerung liquiditätsrisikobehafteter Aufgaben und Zuständigkeiten an verbundene Gesellschaften

Überträgt eine Aktiengesellschaft, die einem Unternehmensverbund voransteht (im Folgenden: Spitzengesellschaft) ein risikoreiches Segment der operativen Geschäftstätigkeit auf eine mit ihr verbundene Aktiengesellschaft (im Folgenden: verbundene Gesellschaft), so haben die Organe der verbundenen Gesellschaft die bereits vorgestellten Pflichten im Umgang mit einzelprojekt- und bestandsbezogenen Liquiditätsrisiken zu beachten. Dazu gehört auch der Grundsatz der Gegenstandsidentität in der Unternehmensgruppe, wonach der Vorstand die für das Risikoprofil der Spitzengesellschaft durch den statutarischen Unternehmensgegenstand vorgebenene Grenzen nicht dadurch umgehen kann, indem er nicht vom Gegenstand der Spitzensgesellschaft umfasste Tätigkeiten an verbundene Unternehmen delegiert.[484]

Sodann stellt sich die Frage, welche Liquiditätsrisikosteuerungspflichten den Vorstand der Spitzengesellschaft im Zusammenhang mit der Auslagerung treffen. Eine direkte Übertragung der für die gesellschaftsinterne Delegation dargestellten Grundsätze liegt zwar einerseits vor dem Hintergrund der juristischen und organisatorischen Selbständigkeit des Delegatars und seiner eigenen Risikosorgfaltspflichten nicht auf der Hand. Andererseits aber ist ein Bedürfnis für eine Risikosteuerung nicht zu verkennen, soweit sich die Risiken der übertragenen Geschäftstätigkeit auch noch nach erfolgter Übertragung (mittelbar) auf Vermögen, Erfolg oder Liquidität der Spitzengesellschaft auswirken können. So kann ein auf Ausfallrisiken zurückzuführender Verlust des verbundenen Unternehmens den Gesamtertrag der Spitzengesellschaft schmälern. Für den Fall, dass sich die Verbindung zwischen Spitzengesellschaft und verbundener Gesellschaft auf das bloße Halten einer (Finanz-) Beteiligung beschränkt, ist das Verlustrisiko auf die Erwartung eines positiven Jahresertrags aus der Unternehmensbeteiligung begrenzt. Jedoch steigen Erfolgs- und Liquiditätsrisiken, wenn sich die Spitzengesellschaft beispielsweise gegenüber dem

---

482 Vgl. E.III.1.

483 Vgl. A.I.1.d).

484 *Fleischer*, Spindler/Stilz, AktG, § 82 Rn. 32 mwN.

verbundenen Unternehmen unternehmensvertraglich zur Verlustübernahme (§ 302 AktG) verpflichtet hat, ein Eingliederungskonzern besteht (§ 322 AktG) oder die Spitzengesellschaft zugunsten der verbundenen Gesellschaft eine harte Patronatserklärung[485], eine Liquiditätszusage[486] oder sonstige Garantien abgegeben hat.[487]

Im Hinblick auf die Pflichten des Vorstands der Spitzengesellschaft gilt es zwischen zwei Fragenkomplexen zu unterscheiden:

Einerseits gibt es Vorstandspflichten, die auf die Abschirmung gegen Liquiditätsrisiken zielen, die sich – wie soeben gezeigt – unmittelbar aus der Geschäftstätigkeit der verbundenen Gesellschaften für die Liquidität der Spitzengesellschaft ergeben können. Andererseits bestehen für den Vorstand bestimmte Residualpflichten im Hinblick auf die Überwachung und Kontrolle der ausgelagerten Geschäftsaktivitäten und -prozesse, die die verbundenen Gesellschaften in den Blick nehmen.

Während sich das Bankaufsichtsrecht im Rahmen von § 25 b KWG iVm MaRisk (BA)[488] intensiv mit den Risikosteuerungspflichten des Vorstands bei unternehmensinternen und -externen Auslagerungen beschäftigt, sind die aktienrechtlichen Voraussetzungen für die Auslagerung (liquiditäts-)risikobehafteter Aufgaben und Zuständigkeiten an verbundene Unternehmen bislang erst in Ansätzen geklärt.[489]

---

485 Im Rahmen einer *harten Patronatserklärung* verpflichtet sich der sog. Patron, in der Regel der Gesellschafter eines verbundenen Unternehmens, mit rechtlicher Bindungswirkung dem verbundenen Unternehmen oder einem Dritten gegenüber, jederzeit für die zur Erfüllung der Verbindlichkeiten des verbundenen Unternehmens erforderliche finanzielle Ausstattung zu sorgen (vgl. *Emmerich*, in: Emmerich/Habersack, Aktien- und GmbH Konzernrecht, 7. Aufl. 2013, § 302 AktG, Rn. 9 ff.; sowie *Merkel*, in: Lutter, Hdb Konzernfinanzierung, § 17 Rn. 77 ff.; für Beispiele aus der Praxis siehe Geschäftsbericht der Commerzbank AG 2012, S. 307.

486 Als Beispiele sind hier die Liquiditätszusagen der IKB Industriebank AG zugunsten von Stiftungen irischen Rechts zu nennen, mit denen die IKB Industriebank AG sich im Verbriefungsgeschäft engagierte. Aufgrund einer Inanspruchnahme aus diesen Liquiditätszusagen war die IKB Industriebank AG in eine erhebliche Schieflage geraten (vgl. OLG Düsseldorf, ZIP 2010, 28 (32)).

487 Im Einzelnen zu den den Trennungsgrundsatz durchbrechenden Haftungstatbeständen im Konzern *Krieger*, in: Hdb Konzernfinanzierung, § 4.

488 Vgl. D.IV.4.

489 Vgl. *Vetter*, in: Krieger/Schneider, Handbuch Managerhaftung, § 17 Rn. 75. Im Unterschied zu den im Vordergrund dieser Untersuchung stehenden delegationsrechtlichen Aspekten waren kompetenzielle Aspekte einer Auslagerung wesentlicher Unternehmensteile in der Vergangenheit häufig Gegenstand höchstrichterlicher Rechtsprechung (BGHZ 83, 122 – „Holzmüller"; BGHZ 159, 30 – „Gelatine I"; NZG 2004, 571 ff. – „Gelatine II") und einer breiten Diskussion in der rechtswissenschaftlichen Literatur.

(1) *Pflicht zur Kontrolle von bestandsgefährdenden Liquiditätsrisiken im Konzernverbund*

(i) Verbundbezogene Steuerungspflichten nach §§ 76 Abs. 1, 93 Abs. 1 AktG

Den Vorstand treffen aufgrund seiner Bestandsicherungsverantwortung *gegenüber der Spitzengesellschaft* nach §§ 76 Abs. 1, 93 Abs. 1 AktG Kontrollpflichten im Hinblick auf die Übernahme von einzelprojektbezogenen Liquiditätsrisiken durch verbundene Gesellschaften, die für die Spitzengesellschaft für sich allein oder im Zusammenwirken mit vorhandenen Liquiditätsrisiken potentiell bestandsgefährdend sein können.[490] Für eine wirksame Kontrolle muss der Vorstand durch ein verbundweites Berichtswesen sicherstellen, dass er von solchen Investitions- und Anlageentscheidungen der verbundenen Gesellschaften vor deren Vornahme informiert wird. Zur Steuerung dieser Liquiditätsrisiken hat der Vorstand vor allem die Möglichkeit zur Verankerung von Zustimmungsvorbehalten für Geschäfte bestimmter Art bzw. Größenordnung sorgfältig zu prüfen. Zustimmungsvorbehalte können einerseits in der Satzung oder den Geschäftsordnungen der Organe der verbundenen Gesellschaften verankert werden, indem der Vorstand der Spitzengesellschaft kraft seiner Stimmenmacht auf eine entsprechende Satzungsformulierung hinwirkt oder sich in den Aufsichtsrat wählen lässt, der dann einen entsprechenden Beschluss nach § 111 Abs. 4 Satz 2 AktG fasst[491] bzw. über einen ad hoc Zustimmungsvorbehalt beschließt.[492] Besteht ein Beherrschungsvertrag (§ 308 AktG) oder ein Eingliederungsvertrag (§ 323 AktG), kann der Vorstand der beherrschten Gesellschaft zudem angewiesen werden, entsprechende Zustimmungsvorbehalte des Vorstands des herrschenden Unternehmens zu beachten.[493]

Die Kontroll*pflicht* des Vorstands der Spitzengesellschaft beschränkt sich auf die Übernahme potentiell den Bestand der Spitzengesellschaft gefährdender Liquiditätsrisiken durch verbundene Unternehmen. In welchem Umfang der Vorstand darüber hinaus von seiner Kontroll*befugnis* bezüglich anderer Liquiditätsrisiken Gebrauch macht, steht in seinem Organisations- und Leitungsermessen. Dabei hat er jedoch – vorbehaltlich weitergehender unternehmensvertraglicher Regelungen – den von § 76 Abs. 1 AktG geschützten Kern der Leitungsautonomie des Vorstands einer abhängigen Aktiengesellschaft zu beachten.

(ii) Verbundweite Früherkennungsmaßnahmen nach § 91 Abs. 2 AktG

Die Frage, ob der Vorstand der Spitzengesellschaft im Rahmen von § 91 Abs. 2 AktG verbundweite Früherkennungsmaßnahmen einrichten muss, hat zwei Aspekte: Einerseits stellt sich die Frage, ob der Vorstand der Spitzengesellschaft die Zahlungsströme der verbundenen Gesellschaften in der Liquiditätsübersicht der

---

490 *Adler/Düring/Schmalz*, Rechnungslegung und Prüfung, § 91 AktG nF Rn. 34.

491 Vgl. *Lutter, in: FS Happ* S. 143 (147).

492 Dazu im Einzelnen: C.II.2.a).

493 Vgl. *Lutter, in: FS Happ*, S. 143 (146).

Spitzengesellschaft *mitberücksichtigen* muss; andererseits ist zu untersuchen, ob sich aus § 91 Abs. 2 AktG eine Pflicht ergibt, ein von den Früherkennungsmaßnahmen der Spitzengesellschaft unabhängiges *verbundweites Früherkennungssystem* einzurichten. Nach der Gesetzesbegründung zu § 91 Abs. 2 AktG sollen zu den Entwicklungen, die durch die Früherkennungsmaßnahmen erfasst werden, zwar insbesondere solche Risiken zählen, die sich auf die Vermögens-, Finanz- und Ertragslage entweder der Gesellschaft *oder* des Konzerns wesentlich auswirken.[494] Aus der Gleichstellung des Einheitsunternehmens mit dem Konzern wird teilweise geschlossen, dass § 91 Abs. 2 AktG den Vorstand einer Obergesellschaft einer Unternehmensverbindung verpflichtet, konzernweite Früherkennungsmaßnahmen einzurichten.[495] In diese Richtung ist auch Ziffer 4.1.4 DCCGK zu verstehen, die den Vorstand verpflichtet, für ein angemessenes Risikomanagement und Risikocontrolling für das „Unternehmen" zu sorgen. Dieses weite Verständnis will eine andere Ansicht im Schrifttum jedoch zu Recht einschränken.[496]

In Bezug auf die Früherkennung liquiditätsgefährdender Entwicklungen sprechen die folgenden Erwägungen gegen eine Mitberücksichtigung: Die Pflichten des Vorstands der Spitzengesellschaft zur Erfassung von liquiditätsgefährdenden Entwicklungen mittels der Früherkennungsmaßnahmen der Spitzengesellschaft erstrecken sich nur insoweit auf Gesellschaften im Unternehmensverbund, wie sich aus deren Geschäftstätigkeit Gefahren für die Zahlungsfähigkeit der Spitzengesellschaft ergeben. Demgegenüber können und dürfen Zahlungsströme, die auf das Zahlungsstromprofil der Spitzengesellschaft keinen Einfluss haben, nicht durch die Liquiditätsübersicht der Spitzengesellschaft erfasst werden. Die Erfassung irrelevanter Zahlungsströme würde der Liquiditätsübersicht der Spitzengesellschaft den Erkenntniswert rauben. Liquiditätsgefahren können sich beispielsweise aus Patronatserklärungen oder sonstigen Zahlungsgarantien der Spitzengesellschaft zugunsten von Verbundgesellschaften ergeben.[497] Zur sorgfältigen Abschätzung von Tragweite und Eintrittswahrscheinlichkeit von z.B. hinter einer Patronatserklärung oder Liquiditätszusage stehenden Eventualzahlungsverpflichtungen trifft den Vorstand der Spitzengesellschaft die Pflicht, sich über die Liquiditätssituation der verbundenen Gesellschaft durch Vorlage der Liquiditätsübersicht sowie der

494 BegrRegE zum KonTraG, BT-Drucks. 13/9712, S. 15.

495 *Hommelhoff/Mattheus*, BFuP 2000, 217 (222); *Preußner/Becker*, NZG 2002, 846 (848 ff.); *Theisen*, BB 2003, 1426 (1429); *Löbbe*, Unternehmenskontrolle im Konzern, 2003, S. 185 ff.

496 *Mertens/Cahn*, in: Köln Komm AktG, § 91 Rn. 18; *Spindler*, in: Münch Komm AktG, § 91 Rn. 40 f., der allenfalls eine Pflicht des Vorstands der Muttergesellschaft anerkennt, solche Entwicklungen zu erfassen, die bei einer Konsolidierung im Rahmen der Konzernbilanz nach § 297 Abs. 3 HGB relevant sind; ähnlich *Kort*, in: Großkomm AktG, § 91 Rn. 40 ff. der jedoch für den Vertragskonzern eine Pflicht zur Einrichtung eines konzernweiten Früherkennungssystems aus § 309 AktG ableiten will.

497 Für weitere Beispiele vgl. C.I.3.c).

Ergebnisse der Früherkennungsanalysen der verbundenen Gesellschaft fortwährend zu unterrichten. Intensität und Umfang der Liquiditätskontrolle verbundener Gesellschaften richten sich wiederum nach der Art der übernommenen Zahlungsverpflichtung, dem Liquiditätsrisikoprofil der Geschäftstätigkeit der verbundenen Gesellschaft sowie der Liquiditätsausstattung der Spitzengesellschaft.[498] Legt man ein solches Verständnis zugrunde, kann man von verbundweiten, *auf die Spitzengesellschaft bezogenen* Früherkennungsmaßnahmen sprechen.

Im Übrigen ist eine Pflicht des Vorstands der Spitzengesellschaft, die sowohl die Zahlungsströme der Spitzengesellschaft als auch die der verbundenen Gesellschaften erfasst, zur Früherkennung liquiditätsgefährdender Entwicklungen auf Verbundebene abzulehnen. Dagegen spricht, dass § 91 Abs. 2 AktG einen rechtsträger–, und nicht einen unternehmensbezogenen Bestandsschutz absichern will. Insolvenzfähig im Sinne von § 11 InsO sind einzelne Rechtsträger, nicht aber Unternehmensverbünde. Aus praktischer Sicht haben ein verbundweiter Liquiditätsplan und darauf aufsetzende Früherkennungsanalysen nur sehr begrenzte Aussagekraft für die Zahlungsfähigkeit einzelner Verbundgesellschaften, weil nur der Saldo der Zahlungsströme der Gesamtheit der Verbundgesellschaften angegeben wird. Die Berechnung von verbundweiten Liquiditätssalden mag zu Zwecken einer sorgfältigen (langfristigen) Konzernfinanzierung und -finanzplanung betriebswirtschaftlich sinnvoll und unter Umständen auch geboten sein, jedoch ist der Vorstand nicht aufgrund seiner Bestandssicherungspflichten aus § 91 Abs. 2 AktG bzw. §§ 76 Abs. 1, 93 Abs. 1 AktG dazu verpflichtet. Dieses Ergebnis wird, wie noch zu zeigen ist, durch einen wertenden Vergleich mit den bankaufsichtsrechtlichen Vorgaben des § 25 b Abs. 3 KWG bestätigt.[499]

(2) Keine (liquiditätsrisikobezogene) Konzernleitungspflicht

Umfassende liquiditätsrisikobezogene Residualpflichten bestünden für den Vorstand der Spitzengesellschaft, wenn man annimmt, dass den Vorstand eine umfassende „Konzernleitungspflicht" gegenüber den verbundenen Gesellschaften trifft. Die Befürworter[500] einer Konzernleitungspflicht halten den Vorstand der Konzernspitze

498 In umgekehrter Richtung kann auch der Vorstand einer Tochtergesellschaft verpflichtet sein, die Liquiditäts- und Vermögenssituation der Muttergesellschaft zu kontrollieren. Eine solche Pflicht zur Einrichtung eines „Frühwarnsystems" hinsichtlich der Bonität der Muttergesellschaft wurde im Zusammenhang mit der Vergabe von unbesicherten langfristigen Krediten durch die Tochtergesellschaft angenommen (vgl. BGH NJW 2009, 850 (852) – „MPS"). Ähnliches wird auch im Rahmen von konzernweiten Cash-Management-Systemen (vgl. zu diesem Begriff und seinen verschiedenen Ausprägungen in der Praxis *Amelung/Kaeser*, DStR 2003, 655 ff.) gefordert.

499 Vgl. E.V.

500 *Hommelhoff*, Konzernleitungspflicht, S. 43 ff. und 165 ff.; ähnlich *Kropff*, ZGR 1984, 112 (116); *Timm*, Die Aktiengesellschaft als Konzernspitze, S. 95 f.; *K. Schmidt*, Gesellschaftsrecht, § 31 II 4 c, S. 947; *Schneider/Schneider*, ZIP 2007, 2061 (2062).

für verpflichtet, die Konzerngesellschaften unter seiner einheitlichen Leitung zusammenzufassen, die Aktivitäten der Konzerngesellschaften durch sehr detaillierte Konzernleitungsmaßnahmen zu bestimmen und die eigenständige Führung der Konzerngesellschaften soweit als möglich mit konzernrechtlichen Mitteln einzuschränken. Im Ergebnis entsprächen Umfang und Intensität der Konzernleitungspflicht den Leitungspflichten des Vorstands im Einheitsunternehmen.[501] Unterstellt, diese Ansicht träfe zu, so erstreckten sich die Liquiditätsrisikosteuerungspflichten des Vorstands der Konzernspitze nach § 91 Abs. 2, §§ 76 Abs. 1, 93 Abs. 1 AktG im Wesentlichen auch auf die Liquiditätsrisiken der Geschäftstätigkeit in den Konzerngesellschaften.

Eine Konzernleitungspflicht ist jedoch mit der herrschenden Meinung in der rechtswissenschaftlichen Literatur aus überzeugenden Gründen abzulehnen.[502] Denn zum einen ist der Unternehmensgegenstand der Spitzengesellschaft zu respektieren, der es typischerweise in das Ermessen des Vorstands stellt, eine operative Tätigkeit entweder innerhalb der Spitzengesellschaft oder durch verbundene Unternehmen ausführen zu lassen. Der Satzungsgeber eröffnet dadurch die Möglichkeit zur organisatorischen und arbeitsteiligen Ausdifferenzierung sowie zum Risikotransfer, was sich in Umfang und Intensität der Leitungspflichten des Vorstands der Spitzengesellschaft niederschlagen können muss. Zum anderen setzen die §§ 311, 76 AktG für den Fall einer abhängigen Aktiengesellschaft den Weisungen und Einflussmöglichkeiten der herrschenden Gesellschaft Grenzen. Die §§ 311, 76 AktG sichern in abhängigen Aktiengesellschaften die Eigenverantwortlichkeit der Leitung durch deren Vorstand. Damit würde eine umfassende Selbstinformations- und Kontrollpflicht des Vorstands der Spitzengesellschaft im Hinblick auf die Liquiditätsrisiken der abhängigen Aktiengesellschaft kollidieren.[503]

Aus einer mehr oder minder pauschalen „Konzernleitungspflicht" lassen sich keine geeigneten Maßstäbe für Umfang und Intensität der Vorstandspflichten bei unternehmensinternen Auslagerungen von risikobehafteten Aktivitäten herleiten. Vielmehr ist davon auszugehen, dass der Vorstand der Spitzengesellschaft im Grundsatz ein weites Organisations- und Leitungsermessen hat, ob und wie er die ausgelagerten liquiditätsrisikobehafteten Geschäftsaktivitäten und -prozesse steuert.[504]

(3) Pflicht zur liquiditätsrisikobezogenen Konzernoberleitung

Im Gegensatz zur zentralen Konzernleitungspflicht, die auf die einheitliche Leitung der verbundenen Gesellschaften durch den Vorstand der Spitzengesellschaft zielt, ist richtigerweise davon auszugehen, dass sich die Residualpflichten des Vorstands der Spitzengesellschaft aus §§ 76 Abs. 1, 93 Abs. 1 AktG auf eine *„Oberleitung der*

501 *Hommelhoff*, Konzernleitungspflicht, S. 406 ff.
502 Vgl. zum Streitstand: *Fleischer*, in: Hdb Vorstandsrecht, § 18 Rn. 7 ff.
503 *Mertens/Cahn*, in: Köln Komm AktG, § 76 Rn. 65.
504 So auch *Mertens/Cahn*, in: Köln Komm AktG, § 91 Rn. 18.

Konzerngesellschaften“[505] beschränken. Denn in dem Maße, wie die Spitzengesellschaft operative Tätigkeiten oder Geschäftsprozesse auf verbundene Gesellschaften überträgt, verschiebt sich der Schwerpunkt des Unternehmensgegenstandes der Spitzengesellschaft in Richtung Beteiligungsverwaltung an den operativ tätigen verbundenen Gesellschaften.[506] *Hüffer*[507] hat die Pflicht zur Konzernoberleitung treffend damit umschrieben, dass der Vorstand der Spitzengesellschaft verpflichtet ist, die „*Beteiligungsrechte der von ihm unmittelbar geführten Gesellschaft sowie deren sonstiges Einflusspotential vorbehaltlich des notwendigen Schutzes der außenstehenden Gesellschafter und der Gläubiger der abhängigen Unternehmen so auszuüben, dass die Rentabilität des herrschenden oder in anderer Weise die Spitzenfunktion ausfüllenden Unternehmens angemessen erreicht und auf Dauer gewahrt wird.*“

Die Pflicht zur Konzernkoordination verlangt vom Vorstand insbesondere die Formulierung von allgemeinen Vorgaben zum (Liquiditäts-)Risikoprofil[508] der Geschäftstätigkeit des Unternehmensverbundes, eine verbundweite (Finanz-)Planung, ein verbundweites Berichtssystem, ein verbundweites Controlling sowie eine verbundweite personelle Führung.[509] Wie der Vorstand diese Pflichten ausgestaltet, hängt von den Umständen des Einzelfalles, insbesondere der Größe und Komplexität des Unternehmensverbundes, dem Grad der Dezentralisierung der Geschäftstätigkeit und dem jeweiligen Risikoprofil der delegierten Aufgaben und Zuständigkeiten ab. Der Vorstand hat dabei ein weites Organisations- und Leitungsermessen. In Bezug auf die Steuerung von Liquiditätsrisiken muss er die Formulierung von Grundsätze für die Übernahme und Steuerung von Liquiditätsrisiken durch die verbundenen Unternehmen erwägen. Im Hinblick auf den Detaillierungsgrad dieser Grundsätze ist davon auszugehen, dass allgemeine Vorgaben im Regelfall genügen. Andererseits muss der Vorstand beachten, dass bei besonders risikoträchtigen Geschäftstätigkeiten weitergehende Richtlinien erforderlich sind.[510] Weiterhin hat er darauf zu achten, dass die Geschäftsleiter der verbundenen Gesellschaften nach Eignung und Befähigung im Stande sind, ihren Sorgfaltspflichten im Umgang mit Liquiditätsrisiken nachzukommen. Soweit der Vorstand allgemeine Vorgaben im Hinblick auf das Liquiditätsrisikoprofil der Geschäftstätigkeit der verbundenen Gesellschaften aufstellt, muss er deren Einhaltung überwachen und diese an veränderte Umstände anpassen.

Die ihm zur Durchsetzung der Koordinationsmaßnahmen zur Verfügung stehenden Mittel richten sich nach der Art der Unternehmensverbindung und den insoweit

---

505 *Hüffer*, in: Aktienrecht im Wandel II, Kap. 7 Rn. 23; *ders.*, AktG, § 76 Rn. 17a; so auch: *Kort*, in: Großkomm AktG, § 76 Rn. 140, der insoweit von einer „Konzernkoordinierungspflicht“ spricht; ferner *Martens*, in: FS Heinsius, S. 523 (531 f.).

506 *Kort*, in: Großkomm AktG, § 76 Rn. 140; *Hüffer*, AktG, § 76 Rn. 17a.

507 *Hüffer*, in: FS Happ, S. 97 f.

508 *Nawroth*, in: Hasselbach/Nawroth/Rödding, Adalbert, Beck'sches Holding Hdb, Rn. 101.

509 *Hüffer*, in: Aktienrecht im Wandel II, Kap. 7 Rn. 26 mwN; *ders.*, AktG, § 76 Rn. 17a.

510 Vgl. OLG Düsseldorf AG 2010, 126 (129) – „IKB Deutsche Industriebank AG“.

bestehenden konzernrechtlichen Restriktionen. Diese umfassen die Ausübung von Beteiligungsrechten, insbesondere von Stimmrechten, die Repräsentation in den Kontrollorganen der verbundenen Unternehmen und intensivere Einwirkungsmöglichkeiten, die dem Vorstand der Spitzengesellschaft nach Eingliederung (§ 323 AktG), aufgrund eines Beherrschungsvertrags (§ 308 AktG) oder eines anderen Unternehmensvertrags zustehen.[511]

d) Vorstandspflichten bei Auslagerung liquiditätsrisikobehafteter Aufgaben und Zuständigkeiten an Drittunternehmen

Bei einem ersten empirischen Überblick über die Art der Aufgaben und Zuständigkeiten, die an Drittunternehmen typischerweise ausgelagert bzw. „outgesourct" werden, fällt auf, dass diese nur einen eingeschränkten Bezug zu liquiditätsrisikobehafteten Investitions- oder Anlageentscheidungen haben, die bisher im Mittelpunkt des Interesses dieser Untersuchung standen. Traditionell hat das Outsourcing einen Schwerpunkt in der verarbeitenden Industrie mit dem Ziel, die Fertigungstiefe in der Produktion von Waren, z.B. durch die Einbindung von Zulieferern, zu verringern.[512] Daneben gibt es eine Reihe von Geschäftsprozessen[513] eines Unternehmens, die als nicht wettbewerbsdifferenzierende Unterstützungsprozesse eingestuft und deswegen Gegenstand einer Auslagerung sein können. Ein solches „Business Process Outsourcing"[514] findet beispielsweise in den Bereichen EDV, Logistik, Personal/Personalabrechnung, Kundenpflege, aber auch im Bereich Finanzwesen statt. Gerade dieser letzte Bereich ist aus der Perspektive der Liquiditätsrisikosteuerung von erheblicher Bedeutung. Auch wenn bislang das Finanzwesen in Großunternehmen überwiegend in unternehmensinternen Einheiten, d.h. entweder einer zentralen Finanzorganisation innerhalb der Spitzengesellschaft oder innerhalb einer verbundenen Gesellschaft (sog. Shared Service Center) gebündelt wird,[515] spielen Auslagerungen in diesem Bereich schon jetzt eine gewisse Rolle in Deutschland,

511 Vgl. *Hüffer*, in: Aktienrecht im Wandel II, Kap. 7 Rn. 26.

512 So hat beispielsweise die Porsche AG in den Jahren 2005 bis 2011 die End-Assemblierung des Modells Cayman an das finnische Unternehmen Valmet Automotive und seit 2012 an das österreichische Unternehmen Magna Styr AG ausgelagert, und sich auf die Produktion der Motoren beschränkt (vgl. *Dressler*, Shared Services, Business Process Outsourcing und Offshoring, S. 60).

513 Unter Geschäftsprozess wird in den Betriebswirtschaften *„eine logisch strukturierte Abfolge von Aktivitäten bzw. Teilprozessen, die das Geschäft eines Unternehmens charakterisieren"* verstanden (vgl. *Jemili*, Business Process Offshoring, S. 15).

514 Eingehend zum Business Process Outsourcing *Dressler*, Shared Services, Business Process Outsourcing und Offshoring, S. 59 ff.

515 *Pierre Audoin Consultants*, Der CFO im Spannungsfeld zwischen Wertbeitrag und Kostendruck, Juni 2012, S. 19 ff. (im Internet abrufbar unter: http://www.pac-online.com, zuletzt abgerufen am: 9. Juni 2014).

und ihr Umfang soll beständig zunehmen.[516] Bislang werden in Deutschland vor allem einfache, Geschäftsvorfälle abbildende Transaktionen wie die Kreditoren- oder Debitorenbuchhaltung und die Haupt- und Nebenbuchhaltung an Drittunternehmen (sog. Serviceprovider) ausgelagert.[517] In Verbindung mit der Debitorenbuchhaltung kann es darüber hinaus auch zur Auslagerung des Mahnwesens und des Forderungseinzuges[518] kommen. Dagegen sind komplexe analytische Tätigkeiten des Finanzbereichs wie Tätigkeiten im Rahmen der Finanzplanung iwS (z.B. Risikomanagement, internes Audit, Performance Analyse) oder Tätigkeiten im Rahmen des Management Reporting (z.B. Budgetierung/Forecasting, Finanz-Reporting an den Vorstand) bislang erst in Einzelfällen Gegenstand von Auslagerungen deutscher Industrie–, Handels- oder Dienstleistungsunternehmen.[519] Vorreiter in Bezug auf die Auslagerung komplexerer Tätigkeiten und Zuständigkeiten des Finanzwesens sind US-Unternehmen, was auch auf die erheblichen regulatorischen Anforderungen der Sarbanes Oxley-Gesetzgebung[520] an die Corporate Governance und Berichterstattung von Publikumsgesellschaften zurückgeführt wird.[521]

---

516 Vgl. *Germany Trade and Invest – Gesellschaft für Außenwirtschaft und Standortmarketing mbh*, Industry Overview. Business Services in Germany, April 2013, S. 7 (im Inernet abrufbar unter www.gtai.de, zuletzt abgerufen am: 9. Juni 2014).

517 *Pierre Audoin Consultants*, Der CFO im Spannungsfeld zwischen Wertbeitrag und Kostendruck, Juni 2012, S. 22, a.a.O.

518 Insbesondere bei der Auslagerung des Forderungseinzuges muss danach unterschieden werden, ob die Auslagerung zu einem Transfer der den Kundenforderungen anhaftenden Liquiditätsrisiken führt. Kommt es zu einem Transfer, sind Intensität und Umfang der beim Vorstand verbleibenden Risikosteuerungspflichten stark eingeschränkt. Wählt der Vorstand die Variante des Factorings, so hängt es von der Ausgestaltung des Factoring-Verhältnisses ab, inwieweit die mit den Kundenforderungen verbundenen derivativen und originären Liquiditätsrisiken auf das Factoringunternehmen übergewälzt werden. Im Rahmen des Factoring verpflichtet sich der Kunde typischerweise, dem Factor alle Kundenforderungen aus Warenlieferungen bzw. der Erbringung von Dienstleistungen zum Kauf anzubieten. Der Factor verpflichtet sich seinerseits, diese Forderungen im Rahmen bestimmter Grenzen hereinzunehmen und dem Kunden den Gegenwert abzüglich bestimmter Positionen gutzuschreiben. Wählt der Vorstand das sog. echte Factoring, handelt es sich um einen Forderungskauf (§ 453 Abs. 1 BGB), demzufolge der Factor das mit dem Ausfallrisiko verbundene Liquiditätsrisiko trägt. Wählt der Vorstand dagegen das sog. unechte Factoring, kann der Factor bei Uneinbringlichkeit der Forderung aufgrund mangelnder Bonität des Schuldners Rückgriff beim Kunden nehmen; die Liquiditätsrisiken verbleiben im Ergebnis beim Unternehmen (vgl. zur Ausgestaltung des Factoring *Beckmann*, in: Staudinger, Vor. §§ 433 ff. Rn. 137 ff.).

519 *Pierre Audoin Consultants*, Der CFO im Spannungsfeld zwischen Wertbeitrag und Kostendruck, Juni 2012, S. 22, a.a.O.

520 Sarbanes-Oxley Act of 2002.

521 *Vagadia*, Strategic Outsourcing. The Alchemy to Business Transformation in a Globally Converged World, S. 45 f.

Für die Auslagerung von Aufgaben und Zuständigkeiten des Finanzwesens gelten für den Vorstand des auslagernden Industrie-, Handels- oder Dienstleistungsunternehmens im Grundsatz vergleichbare Pflichten wie bei einer vertikalen Delegation, deren Wahrnehmung jedoch mit vertraglichen Mitteln[522] sichergestellt werden muss.[523]

(1) *Auslagerungsfähigkeit*

Zunächst müssen die Aufgaben und Zuständigkeiten auslagerungsfähig sein. Danach darf die Auslagerung weder dazu führen, dass gesetzliche Pflichtaufgaben oder originäre Leitungsaufgaben übertragen werden, noch dass das Letztentscheidungsrecht des Vorstands bei der Auslagerung von diesbezüglichen Vorbereitungs- und Umsetzungsprozessen beeinträchtigt wird, d. h., das Letztentscheidungsrecht durch die Tätigkeit des Dienstleisters präjudiziert wird. Dieser Gesichtspunkt wird bei der Auslagerung transaktionaler, regelbasierter Aufgaben wie der Debitorenbuchhaltung in der Regel ein geringeres Gewicht haben als beispielsweise bei der Auslagerung von Aufgaben im Rahmen der Früherkennung von liquiditätsgefährdenden Entwicklungen, namentlich der Art und Weise der Erstellung und Fortführung einer Liquiditätsübersicht.

(2) *Sorgfältige Auswahl und Einweisung des Dienstleisters; Sicherstellung von Kontroll- und Informationsbefugnissen des Vorstands*

Der Vorstand muss den Dienstleister sorgfältig auswählen. Auch wenn eine Auslagerung häufig aus Gründen der Kostenreduktion durchgeführt wird, darf dies insbesondere im Bereich finanzwirtschaftlicher Tätigkeiten nicht die Qualität der Leistungserbringung gefährden. Die Auslagerung muss eine Wahrnehmung der Aufgaben gewährleisten, deren Qualität der einer unternehmensinternen Wahrnehmung entspricht.[524] Dies betrifft die Qualität der vom Dienstleister jederzeit bereitzustellenden Informationen, die Einhaltung der Entscheidungsvorgaben durch den Dienstleister und die Möglichkeiten der Einflussnahme und Kontrolle durch den Vorstand.[525] Beispielsweise können von einer zeitlich ungenauen oder unvollständigen Kreditoren- und Debitorenbuchhaltung bzw. einem unsorgfältigen Mahn- und Inkassowesen für ein Unternehmen erhebliche Liquiditätsrisiken ausgehen.

Die „Einweisung" in die auszuführende Tätigkeit erfolgt im Rahmen der Ausschreibung des Auslagerungsprojekts und einer darauf aufbauenden Leistungsbeschreibung, die typischerweise als sog. Service Level Agreement die operative

---

522 Für ein generisches Muster eines Outsourcing-Vertrages siehe *Kotthoff/Gabel*, Outsourcing, S. 47 ff.

523 Arbeits-, datenschutz- oder umwandlungsrechtliche Vorschriften, denen eine Auslagerung unterliegen kann, bleiben im Rahmen dieser Untersuchung außer Betracht.

524 *Fleischer*, ZIP 2003, 1 (10).

525 *Stein*, ZGR 1988, 160 (171).

und kommerzielle Leistungsbeziehung zwischen Dienstleister und Unternehmen festlegt. Aus der Perspektive der Leitungs- und Überwachungspflichten des Vorstands ist insbesondere darauf zu achten, dass das Service Level Agreement neben einer genauen Definition der einzelnen Leistungsbestandteile auch die Schnittstellen festlegt, d.h. die Funktionen oder Stellen im Unternehmen und beim Dienstleister benennt, die für einen Austausch der zur Aufgabenerfüllung relevanten Informationen und der Arbeitsergebnisse zuständig sind. Es muss sichergestellt werden, dass der Vorstand jederzeit auf die beim Service-Provider vorhandenen Informationen zugreifen kann. Schließlich hat der Vorstand auf die sorgfältige Formulierung von Vertragsanpassungsklauseln oder flexiblen, einseitigen Leistungsbestimmungsrechten zu achten, die eine zeitnahe Anpassung der Art und Weise der Aufgabenerledigung aufgrund einer veränderten Vorstandspolitik oder aufgrund veränderter Umstände erlauben, wie z.B. bei einem sich abzeichnenden Liquiditätsengpass die Intensivierung des Mahnwesens.

Da dem Vorstand gegenüber den Mitarbeitern des Dienstleisters kein arbeitsrechtliches Weisungsrecht zusteht, um seine Steuerungs- und Informationsverantwortung wahrnehmen zu können, müssen entsprechende Befugnisse schuldrechtlich im Service Level Agreement verankert werden.[526]

Wie und in welchem Umfang der Vorstand seine Kontrollbefugnisse und Informationsrechte gegenüber dem Dienstleister wahrnimmt, hängt von den Umständen des Einzelfalles ab, insbesondere von der Art, der Bedeutung und dem Liquiditätsrisikoprofil der ausgelagerten Aufgaben des Finanzbereichs, den bisherigen Erfahrungen des Vorstands mit der Qualität der Aufgabenerfüllung durch den Dienstleister und der finanziellen Lage des Unternehmens. Es gelten die bereits im Rahmen der vertikalen Delegation formulierten Grundsätze entsprechend.[527]

e) Zwischenergebnis

Unter den Begriffen „Delegation“ und „Auslagerung“ bzw. „Outsourcing“ werden die rechtlichen Implikationen diskutiert, die sich aus dem Spannungsverhältnis zwischen der ökonomischen Notwendigkeit von Arbeitsteilung und der Pflicht des Vorstands zur eigenverantwortlichen Leitung der Gesellschaft ergeben.

Delegiert der Vorstand liquiditätsrisikobehaftete Entscheidungen an Mitarbeiter, so hat er für eine angemessene Aufbau- und Ablauforganisation zu sorgen und Richtlinien für den Umgang mit Liquiditätsrisiken durch die Mitarbeiter vorzugeben. In diesem eingeschränkten Sinn kann von einem „Liquiditätsrisikomanagementsystem“ gesprochen werden. Dieses verlangt zunächst, dass der Vorstand die Entscheidungen absondert, die zwingend durch ihn selbst zu treffen und deswegen delegationsfeindlich sind. Darunter fallen vor allem Investitions- und Anlageentscheidungen, deren Liquiditätsrisiken nach Tragweite und

526 *Fleischer*, ZIP 2003, 1 (10); *Stein*, ZGR 1988, 163 (171).
527 Vgl. C.I.3.b)(1)(ii)(c).

Eintrittswahrscheinlichkeit den Bestand der Gesellschaft gefährden können, sowie Maßnahmen, für die nach der Geschäftsordnung für den Vorstand ein Zustimmungsvorbehalt zugunsten des Aufsichtsrats besteht. Ebenso hat der Vorstand die zur Abwendung einer Liquiditätskrise erforderlichen Entscheidungen selbst zu treffen. Über alle diese Maßnahmen hat der Vorstand zwar im Sinne eines „Letztentscheidungsrechts" selbst zu befinden; er kann sich aber bei deren Vorbereitung und Umsetzung durch Mitarbeiter unterstützen lassen.

Bei einer zulässigen vertikalen Delegation liquiditätsrisikobehafteter Entscheidungen verbleiben beim Vorstand Residualpflichten, insbesondere die Pflicht zur sorgfältigen Auswahl, Einweisung und Kontrolle der Mitarbeiter sowie die zur Einrichtung einer geeigneten Aufbau- und Ablauforganisation. Neben der eindeutigen Zuordnung und Abgrenzung von Aufgaben und Zuständigkeiten muss der Vorstand eine Berichtsorganisation etablieren, die ihm eine liquiditätsrisikoadäquate Kontrolle sowie gegebenenfalls eine rasche Rückübertragung von Entscheidungskompetenzen ermöglicht.

Der Vorstand hat auf eine liquiditätsrisikoadäquate Qualifikation und Eignung der Mitarbeiter zu achten. Diese sind auf ihren Pflichtenrahmen bei der Übernahme von und im Umgang mit Liquiditätsrisiken hinzuweisen, was insoweit im Wesentlichen den für den Vorstand geltenden Pflichten entspricht. Vor allem muss der Vorstand die auf die wesentlichen Zahlungsströme anzuwendenden Prognosemethoden vorgeben und für die Prognose von Zahlungsströmen aufgrund nicht delegierbarer Investitions- und Anlageentscheidungen einzelfallbezogene Weisungen erteilen, sofern er sich dabei von Mitarbeitern unterstützen lässt. Ferner muss er in Erwägung ziehen, in Bezug auf bestimmte Geschäfte bzw. Arten von Geschäften Vorgaben zur Identifizierung und Steuerung der damit verbundenen unerwarteten Zahlungsstromabweichungen zu machen. Von entscheidender Bedeutung ist, dass der Vorstand für eine informationelle Verzahnung der Früherkennungsmaßnahmen mit den einzelprojektbezogenen Zahlungsstromprognosen sorgt.

Der Umfang der Residualpflichten des Vorstands richtet sich nach dem Liquiditätsrisikoprofil der übertragenen Aufgaben, den Qualifikationen und der Eignung der Mitarbeiter sowie der Liquiditätssituation der Gesellschaft. Es ist in der Regel davon auszugehen, dass die Residualpflichten bezüglich finanzwirtschaftlicher Zahlungsströme tendenziell intensiver sind als in Bezug auf güterwirtschaftliche Zahlungsströme.

Delegiert der Vorstand Vorbereitung und Umsetzung von Früherkennungsmaßnahmen, muss er die Grundparameter des Liquiditätsplans (insbesondere Planungsperiode und -einheiten) und der Abweichungsanalyse vorgeben. Der Vorstand hat im Rahmen einer Berichtsorganisation sicherzustellen, dass er periodisch über die Liquiditätssituation sowie bei Anzeichen für einen Liquiditätsengpass umgehend informiert wird, sofern der Engpass nicht mit üblichen finanz- oder güterwirtschaftlichen Anpassungsmaßnahmen beseitigt werden kann.

Delegiert der Vorstand einer Spitzengesellschaft liquiditätsrisikobehaftete Geschäftsaktivitäten und -prozesse an verbundene Gesellschaften, richten sich Umfang und Intensität seiner Residualpflichten danach, inwieweit sich die Liquiditätsrisiken der delegierten Aktivitäten z. B. aufgrund von Liquiditätszusagen oder Patronatserklärungen auf die Liquidität der Spitzengesellschaft auswirken können. Insoweit ist der Vorstand der Spitzengesellschaft verpflichtet, nach §§ 76 Abs. 1, 93 Abs. 1 AktG die Übernahme von potentiell die Liquidität der Spitzengesellschaft gefährdenden Investitions- und Anlagemaßnahmen auf Ebene der verbundenen Unternehmen insbesondere mittels Verankerung von Zustimmungsvorbehalten zu überwachen.

Eine Vorstandspflicht zur Einrichtung verbundbezogener bzw. verbundweiter Maßnahmen zur Früherkennung liquiditätsgefährdender Entwicklungen nach § 91 Abs. 2 AktG besteht dagegen nur in sehr eingeschränktem Umfang. Die Früherkennungsmaßnahmen der Spitzengesellschaft dürfen nur insoweit Zahlungsströme von verbundenen Gesellschaften erfassen, wie sich daraus Risiken für die Spitzengesellschaft z. B. aufgrund von übernommenen Liquiditätszusagen oder Patronatserklärungen ergeben können. Zur Einschätzung von Tragweite und Eintrittswahrscheinlichkeit derlei Eventualverbindlichkeiten muss sich der Vorstand der Spitzengesellschaft über die Liquiditätssituation der verbundenen Gesellschaften unterrichten und sich vor allem deren Liquiditätspläne und die Ergebnisse der Früherkennungsanalysen vorlegen lassen. Insoweit lässt sich von *verbundbezogenen* Früherkennungsmaßnahmen der Spitzengesellschaft sprechen.

Eine darüberhinausgehende Pflicht des Vorstands, *verbundweite* Früherkennungsmaßnahmen einzurichten, die die Zahlungsströme der Spitzengesellschaft und der verbundenen Gesellschaften erfassen, kann demgegenüber aus der Bestandssicherungspflicht nach § 91 Abs. 2 AktG nicht hergeleitet werden. § 91 Abs. 2 AktG zielt auf einen rechtsträger–, und nicht auf einen unternehmensbezogenen Schutz vor Zahlungsunfähigkeit. Aus praktischer Sicht hätte ein verbundweiter Liquiditätsplan aufgrund der erforderlichen Gesamtsaldierung der Zahlungsstromsalden aller Verbundgesellschaften nur sehr geringe Aussagekraft für die Liquidität einer einzelnen Verbundgesellschaft.

Davon zu unterscheiden sind etwaige Konzernoberleitungspflichten, wonach der Vorstand der Spitzengesellschaft den Verbund nach allgemein anerkannten betriebswirtschaftlichen Standards zu leiten hat. Zu diesen Pflichten ist eine (langfristige) verbundweite Finanzplanung zu zählen, um z. B. einen langfristigen Refinanzierungsbedarf innerhalb des Verbundes zu erkennen. Weiterhin gehören dazu regelmäßig Vorgaben zum (Liquiditäts-)Risikoprofil der Geschäftstätigkeit des Verbundes, ein verbundweites Berichtssystem und ein verbundweites Controlling. Der Vorstand der Spitzengesellschaft hat in Bezug auf die Ausgestaltung dieser Koordinierungspflichten einen weiten unternehmerischen Ermessensspielraum. Eine liquiditätsrisikobezogene Konzernleitungspflicht, die den Vorstand im Hinblick auf die Übernahme von Liquiditätsrisiken generell zur einheitlichen Leitung der verbundenen Gesellschaften verpflichtet, ist demgegenüber nicht anzuerkennen.

Die Auslagerung von liquiditätsrisikorelevanten Geschäftsprozessen und -aktivitäten an rechtlich und wirtschaftlich unabhängige Gesellschaften ist in Deutschland bislang nicht weit verbreitet und betrifft in erster Linie transaktionale, regelbasierte Aufgaben des Finanzbereichs von Industrie–, Handels- und Dienstleistungsunternehmen, wie beispielsweise die Debitoren- und Kreditorenbuchhaltung, das

Mahnwesen oder den Forderungseinzug. Komplexere analytische Tätigkeiten des Finanzbereichs sind bislang nur sehr eingeschränkt Gegenstand externer Auslagerungen. Der Vorstand der auslagernden Gesellschaft unterliegt einem ähnlichen Pflichtenkorsett wie bei einer vertikalen gesellschaftsinternen Delegation von liquiditätsrisikobehafteten Aufgaben und Zuständigkeiten. Neben der sorgfältigen Auswahl des Dienstleisters ist der Vorstand verpflichtet, sich im Auslagerungsvertrag mit dem Dienstleister umfassende Informations- und Einwirkungsrechte sowie ein Recht zur raschen Anpassung der Tätigkeit des Dienstleisters an sich verändernde Umstände (z.B. Intensivierung des Mahnwesens bei einem sich abzeichnenden Liquiditätsengpass) einräumen zu lassen.

II. Überwachungs- und Kontrollpflichten des Aufsichtsrats

Gemäß § 111 Abs. 1 AktG hat der Aufsichtsrat die Pflicht, die Geschäftsführung zu überwachen und zu kontrollieren. Die Überwachungs- und Kontrollpflicht wird in Verbindung mit §§ 116, 93 AktG zu einer Sorgfalts- und Leistungspflicht des Aufsichtsrats. Diese Pflicht des Aufsichtsrats ist einerseits auf die vergangenheitsorientierte Kontrolle der Leitungsmaßnahmen des Vorstands gerichtet. Andererseits wird seit geraumer Zeit verstärkt der zukunftsbezogen-präventive Charakter der Überwachungstätigkeit betont, in deren Rahmen der Aufsichtsrat soweit als möglich verhindern soll, dass der Vorstand überhaupt beanstandungswürdige Leitungsmaßnahmen ergreift.[528] Die Bestandssicherungsverantwortung des Aufsichtsrats bedingt, dass die Finanzierung und die Liquidität der Gesellschaft einen besonderen Stellenwert in der Überwachungstätigkeit haben.[529] Im Rahmen der zukunftsbezogen-präventiven Kontrollpflicht muss sich der Aufsichtsrat zum einen laufend davon überzeugen, dass der Vorstand seinen Organisationspflichten im Hinblick auf die Maßnahmen zur Früherkennung liquiditätsgefährdender Entwicklungen nachkommt und die Maßnahmen den Anforderungen des § 91 Abs. 2 AktG entsprechen. Zum anderen muss der Aufsichtsrat kontrollieren, dass die organisatorischen und einzelfallbezogenen Maßnahmen zur Steuerung von Liquiditätsrisiken, die der Vorstand im Rahmen seiner allgemeinen Leitungsverantwortung nach §§ 76, 93 Abs. 1 AktG trifft, wirksam sind. Flankiert werden diese Kontrollpflichten durch § 107 Abs. 3 Satz 1 und Satz 2 AktG, der deklaratorisch die Möglichkeit des Aufsichtsrats beschreibt, einen Prüfungsausschuss einzurichten, der sich auch mit der

---

528 BGHZ 114, 127 (129 f.); LG Stuttgart AG 2000, 237 (238); *Hopt/Roth*, in: Großkomm AktG, § 111 Rn. 58; *Bürgers/Israel*, in Bürgers/Körber, AktG, § 111 Rn. 3; *Mertens/Cahn*, in: Münch Komm AktG, § 111 Rn. 14 f.; dagegen den Vergangenheitsbezug der Überwachungstätigkeit betonend: *Hüffer*, AktG, § 111 Rn. 4; *Drygala*, in: Schmidt/Lutter, § 111 Rn. 18 f.; *Spindler*, in: Spindler/Stilz, AktG, § 111 Rn. 13; *E. Vetter*, in: Marsch-Barner/Schäfter, Hdb AG, § 26 Rn. 15.

529 *Götz*, AG 1995, 337 (350).

Wirksamkeit des internen Revisionssystems, dem Risikomanagementsystem und den darauf gerichteten internen Kontrollsystemen befassen kann. Dabei legt § 107 Abs. 3 Satz 2 AktG keine neuen Überwachungspflichten fest. Vielmehr hat diese Norm klarstellenden Charakter. Ausweislich ihres Wortlauts beschränkt sich der Überwachungsauftrag auf die Kontrolle der Wirksamkeit der ergriffenen Maßnahmen. Die Frage, ob diese Maßnahmen zu einer effizienten und optimalen Aufgabenerfüllung geeignet sind, ist nicht Teil der Kontrollpflicht des Aufsichtsrats,[530] obgleich der Aufsichtsrat das Recht hat, den Vorstand auch diesbezüglich zu beraten.

Weiterhin hat der Aufsichtsrat die Berichte des Vorstands nach § 90 AktG zur Kenntnis zu nehmen, sich damit auseinanderzusetzen, mit dem Vorstand zu erörtern und bei Beanstandungen eventuell einzuschreiten. Dabei stehen bezüglich der Steuerung dispositiver Liquiditätsrisiken die Berichte des Vorstands über die Finanzplanung (§ 90 Abs. 1 Satz 1 Nr. 1 AktG), die finanzielle Lage der Gesellschaft (§ 90 Abs. 1 Satz 1 Nr. 3 AktG) und die Berichte über Geschäfte mit erheblicher Bedeutung für die Liquidität der Gesellschaft (§ 90 Abs. 1 Satz 1 Nr. 4 AktG) im Mittelpunkt des liquiditätsbezogenen Überwachungsauftrags.

1. Überwachungspflicht des Aufsichtsrats in Bezug auf die Maßnahmen zur Früherkennung gemäß § 91 Abs. 2 AktG und die organisatorischen Maßnahmen zur Steuerung von Liquiditätsrisiken gemäß §§ 76 Abs. 1, 93 Abs. 1 AktG

Der Aufsichtsrat hat einerseits die Wirksamkeit der vom Vorstand eingerichteten Früherkennungsmaßnahmen zu überwachen. Andererseits hat er, sofern der Vorstand im Rahmen seiner allgemeinen Leitungsverantwortung Maßnahmen zur Steuerung von Liquiditätsrisiken eingerichtet hat, auch die Wirksamkeit dieser Maßnahmen zu kontrollieren. Der Aufsichtsrat hat sich dementsprechend auch zu vergewissern, dass der Vorstand Vorsorge getroffen hat, um bei Erkennen bestandsgefährdender Entwicklungen oder bei akuten Liquiditätsengpässen Gegenmaßnahmen ergreifen zu können.[531] Denn der Kontrollauftrag des Aufsichtsrats ist nicht auf den von § 91 Abs. 2 AktG geforderten Mindeststandard für Früherkennungsmaßnahmen beschränkt, sondern umfasst auch andere Maßnahmen zur Steuerung von Liquiditätsrisiken.[532] Schließlich erstreckt sich die Kontrolltätigkeit auch auf die Maßnahmen, die der Vorstand im Rahmen des von § 91 Abs. 2 AktG

530 *Spindler*, in: Spindler/Stilz, AktG, § 107 Rn. 132.

531 *Hopt/Roth*, in: Großkomm AktG, § 111 Rn. 223; *Feddersen*, in: Hommelhoff/Feddersen/Pohle, Hdb Corporate Governance, S. 441 (464); *Wirth*, ZGR 2005, 327 (336); *Preußner/Becker*, NZG 2002, 846 (850).

532 *Mertens/Cahn*, in: Köln Komm AktG, § 111 Rn. 16; *Cahn*, Professionalisierung des Aufsichtsrates, Working Paper Series des Institute for Law and Finance No 129, 2010, S. 3; *Drygala*, in: Schmidt/ Lutter, § 111 Rn. 9; *Blasche*, CCZ 2009, 62 (64 ff.); *Lanfermann/Röhricht*, BB 2009, 887 (889 f.).

geforderten Überwachungssystems[533] selbst zur Überwachung der Angemessenheit und Wirksamkeit der Früherkennungsmaßnahmen ergriffen hat. Entsprechendes gilt für eventuelle prozessimmanente oder prozessunabhängige Maßnahmen, mit denen der Vorstand die Wirksamkeit und Angemessenheit der über § 91 Abs. 2 AktG hinausgehenden Risikosteuerungsmechanismen überwacht.

Erkennt der Aufsichtsrat bzw. dessen Prüfungsausschuss Defizite der eingerichteten Maßnahmen, so hat er den Vorstand darauf hinzuweisen, diese zu beanstanden und durch Beratung des Vorstands auf deren Beseitigung hinzuwirken.

Die Aufsichtsratsmitglieder bzw. die Mitglieder des Prüfungsausschusses (§ 107 Abs. 3 Satz 2 AktG) benötigen umfangreiche Informationen über die Früherkennungsmaßnahmen, das Risikomanagementsystem und die internen Kontrollen, um sich ein eigenes Urteil über die ergriffenen organisatorischen Maßnahmen bilden zu können. Dementsprechend korrespondiert der Überwachungsauftrag mit bestimmten Informationsrechten und -pflichten des Aufsichtsrats.

a) Informationen durch den Abschlussprüfer nach §§ 317 Abs. 4, 321 Abs. 4 HGB

Eine wichtige Informationsquelle zur Wahrnehmung des Kontrollauftrags bezüglich der Früherkennungsmaßnahmen ist bei börsennotierten Gesellschaften der Bericht des Prüfers im Rahmen von §§ 317 Abs. 4, 321 Abs. 4 HGB sowie die entsprechende Pflicht des Vorstands, über die Früherkennungsmaßnahmen anlässlich der Vorlage des Jahresabschlusses zu berichten.[534] Der Abschlussprüfer muss nach § 321 Abs. 4 Satz 2 HGB in seinem Prüfbericht darauf eingehen, ob Maßnahmen erforderlich sind, um das Überwachungssystem des Vorstands zu verbessern. Dabei hat sich der Aufsichtsrat jedoch den eingegrenzten Umfang der Prüfung zu vergegenwärtigen: Diese beschränkt sich grundsätzlich auf eine Plausibilitätskontrolle der Wirksamkeit der Früherkennungsmaßnahmen, denn auch nach Einführung des § 107 Abs. 3 Satz 2 AktG ist es nicht Aufgabe des Aufsichtsrats, selbst Prüfungshandlungen der internen Revision durchzuführen.[535] Daran orientiert sich auch die Prüfungstiefe der Abschlussprüfer.

In diesem Zusammenhang sei erwähnt, dass es missverständlich ist, wenn Stimmen in der Literatur aus dem Wortlaut des § 107 Abs. 3 Satz 2 AktG ableiten wollen, dass die Kontrollpflicht des Aufsichtsrats keine in die Einzelheiten gehenden Kontrollen der ergriffenen Maßnahmen erfordert.[536] Eingehende Kontrollen dieser Maßnahmen sind vielmehr in verschiedenen Situationen denkbar: Zunächst ist davon auszugehen, dass den Aufsichtsrat dann gesteigerte Überwachungspflichten treffen,

---

533 Vgl. C.I.1(4)(iv) und 0.

534 Vgl. C.I.1(2); *Hüffer*, AktG, § 90 Rn. 2.

535 *Feddersen*, AG 2000, 385 (388); siehe dazu grundlegend *Baums*, ZIP 1995, 11 (16).

536 *Mertens/Cahn*, in: Köln Komm AktG, § 107 Rn. 110; ähnlich *Spindler*, in: Spindler/Stilz, AktG, § 107 Rn. 131.

wenn sich eine liquiditätsgefährdende Bestandsgefahr abzeichnet.[537] Denn wie für den Vorstand, so gilt auch für den Aufsichtsrat, dass mit steigender Insolvenznähe die Gläubigerinteressen zunehmend an Bedeutung gewinnen.[538] Diese gesteigerten Überwachungspflichten können – neben der Vorlage engmaschig aktualisierter Liquiditätsübersichten[539] – erfordern, dass der Vorstand dem Aufsichtsrat die im Rahmen der Liquiditätsübersicht verwendeten Prognosemethoden für wesentliche Zahlungsströme der Gesellschaft plausibilisiert sowie die Art und Weise der zu Zwecken der Abweichungsanalyse angestellten Kennzahlenvergleiche eingehend erläutert. In einer solchen Situation kann es auch erforderlich sein, dass der Aufsichtsrat die Liquiditätsrisikostrategie des Vorstands im Einzelnen überprüft, um zu gewährleisten, dass diese vom Vorstand den zu Tage getretenen nachteiligen Entwicklungen der Liquidität angepasst wird. Gesteigerte Überwachungspflichten bestehen für den Aufsichtsrat zudem dann, wenn Mängel der Früherkennungsmaßnahmen oder der Risikosteuerungsmaßnahmen zu Tage getreten oder zu vermuten sind.[540] Klarstellend ist anzumerken, dass diese anlassbezogenen Kontrollpflichten in zeitlicher Hinsicht regelmäßig nicht Gegenstand der Prüfung durch den Abschlussprüfer sein können, sondern der Aufsichtsrat stattdessen auf die Einholung von Vorstandsberichten sowie gegebenenfalls auf die Einsichtnahme von Unterlagen der Internen Revision und notfalls auf die Hinzuziehung von Sachverständigen angewiesen ist.[541]

b) Informationen durch den Abschlussprüfer nach § 289 Abs. 5 HGB und § 171 Abs. 1 Satz 2 AktG

In Bezug auf die außerhalb von § 91 Abs. 2 AktG ergriffenen Maßnahmen zur Steuerung von Liquiditätsrisiken und die entsprechenden internen Kontrollmechanismen kann der Aufsichtsrat sich demgegenüber nur eingeschränkt auf gesetzlich vorgesehene Hilfestellungen durch den Abschlussprüfer stützen. Aus Vertraulichkeitsgründen hat der Gesetzgeber die Lageberichterstattung und damit einhergehend den Prüfungsauftrag des Abschlussprüfers bezüglich Risikomanagement und internem Kontrollsystem in mehrfacher Hinsicht begrenzt: Nach § 289 Abs. 5 HGB sind nur die *wesentlichen* Elemente dieser Systeme von kapitalmarktorientierten Kapitalgesellschaften im Sinne des § 264 d HGB darzustellen, diese wiederum

537 So der von der herrschenden Meinung (*Hüffer*, AktG, § 111 Rn. 7; *Hopt/Roth*, in Großkomm AktG, § 111 Rn. 313 ff.; *Habersack*, in Münch Komm AktG, § 111 Rn. 44 ff.; *Semler*, Leitung und Überwachung, § 6 Rn. 231 ff.) formulierte Grundsatz, wonach der Aufsichtsrat bei Verschlechterung der Finanz- oder Vermögenslage seine Überwachungsanstrengungen verstärken muss.

538 *Hopt/Roth*, Großkomm AktG, § 111 Rn. 152; *Roth*, Unternehmerisches Ermessen, S. 215 ff.

539 Vgl. C.II.2.

540 *Lanfermann/Röhricht*, BB 2009, 887 (890).

541 Vgl. C.II.1.c), C.II.1.d) und C.II.1.e).

nur insoweit, als sie mit dem Rechnungslegungsprozess verknüpft sind. Das heißt in weiter Auslegung, dass die Elemente zumindest *„Berührungspunkte mit dem Rechnungslegungsprozess“*[542] haben müssen. Die letzte Voraussetzung trifft zwar auf eine Reihe von Risikomanagementmaßnahmen mit Relevanz für Zahlungsstromrisiken zu, wie insbesondere die Darstellung von Risikosteuerungsmaßnahmen für handelsbilanziell erfasste Absicherungsgeschäfte[543] oder der Prozess, mit dem das Risiko der Inanspruchnahme aus Eventualverbindlichkeiten eingeschätzt wurde.[544] Eine umfassende, für Kontrollzwecke erforderliche Darstellung der vorhandenen Steuerungsmechanismen für Liquiditätsrisiken erfolgt aber nicht. Ferner beschränkt sich der Prüfer aus nachvollziehbaren Gründen auf eine Beschreibung dieser Maßnahmen. Dagegen hat der Abschlussprüfer im Lagebericht keine Einschätzungen bezüglich der Wirksamkeit dieser Maßnahmen vorzunehmen.[545]

Eine Einschätzung, ob das *rechnungslegungsbezogene* Risikomanagementsystem und das interne Kontrollsystem wesentliche Schwächen aufweisen, hat der Abschlussprüfer dem Aufsichtsrat jedoch nach § 171 Abs. 1 Satz 2 AktG im Rahmen seiner mündlichen Berichterstattung zu geben. Der Umfang seiner Berichtspflicht hängt insbesondere ab von der Antwort auf die Frage, ab wann von der Wesentlichkeit einer Schwäche auszugehen ist. Eine risikobezogene Ansicht stellt darauf ab, ob die Schwäche die Gefahr von Verlusten bzw. einer Verringerung des Gewinns aufgrund von Falschangaben im Jahresabschluss erheblich steigern kann, ohne dass diese das Ausmaß bestandsgefährdender Entwicklungen erreichen müssen.[546] Nach einer weiten funktionalen Auffassung soll eine wesentliche Schwäche nicht nur bei einer Erhöhung von Verlustgefahren vorliegen, sondern auch dann, wenn sich die Schwäche auf die Wirksamkeit des Risikoüberwachungssystems insgesamt – auch außerhalb des Rechnungslegungsprozesses – auswirken kann.[547] Dieser Erweiterung ist nicht zuzustimmen. Zwar ist es richtig, dass einzelne unbedeutende Kontrollschwächen in Aggregation die Wirksamkeit der rechnungslegungsbezogenen Kontrollsysteme insgesamt in Frage stellen können. Gegen die Erweiterung spricht aber, dass der Berichtsgegenstand Systembereiche ohne direkten Bezug zum Rechnungslegungsprozess berührt und dies zu einer gesetzlich nicht geforderten[548] Erweiterung des Prüfungsgegenstandes im Sinne einer umfassenden Prüfung der Kontrollsysteme durch den Abschlussprüfer führt. Dies war vom Gesetzgeber aber gerade nicht beabsichtigt.

---

542 Vgl. RegBegr. BilMoG, BT-Drucks 16/10067. S. 104.

543 *Lange*, in Münch Komm HGB, § 289 Rn. 162.

544 RegBegr. zum BilMoG, BT-Drucks. 16/10067 S. 104 f.

545 *Lange*, in: Münch Komm HGB, § 289 Rn. 159; *Merkt*, in: Baumbach/Hopt, in: Komm HGB, § 289 Rn. 5.

546 *Euler*, in: Spindler/Stilz, AktG, § 171 Rn. 65a.

547 *Hennrichs/Pöschke*, in: Münch Komm AktG, § 171 Rn. 152; *Withus*, WPg 2009, 858 (859).

548 *Lanfermann/Röhricht*, BB 2009, 887 (890).

Unabhängig von dieser Frage hat der Aufsichtsrat bzw. der Prüfungsausschuss jedoch das Recht nach § 107 Abs. 3 Satz 2 AktG, Wirtschaftsprüfer mit zusätzlichen Prüfungen der Risikosteuerungsmaßnahmen des Vorstands zu beauftragen, um den eigenen Kontrollauftrag erfüllen zu können.[549]

c) Berichte des Vorstands nach § 90 Abs. 3 AktG und § 90 Abs. 1 Satz 1 Nr. 1 Var. 2 AktG

Nach § 90 Abs. 3 AktG hat der Aufsichtsrat das Recht, vom Vorstand jederzeit Berichte über die *„Angelegenheiten der Gesellschaft"* zu verlangen. Aus der Norm ergibt sich für den Aufsichtsrat auch eine aktive Informationspflicht, d.h. die Pflicht, sich mit ausreichenden Informationen durch den Vorstand versorgen zu lassen.[550] Zu den Angelegenheiten der Gesellschaft zählen deren organisatorische Vorgänge.[551] Dementsprechend hat der Aufsichtsrat das Recht und die Pflicht, vom Vorstand Berichte sowohl über die eingerichteten Früherkennungsmaßnahmen als auch über die sonstigen Maßnahmen zur Steuerung des Liquiditätsrisikos zu verlangen.[552] Der Vorstand hat in diesen Berichten in vollständiger, klarer, übersichtlicher und nachprüfbarer Weise den Aufsichtsrat über Wirksamkeit und Angemessenheit der vorhandenen Maßnahmen zu unterrichten.[553]

Der Vorstand ist jedoch ohne ein entsprechendes Informationsverlangen oder eine besondere Vereinbarung mit dem Aufsichtsrat im Grundsatz nicht verpflichtet, von sich aus den Aufsichtsrat über die eingerichteten Früherkennungsmaßnahmen oder die sonstigen Risikosteuerungsmaßnahmen etwa im Rahmen einer periodischen Berichterstattungspflicht nach § 90 Abs. 1 AktG zu berichten. Stimmen in der Literatur[554] wollen eine solche periodische Berichtspflicht bezüglich der Maßnahmen nach § 91 Abs. 2 AktG in den Jahresbericht nach § 90 Abs. 1 Satz 1 Nr. 1 Var. 2 AktG hineinlesen. Zwar hat der Vorstand dem Aufsichtsrat nach § 90 Abs. 1 Satz 1 Nr. 1 Var. 2 AktG über grundsätzliche Fragen der Unternehmensplanung, soweit das Unternehmen über eine solche verfügt,[555] mindestens einmal jährlich zu berichten. Zu den berichtspflichtigen Gegenständen gehört insbesondere die Finanzplanung

---

549 *Habersack*, in: Münch Komm AktG, § 111 Rn. 78 und 74; *Withus*, WPg 2009, 858 (860 f.); vgl. C.II.1.e).

550 *Fleischer*, in Spindler/Stilz, AktG, § 90 Rn. 39 mwN.

551 *Spindler*, in: Münch Komm AktG, § 90 Rn. 33; *Mertens/Cahn*, in: Köln Komm AktG, § 90 Rn. 48.

552 *Kropff*, NZG 2003, 346 (347); *Lanfermann/Röhricht*, BB 2009, 887 (890).

553 Vgl. *Hopt/Roth*, in: Großkomm AktG, § 111 Rn. 173.

554 Vgl. *Krieger/Sailer-Coceani*, in: Schmidt/Lutter, AktG, § 90 Rn. 10; *Lutter/Krieger*, Rechte und Pflichten, Rn. 203.

555 Zum Streitstand, ob aus § 90 Abs. 1 Satz 1 Nr. 1 AktG eine Pflicht zur Unternehmensplanung hervorgeht, die über die im Rahmen des § 93 Abs. 1 AktG gebotene Planungspflicht hinausgeht, vgl. *Krieger/Sailer-Coceani*, in: Schmidt/Lutter, AktG, § 90 Rn. 12 mwN.

sowie die Unterrichtung über Abweichungen der tatsächlichen Entwicklung von der Unternehmensplanung. Auch mag im Einzelfall der Vorstand Elemente der Früherkennungsmaßnahmen, wie beispielsweise eine Liquiditätsübersicht, zum Berichtsgegenstand seiner Finanzplanung machen. Aber eine darüberhinausgehende Pflicht, dem Aufsichtsrat über die Gesamtheit der organisatorischen Maßnahmen zur Früherkennung und mit der für den Kontrollauftrag erforderlichen Detailtiefe zu berichten, findet schon im Wortlaut von § 90 Abs. 1 Satz 1 Nr. 1 Var. 2 AktG keine Stütze. Denn *Unternehmensplanung* bzw. *Finanzplanung* meint eine organisatorische Funktion eines Unternehmens, die primär renditeorientiert ist. Dagegen sind Früherkennungsmaßnahmen nicht primär renditeorientiert, sondern bestandsorientiert[556] (auch wenn die Liquiditätsübersicht finanzplanerische Techniken zur Grundlage hat und deswegen zwischen der Unternehmensplanung bzw. Finanzplanung einerseits und Früherkennungsmaßnahmen andererseits gewisse Ähnlichkeiten bestehen).

Stattdessen sollte der Aufsichtsrat – den Empfehlungen des Deutsche Corporate Governance Kodex zur Schaffung einer Informationsordnung folgend[557] – eine entsprechende periodische Berichtspflicht über das Früherkennungssystem und die sonstigen Risikosteuerungsmechanismen beispielsweise in seiner Geschäftsordnung festlegen.[558]

d) Information durch Einsicht in Bücher und Schriften nach § 111 Abs. 2 Satz 1 AktG

Hält der Aufsichtsrat die vom Vorstand zur Verfügung gestellten Berichte nicht für ausreichend, um seinen Kontrollauftrag erfüllen zu können, so kann er vom Vorstand nach § 111 Abs. 2 Satz 1 AktG Einsicht in die Bücher und Schriften der Gesellschaft verlangen. Die Maßnahmen zur Früherkennung sind jedenfalls bei börsennotierten Aktiengesellschaften für die Zwecke der Abschlussprüfung nach §§ 317 Abs. 4, 321 Abs. 4 AktG schriftlich dokumentiert.[559] Auch die Vorstände nichtbörsennotierter Aktiengesellschaften werden regelmäßig ihre Früherkennungsmaßnahmen zu Entlastungszwecken schriftlich dokumentieren. Entsprechendes gilt für die sonstigen Maßnahmen, die ein Vorstand zur Steuerung von Liquiditätsrisiken im Rahmen seiner allgemeinen Leitungs- und Sorgfaltspflichten ergriffen hat.

Auch wenn diese primären Informationsquellen zur Verfügung stehen, so werden sich Aufsichtsrat bzw. Prüfungsausschuss aus Effektivitätsgründen vor allem mithilfe der Prüfungsberichte der Internen Revision der Gesellschaft von der Angemessenheit und Wirksamkeit der Systeme zu überzeugen versuchen. Auch diese Berichte

---

556 *Baums*, ZGR 2011, 218 (271).

557 Vgl. Ziffer 3.4 Deutscher Corporate Governance Kodex i.d.F.v. 13. Mai 2013; vgl. zur Informationsordnung *Hopt/Roth*, in: Großkomm AktG, § 111 Rn. 182.

558 Vgl. *Kropff*, NZG 2003, 346 (347).

559 Vgl. A.I.1.e).

stehen dem Aufsichtsrat zur Einsicht zur Verfügung.[560] Damit der Aufsichtsrat die Kontrolltätigkeit auf die Berichte der Internen Revision stützen kann, muss er sich jedoch zunächst der Angemessenheit der durchgeführten Prüfungshandlungen versichern.[561]

Rechtfertigen konkrete Anhaltspunkte die Einsichtnahme von Vorstandsprotokollen mit Bezug zur Einrichtung und Wirkungsweise der Früherkennungs- und Risikomanagementmaßnahmen, so ist der Aufsichtsrat berechtigt, im Einzelfall auch diese zur Wahrnehmung seines Kontrollauftrags einzusehen.[562] Zu beachten ist jedoch, dass die Berichte des Vorstands grundsätzlich die primäre Informationsquelle darstellen,[563] die der Aufsichtsrat auszuschöpfen hat. Nur dann, wenn Anhaltspunkte bestehen, dass der Vorstand unzureichende Informationen zur Verfügung gestellt hat, oder von ihm eine sachgerechte Information nicht erwartet werden kann, können die Vorstandsprotokolle vom Aufsichtsrat angefordert werden.

e) Hinzuziehung von Sachverständigen nach § 111 Abs. 2 Satz 2 AktG

Für die Einsicht und Prüfung der Dokumentation über die Früherkennungs- und sonstigen Risikosteuerungsmaßnahmen einschließlich der Kontrollmechanismen kann der Aufsichtsrat bzw. dessen Prüfungsausschuss nach § 111 Abs. 2 Satz 2 Var. 2 AktG auch die Hilfe von Sachverständigen in Anspruch nehmen. Als Sachverständige zur Prüfung der Dokumentation kommen insbesondere Wirtschaftsprüfer in Betracht, deren Hinzuziehung an eine Reihe von Voraussetzungen gebunden ist. Zunächst kann der Aufsichtsrat nicht extensiv von dieser Möglichkeit Gebrauch machen, da jede Prüfungstätigkeit durch Sachverständige im Unternehmen die Gefahr birgt, dass die Mitarbeiter diese Tätigkeiten als Misstrauensbekundung gegenüber der Geschäftsführung auffassen, wodurch die Autorität des Vorstands beeinträchtigt werden kann.[564]

Dann beschränkt § 111 Abs. 2 Satz 2 AktG die Hinzuziehung auf „*bestimmte Aufgaben*". Dies impliziert zeitliche und sachliche Beschränkungen des Prüfungsauftrages, die ihre Ursache darin haben, dass der Aufsichtsrat seine Kontrollaufgabe nicht

---

560 *Baums*, Bericht der Regierungskommission Corporate Governance, Rn. 58; *Habersack*, in: Köln Komm AktG, § 111 Rn. 63; *Hopt/Roth*, in: Großkomm AktG, § 111 Rn. 401.

561 *Lanfermann/Röhricht*, BB 2009, 887 (890).

562 *Hopt/ Roth*, in: Großkomm AktG, § 111 Rn. 401; *Cahn/Mertens*, in: Köln Komm AktG, § 111 Rn. 53.

563 *Lutter*, AG 1991, 249 (252); *Semler*, Leitung und Überwachung, § 6 Rn. 172 ff.

564 *Cahn/Mertens*, in: Köln Komm AktG, § 111 Rn. 62; *Hoffmann-Becking*, ZGR 2011, 136 (148); *Lutter*, Information und Vertraulichkeit, Rn. 303, die von einer Subsidiarität der Hinzuziehung von Sachverständigen gegenüber der Informationserlangung vom Vorstand ausgehen; für eine Gleichrangigkeit dagegen: *Roth*, AG 2004, 1 (4); *Hopt/Roth*, in Großkomm AktG, § 111 Rn. 504 ff.; *Leyens*, Information des Aufsichtsrats, S. 172 ff.

generell auf andere abwälzen darf.[565] In zeitlicher Hinsicht können Sachverständige deshalb nicht mit der ständigen Überprüfung der Früherkennungsmaßnahmen und der sonstigen Risikosteuerungsmechanismen beauftragt werden.[566] Gegenständlich wird die Hinzuziehung von Sachverständigen dadurch begrenzt, dass der Auftrag eine „*konkrete Einzelangelegenheit*"[567] betreffen muss. Diese Grenze ist beispielsweise überschritten, wenn der Sachverständige die gesamte Geschäftsorganisation oder die gesamte Geschäftspolitik einschätzen soll.[568] Die Beauftragung zur Überprüfung des „Risikomanagementsystems" insgesamt sind deshalb nicht möglich. Teile davon, wie beispielsweise die Organisation und Zusammensetzung der Liquiditätsreserve, die Informations- und Kommunikationsarchitektur der Gesellschaft für Liquiditätsrisiken oder die betriebswirtschaftliche Vertretbarkeit bestimmter Prognoseverfahren, dürfen jedoch Gegenstand einer Überprüfung durch einen Sachverständigen sein. Die Hinzuziehung des Sachverständigen soll in erster Linie der Beschaffung von Informationen, und nicht deren Bewertung dienen.[569] Auf der Basis dieser Informationen soll der Aufsichtsrat in die Lage versetzt werden, die Aussagen der schriftlichen Unternehmensquellen mit den durch den Vorstand ausgewählten und interpretierten Informationen abgleichen zu können.[570]

Für die Überprüfbarkeit der organisatorischen Früherkennungs- und Risikosteuerungsmaßnahmen durch Sachverständige ist noch ein weiterer Punkt von Bedeutung: Die Früherkennungsmaßnahmen börsennotierter Aktiengesellschaften sind bereits Gegenstand der Überprüfung durch einen unabhängigen Abschlussprüfer nach §§ 317 Abs. 4, 321 Abs. 4 HGB und einer entsprechenden Dokumentationspflicht. Ein Bedürfnis für eine unterjährige Informationsbeschaffung und -analyse durch einen Sachverständigen ist deshalb nur unter besonderen Umständen anzunehmen. Diese können beispielsweise nach einer unterjährigen Revision der Maßnahmen durch den Vorstand und Zweifeln im Aufsichtsrat, dass der diesbezügliche Bericht des Vorstands ausreichende Informationen über die vorgenommenen Änderungen bereitstellt, vorliegen. Denkbar ist aber auch, dass die Abschlussprüfung bestimmte Prüfungsschwerpunkte gesetzt hat, oder wenn sich im Jahresverlauf zeigt, dass die Maßnahmen unzureichend sind, z. B. infolge eines Liquiditätsengpasses.

Anders mag dies für die sonstigen Maßnahmen zur Steuerung des Liquiditätsrisikos und bei nicht-börsennotierten Aktiengesellschaften zu beurteilen sein, die keiner umfassenden periodischen Überprüfung durch einen Abschlussprüfer

---

565 BGHZ 85, 293 (296 f.); *Mertens/Cahn*, in: Köln Komm AktG, § 111 Rn. 63; *Hopt/Roth*, in: Großkomm AktG, § 111 Rn. 424; *Hüffer*, AktG, § 111 Rn. 12; *Semler*, Leitung und Überwachung, § 6 Rn. 165; *Lutter*, Information und Vertraulichkeit, Rn. 298.

566 *Mertens/Cahn*, in: Köln Komm AktG, § 111 Rn. 63; *Hofmann-Becking*, ZGR 2011, 136 (148).

567 BGHZ 85, 293 (296 f.).

568 *Hofmann-Becking*, ZGR 2011, 136 (148).

569 *Mertens/Cahn*, in: Köln Komm AktG, § 111 Rn. 52; *Lutter*, Information und Vertraulichkeit, Rn. 298.

570 *Mertens/Cahn*, in: Köln Komm AktG, § 111 Rn. 52.

unterzogen werden. In Bezug auf diese Maßnahmen kann die Hinzuziehung von Sachverständigen sowohl zur Informationsbeschaffung als auch zur Bewertung einzelner Elemente der Liquiditätsrisikosteuerung geboten sein.

2. Überwachungs- und Beratungspflicht des Aufsichtsrats bei Übernahme von einzelprojekt- und geschäftsstrukturbezogenen Liquiditätsrisiken

Neben die Pflicht des Aufsichtsrats, die organisatorischen Früherkennungs- und Liquiditätsrisikosteuerungsmaßnahmen zu überwachen, treten weitere liquiditätsrisikobezogene Überwachungspflichten, die sich daraus ergeben, dass der Aufsichtsrat auch die Zweckmäßigkeit des Vorstandshandelns zu überwachen hat.

Den Aufsichtsrat trifft zum einen eine Kontroll- und Beratungspflicht im Hinblick auf Geschäfte, die für die Liquidität der Gesellschaft von besonderer Bedeutung sind (§ 90 Abs. 1 Satz 1 Nr. 4 Var. 2 AktG). Diese Kontroll- und Beratungspflicht wird um ein Mitentscheidungsrecht des Aufsichtsrats für solche Geschäftsführungsmaßnahmen ergänzt, für die der Vorstand nach dem Gesetz, der Satzung, der Geschäftsordnung (§ 111 Abs. 4 Satz 2 AktG) oder aufgrund eines Aufsichtsratsbeschlusses der Zustimmung des Aufsichtsrats bedarf. Diese Pflichten haben insbesondere vor der Übernahme einzelprojektbezogener Liquiditätsrisiken eine nicht zu unterschätzende Risikosteuerungsfunktion.

Zum anderen hat der Aufsichtsrat bestimmte Überwachungs- und Mitspracherechte in Bezug auf die Steuerung von geschäftsstrukturbezogenen Liquiditätsrisiken. Diese setzen vielfach organisatorische Früherkennungs- und Liquiditätsrisikosteuerungsmaßnahmen voraus und zeichnen sich dadurch aus, dass sie dem Aufsichtsrat mittels Vorstandsberichten eine gesamthafte Einschätzung der Liquiditätssituation der Gesellschaft sowie etwaiger liquiditätsgefährdender Entwicklungen ermöglichen (§ 90 Abs. 1 Satz 1 Nr. 3 AktG).

a) Einzelprojektbezogene Überwachungs- und Beratungspflicht

(1) Gegenstände der einzelprojektbezogenen Überwachungs- und Beratungspflicht

(i) Geschäfte von erheblicher Bedeutung für die Liquidität

Der Umfang der Überwachungs- und Beratungspflicht orientiert sich vor allem an den Berichtspflichten des Vorstands. Nach § 90 Abs. 1 Satz 1 Nr. 4 AktG hat der Vorstand dem Aufsichtsrat anlassbezogen über Geschäfte zu berichten, die für die Liquidität der Gesellschaft von erheblicher Bedeutung sein können. Diese Berichte müssen grundsätzlich so rechtzeitig vor Vornahme erfolgen, dass der Aufsichtsrat ausreichend Zeit zur Kenntnis- und Stellungnahme hat.[571] Der Vorstand hat eine

571 *Lutter*, Information und Vertraulichkeit, Rn. 62.

sorgfältige Prognose zu treffen, welche erheblichen negativen[572] Auswirkungen das Geschäft auf die Liquidität der Gesellschaft haben *kann*.[573] Es geht mithin um eine Abschätzung, mit welchen Liquiditätsrisiken das jeweilige Geschäft verbunden ist. Von einem *erheblichen* Liquiditätsrisiko im Sinne der Norm ist jedenfalls dann auszugehen, wenn es aufgrund seiner Tragweite bzw. seiner Eintrittswahrscheinlichkeit die Risikotragfähigkeit der Gesellschaft überschreiten würde. Dies kann bei Geschäften gegeben sein, deren Tragweite die Risikotragfähigkeit zwar nur unerheblich überschreitet, aber deren Eintrittswahrscheinlichkeit hoch ist. Umgekehrt sind Geschäfte berichtspflichtig, deren Zahlungsstromrisiken zwar nur mit einer sehr geringen Wahrscheinlichkeit eintreten werden, bei deren Realisierung aber die Risikotragfähigkeit weit überschritten wird. Die Risikotragfähigkeit und damit die potentielle Erheblichkeit hängen von dem Gegenstand, der Größe und der wirtschaftlichen Lage der Gesellschaft sowie der Art und dem Umfang des Geschäfts ab.[574] Von großer Bedeutung sind zudem die der Gesellschaft zur Verfügung stehenden Liquiditätsreserven sowie das aus der bestehenden Geschäftsstruktur resultierende Liquiditätsrisikoprofil. Als Beispiele nennt der Gesetzgeber den Erwerb eines Betriebs oder einer Beteiligung, die Gründung von Zweigniederlassungen oder die Übernahme eines größeren Auftrags.[575] Eine Berichtspflicht ist in der Regel auch in Bezug auf großvolumige Absicherungsgeschäfte für Währungs-, Zins- und Marktpreisrisiken anzunehmen.

Ist eine liquiditätsgefährdende Entwicklung erkennbar, bzw. hätte diese bei angemessener Sorgfalt erkannt werden können, oder befindet sich die Gesellschaft bereits in einem Liquiditätsengpass, so treffen den Vorstand erheblich gesteigerte Berichtspflichten. Dies kann dazu führen, dass Geschäfte, die unter normalen Umständen nicht als liquiditätserheblich einzustufen sind, nun vom Vorstand an den Aufsichtsrat berichtet werden müssen. Doch nicht nur der sachliche Umfang der Berichtspflicht ist vergrößert; auch in zeitlicher Hinsicht treffen den Vorstand erhöhte Anforderungen. In besonderen Eilsituationen ist es angezeigt, dass der Vorstand an den Vorsitzenden des Aufsichtsrats zunächst mündlich, und erst im Nachgang an alle Mitglieder des Aufsichtsrats schriftlich berichtet.[576]

(ii) Zustimmungspflichtige Geschäfte

Darüber hinaus verlangt § 111 Abs. 4 Satz 2 AktG, dass die Satzung oder der Aufsichtsrat bestimmte Arten von Geschäften festlegt, die nur mit seiner Zustimmung

572 Daneben hat der Vorstand auch über Geschäfte zu berichten, die eine erhebliche positive Wirkung auf die Liquidität der Gesellschaft haben können (vgl. *Mertens/Cahn*, in: Köln Komm AktG, § 90 Rn. 39; *Lutter*, Information und Vertraulichkeit, Rn. 61).

573 *Lutter*, Information und Vertraulichkeit, Rn. 61.

574 *Hopt/Roth*, Großkomm AktG, § 111 Rn. 61.

575 Begr RegE zum AktG 1965 bei *Kropff*, Aktiengesetz, S. 117; *Mertens/Cahn*, in: Köln Komm AktG, § 90 Rn. 39; *Lutter*, Information und Vertraulichkeit, Rn. 61.

576 *Hasselbach*, NZG 2012, 41 (43).

vorgenommen werden dürfen. Diese Zustimmungskataloge haben eine präventive Risikoüberwachungsfunktion, da sie dem Aufsichtsrat ein Mitentscheidungsrecht für Geschäfte des Vorstands gewähren, die aufgrund der damit verbundenen Risiken aus dem routinemäßigen Geschäftsbetrieb herausragen.[577] Die Einzelheiten der Ausgestaltung eines solchen Zustimmungskatalogs sind umstritten. Nach der an den Wortlaut von Ziffer 3.3 Satz 2 DCGK angelehnten herrschenden Lehre hat der Aufsichtsrat Geschäfte von grundlegender Bedeutung, die die Vermögens-, Finanz- und Ertragslage des Unternehmens grundlegend verändern können, der Zustimmungspflicht zu unterwerfen.[578] Zu weit ginge es jedoch, den Aufsichtsrat zur Auflistung *aller* grundlegenden Geschäfte zu verpflichten. Vielmehr hat der Aufsichtsrat bzw. der Satzungsgeber einen Ermessenspielraum, welche Arten von Geschäften er für permanent zustimmungspflichtig hält.[579] In der Praxis börsennotierter Konzerne finden sich beispielsweise Zustimmungspflichten für die Übernahme von Bürgschaften und Garantien, die Aufnahme langfristiger Kredite, die Begebung von Anleihen oder für den Erwerb von Unternehmensbeteiligungen.[580] Regelmäßig sind das (Investitions-)Budget und auch bestimmte erhebliche Investitionsmaßnahmen zustimmungspflichtig. Zur besseren Orientierung, ab wann diese Maßnahmen als erheblich anzusehen sind, finden sich Angaben von absoluten oder relativen (z.B. als Prozentsatz vom (Konzern-)Umsatz oder einer anderen Finanzkennzahl angegebenen) Schwellenwerten.

Die Aufstellung des Zustimmungskatalogs ist nicht die einzige Möglichkeit des Aufsichtsrats, um über die Vornahme liquiditätsrisikoreicher Geschäfte mitzuentscheiden. Es ist dem Aufsichtsrat nach gefestigter Rechtsprechung und herrschender Lehre unbenommen, solche Einzelgeschäfte anlassbezogen von seiner Zustimmung abhängig zu machen, und unter bestimmten Umständen wird angenommen, dass er dazu und zur Verweigerung der Zustimmung auch verpflichtet ist.[581]

---

577 *Mertens/Cahn*, in: Münch Komm AktG, § 111 Rn. 84 mwN.

578 *Hüffer*, AktG, § 111 Rn. 17; *Habersack*, in: Münch Komm AktG, § 111 Rn. 109; *Rodewig*, in: Semler/v. Schenck, ArbHdb AR, § 8 Rn. 44; Fonk, ZGR 2006, 841 (847); *Habersack*, in: FS Hüffer, S. 259 (266); *J. Hüffer*, in: FS Hüffer, S. 365 (369 f.); *Götz*, NZG 2002, 599 (602 f.).

579 So auch *Mertens/Cahn*, in: Münch Komm AktG, § 111 Rn. 104; *Hüffer*, AktG, § 111 Rn. 17.

580 Vgl. § 13 Abs. 1 der Satzung der BASF SE, Stand: April 2012, zuletzt abgerufen am 19. 6. 2012 unter www.basf.com; Vgl. § 9 Abs. 1 der Satzung der Volkswagen Aktiengesellschaft, Stand: August 2012, zuletzt abgerufen am 19. 6. 2012 unter www.volkswagen.com; § 13 Abs. 1 der Satzung der Porsche Automobil Holding SE, Stand: November 2012, zuletzt abgerufen am 19. 6.2012 unter www.porsche-se.com.

581 BGHZ 124, 111 (127) – „Vereinigte Versicherung“; OLG Stuttgart, WM 1979, 1296 (1300); LG Bielefeld, ZIP 2000, 20 (25) –„Balsam“; *Hüffer*, AktG, § 111 Rn. 17; *Habersack*, in: Münch Komm AktG, § 111 Rn. 115; *Mertens/Cahn*, in: Münch Komm AktG, § 111 Rn. 104 f.;

Nach einem Überblick über die Informationsbeschaffungspflichten des Aufsichtsrats wird im Folgenden der Frage nachgegangen, unter welchen Umständen der Aufsichtsrat verpflichtet ist, ein bestimmtes liquiditätsrisikoreiches Geschäft seiner Zustimmungspflicht zu unterstellen und die Zustimmung zu versagen hat.

(2) Pflicht zur Beschaffung angemessener Information

Der Aufsichtsrat ist verpflichtet, alle erheblichen Informationen einzuholen, die für eine sachgerechte und sorgfältige eigene Beurteilung und Risikoabschätzung eines Geschäfts erforderlich sind.[582] Der Umfang der für die sorgfältige Beratung bzw. Zustimmung erforderlichen Informationen richtet sich wiederum nach der Lage der Gesellschaft, der erkannten Risikoträchtigkeit und Bedeutung des Geschäfts für die Gesellschaft, dem für die Informationsbeschaffung zur Verfügung stehenden Zeitrahmen und den Kosten. Dabei treten jedoch der Kosten- und der Zeitaspekt regelmäßig dann in den Hintergrund, wenn es um Maßnahmen geht, die zu einer besonderen Liquiditätsrisikoexposition der Gesellschaft führen. Umgekehrt kann es in einer Krisensituation für den Vorstand und Aufsichtsrat geradezu geboten sein, schnell zu reagieren, um die Wettbewerbsfähigkeit der Gesellschaft wiederherzustellen. Die bereitgestellten Informationen müssen in einer Form vorliegen, die eine Verlaufskontrolle ermöglicht,[583] d.h. die prognostizierten Auswirkungen auf die Liquidität sollten bei wichtigen Geschäftsvorfällen in der Regel vom Vorstand quantifiziert werden.

Liegen Anhaltspunkte dafür vor, dass ein Vorstandsbericht über Berichtsgegenstände im Sinne von § 90 Abs. 1 Satz 1 Nr. 4 AktG oder über ein zustimmungspflichtiges Geschäft unvollständig oder offensichtlich unrichtig bzw. widersprüchlich ist, so muss der Aufsichtsrat vom Vorstand Ergänzung und Berichtigung verlangen. Sind diese Informationen nicht ausreichend, kann er zudem die dem Geschäft zugrundeliegenden Planungsunterlagen, Vertragsentwürfe und Berechnungen einsehen und sich bei der Einsicht durch einen externen Sachverständigen unterstützen lassen.[584] Je nach Liquiditätssituation der Gesellschaft, der Bedeutung des Geschäfts und den damit verbundenen zusätzlichen Liquiditätsrisiken sollte der Aufsichtsrat erwägen, eine aktuelle Liquiditätsübersicht bzw. eine revidierte Liquiditätsübersicht vom Vorstand anzufordern.[585]

Letztlich gehört es zu den Informationspflichten des Aufsichtsrats im Hinblick auf eine Verlaufskontrolle, dass er vom Vorstand neben einer angemessenen Ausgangsinformation eine aussagekräftige „Follow up"-Berichterstattung erhält. Das bedeutet, dass der Vorstand über die Entwicklung besonders herausragender

582 *Mertens/Cahn*, in: Köln Komm AktG Münch Komm AktG, § 111 Rn. 21 und § 116 Rn. 13; *Habersack*, in: Münch Komm AktG, § 116 Rn. 32; *Hambloch-Gesinn/Gesinn*, in: Hölters, AktG, § 116 Rn. 27.

583 *Mertens/Cahn*, in: Köln Komm AktG, § 111 Rn. 21.

584 Vgl. bereits C.II.1.e).

585 *Hopt/Roth*, in: Großkomm AktG, § 111 Rn. 180; *Götz*, AG 1995, 337 (350).

Maßnahmen Soll-Ist- Vergleiche nach § 90 Abs. 3 AktG für den Aufsichtsrat erstellt, sofern der Vorstand nicht ohnehin im Rahmen seiner Berichtspflichten nach § 90 Abs. 1 Satz 1 Nr. 1 AktG oder § 90 Abs. 1 Satz 1 Nr. 3 AktG eine entsprechende Abweichungsanalyse durchführt.

(3) Kontrolle von Vorstandsprognosen; Pflicht zur eigenen Risikoanalyse; Pflicht zum Einschreiten

Die Beratung des Vorstands im Hinblick auf Geschäfte mit besonderer Bedeutung für die Liquidität der Gesellschaft und die Entscheidung, ob eine Zustimmung erteilt wird bzw. ein Geschäft anlassbezogen einem Zustimmungsvorbehalt unterstellt wird, muss durch den Aufsichtsrat mit der im Rahmen von §§ 116, 93 AktG gebotenen Sorgfalt erfolgen.

Die Sorgfaltsanforderungen sind abgestuft. Bei weniger komplexen und risikoträchtigen Geschäften reicht es regelmäßig aus, wenn der Aufsichtsrat auf der Basis der – gegebenenfalls ergänzten und berichtigten – Informationen des Vorstands eine Plausibilitätskontrolle der Annahmen, des Prognoseverfahrens und der Einschätzungen des Vorstands durchführt.[586] Befindet sich das Unternehmen dagegen in einer Krise oder wird über ein Geschäft im Aufsichtsrat verhandelt, das nach Umfang, Komplexität oder Risikoprofil besonderer Aufmerksamkeit des Kontrollorgans bedarf, so ist jedes Aufsichtsratsmitglied verpflichtet, sich ein eigenes Urteil über die damit verbundenen Risiken und Chancen zu bilden.[587] Es darf sich dabei nicht allein auf die Sachverhaltsinformationen und die Risikoeinschätzung des Vorstands verlassen, sondern muss den Sachverhalt selbst vollständig und richtig erfassen[588] und eine eigene Risikoeinschätzung vornehmen,[589] für die das Mitglied – sollte es selbst nicht über die erforderliche Expertise verfügen – die Unterstützung sachverständiger Dritter in Anspruch nehmen muss.[590]

Aufgrund der strikten Bindung der Aufsichtsratsmitglieder an das Unternehmensinteresse gelten für die zukunftsgerichtete Kontrolle, ob die Übernahme der Liquiditätsrisiken noch vertretbar ist, im Grundsatz dieselben Ermessensmaßstäbe[591] wie für die Entscheidung des Vorstands. Abweichungen der Einschätzung von Liquiditätsrisiken ergeben sich naturgemäß jedoch einerseits im Rahmen subjektiv-pragmatische Elemente einer Risikoprognose, die wesentlich von individuellen

586 Vgl. *Lutter/Krieger*, Aufsichtsrat, § 13 Rn. 987.

587 OLG Stuttgart AG 2012, 298 (301); *Hopt/Roth*, in: Großkomm AktG, § 116 Rn. 115; *Habersack*, in: Münch Komm AktG, § 116 Rn. 32; *Mertens/Cahn*, in: Köln Komm AktG, § 116 Rn. 11; *Hasselbach*, NZG 2012, 41 (42).

588 *Spindler*, in: Spindler/Stilz, AktG, § 111 Rn. 17; *v. Schenck*, in: Semler/v. Schenck, ArbHdb AR, § 1 Rn. 186.

589 BGH NZG 2013, 339 (339 f.) – „Piech/Sardinienäußerungen"; Vorinstanz: OLG Stuttgart AG 2012, 298 (301); ferner OLG Düsseldorf AG 2010, 126 (129) – „IKB".

590 BGH AG 2007, 167 (168 f.).

591 Vgl. C.I.2.

Erfahrungen, der individuellen Risikoeinstellung und anderen subjektiven Faktoren abhängt. Zum anderen können die Einschätzungen des Gesamtorgans Aufsichtsrat aufgrund einer größeren Binnendynamik innerhalb des Aufsichtsrats divergieren. Trotz oder gerade aufgrund der Bindung an das Unternehmenswohl ist davon auszugehen, dass die verschiedenen Interessengruppen innerhalb des Aufsichtsrats ihre divergierenden Interessen betonen.[592] Es liegt auf der Hand, dass die Vertreter eines Großaktionärs gegenüber der Übernahme weiterer Liquiditätsrisiken unter Umständen eine andere Position einnehmen als Vertreter einer Hausbank oder die Arbeitnehmervertreter.

Gelangt der Aufsichtsrat als Gesamtorgan zu dem Ergebnis, dass die mit dem Geschäft verbundenen Liquiditätsrisiken nach Tragweite bzw. Eintrittswahrscheinlichkeit höher sind als vom Vorstand prognostiziert und deshalb das Geschäft mangels Risikotragfähigkeit nicht vorgenommen werden sollte, so hat der Aufsichtsrat den Vorstand auf seine Bedenken hinzuweisen und die Maßnahme zu beanstanden sowie – sofern ein Zustimmungsvorbehalt besteht – seine Zustimmung zu verweigern. Besteht für das betreffende aus der Sicht des Aufsichtsorgans unvertretbare Geschäft noch kein Zustimmungsvorbehalt in Satzung oder Geschäftsordnung, so hat der Aufsichtsrat im Rahmen pflichtgemäßer Ermessensausübung zu erwägen, das Geschäft ad hoc einem Zustimmungsvorbehalt zu unterstellen, um die Geschäftsführungsmaßnahme zu verhindern.[593]

Unter bestimmten Umständen kann sich das Ermessen des Aufsichtsrats zu einer Pflicht, einen Zustimmungsvorbehalt anzuordnen, verdichten.[594] Neben Fällen gesetzeswidrigen Verhaltens des Vorstands wird eine solche Ermessenreduzierung insbesondere dann angenommen, wenn Anhaltspunkte für eine unsorgfältige Vorbereitung einer Maßnahme durch den Vorstand bestehen,[595] in sachlich-inhaltlicher Hinsicht der Vorstand eine Maßnahme ergreifen möchte, mit der er sein unternehmerisches Ermessen zum Nachteil der Gesellschaft ersichtlich überschreitet[596] oder etwa bei besonders risikoträchtigen Entscheidungen.[597] Bei einer Maßnahme, die

---

592 Vgl. *Mertens/Cahn*, in: Köln Komm AktG, § 116 Rn. 29.

593 BGH AG 1994, 124 (127); *Hopt/Roth*, in: Großkomm AktG, § 111 Rn. 650; *Habersack*, in: Münch Komm AktG, § 111 Rn. 115; *Mertens/Cahn*, in: Köln Komm AktG, § 111 Rn. 83; *Spindler*, in: Spindler/Stilz, AktG, § 111 Rn. 65; *Hambloch-Gesinn/Gesinn*, in: Hölters, AktG, § 111 Rn. 75; *Hofmann-Becking*, in: Münch Hdb AG, § 29 Rn. 43; *Lutter/Krieger*, Rechte und Pflichten des Aufsichtsrats, Rn. 108 und Rn. 110.

594 BGH AG 1994, 124 (127); LG Bielefeld AG 2000, 136 (138); LG Stuttgart AG 2000, 237 (238); *Hopt/Roth*, in: Großkomm AktG, § 111 Rn. 632; *Hofmann-Becking*, in: Münch Hdb AG, § 29 Rn. 42; *Brouwer*, Zustimmungsvorbehalte, S. 110 ff.; *Habersack*, in: FS Hüffer, S. 259 (266 f.); *Hüffer*, NZG 2007, 47 (52).

595 *Götz*, ZGR 1990, 633 (639).

596 *Habersack*, in: Münch Komm AktG, § 111 Rn. 115; so auch *Hüffer*, AktG, § 111 Rn. 17.

597 *Hambloch-Gesinn/Gesinn*, in: Hölters, AktG, § 116 Rn. 27; *Kau/Kukat*, BB 2000, 1045 (1048 f.).

nach Einschätzung des Aufsichtsrats aufgrund der mit ihr verbundenen Liquiditätsrisiken oder aufgrund unangemessener Informationsanstrengungen des Vorstands unvertretbar erscheint, ist in der Regel davon auszugehen, dass das Ermessen des Aufsichtsrats auf „eins" reduziert ist und deswegen diese Maßnahme mittels eines Zustimmungsvorbehalts zu verhindern ist.

b) Geschäftsstrukturbezogene Beratungs- und Überwachungspflicht des Aufsichtsrats

Neben den einzelprojektbezogenen Liquiditätsrisiken hat der Aufsichtsrat die in der Geschäftsstruktur vorhandenen Liquiditätsrisiken zu überwachen. Eine der wichtigsten Informationsquellen für diese Kontrollaufgabe sind die mindestens quartalsweise nach § 90 Abs. 1 Satz 1 Nr. 3 AktG zu erstattenden Vorstandsberichte über den Geschäftsgang und die finanzielle Lage. Im Rahmen dieser Berichte hat der Vorstand den Aufsichtsrat gesondert über die Entwicklung der Liquidität seit dem letzten Bericht, die aktuelle Liquiditätssituation der Gesellschaft sowie erhebliche Risiken der künftigen Entwicklung zu unterrichten.[598] Um die Entwicklung der Liquidität veranschaulichen zu können, hat der Vorstand den Bericht mit zwei Arten von Vergleichen zu untermauern:[599] Zunächst muss er die aktuelle Liquidität mit der Liquidität des vorigen Berichts oder eines anderen geeigneten Zeitpunktes, z. B. des Vorjahreszeitpunktes, vergleichen. Sodann muss der Vorstand die aktuelle Liquidität mit den Planzahlen vergleichen (Soll-Ist-Abgleich). Anhand welcher Kennzahlen der Vorstand die Liquiditätsvergleiche anstellt, liegt in seinem Ermessen. Dabei hat er sich jedoch an betriebswirtschaftlichen Gepflogenheiten zu orientieren. In Frage kommen beispielsweise Umfang und Qualität der zu den jeweiligen Zeitpunkten vorhandenen freien Liquiditätsreserven, der Umfang des innerhalb des Berichtszeitraums erforderlichen zusätzlichen Liquiditätsbedarfs und andere Kennzahlen, die das Verhältnis zwischen Zahlungsein- und Zahlungsausgängen veranschaulichen.

Obwohl diese Berichterstattung in erster Linie auf eine retrospektive Kontrolle der Liquiditätsentwicklung durch den Aufsichtsrat abzielt, gehen von ihr auch wesentliche präventive Kontrollimpulse aus. Der Vorstand hat dem Aufsichtsrat über erhebliche Risiken der künftigen Entwicklung der Liquidität zu berichten. Dies betrifft beispielsweise bevorstehende Verhandlungen zur Prolongation von bedeutenden Betriebsmittel- oder anderen Krediten des Unternehmens oder andere Ereignisse, die auf den Umfang der geplanten Zahlungsmittelströme erheblichen negativen Einfluss haben können. Zudem muss der Vorstand über sich abzeichnende negative Tendenzen der Zahlungsströme berichten, die mithilfe der Früherkennungsmaßnahmen

598 *Mertens/Cahn*, in: Köln Komm AktG, § 90 Rn. 37; *Kort*, in: Großkomm AktG, § 90 Rn. 58; *Spindler*, in: Münch Komm AktG, § 90 Rn. 27; *Lutter*, Information und Vertraulichkeit, Rn. 41.

599 Vgl. *Mertens/Cahn*, in: Köln Komm AktG, § 90 Rn. 37.

nach § 91 Abs. 2 AktG oder andere Liquiditätsrisikosteuerungsmaßnahmen bereits identifiziert werden konnten.

Hat der Aufsichtsrat aufgrund des Berichts Zweifel an der Gewährleistung einer ausreichenden Liquiditätsversorgung, so hat er den Vorstand darauf hinzuweisen, Vorschläge zur Verbesserung der zukünftigen Liquiditätssituation zu machen und den Vorstand zur Erforschung der Ursachen aufzufordern. Zudem sollten die Kennzahlenvergleiche des Berichts Ausgangspunkt für eine weiterreichende Überprüfung der Wirksamkeit der Früherkennungs- und anderer Liquiditätsrisikosteuerungsmaßnahmen sein, wenn die Berichte Anhaltspunkte für entsprechende Defizite geben.

Die periodische Berichterstattung nach § 90 Abs. 1 Satz 1 Nr. 3 AktG wird ergänzt durch die Sonderberichterstattung nach § 90 Abs. 1 Satz 3 AktG. Danach hat der Vorstand dem Vorsitzenden des Aufsichtsrats aus sonstigen wichtigen Anlässen Bericht zu erstatten. Eine drohende Zahlungsunfähigkeit stellt regelmäßig einen Anlass für eine Sonderberichterstattung dar.[600] Erfährt der Aufsichtsrat von der drohenden Zahlungsunfähigkeit, treffen ihn gesteigerte Beratungs- und Überwachungspflichten. Dies betrifft zum einen die Überwachung und Beratung der Maßnahmen des Vorstands zur Abwendung der drohenden Liquiditätslücke und zum anderen die Überwachung von Neugeschäft, das der Vorstand in der bestandsgefährdenden Lage abschließen will.[601]

3. Zwischenergebnis

Die liquiditätsrisikobezogenen Überwachungs- und Beratungspflichten des Aufsichtsrats umfassen zum einen die vom Vorstand eingerichtete Früherkennungs- und Risikosteuerungsorganisation. Zum anderen hat er mittels Mitsprache- und Mitentscheidungsrechten die Übernahme von einzelprojektbezogenen Liquiditätsrisiken zu überwachen und die Entwicklung der geschäftsstrukturbezogenen Liquiditätsrisiken aufmerksam zu verfolgen.

Die Wahrnehmung des Kontroll- und Beratungsauftrags im Hinblick auf die Früherkennungsmaßnahmen stützt sich zunächst auf den Bericht des Abschlussprüfers nach §§ 317 Abs. 4, 321 Abs. 3 HGB, in dem der Prüfer seine Prüfungsergebnisse bezüglich der Wirksamkeit der ergriffenen Früherkennungsmaßnahmen sowie des Überwachungssystems darlegt. Der Aufsichtsrat muss sich bewusst sein, dass sich die Prüfungstätigkeit der Abschlussprüfer auf eine Plausibilitätsprüfung der Wirksamkeit der ergriffenen Maßnahmen beschränkt. Noch weiter eingeschränkt sind die gesetzlichen Hilfestellungen im Hinblick auf die Prüfung der Liquiditätsrisikosteuerungsmaßnahmen des Vorstand nach §§ 76 Abs. 1, 93 Abs. 1 AktG. Nach § 289 Abs. 5 HGB beschränken sich Abschlussprüfung und Lageberichterstattung auf eine Beschreibung der wesentlichen Elemente des Liquiditätsrisikomanagements von

600 *Mertens/Cahn*, in: Köln Komm AktG, § 90 Rn. 45 mwN.

601 Vgl. C.II.2.a)(3).

kapitalmarktorientierten Kapitalgesellschaften im Sinne von § 264 d HGB, und dies nur insoweit, als die Maßnahmen einen Berührungspunkt mit dem Rechnungslegungsprozess haben. Eine schriftliche Einschätzung, ob die rechnungslegungsbezogenen Maßnahmen wirksam sind, erfolgt nicht. Eine Bewertung der Wirksamkeit ist allein im Rahmen der mündlichen Berichterstattung nach § 171 Abs. 1 Satz 2 AktG durch den Abschlussprüfer vorgesehen.

Vor diesem Hintergrund ist es umso wichtiger, dass der Aufsichtsrat von seinem Recht nach § 90 Abs. 3 Satz 1 AktG Gebrauch macht und vom Vorstand in regelmäßigen Abständen oder anlassbezogen Berichte über die eingerichteten Organisationsmaßnahmen anfordert. Eine vorzugswürdige Alternative ist, im Rahmen einer Informationsordnung eine periodische Berichtspflicht des Vorstands über die ergriffenen Liquiditätsrisikosteuerungsmaßnahmen zu verankern.

Der Aufsichtsrat kann unter bestimmten Voraussetzungen Einsicht in die Prüfungsberichte der Internen Revision verlangen und im Ausnahmefall Sachverständige mit der Prüfung von abgegrenzten Teilbereichen der ergriffenen Liquiditätsrisikosteuerungsmaßnahmen beauftragen. Entdeckt der Aufsichtsrat Defizite der Früherkennungs- und Risikosteuerungsorganisation, so hat er den Vorstand darauf hinzuweisen, diese Defizite zu beanstanden, und durch Beratung auf deren Beseitigung hinzuwirken.

In Bezug auf die Überwachung einzelprojektbezogener Liquiditätsrisiken ist die Informationsversorgung des Aufsichtsrats demgegenüber umfassender. Nach der gesetzlichen Leitidee wird der Aufsichtsrat über ein dichtes Berichtswesen an allen Geschäftsentscheidungen, die von erheblicher Bedeutung für die Liquidität der Gesellschaft sind, eingebunden. Darüber hinaus hat es der Aufsichtsrat in der Hand, Geschäfte des Vorstands, die aufgrund der damit verbundenen Liquiditätsrisiken aus dem routinemäßigen Geschäftsbetrieb herausragen, ihrer Art nach oder im Einzelfall einem Zustimmungsvorbehalt zu unterstellen. Unter bestimmten Umständen ist das Ermessen des Aufsichtsrats derart reduziert, dass er ein Geschäft mittels eines Zustimmungsvorbehalts verhindern muss. Die Anforderungen an die Überwachungstätigkeit des Aufsichtsrats sind vergleichsweise hoch. Nach Rechtsprechung und Literatur hat jedes Aufsichtsratsmitglied sich über diese Geschäfte ein eigenes Urteil zu bilden, was unter bestimmten Umständen eine eigene Risikoabschätzung erfordert.

Zur Einschätzung der geschäftsstrukturbezogenen Liquiditätsrisiken stehen dem Aufsichtsrat die Quartalsberichte des Vorstands zum Geschäftsgang und zur finanziellen Lage der Gesellschaft zur Verfügung, in denen der Vorstand detailliert auf die Entwicklung der Liquidität und erkennbare Risiken der künftigen Entwicklung eingehen muss. Hat der Aufsichtsrat Zweifel an einer ausreichenden Liquiditätsversorgung, so hat er den Vorstand darauf hinzuweisen, Vorschläge zur Verbesserung der zukünftigen Liquiditätssituation zu machen, und den Vorstand zur Erforschung der Ursachen aufzufordern.

D. Die Steuerung von Liquiditätsrisiken im Bankaufsichtsrecht

Die Steuerung von Liquiditätsrisiken hat eine lange Tradition in der deutschen Bankbetriebswirtschaft und im deutschen Bankaufsichtsrecht. Die ersten bankbetriebswirtschaftlichen Überlegungen zum Umgang mit Liquiditätsrisiken gehen bis in die Mitte des 19. Jahrhunderts zurück.[602] Während die bankaufsichtsrechtliche Forderung nach einem umfassenden Liquiditätsrisikomanagement erst in jüngerer Zeit erhoben wird, entstand die Idee, die Liquidität von Banken durch einen hoheitlich festgelegten Bestand an liquiden Mitteln sicherzustellen, in der Zeit nach der Weltwirtschaftskrise der dreißiger Jahre des letzten Jahrhunderts.[603] Die jüngste Finanzkrise in den Jahren 2007–2009 war der Auslöser für eine breite Diskussion auf politischer, (bankbetriebs-)wirtschaftlicher und wirtschaftswissenschaftlicher Ebene[604] über die wirksame Steuerung von Liquiditätsrisiken. Diese Diskussionen haben Niederschlag in verschiedenen internationalen Vorschlägen[605] zur Verbesserung

---

602 Vgl. D.II.

603 Als Reaktion auf die Verwerfungen in der deutschen Bankenlandschaft infolge der Weltwirtschaftskrise erließ der Reichspräsident mit Notverordnung vom 6. November 1931 Liquiditätsvorschriften zunächst für die Spar- und Girokassen, dann mit § 16 KWG 1934/1939 für alle Kreditinstitute, vgl. Überblick bei *Kokemoor*, in: Beck/Samm, KWG, § 11 Rn. 6 ff.

604 Vgl. aus der deutschen bankbetriebswirtschaftlichen und wirtschaftswissenschaftlichen Literatur: *Bartetzky*, u. a. (Hrsg.), Handbuch Liquiditätsrisiko. Identifikation, Messung und Steuerung, Stuttgart 2008; *Zeranski* (Hrsg.), Ertragsorientiertes Liquiditätsrisikomanagement in mittelständischen Banken, Heidelberg, 2. Aufl. 2010; *Bantleon/Becker* (Hrsg.), Risikomanagement und Frühwarnverfahren in Kreditinstituten. Aktuelle Anforderungen, Instrumente, Prüfung, Berlin 2010; *Pohl, Michael:* Das Liquiditätsrisiko in Banken – Ansätze zur Messung und ertragsorientierten Steuerung, Frankfurt am Main 2008; *Everling/Theodore*, Bankrisikomanagement; Mindestanforderungen, Instrumente und Strategien für Banken, Wiesbaden 2008; *Stankova*, Methoden des Liquiditätsrisikomanagements im Kreditwesen in der Bundesrepublik Deutschland, Frankfurt am Main 2008; *Stuchly*, Konzepte der Liquiditätssteuerung in Kreditinstituten. Grundlagen, Vorschriften, Methoden, Saarbrücken 2009.

605 Zu nennen sind insbesondere der „Report of the Financial Stability Forum on Enhancing Market and Institutional Resilience" des Financial Stability Boards von April 2008 (im Internet abrufbar unter: http://www.financialstabilityboard.org, zuletzt abgerufen am 9. Juni 2014), der auf die Stärkung der Aufsicht über das Liquiditätsrisikomanagement der Banken zielt, die „Principles for Sound Liquidity Risk Management and Supervision" des Basler Ausschusses für Bankaufsicht von September 2008 (im Internet abrufbar unter: http://www.bis.org, zuletzt abgerufen am 9. Juni 2014), die eine internationale Harmonsierung der qualitativen

der Liquiditätsrisikosteuerung gefunden, deren bankaufsichtsrechtliche Umsetzung auf europäischer Ebene und in Deutschland zum überwiegenden Teil bereits erfolgt ist.[606]

Das Bankaufsichtsrecht stellt die Liquidität der Banken im Wesentlichen über zwei Ansätze, einen quantitativen und einen qualitativen, sicher. Während die quantitativen, regelbasierten Vorgaben über die Ermittlung und Meldung von Kennzahlen den Umfang der vorzuhaltenden Liquiditätsausstattung festlegen, verfolgen die qualitativen Vorgaben einen prinzipienorientierten Ansatz, den das jeweilige Kreditinstitut durch ein institutsindividuelles Liquiditätsrisikomanagement auszufüllen hat.

Im Hinblick auf das Verhältnis der bankaufsichtsrechtlichen Vorgaben zu den betriebswirtschaftlichen Liquiditätsanforderungen gilt, dass die Erfüllung der aufsichtlichen Liquiditätsnormen zwar eine notwendige, unter betriebswirtschaftlichen Gesichtspunkten aber keinesfalls immer eine hinreichende Bedingung darstellt. So wie die qualitative Liquiditätssteuerung von „Mindestanforderungen an das Risikomanagement Banken" (MaRisk (BA)) spricht, so gibt auch die quantitative Steuerung lediglich eine Mindestliquiditätskennzahl vor, die in der Praxis des Liquiditätsmanagements von vielen Instituten übertroffen wird.[607] Als betriebswirtschaftliche Bestimmungsfaktoren für das Maß an zu haltender Liquidität müssen zudem die Wechselwirkungen von Liquidität und Bonität einerseits und Rentabilität andererseits in den Blick genommen werden. Ein Liquiditätsüberhang führt im Grundsatz dazu, dass die Rentabilität des Institutes sinkt. Denn je liquider die Anlage ist, desto geringer ist der Zinssatz, mit dem der Vermögenswert ausgeliehen werden kann.[608] Noch deutlicher wird dieser Effekt an der mangelnden Verzinsbarkeit einer zu haltenden Barreserve. Andererseits erhöht eine solide Liquiditätspolitik die Bonität des Institutes mit der Folge, dass die Refinanzierungskosten sinken, was sich umgekehrt positiv auf die Ertragslage auswirkt. Denn regelmäßig werden einem Institut mit guter Bonität günstigere Kreditkonditionen eingeräumt.

Liquiditätsrisikosteuerung zum Ziel haben und das „International Framework for Liquidity Risk Measurement, Standards and Monitoring" des Basler Ausschusses für Bankenaufsicht von Dezember 2010 (im Internet abrufbar unter: http://www.bis.org, zuletzt abgerufen am 9. Juni 2014), der die erstmalige internationale Harmonisierung der quantitativen Liquiditätsrisikosteuerung zum Gegenstand hat. Daneben ist auf europäischer Ebene der „Second Part of CEB's Technical Advice to the European Commission on Liquidity Risk Management" des Committee of European Banking Supervisors (CEBS) von September 2008 (im Internet abrufbar unter: http://www.eba.europa.eu, zuletzt abgerufen am 9. Juni 2014) zu nennen, die sich im Wesentlichen mit den Vorschlägen des Basler Bankenausschusses decken.

606 Vgl. im Einzelnen D.III.2 bis D.III.4 im Hinblick auf die europaweit harmonisierten quantitativen Liquidititätsvorschriften sowie D.IV im Hinblick auf den Einfluss der internationalen Vorgaben auf die qualitativen Liquiditätsvorschriften.

607 *Kokemoor*, in: Beck/Samm/Kokemoor, KWG, § 11 Rn. 36.

608 *Kokemoor*, in: Beck/Samm/Kokemoor, KWG, § 11 Rn. 30.

Die Steuerung von Liquiditätsrisiken nimmt im Gesamtgefüge der bankaufsichtsrechtlichen Risikosteuerung eine gewisse Sonderrolle ein. Während die Übernahme von anderen Risikoarten im Allgemeinen durch ein aufsichtlich bestimmtes Maß an Eigenmitteln zu kompensieren ist, begrenzt die Bankenaufsicht den Umfang von Liquiditätsrisiken, die übernommen werden dürfen. Ein Grund für diese unterschiedlichen Regulierungsmuster ist, dass das Schlagendwerden von Liquiditätsrisiken nicht oder zumindest nicht in ausreichendem Maße mit Eigenkapital abgefedert werden kann.[609] Zwar mag ein hoher Eigenmittelbestand eine positive Wirkung auf die Bonität des Kredit- und Finanzdienstleistungsinstituts haben; vor den Folgen eines Bank-Run, bei dem nicht alle Einleger einer rational begründeten Entscheidung folgen, kann es nicht schützen.

Am Rande sei darauf hingewiesen, dass daneben die Eigenmittelanforderungen des § 10 KWG/ Solvabilitätsverordnung und die Großkreditvorschriften (§§ 13 ff. KWG) mittelbar die Liquiditätsposition eines Institutes steuern.[610] Ziel der Eigenmittelanforderungen ist u. a., das Eingehen von Kredit- und Marktrisiken in Relation zum vorhandenen Eigenkapital in seiner Funktion als Verlustpuffer zu setzen und damit zu begrenzen. Diese Risiken können als derivative Liquiditätsrisiken erheblich die Liquiditätsposition des Institutes beeinflussen. Die Großkreditvorschriften haben zum Ziel, die Institute vor den Risikokonzentrationen zu schützen, die sich aus einer mangelnden Diversifizierung der Kreditgeschäfts und der damit einhergehenden Steigerung des Kontrahentenrisikos ergeben. Auch eine Konzentration von Ausfallrisiken kann die Liquiditätslage eines Instituts erheblich belasten. Deshalb bewirken die Eigenmittelanforderungen und Großkreditvorschriften mittelbar die Steuerung von Liquiditätsrisiken.

In diesem Abschnitt werden zunächst die spezifischen Anforderungen an die Steuerung von Liquiditätsrisiken in Banken dargestellt. Dem schließt sich ein kurzer Rückblick auf die Entwicklung der bankbetrieblichen und bankaufsichtsrechtlichen Liquiditätssteuerung in Deutschland an. Abschließend wird der Stand der quantitativen (kennzahlenbasierten) und qualitativen (prinzipienbasierten) bankaufsichtsrechtlichen Liquiditätssteuerung dargestellt.

I. Besonderheiten der Liquiditätsrisikosteuerung aufgrund der volkswirtschaftlichen Bedeutung und des Geschäftsmodells von Banken

Die Anforderungen an eine wirksame und angemessene Steuerung des Liquiditätsrisikos einer Bank sind im Vergleich zu den Anforderungen an Industrie–, Handels- und sonstige Dienstleistungsunternehmen aufgrund von Umständen, die einerseits in der volkswirtschaftlichen Bedeutung von Banken und andererseits in ihrem Geschäftsmodell wurzeln, andere und tendenziell höher.

609 *Hartmann-Wendels/Weber/Pfingsten*, Bankbetriebslehre, S. 467.
610 *Kokemoor*, in: Beck/Samm/Kokemoor, § 11 Rn. 38.

1. Systemische Bedeutung der Liquiditätsrisikosteuerung

Als erstes normatives Indiz für das erhöhte Anforderungsprofil bankaufsichtsrechtlicher Liquiditätssteuerung kann die gesetzgeberische Differenzierung zwischen „jederzeitiger Zahlungs*fähigkeit*" im Sinne von § 17 InsO und „jederzeitiger Zahlungs*bereitschaft*" im Sinne von § 11 KWG gelten. Diese Differenzierung weist darauf hin, dass Banken nicht nur fällige Forderungen betrags- und zeitgenau erfüllen müssen, sondern darüber hinaus auch liquide Mittel vorhalten müssen, um Auszahlungsbegehren nachkommen zu können, zu denen sie (noch) nicht verpflichtet sind, wie etwa bei der Duldung einer Girokontoüberziehung.[611] Kann eine Bank Auszahlungsbegehren nicht umgehend und vollständig nachkommen, droht ein Vertrauens- und Reputationsverlust, der im schlimmsten Fall zu einer Welle von panikartigen Abhebungen von Kundeneinlagen führen kann (sog. Bank-Run),[612] die nicht nur zur Insolvenz des betreffenden Instituts, sondern zu einer Krise des gesamten Bankensystems führen kann. Dieses als „systemisch" bezeichnete Risiko wird mit der gegenseitigen Abhängigkeit der Banken über die Zahlungssysteme, den Interbanken- und Kapitalmarkt sowie mit psychologischen Ansteckungseffekten erklärt.[613] Zwar sollen gerade diese psychologischen Ansteckungseffekte durch die bestehenden Einlagensicherungssysteme abgemildert werden. Diese schienen jedoch in der jüngsten Finanzkrise in den Jahren 2007–2009 als nicht ausreichend, da sich die Bundesregierung veranlasst sah, zusätzlich eine Staatsgarantie für Spareinlagen im Umfang von 1,2 Milliarden Euro abzugeben.[614] Neben den Einlagensicherungssystemen können die Notenbanken als „Lender of Last Resort"[615] dem systemischen Risiko entgegenwirken, indem sie das Liquiditätsangebot gegen Stellung von Sicherheiten bestimmter Art und Güte erhöhen und damit die Refinanzierungsmöglichkeiten des in Schieflage geratenen Instituts vergrößern.[616] Aber auch diese Möglichkeiten stehen nur unter der Voraussetzung der Verfügbarkeit zentralbankfähiger Sicherheiten und nur theoretisch in unbegrenztem Maße zur Verfügung.

Aus systemischer Sicht kommt hinzu, dass Banken überwiegend fremdes Kapital vermitteln, was zur Folge hat, dass ein Mangel an Liquidität in der Regel einen

---

611 *Pohl*, Ertragsorientierte Steuerung von Liquiditätsrisiken, S. 12 f.

612 *Zeranski*, in: Ertragsorientiertes Liquiditätsrisikomanagement in mittelständischen Banken, S. 209; als Beispiel aus jüngerer Zeit ist der Bank-Run der Kunden der Northern Rock zu nennen, der innerhalb von wenigen Tagen zu einem Abzug von Kundeneinlagen in Höhe von knapp 3 Mrd. Euro führte (FAZ vom 17. September 2007, „Lange Schlangen, abstürzende Kurse" (zuletzt abgerufen unter www.faz.net am 29. Juli 2013).

613 *Pohl*, Ertragsorientierte Steuerung des Liquiditätsrisikos, S. 31.

614 Vgl. FAZ vom 6. Oktober 2008 „Immer mehr Staatsgarantien" (zuletzt abgerufen unter www.faz.net am 12. Juli 2013); vgl. auch *Roth*, NJW 2009, 566 ff.

615 Zu Deutsch „Kreditgeber letzter Instanz".

616 *Pohl*, Ertragsorientierte Steuerung des Liquiditätsrisikos, S. 32.

breiten Kreis von Gläubigern trifft.[617] Damit ist ein weiterer Aspekt der systemischen Bedeutung der Bankaufsicht genannt: Das Bankaufsichtsrecht will durch die Einflussnahmen auf Geschäftspolitik und Organisationsstruktur von Kreditinstituten verhindern, dass die Sicherheit der den Instituten anvertrauten Vermögenswerte gefährdet ist oder erhebliche Nachteile für die Gesamtwirtschaft drohen (vgl. § 6 Abs. 2 KWG).

2. Geschäftsmodellspezifische Besonderheiten der Liquiditätsrisikosteuerung

Neben die systemische Bedeutung der Liquidität von Banken treten geschäftsmodellspezifischen Anforderungen, welche die Liquiditätsrisikosteuerung von Banken im Vergleich zu Industrie-, Handels- oder sonstigen Dienstleistungsunternehmen vor zusätzliche Herausforderungen stellen.

Das Ausmaß an Unsicherheit der Zahlungsströme ist bei Banken weitaus größer als bei Industrie-, Handels- oder sonstigen Dienstleistungsunternehmen. Das liegt vor allem an der Aufgabe der Fristentransformationsfunktion der Banken, die sie als Finanzintermediäre wahrnehmen. Die Transformation von Kapitalbindungsfristen bedeutet, dass eine Bank mit kurzfristigen Einlagen von Kunden (z. B. Spareinlagen, Girokonten) längerfristige Kredite gewährt, die höher verzinst sind als die kurzfristigen Einlagen. Die Fristentransformation gründet auf dem bereits angesprochenen Kalkül der Banken, dass nach dem Gesetz der großen Zahl nicht alle kurzfristigen Einlagen mit Fälligkeit abgezogen werden, sondern in einem bestimmten Umfang prolongiert oder durch neue Einlagen substitiert werden.[618] Daraus ergibt sich ein Refinanzierungsrisiko für die Bank, weil das Risiko besteht, dass aufgrund geänderter Marktumstände oder aufgrund eines Reputationsverlustes der Bank eine Refinanzierung der längerfristigen Kredite z. B. nach Abruf kurzfristiger Einlagen bzw. aufgrund geringerer Einzahlungen nicht gelingt.[619]

Darüber hinaus werden die Zahlungsströme eines Kreditinstitutes in viel größerem Maße als bei einem Industrie-, Handels- oder sonstigen Dienstleistungsunternehmen durch das Verhalten der Kunden bestimmt werden.[620] Beispiele für diese autonomen Zahlungsströme sind Auszahlungen aufgrund der Einräumung von Kontokorrentkrediten, Ein- und Auszahlungen aufgrund von Sicht- und Spareinlagen und liquiditätswirksames Neugeschäft.[621] Um einen Reputations- und

617 Bericht des Wirtschaftsausschusses des Bundestages zum KWG, BT- Drucks. 3/2563, S. 2.
618 *Börner*, Strategisches Bankmanagement, S. 161 f.
619 Vgl. *Betge*, Bankbetriebslehre S. 14; *Büschgen*, Bankbetriebslehre, S. 39 (40).
620 *Schum*, Die besonderen Aspekte der Mittelflussrechnung im Bankbetrieb, S. 59; *Zeranski*, in: Ertragsorientiertes Liquiditätsrisikomanagement, S. 210.
621 *Pohl*, Liquiditätsrisiko-Management in Banken, S. 9 f; *Betge*, Bankbetriebslehre, S. 304.

Vertrauensverlust zu vermeiden,[622] muss ein Kreditinstitut in der Lage sein, neben zwingenden Zahlungsverpflichtungen auch andere Zahlungsanforderungen seiner Kunden zu erfüllen, wie z. B. Auszahlungen vor Fälligkeit.[623] Zur weiteren Unsicherheit trägt bei, dass in vielen zinstragenden Bankprodukten den Kunden umfangreiche Dispositionsmöglichkeiten, v.a. Wahlrechte, gewährt werden, die zur Folge haben, dass die aus diesen Bankprodukten resultierenden Zahlungsströme variabel sind.[624] Ein Beispiel ist die häufig eingeräumte Möglichkeit zur vorzeitigen Tilgung von Verbraucherkrediten oder von hypothekarisch gesicherten Krediten. Ein weiterer Faktor für die Unsicherheit der Zahlungsströme ist, dass Kreditinstitute auch schon vertraglich festgelegte Produktkonditionen nachträglich ändern (müssen), wie die häufig eingeräumte Möglichkeit zur Prolongation von Krediten zeigt.[625]

Zudem wirkt liquiditätsrisikoerhöhend, dass Geschäftsbanken zur Refinanzierung verstärkt auch auf den Kapitalmarkt zurückgreifen, da die Refinanzierung über Kundeneinlagen aufgrund zunehmenden Wettbewerbes von Direktbanken weniger lohnend erscheint. Die Kapitalmarktrefinanzierung führt vor allem zu volatileren Refinanzierungskosten und damit zusätzlichen Liquiditätsrisiken. Schließlich bewirken die zunehmende Komplexität der Bankgeschäfte und die Zunahme der Handelstätigkeit der Banken, v.a. mit derivativen Finanzinstrumenten, dass die regulatorischen Anforderungen an das Risikomanagement in Banken gestiegen sind.[626] Eine weitere Besonderheit des Geschäftsmodells von Banken ist der vergleichsweise hohe Fremdkapitalanteil, der zu einer konstant hohen Liquiditätsbelastung der Bank führt.[627] Zwar gibt es auch Umstände, die das Liquiditätsrisiko der Geschäftstätigkeit von Banken grundsätzlich mildern, wie beispielsweise der Zugang zu besonderen, Nicht-Banken nicht zur Verfügung stehenden Refinanzierungsquellen (z. B. der Geld- und Interbankenmarkt),[628] doch gerade in der Finanzmarktkrise haben der dauerhafte Vertrauensverlust auf dem Interbankenmarkt und ein damit einhergehendes „Austrocknen" die Vulnerabilität dieser Refinanzierungsquelle gezeigt.

Daraus folgt, dass die Anforderungen an die bankbetriebliche Liquiditätssteuerung deutlich komplexer sind als die eines Industrie-, Handels- oder sonstigen Dienstleistungsunternehmens.[629]

---

622 *Büschgen*, Bank-Lexikon, S. 629; *Zeranski*, Liquidity at Risk zur Steuerung des liquiditätsmäßig-finanziellen Bereichs von Kreditinstituten, S. 34 f.

623 *Meyer zu Selhausen*, in: HdWb Bank- und Finanzwesen, S. 1503 (1505).

624 *Zeranski*, BankPraktiker 2009, 234 (234); *Hartmann-Wendels/Pfingsten/Weber*, Bankbetriebslehre, S. 768.

625 *Hartmann-Wendels/Pfingsten/Weber*, Bankbetriebslehre, S. 766 (767).

626 *Ferstl*, in: Beck/Samm/Kokemoor, KWG, § 25a Rn. 18.

627 *Pohl*, Liquiditätsrisiko-Management in Banken, S. 8.

628 *Pohl*, Ertragsorientierte Steuerung des Liquiditätsrisikos, S. 33.

629 *Zeranski*, in: Ertragsorientiertes Liquiditätsrisikomanagement, S. 210.

II. Bankbetriebliche Liquiditätstheorien

Bevor auf den derzeit geltenden Regelungsrahmen eingegangen wird, sollen wesentliche bankbetriebliche Ansätze zur Steuerung der Liquidität erläutert werden, die für dessen Verständnis wesentlich sind.

a) Goldene Bankregel

Im Verlauf der Finanzmarktkrise wurde insbesondere von Juristen der Vorwurf erhoben, dass die sog. „*Goldene Bankregel*" nicht eingehalten worden sei.

Hübner[630] legte in der Mitte des 19. Jahrhunderts mit der Formulierung der Goldenen Bankregel den theoretischen Grundstein für die Diskussion und die Entwicklung der Liquiditätssteuerung. Die Goldene Bankregel wendet sich gegen das Prinzip der Transformation von Kapitalbindungsfristen, weil sie fordert, dass die Dauer von Kapitalüberlassung und Kapitalbindung der sich gegenüberstehenden Aktiva und Passiva jedenfalls kongruent sein muss. Die Goldene Bankregel hat in eingeschränktem Maß Eingang in die heutige Regulierungskonzeption gefunden, da ihre umfassende Befolgung zur Beseitigung der Fristen- und Risikotransformationsfunktion von Banken als Finanzintermediäre führt. Langfristige Anlagen ohne feste Kapitalbindungsdauer auf der Passivseite können nämlich mangels Mitteln mit identischen Restlaufzeiten nur mit Eigenkapital unterlegt werden. Sichteinlagen von Kunden könnten auf der Aktivseite lediglich täglich fällig werdende Verbindlichkeiten oder der Kassenbestand gegenüberstehen. Aufgrund dessen spielt die Golden Bankregel nur eine untergeordnete praktische und theoretische Rolle in der Liquiditätssteuerung von Banken.[631] Dennoch ist festzustellen, dass sie die Diskussion über die Sicherstellung von Liquidität sowie das Denken in Kapitalbindungs- und -überlassungsfristen befeuert hat.[632]

b) Bodensatztheorie

Den Ansatz der Goldenen Bankregel aufnehmend, entwickelte Wagner[633] kurze Zeit später die sog. „*Bodensatztheorie*". Hauptmerkmal dieses Ansatzes zur Liquiditätssteuerung ist, dass nicht die juristischen Fristen, sondern die tatsächliche Kapitalüberlassungsdauer für die Frage der ausreichenden Zahlungsbereitschaft einer Bank in den Mittelpunkt der Betrachtung steht.[634] Denn üblicherweise wird ein bestimmter Prozentsatz von Einlagen nicht mit Fälligkeit von den Anlegern abgerufen, sondern bei der Bank gleichsam als Einlagen-„Bodensatz" stehen gelassen

---

630 *Hübner*, Die Banken, S. 28 ff.

631 *Schierenbeck/Lister/Kirmße*, Ertragsorientiertes Bankmanagement, Bd. 1, S. 63.

632 *Meyer zu Selhausen*, in: HdWb Bank- und Finanzwesen, S. 1503 (1508); *Hartmann-Wendels/Pfingsten/Weber*, Bankbetriebslehre, S. 469.

633 *Wagner*, Beiträge zur Lehre von den Banken, S. 162 ff.

634 *Hartmann-Wendels/Pfingsten/Weber*, Bankbetriebslehre, S. 469 f.

oder revolvierend angelegt. Ein anderer Teil wird darüber hinaus erfahrungsgemäß durch neue Einlagen ersetzt. Die Bodensatztheorie nimmt deshalb an, dass sich die Ein- und Auszahlungen der Einleger nach dem Gesetz der großen Zahl gegenseitig ausgleichen und es deshalb einen Bodensatz von an sich kurzfristigen Einlagen gibt, die der Bank aber langfristig zur Verfügung stehen. Auf der Basis von Daten aus der Vergangenheit und mithilfe einer sog. Fluktuationsanalyse kann dieser tiefste Stand der dauerhaft verfügbaren Einlagen berechnet werden. Folge für die Liquiditätssteuerung ist, dass für den Bodensatz keine Liquiditätsvorsorge getroffen werden muss. Achillesverse der Bodensatztheorie ist allerdings die Grundannahme, dass Ein- und Auszahlungen statistisch voneinander unabhängig sind. Insbesondere extreme Belastungssituationen, in denen sich das Anlegerverhalten nicht kompensiert, sondern kumuliert – wie z. B. bei einem Bank-Run –, werden von diesem Ansatz nicht erfasst.

c) Realisationstheorie

Die sog. „Realisationstheorie" (oder „*Shiftability-Theorie*") geht im Unterschied zur Bodensatztheorie davon aus, dass nicht nur Einlagen zur Substitution abgeflossener Liquidität beitragen, sondern auch die Möglichkeit, Aktiva vor Fälligkeit ohne wesentliche Verluste durch Verkauf oder Beleihung liquidieren zu können.[635] Beispielweise können Forderungen gegen Liquidität an andere Banken abgetreten werden. Deshalb entstünden Liquiditätsprobleme dann, wenn die Möglichkeit der Substitution durch Liquidation von Aktiva nicht mehr gegeben sei. Kern der Liquiditätssteuerung sei deshalb, eine Liquiditätsreserve vorzuhalten, die Vermögensgegenstände umfasst, die zum einen hinreichend liquide und zum anderen in ausreichendem Maß vorhanden sind.

Das Verdienst der Realisationstheorie besteht also darin, dass sie die Perspektive – ähnlich wie schon die Bodensatztheorie, nun aber auf Aktivseite – von den juristischen Fälligkeiten hin zu der tatsächlichen Liquidierbarkeit der Vermögenswerte lenkt. In diesem Zusammenhang ist bereits auf eine Schwäche der Realisationstheorie hinzuweisen. Das Risiko, Vermögensgegenstände zur Beschaffung von Liquidität an einem Markt zu veräußern, ist von dessen Liquidität und Tiefe abhängig. Steigt das Angebot ähnlicher Vermögensgegenstände am Markt, sinkt deren Preis; die Vermögensgegenstände können dann nur mit einem Preisabschlag liquidiert werden, der Wert der noch im Portfolio einer Bank gehaltenen gleichartigen Vermögensgegenstände verringert sich ebenfalls. Dadurch steigt wiederum der Bedarf an zu liquidierenden Vermögensgegenständen usw. Diese positive Korrelation zwischen Liquiditäts- und Marktpreisrisiko kann im schlimmsten Fall zu einer nicht absehbaren abwärts gerichteten Preisspirale führen.

---

635 *Hartmann-Wendels/Pfingsten/Weber*, Bankbetriebslehre, S. 470 ff.

d) *Maximalbelastungstheorie*

Im Gegensatz zur Bodensatz- und Realisationstheorie, denen der „Normalfall“ als Annahme zugrundeliegt, erfasst die sog. „Maximalbelastungstheorie“ den Extremfall, dass der Bodensatz der Einlagen, z.B. aufgrund eines Bank-Run nahezu null beträgt. In Erweiterung der Realisationstheorie berücksichtigt dieser Ansatz auf der Aktivseite nicht nur nahezu verlustlost liquidierbare, sondern alle Vermögenswerte eines Kreditinstitutes.[636] Diese Vermögenswerte werden den Einlagen in einer Solvabilitätsbilanz gegenübergestellt. Geht man mit diesem Ansatz nun von der grundsätzlichen Liquidierbarkeit aller Vermögenswerte aus, kommt es nicht mehr entscheidend auf die Gegenüberstellung von Mittelzu- und -abflüssen an, um die Liquidität zu steuern, sondern darauf, dass die eventuellen Liquidationsabschläge das vorhandene Eigenkapital nicht übersteigen. Die Höhe der Liquidationsabschläge ist dabei von der Bonität, dem Marktumfeld, der Laufzeit und dem Zinssatz des Vermögenswertes abhängig.

Aus der Tatsache, dass die Maximalbelastungstheorie keine Laufzeitsteuerung vorsieht, folgt jedoch, dass sie für die Steuerung des dispositiven Liquiditätsrisikos isoliert betrachtet nur von geringem Wert ist.[637] Hinzukommt, dass für die Liquidationsfähigkeit der Vermögenswerte im Maximalbelastungsfall umfangreiche Annehmen treffen muss, weswegen diesem Ansatz nur ein geringe Aussagekraft für die konkrete Liquiditätssteuerung in Banken zukommt.[638]

III. Quantitative Liquiditätsrisikosteuerung im Bankaufsichtsrecht

1. Entwicklung der quantitativen Liquiditätsrisikosteuerung im Bankaufsichtsrecht

a) *Entwicklung bis zur Finanzkrise 2007–2009*

(1) Steuerungsansätze bis zur 7. KWG-Novelle

Die Entwicklung des deutschen Bankaufsichtsrechtes im Allgemeinen und der Liquiditätsrisikosteuerung im Besonderen erfolgte schubweise zumeist infolge von Wirtschafts- und Bankenkrisen. Während die bankaufsichtsrechtliche Forderung nach einem umfassenden Liquiditätsrisikomanagement erst in jüngerer Zeit erhoben worden ist, reicht die Idee feststehender Liquiditätsgrundsätze bis in die Wirren der Weltwirtschaftskrise der dreißiger Jahre des letzten Jahrhunderts zurück. Im Zentrum dieses Abschnittes steht die Entwicklung von Liquiditätsnormen.

636 *Hartmann-Wendels/Pfingsten/Weber*, Bankbetriebslehre, S. 472 f.
637 *Meyer*, Bankbilanz, S. 260; *Büschgen/Börner*, Bankbetriebslehre, S. 909.
638 *Büschgen/Börner*, Bankbetriebslehre, S. 45.

Liquiditätsnormen sind Regeln der Bankenaufsicht, die einen Handlungsrahmen für die Liquiditätspolitik der Kreditinstitute bilden.[639]

Betrachtet man die bis zur 7. KWG-Novelle 1997 von der Bankaufsicht verfolgten Steuerungsansätze, so sind im Wesentlichen die indirekten von den direkten Liquiditätsnormen zu unterscheiden. Die als Reaktion auf die Verwerfungen infolge der Weltwirtschaftskrise erlassenen Liquiditätsvorschriften des KWG 1934/1939 verfolgten das Modell der direkten Liquiditätsmessung.[640] Direkte Liquiditätsnormen verlangen, dass durch die Institute ein bestimmter Prozentsatz ihrer (kurzfristigen) Verbindlichkeiten durch liquide Zahlungsmittel und leicht verwertbare Aktiva im Sinne einer horizontalen Bilanzrelation gedeckt sein muss und kombinieren damit die Bodensatztheorie und die Goldene Bankregel.[641]

Die Einführung der *Liquiditätsgrundsätze II und III* infolge der 1. KWG-Novelle 1961 führte zu einem methodischen Wechsel. Den Liquiditätsgrundsätzen lag eine indirekte Methode zur Liquiditätssteuerung zugrunde. Diese sind ebenfalls als horizontale Bilanzrelationen einzuordnen, unterscheiden sich jedoch von den direkten Liquiditätsnormen dadurch, dass sie nicht liquide Aktiva und Verbindlichkeiten gegenüberstellen, sondern als Finanzierungsregeln das Verhältnis zwischen gebundenen Aktiva und bestimmten Verbindlichkeiten in den Blick nehmen.[642] Während der Liquiditätsgrundsatz II die langfristig gebundenen Aktiva und deren Refinanzierung in den Blick nahm, diente der Liquiditätsgrundsatz III der Sicherung der dispositiven Liquiditätssicherung im kurz- und mittelfristigen Bereich.[643] Im Ergebnis zielen indirekte Modelle somit darauf ab, das zulässige Maß an Fristentransformation zu beschränken.[644]

---

639 *Meyer zu Selhausen*, in: HdWb Bank- und Finanzwesen, S. 1503 (1508 f.).

640 *Kokemoor*, in: Beck/Samm/Kokemoor, KWG, § 11 Rn. 10.

641 *Meyer*, Bankbilanz, S. 278 ff.

642 *Kokemoor*, in: Beck/Samm/Kokemoor, KWG, § 11 Rn. 10; *Meyer*, Bankbilanz, S. 281 ff.

643 *Pohl*, Michael, ZBB 2008, S. 423 (423 mwN).

644 Der *Liquiditätsgrundsatz II a.F.* forderte – in Anlehnung an die *Goldene Bankregel* –, dass die Summe der langfristigen Anlagen die Summe der langfristigen Finanzierungsmittel nicht überschreiten durfte. Zu den langfristigen Anlagen zählten beispielsweise Ausleihungen mit einer Laufzeit von mehr als vier Jahren, nicht börsengängige Wertpapiere und Betriebsgrundstücke, auf der Seite der langfristigen Finanzierungsmittel stand das Eigenkapital, Verbindlichkeiten mit einer mindestens vierjährigen Laufzeit und auch ein bestimmter Bodensatz an langfristig zur Verfügung stehenden Kundeneinlagen. *Der Liquiditätsgrundsatz III a.F.* hingegen betraf die Refinanzierung kurz- und mittelfristiger Verbindlichkeiten durch entsprechende Passiva. Als Anlagen waren zum Beispiel 20 Prozent der Forderungen an Kreditinstitute mit einer Laufzeit von mehr als drei Monaten, aber weniger als vier Jahren, sowie Forderungen an Kunden mit einer Laufzeit von weniger als vier Jahren anzusehen. Auf Finanzierungsseite waren beispielsweise 10 Prozent der Verbindlichkeiten gegenüber Kreditinstituten mit einer Laufzeit von weniger als drei Monaten und 50 Prozent des Nominalvolumens der Verbindlichkeiten

Der im Rahmen der 6. KWG- Novelle eingeführte *Grundsatz II* des damaligen Bundesaufsichtsamts für das Kreditwesen[645] löste die Liquiditätsgrundsätze II und III ab und bewirkte die Rückkehr zur direkten Methode der Liquiditätsmessung. Eine Anknüpfung an das historische Vorbild aus den dreißiger Jahren wurde damit aber nicht verfolgt. Anders als im Rahmen der Liquiditätsgrundsätze II und III, die die Refinanzierungsrisiken infolge von Fristentransformation ins Zentrum der Liquiditätssteuerung rückten, standen nun Abrufrisiken im Vordergrund.[646] Der Neuausrichtung lag die Annahme zugrunde, dass einer solventen und ertragsstarken Bank jederzeit die mittel- bis langfristige Refinanzierung jenseits eines Zeithorizonts von einem Jahr gelingen werde.[647] Das Steuerungskonzept des Grundsatzes II wurde im Rahmen der siebten KWG-Novelle in die Liquiditätsverordnung (LiqV)[648] als sog. *Standardansatz* im Wesentlichen weitergeführt.

(2) Quantitative Liquiditätsrisikosteuerung nach § 11 Abs. 1 KWG iVm Liquiditätsverordnung in der Übergangsphase

Seit KWG 1961 steht hinter der untergesetzlichen Liquiditätssteuerung fast unverändert § 11 Abs. 1 Satz 1 KWG, der von den Instituten fordert, ihre Mittel so anlegen, dass jederzeit eine ausreichende Zahlungsbereitschaft gewährleistet ist. In absehbarer Zeit wird das aufgrund Basel III umzusetzende Liquiditätsregelwerk den derzeit noch geltenden Regelungsrahmen (§ 11 Abs. 1 Satz 1 KWG iVm LiqV) ablösen. In einer Übergangsphase, die der Beobachtung und Überprüfung des neuen Liquiditätsregelwerks dient, wird § 11 Abs. 1 Satz 1 KWG iVm LiqV zwar fortgelten (längstens bis zum 31.12.2017 bzw. 31.12.2018).[649]

Hauptaugenmerk in dieser Untersuchung soll jedoch auf den neuen Liquiditätsregeln liegen. Das alte Liquiditätsregime soll im Folgenden nur insoweit beleuchtet werden, als auf dessen Schwächen[650] hingewiesen wird, deren Behebung Basel III zum Ziel hat.

---

gegenüber Kreditinstituten mit einer Laufzeit von drei Monaten bis zu vier Jahren in Ansatz zu bringen.

645 Vgl. Bekanntmachung des Bundesaufsichtsamt für das Kreditwesen v. 20.01.1969, BAnz Nr. 17, zuletzt geändert durch Bekanntmachung v. 20.07.2000, BAnz Nr. 160.

646 *Kokemoor*, in: Beck/Samm/Kokemoor, KWG, § 11 Rn. 15.

647 Vgl. *Bundesaufsichtsamt für das Kreditwesen*, Erläuterungen zur Bekanntmachung über die Änderung und Ergänzung der Grundsätze über die Eigenmittel und die Liquidität der Institute vom 25.11.1998, S. 2 (abrufbar unter www.bundesbank.de, zuletzt abgerufen am 12. April 2014).

648 Verordnung über die Liquidität der Institute (LiqV), vom 14. Dezember 2006, BGBl. I 2006, S. 3117 ff.

649 Vgl. im Detail D.III.1.b).

650 Ausführlich zu den Defiziten der Liquiditätskennzahl des Standardansatzes *Hartmann-Wendels/Pfingsten/Weber*, Bankbetriebslehre, S. 492 f.; ferner *Pohl*, ZBB 2008, 423 (424).

(3) *Schwächen der Liquiditätsrisikosteuerung nach der Liquiditätsverordnung und institutsinterne Modelle*

Als eine wesentliche Schwäche wird angesehen, dass der Liquiditätssteuerung nach dem *Standardansatz* der LiqV ein streng bilanzieller Ansatz zugrunde liegt.[651] Diese Kritik ist darauf zurückzuführen, dass die zur Steuerung der dispositiven Liquidität zu berechnende Liquiditätskennzahl dadurch ermittelt wird, dass die innerhalb eines Monats verfügbaren Zahlungsmittel den während eines einmonatigen Zeitraumes abrufbaren Zahlungsverpflichtungen – mithin bilanzielle Bestandsgrößen – gegenübergestellt werden, wobei der Quotient nicht kleiner eins sein darf. Demgegenüber vergleicht die neue Liquiditätsdeckungsanforderung einen etwaigen Überhang an Liquiditätsabflüssen (Stromgröße) mit dem Umfang der vorhandenen Liquiditätsreserve (Bestandsgröße).[652]

Als ein weiterer Schwachpunkt wird angesehen, dass nicht alle Zahlungsverpflichtungen erfasst werden, sondern nur solche aus dem Wertbereich einer Bank. Zahlungsströme aus dem operativen Bereich, wie z.B. Löhne und Gehälter, vor allem aber bestimmte besonders liquiditätsrisikoträchtige Zahlungsströme aus außerbilanziellen Eventualverpflichtungen, wie z.B. aus Derivaten, werden von der Berechnung nicht erfasst.[653] Dies wird unter der neuen Liquiditätsanforderung anders sein.[654]

Einer der für am gravierendsten erachteten Mängel wird darin gesehen, dass der Umfang der *ausreichenden* Liquidität nach § 11 KWG iVm LiqV für den „Normalfall" berechnet wird, d.h. die Entwicklung der Liquidität in Extremsituationen wie dem eines Vertrauensverlustes auf dem Interbankenmarkt oder sonstigen exogenen Anspannungen u.a. der Finanz- und Kapitalmärkte bislang nicht erfasst wird. Aus aufsichtsrechtlicher Perspektive wurde es bisher für ausreichend erachtet, wenn man den Zahlungsstromprognosen Erfahrungswerte zuzüglich eines gewissen Sicherheitsaufschlages zugrunde gelegt hat.[655] Demgegenüber waren die Bestimmung ausreichender Liquidität unter Stressbedingungen und die Durchführung von Risikosimulationen bislang primär Gegenstand der qualitativen (bankinternen) Liquiditätssteuerungsmodelle nach § 25 a KWG iVm MaRisk(BA). Die neue

---

651 *Brzenk/Cluse/Leonhardt*, Die neue Baseler Liquiditätsanforderung, Deloitte White Paper No. 37, aktual. Stand Januar 2011, S. 13 (im Internet abrufbar unter: http://www.deloitte.com, zuletzt abgerufen am 9. Juni 2014).

652 Dazu unter D.III.2.

653 *Pohl*, ZBB 2008, 423 (424) mwN, veranschaulicht diese Problematik mit folgendem Beispiel: In einer Liquiditätskrise kann ein Institut die Liquiditätskennzahl dadurch positiv beeinflussen, dass es für die Übernahme einer Stillhalter-Position im Rahmen einer Put-Option eine Optionsprämie erhält, die daraus erwachsenen Risiken einer eventuellen Inanspruchnahme aber nicht als Verbindlichkeit in die Berechnung der Liquiditätskennzahl einfließen lässt (vgl. dazu auch *Ludwig*, Corporate Finance biz 2010, 347 (350)).

654 Vgl. für Eventualverbindlichkeiten aus Derivaten Art. 423 Abs. 2 CRR.

655 *Kokemoor*, in: Beck/Samm/Kokemoor, KWG, § 11 Rn. 41.

Liquiditätsdeckungsanforderung zielt demgegenüber darauf ab, die Zahlungsfähigkeit eines Instituts in einer 30-tägigen Liquiditätskrise sicherzustellen, wobei das Stressszenario dem der Finanzkrise 2007–2009 nachempfunden wurde. Am Rande sei erwähnt, dass von der Möglichkeit der sog. Öffnungsklausel des § 10 LiqV, derzufolge der Standardansatz nach aufsichtsbehördlicher Genehmigung durch ein institutsindividuelles Liquiditätsrisikomesssystem ersetzt und in das eine Stressmodellierung einbezogen werden kann,[656] in der Praxis nur sehr zurückhaltend Gebrauch gemacht worden ist.[657] Dies vewundert umso mehr, als insbesondere die großen Institute parallel zu den bankaufsichtsrechtlich vorgeschriebenen Maßnahmen unter dem Standardansatz institutseigene Liquiditätsmodelle zur Steuerung verwenden, um auch die Schwächen des Standardansatzes der LiqV zu kompensieren.[658] In der neuen CRR hat sich das deutsche „Vorzeigemodell" der Öffnungsklausel (auch) nicht durchsetzen können. Institutsindividuelle Abweichungen von der Liquiditätsdeckungsanforderung sind – zumindest aus aufsichtsrechtlicher Perspektive – mithin nicht möglich.

Schließlich wird bemängelt, dass die Liquiditätssteuerung nach der LiqV keine Anforderungen an die mittel- bis langfristige Refinanzierungsfähigkeit von Instituten stellt.[659] Zwar sieht § 2 Abs. 2 LiqV außerhalb des 30-Tages-Zeitraums die Berechnung und Meldung von Beobachtungskennzahlen für verschiedene Laufzeitbänder bis zu einem Jahr vor; der darüber hinausgehende Refinanzierungshorizont unterliegt aber keiner aufsichtlichen Beobachtung bzw. Überwachung. Dieser Mangel wird durch das Basel III- Liquiditätsregime durch die Einführung einer verbindlichen Mindestquote an stabiler Refinanzierung („Net Stable Funding Ratio") und weit in die Zukunft reichende Beobachtungskennzahlen aufgegriffen.[660]

b) Internationale Harmonisierung der quantitativen Liquiditätsrisikosteuerung infolge der Finanzkrise 2007–2009

Die Finanzkrise in den Jahren 2007–2009 hat vor Augen geführt, dass der bankaufsichtsrechtliche Regelungsrahmen für die Steuerung von Liquiditätsrisiken und insbesondere zur Sicherstellung der dispositiven Liquidität in Zeiten angespannter Finanzmärkte gravierende Schwächen aufweist. Erhebliche Unsicherheit über Art und Umfang von Beständen an strukturierten, forderungsbesicherten Wertpapieren

---

656 *Kokemoor*, in: Beck/Samm/Kokemoor, KWG, § 11 Rn. 31.

657 *Wachs*, Liquiditätsrisikomanagement in Kreditinstituten, S. 23; *Pohl*, ZBB 2008, 423 (424 ff.).

658 Vgl. *Rehsmann/Martin*, in: Handbuch Liquiditätsrisiko, S. 66; im Vordergrund der parallel bzw. komplementär betriebenen Systeme stehen jedoch weniger regulatorische denn ertragsorientierte Zielsetzungen (vgl. *Pohl*, Ertragsorientierte Steuerung des Liquiditätsrisikos, S. 66; ferner *Braun/Wolfgarten*, in: Boos/Fischer/Schulte-Mattler, KWG Komm, § 25a Rn. 29).

659 *Pohl*, ZBB 2008, 423 (424).

660 Vgl. D.III.3 und D.III.4.

(sog. Collateralised Debt Obligations), die die Banken auf Zweckgesellschaften ausgelagert und mittels Liquiditätszusagen abgesichert hatten, führte zu einem erheblichen Vertrauensverlust der Banken auf dem Interbankenmarkt.[661] Dies führte im Oktober 2008 dazu, dass die Banken in Europa und den USA nicht mehr bereit waren, sich am Geldmarkt gegenseitig Liquidität zur Verfügung zu stellen.[662] Folge war eine erhebliche Verknappung der Refinanzierungsmittel, deren systemgefährdende Konsequenzen nur durch ein Einspringen der Nationalbanken als Lender of Last Resort abgemildert werden konnten.[663] Die fehlenden Refinanzierungsmöglichkeiten über den Geldmarkt konnten systemgefährdende Ausmaße annehmen, weil eine Vielzahl von Banken die Transformation von Kapitalbindungsfristen exzessiv betrieben hatte. Sie hatten langfristige, illiquide Aktiva mit sehr kurzfristigen Passiva des Geldmarkts refinanziert und aufgrund allzu optimistischer Annahmen in Bezug auf die Liquidität von Vermögensgegenständen und falscher Einschätzung von Marktliquiditätsrisiken darauf vertraut, dass die Möglichkeit zur Anschlussrefinanzierung (sog. *roll-over*) der illiquiden Aktiva dauerhaft gegeben ist.[664] Auch liegt die Vermutung nahe, dass eine Vielzahl von Banken deswegen derart risikobereit war, weil sie aufgrund ihrer Größe und Bedeutung für die Gesamtwirtschaft eines Staates berechtigterweise bei Liquiditätsengpässen auf eine Rettung durch die Zentralbanken vertrauen konnten.[665] Neben Transparenzmängeln in Bezug auf die Darstellung außerbilanzieller Risiken aus Liquiditätszusagen zeigte sich, dass die bestehenden bankaufsichtsrechtlichen Regelungen nicht auf die Aufrechterhaltung

---

661 Vgl. *Rudolph*, zfbf 60 (2008), 713 (735 f.).

662 *Bindseil/Lamoot*, The Basel III Framework for Liquidity Standards and Monetary Policy Implementation, SFB 649 Discussion Paper 2011–041, June 2011, S. 3 (im Internet abrufbar unter: http://www.wiwi.hu-berlin.de, zuletzt abgrufen am 31. Juli 2013).

663 Vgl. *Brämer/Gischer/Richter*, in: Reform der Finanzmarktregulierung, S. 11.

664 *Bindseil/Lamoot*, The Basel III Framework for Liquidity Standards and Monetary Policy Implementation, SFB 649 Discussion Paper 2011–041, June 2011, S. 3 (im Internet abrufbar unter: http://www.wiwi.hu-berlin.de, zuletzt abgrufen am 31. Juli 2013).

665 Dieses Phänomen wird in der Betriebs- und Volkswirtschaftslehre als sog. *moral hazard* („moralisches Wagnis") bezeichnet. Ein *moral hazard* i.e.S. bezeichnet in der Feuerversicherungswirtschaft eine Verhaltensänderung des Versicherungsnehmers dahingehend, dass aufgrund einer bestehenden Gebäudebrandschutzversicherung seine Sorgfaltsmaßnahmen zur Schadensbegrenzung und -vermeidung geringer sind als die eines unversicherten Gebäudeeigentümers (vgl. *Erlei/Leschke/Sauerland*, Neue Institutitonenökonomik, S. 112 ff.). Im Verhältnis zwischen systemrelevanten Banken und Zentralbanken geht es um die Versuchung dieser Banken, auf die Rettung durch Staaten bzw. Zentralbanken zu vertrauen. Siehe auch *van Roosebeke*, in: Reform der Finanzmarktregulierung, S. 29 ff.; ferner zu Rettungen infolge der Finanzkrise: *Illing*, „Die Liquiditätskrise sieht in den Vereinigten Staaten düsterer als in Europa aus", FAZ vom 16. August 2007, Nr. 189, S. 19.

der Zahlungsbereitschaft bei außergewöhnlichen Marktverwerfungen zielten, sondern auf die Sicherstellung der Liquidität unter normalen Umständen ausgerichtet waren. Der bis dahin hinter der Liquiditätssicherung stehende Gedanke, dass eine Bank sich bei ausreichender Kapitaldecke jederzeit auch refinanzieren könne, hatte unter diesen Umständen seine Gültigkeit verloren.[666]

In der Folge der Aufarbeitung der Ursachen der Finanzkrise und im Bemühen, eine international abgestimmte Regulierungsarchitektur für Banken und andere Finanzinstitute zu schaffen, wurde der Basler Ausschuss für Bankenaufsicht[667] in der Erklärung zum Weltwirtschaftsgipfel der G20-Staaten in London aufgefordert, bis Ende 2010 ein internationales Rahmenwerk zur Stärkung der Liquiditätspuffer und der Refinanzierungsfähigkeit in Kreditinstituten zu entwickeln. Im Dezember 2010 hat der Basler Ausschuss für Bankenaufsicht nach einer einjährigen Konsultationsphase die „*Internationale Rahmenvereinbarung über Messung, Standards und Überwachung in Bezug auf das Liquiditätsrisiko*“[668] (im Folgenden: „Rahmenvereinbarung“) veröffentlicht. Nach einigen weiteren Anpassungen wurde die finale Version der Rahmenvereinbarung im Januar 2013 vom Basler Ausschuss für Bankenaufsicht veröffentlicht. Die quantitativen Liquiditätsregeln des Basler Ausschusses wurden mit der „Verordnung (EU) Nr. 575/2013 des Europäischen Parlaments und des Rates vom 26. Juni 2013 über Aufsichtsanforderungen an Kreditinstitute und Wertpapierfirmen und zur Änderung der Verordnung (EU) Nr. 646/2012 – CRR“ (im Folgenden „CCR“) in unmittelbar anwendbares Recht der Mitgliedsstaaten der Europäischen Union umgesetzt.[669] Der Verordnungsgeber hat die Regelung einer Vielzahl technischer, aber auch materieller Details an die Kommission bzw. die Europäische Bankenaufsicht („European Banking Authority – EBA“) delegiert. Dies führt dazu, dass viele Vorgaben der CRR aufgrund Unbestimmtheit von den nationalen Aufsichtsbehörden derzeit noch nicht angewandt werden können. Bis zur abschließenden Regelung und umfassenden Einführung können die nationalen Aufsichtsbehörden insoweit

---

666 *Rudolph*, zfbf 60 (2008), 713 (734).

667 Der Basler Ausschuss für Bankenaufsicht wurde 1974 von den Zentralbanken und den Bankaufsichtsbehörden der führenden Industrienationen mit dem Ziel gegründet, international vereinheitlichte Standards zur Regulierung des Bank- und Finanzsektors zu erarbeiten und auf deren Implementierung in den Mitgliedstaaten hinzuwirken. Mittlerweile sind im Ausschuss die folgenden Staaten vertreten: Argentinien, Australien, Belgien, Brasilien, Kanada, China, Frankreich, Deutschland, Sonderverwaltungszone Hong Kong, Indien, Indonesien, Italien, Japan, Korea, Luxemburg, Mexiko, die Niederlande, Russland, Saudi Arabien, Singapur, Süd Afrika, Spanien, Schweden, Schweiz, Türkei, das Vereinigte Königreich und die Vereinigten Staaten.

668 Vgl. *Basler Ausschuss für Bankenaufsicht*, International framework for liquidity risk measurement, standards and monitoring (im Internet abrufbar unter: http://www.bis.org; zuletzt abgerufen am 15. Juli 2013).

669 Vgl. zum Entwurf der europäischen Umsetzung *Schulte-Mattler/Manns*, WM 2011, 2069 ff.

die bisher geltenden Regelungen zur quantitativen Liquiditätsrisikosteuerung nach § 11 Abs. 1 KWG iVm LiqV anwenden.[670] Bei der folgenden Darstellung wird deshalb, soweit es derzeit an abschließenden Aussagen in der CRR oder in entsprechenden Delegierten Rechtsakten mangelt, auf die Grundprinzipien der Rahmenvereinbarung zurückgegriffen.

2. Liquiditätsdeckungsanforderung gemäß Art. 412 Abs. 1 CRR

Anders als im Rahmen der LiqV steht im Mittelpunkt der Liquiditätssteuerung nach der CRR die Sicherstellung der Liquidität in einer kurzfristigen Liquiditäts*krise*, indem die Institute verpflichtet werden, eine Liquiditätsreserve für eine hypothetische Liquiditätslücke vorzuhalten. Die Liquiditätskrise ist Ergebnis eines durch die Europäische Bankenaufsicht zu definierenden Stressszenarios. Nach der Rahmenvereinbarung basiert das Stressszenario auf den Erfahrungen der jüngsten Finanzmarktkrise. Es bildet unternehmensspezifische sowie marktspezifische Liquiditätsschocks ab: Dem Stressszenario liegen kumulativ u. a. der teilweise Abzug von Kundeneinlagen, der teilweise Verlust der Möglichkeit von unbesicherten Refinanzierungen am Kapitalmarkt und die Ratingabstufung der Bank um bis zu drei Stufen zugrunde. Die sog. Liquiditätsanforderung nach Art. 412 Abs. 1 Satz 1 CRR soll sicherstellen, dass eine Bank ein solches Stressszenario bis zu 30 Tage lang überstehen kann. Grundprinzip ist, dass eine in Stressszenarien eintretende hypothetische Liquiditätslücke für diesen Zeitraum durch Vermögenswerte und Mittelzuflüsse bestimmter Güte und bestimmten Umfangs aufgefangen werden kann.

Ob ein ausreichender Liquiditätspuffer in diesem Sinne vorhanden ist, wird nach Art. 412 Abs. 1 Satz 1 CRR dadurch ermittelt, dass dem Saldo aus *Liquiditätsabflüssen* und *Liquiditätszuflüssen* der Bestand an *liquiden Aktiva* gegenübergestellt wird. Decken die liquiden Aktiva den Liquiditätssaldo über einen Zeitraum von 30 Tagen zu 100 % ab, so gilt die kurzfristige Liquidität der Bank im Sinne der CRR als sichergestellt.

Obwohl die Regelungen der CRR mit Wirkung zum 1.1.2014 in Kraft getreten sind, ist deren materielle Geltung in dreifacher Weise bedingt: Zum einen steht die Berechnungsmethodik der Liquiditätsdeckungsanforderung noch nicht endgültig fest. Die Kommission wurde ermächtigt und aufgefordert, die Anforderungen an die Liquiditätsdeckung nach einer Beobachtungsphase bis zum 30.6.2014 im Wege eines Delegierten Rechtsakts verbindlich festzuschreiben.[671] Zum anderen ist eine schrittweise Einführung der Liquiditätsdeckungsanforderung vorgesehen: von 60 % ab dem 1.1.2015 bis zur vollständigen Deckung der hypothetischen Liquiditätslücke zum 1.1.2018.[672] Und schließlich wurde die Kommission ermächtigt und aufgefordert, diesen Zeitplan an etwaige Entwicklungen der Märkte, der internationalen

670 Art. 412 Abs. 5 S. 1, 460 Abs. 1 CRR.
671 Art. 460 Abs. 1 CRR.
672 Art. 460 Abs. 2 CRR.

Aufsichtsregeln sowie unionsspezifischer Besonderheiten auf der Grundlage eines entsprechenden Berichts der Europäischen Bankenaufsichtsbehörde anzupassen.[673]

Zur verbindlichen Festlegung der Liquiditätsdeckungsanforderung hat am 1.1.2014 eine Beobachtungsphase begonnen, in der die beaufsichtigten Institute den für die Berechnung der Liquiditätsdeckungskennzahl erforderlichen Bestand an liquiden Aktiva im Sinne von Art. 416 CRR, die Liquiditätsabflüsse im Sinne von Artt. 420–424 CRR und die Liquiditätszuflüsse im Sinne von Art. 425 CRR der jeweiligen nationalen Aufsichtsbehörde[674] monatlich bzw. quartalsweise zu melden verpflichtet sind.

a) Liquide Aktiva im Sinne von Art. 416 CRR

Nach der Rahmenvereinbarung müssen die liquiden Aktiva zwei Grundvoraussetzungen erfüllen: Einerseits müssen die liquiden Aktiva aus Vermögenspositionen bestehen, die auch in Zeiten gestresster Marktliquidität unverzüglich und ohne nennenswerte Einbußen liquidiert werden können. Andererseits muss der Liquiditätspuffer diversifiziert sein. Die Zusammensetzung aus einer Vielzahl verschiedener Vermögenskategorien soll verhindern, dass bei einer Konzentration auf bestimmte Kategorien liquider Vermögenswerte (z. B. Staatsanleihen) besondere Risiken daraus entstehen, dass gerade diese Anlageklassen bei Marktverwerfungen unter Druck geraten und nur eingeschränkt liquidierbar sind. Nach Art. 416 Abs. 1 CRR zählen zu den liquiden Mitteln beispielsweise Barmittel und Forderungen gegenüber Zentralbanken, soweit diese in angespannten Situationen jederzeit aufgelöst werden können, übertragbare Aktiva von äußerst hoher Liquidität und Kreditqualität (z. B. Unternehmensanleihen oder gedeckte Schuldverschreibungen von hoher Qualität) und andere übertragbare Aktiva in Form von Forderungen gegenüber Zentralregierungen eines Mitgliedstaats und bestimmten anderen öffentlichen Körperschaften.

Wichtig ist, dass Institute Aktivpositionen nicht doppelt ausweisen dürfen, d. h. sowohl als liquide Aktiva als auch als Liquiditätszufluss.[675] Damit geht einher, dass bestimmte vertragliche Liquiditätszuflüsse aus Forderungen (z. B. Kredittilgungen) innerhalb der folgenden 30 Tage nur als Liquiditätszuflüsse, nicht aber als liquide Aktiva eingeordnet werden dürfen.[676] Die liquiden Aktiva müssen zudem

673 Art. 461 CRR; mit der derzeit vorgesehenen vollständigen Einführung zum 1.1.2018 geht die CRR über die Anforderungen der Rahmenvereinbarung hinaus, die eine vollständige Deckung der hypothetischen Liquiditätslücke erst zum 1.1.2019 verlangt. Nach der Beobachtungsphase behält sich die Kommission jedoch vor, die Einführung der verbindlichen Mindestquote von 100% für die Liquiditätsdeckungsanforderung bis zum 1.1.2019 zu verschieben.

674 Dies ist in Deutschland die Bundesanstalt für Finanzdienstleistungsaufsicht (vgl. § 6 Abs. 1 KWG in der Fassung durch das CRD-IV Umsetzungsgesetz (BGBl. I 2013, S. 3395 ff.), das zum 1.1.2014 in Kraft getreten ist).

675 Art. 412 Abs. 2 CRR.

676 Art. 425 Abs. 2 CRR.

bestimmten allgemeinen Kriterien entsprechen, wonach sie u. a. entweder unbelastet oder zumindest innerhalb eines Sicherheitenpools abrufbar sind, nicht von dem Institut selbst oder von einem Konzernunternehmen begeben worden und zudem zentralbankfähig sind, d. h. zur kurzfristigen Refinanzierung bei den nationalen Zentral- bzw. Notenbanken als Sicherheit dienen können. Die Marktliquidität ist gegeben, wenn die Aktiva an einem anerkannten Markt zu einem leicht zu ermittelnden Preis gehandelt werden. Aus operativer Sicht muss u. a. sichergestellt sein, dass diese rechtlich und tatsächlich innerhalb eines 30-tägigen Zeithorizonts frei verfügbar sind, unter der Kontrolle einer vom operativen Geschäft unabhängige Stelle des Instituts (z. B. Treasury) stehen und nicht zu operativen Zwecken verwendet werden (z. B. Betriebskostendeckung, Absicherungs- oder Handelsstrategien).

Die liquiden Aktiva sind mit ihrem Marktwert zu melden, von dem aber bestimmte Sicherheitsabschläge (sog. *hair cuts*) zu machen sind, die insbesondere das Kredit- und Liquiditätsrisiko des jeweiligen Aktivums widerspiegeln sollen. Beispielsweise soll der Sicherheitsabschlag für die sonstigen übertragbaren Aktiva von hoher Liquidität und Kreditqualität (z. B. Unternehmensanleihen und gedeckte Schuldverschreibungen)[677] im Sinne von Art. 416 Abs. 1 lit.d) CRR mindestens 15 % betragen. Zudem enthält die Rahmenvereinbarung Bestimmungen über die Zusammensetzung des Liquiditätspuffers: So darf der Liquiditätspuffer zu nicht mehr als 40 % aus kreditrisikobehafteten[678] Forderungen gegen Zentralregierungen und andere öffentliche Körperschaften sowie übertragbaren Aktiva von hoher Liquidität und Kreditqualität bestehen (sog. *level 2 assets*), sondern muss überwiegend aus Barmitteln, Forderungen gegen Zentralbanken und als kreditrisikolos[679] eingestuften Forderungen gegen Staaten und andere öffentliche Körperschafen (sog. *level 1 assets*) zusammengesetzt sein.

b) Liquiditätsabflüsse im Sinne der Artt. 420–424 CRR

Diesen liquiden Aktiva wird der Nettoliquiditätsabfluss gegenübergestellt, der innerhalb eines Zeitraumes von 30 Tagen in einem definierten Stressszenario erwartet wird. Der Nettoliquiditätsabfluss ist die Differenz zwischen den innerhalb eines Zeitraumes von 30 Tagen erwarteten Liquiditätsabflüssen und den Liquiditätszuflüssen. Grundprinzip der Ermittlung der Liquiditätsabflüsse ist, dass die jeweiligen

---

677 Vgl. *Basler Ausschuss für Bankenaufsicht*, Basel III: Internationale Rahmenvereinbarung über Messung, Standards und Überwachung in Bezug auf das Liquiditätsrisiko, Tz. 42 (im Internet abrufbar unter: http://www.bis.org, zuletzt abgerufen am 9. Juni 2014).

678 D. h., die Forderungen gegen Staaten und andere öffentliche Körperschaften werden nach dem Kreditrisiko-Standardansatz der 1. Säule von Basel II mit einem Risikowert von 20% gewichtet.

679 D. h., die Forderungen gegen Staaten und andere öffentliche Körperschaften werden nach dem Kreditrisiko-Standardansatz der 1. Säule von Basel II mit einem Risikowert von 0% gewichtet.

Kategorien von denkbaren Liquiditätsabflüssen mit einem bestimmten Faktor (sog. Abflussrate) multipliziert werden, der den potentiellen Umfang des Liquiditätsabflusses für die jeweilige Vermögensklasse in einer Stresssituation beschreibt. Zu den Liquiditätsabflüssen zählen nunmehr auch Verpflichtungen aus außerbilanziellen und Eventualverbindlichkeiten.[680] Bei Privatkundeneinlagen wird beispielsweise zwischen stabilen und weniger stabilen Einlagen unterschieden: Es wird angenommen, dass Privatkundeneinlagen zu 5% abfließen werden, soweit diese von einem Einlagensicherungssystem erfasst werden, deren Entnahme aufgrund einer etablierten Geschäftsbeziehung äußerst unwahrscheinlich ist oder auf einem Zahlungsverkehrskonto gehalten werden; demgegenüber wird von einer Abflussrate von 25% ausgegangen, soweit ein Einlagensicherungssystem nicht besteht.[681] Bei Verbindlichkeiten aus besicherten Kreditgeschäften, die innerhalb der folgenden 30 Tage fällig werden und deren Prolongation bzw. Refinanzierung bevorsteht, wird grundsätzlich davon ausgegangen, dass diese vollständig abfließen, soweit sie nicht mit liquiden Aktiva im Sinne von Art. 416 CRR besichert sind.[682] Nicht verwunderlich ist, dass die Abflussrate bei besicherten Kreditverbindlichkeiten dagegen grundsätzlich 0% beträgt, wenn der Kreditgeber eine Zentralbank ist.[683] Bei Kreditgeschäften mit Staaten, Zentralbanken und sonstigen öffentlichen Stellen als Kreditgeber wird ein Abfluss von 25% unterstellt, sofern die Sicherheiten nicht als liquide Aktiva zu qualifizieren sind.[684] In Bezug auf Liquiditätsabflüsse aufgrund von Kredit- und Liquiditätsfazilitäten, die in den jeweils folgenden 30 Tagen gezogen werden können, müssen folgende Meldungen gemacht werden: Eine Abflussrate von 5% wird für Fazilitäten zugunsten von Privatkunden angenommen, 10% für Fazilitäten z. B. zugunsten von Nicht-Finanzkunden und 100% für zugunsten von Kreditfirmen und bestimmten Verbriefungszweckgesellschaften eingeräumte Kredit- bzw. Liquiditätsfazilitäten.[685]

c) Liquiditätszuflüsse im Sinne von Art. 425 CRR

Diese Liquiditätsabflüsse sind mit den Liquiditätszuflüssen zu saldieren, die sich aus den Forderungen der Bank ergeben, die innerhalb der jeweils folgenden 30 Tage fällig werden, die nicht überfällig sind und bezüglich derer keine Anhaltspunkte vorliegen, dass sie nicht erfüllt werden. Zu den Liquiditätszuflüssen zählen beispielsweise Tilgungszahlungen von Darlehensnehmern und bestimmte Rückflüsse aus kurzfristigen Handelsfinanzierungen. Diese sind wiederum mit einem bestimmten Faktor zu multiplizieren, der den Umfang des voraussichtlichen Zuflusses in einer Stresssituation widerspiegelt (sog. Zuflussrate). Die CRR geht davon aus, dass

---

680 Art. 420 Abs. 2 CRR.
681 Art. 421 Abs. 1 und Abs. 2 CRR.
682 Art. 422 Abs. 2 lit.c) CRR.
683 Art. 422 Abs. 2 lit.e) CRR.
684 Art. 422 Abs. 2 lit.d) CRR.
685 Art. 424 Abs. 2, 3 und 5 CRR.

Tilgungszahlungen von Nicht-Finanzkunden grundsätzlich auf eine Zuflussrate von 50% beschränkt sind. Demgegenüber werden die Rückflüsse aus kurzfristigen Handelsfinanzierungsgeschäften insofern privilegiert, dass die CRR einen vollständigen Zufluss unterstellt. Um zu verhindern, dass ein Institut mithilfe von unangemessen positiven Annahmen in Bezug auf die erwarteten Zuflüsse die erwarteten Liquiditätsabflüsse vollständig kompensiert, sieht die CRR neben den spezifischen Zuflussraten einen pauschalen risikolimitierenden Faktor vor. Es wird unterstellt, dass die erwarteten Zuflüsse grundsätzlich[686] auf 75% der erwarteten Abflüsse beschränkt sind (Art. 425 Abs. 1 Satz 1 CRR). Anders gewendet: Dieser pauschale Begrenzungsfaktor führt dazu, dass die Institute jedenfalls einen Liquiditätspuffer in Höhe von 25% der innerhalb der folgenden 30 Tage erwarteten Liquiditätsabflüsse vorhalten müssen, selbst wenn nach ihrer Einschätzung Zahlungsmittelzu- und -abflüsse einander zu 100% decken.[687]

3. Refinanzierungskennzahl nach Art. 413 Abs. 1 CRR

Art. 413 Abs. 1 CRR verpflichtet die Institute sicherzustellen, „*dass ihre langfristigen Verbindlichkeiten sowohl unter normalen als auch unter angespannten Umständen angemessen durch eine breite Vielfalt von Instrumenten der stabilen Refinanzierung unterlegt sind.*“ Im Übrigen wird auf die Festlegung der Zusammensetzung und Berechnung der Refinanzierungskennzahl weitestgehend verzichtet. Die CRR beschränkt sich vorerst auf die Verpflichtung der Institute, Positionen zu melden, die eine stabile Refinanzierung ermöglichen und solchen, die eine stabile Refinanzierung erfordern.[688] Diese Positionen sind nach dem frühestmöglichen Ende ihrer Laufzeit und dem frühestmöglichen Zeitpunkt einer vertraglichen Kündigung fünf verschiedenen Laufzeitbändern zuzuordnen. Es ist vorgesehen, dass die Refinanzierungskennzahl auf der Basis dieser Daten einem bis Ende 2016 andauernden Beobachtungs- und Untersuchungszeitraum unterliegt und erst ab dem 1.1.2018 angewendet werden soll. Mangels detaillierter Vorgaben in der CRR wird im Folgenden auf die Aussagen der Rahmenvereinbarung zurückgegriffen, an denen sich auch die Europäische Bankaufsichtsbehörde und die Kommission bei der näheren Ausgestaltung der Refinanzierungskennzahl orientieren werden.

Nach der Rahmenvereinbarung besteht das Ziel der Refinanzierungskennzahl darin, die mittelfristige Refinanzierungsfähigkeit einer Bank jenseits des 30-Tages-Zeitraumes für einen Zeithorizont von einem Jahr zu gewährleisten. Die Sicherstellung der Refinanzierung für diesen Zeitraum ist erforderlich, damit in einer länger andauernden Liquiditätskrise eventuell ergriffene Gegenmaßnahmen genügend Zeit

---

686 Art. 425 Abs. 1 S. 2 – S. 5 CRR sieht Ausnahmetatbestände für bestimmte Kategorien für Liquiditätszuflüsse vor.

687 So auch *Fiedler/Gassmann/Wackerbeck*, in: Grieser/Heemann, Bankenaufsicht nach der Finanzmarktkrise, S. 171 (178).

688 Art. 427 bzw. Art. 428 CRR.

haben, um Wirkung zu zeigen, und damit eine eventuelle Zahlungsunfähigkeit nicht bloß um 30 Tage verzögert wird.[689]

Diese Forderung beschreibt eine wesentliche Veränderung des Regulierungsansatzes: Während vor der Finanzkrise das Liquiditätsrisiko außerhalb des 30 Tages-Zeitraumes nicht von der Regulierung nach § 11 KWG iVm LiqV erfasst war, da man davon ausging, dass ein Bankinstitut mit einer an den eingegangenen Risiken gemessenen ausreichenden Eigenkapitalbasis sich unter normalen Umständen auch stets refinanzieren könne, gilt nun, dass eine gute Eigenkapitalbasis – zumal in einem Stressszenario – zwar eine notwendige, in einem länger andauernden Stressszenario aber nicht unbedingt eine hinreichende Voraussetzung ist. Die mittelfristige Refinanzierung soll nach Berechnungsmethodik und Wirkungsweise der Refinanzierungskennzahl dadurch sichergestellt werden, dass die Abhängigkeit von der volatilen, kurzfristigen Refinanzierung am Interbankenmarkt reduziert wird[690] und der Anteil an illiquiden Aktiva, die sich nicht selbst refinanzieren können, verringert wird.[691] Vereinfacht gesagt zielt die Refinanzierungskennzahl darauf ab, das Maß an Fristentransformation zu begrenzen.[692]

Grundforderung der Refinanzierungskennzahl ist, dass ein Teil des innerhalb eines Jahres auftretenden Refinanzierungsbedarfs durch stabile Refinanzierungsmittel gedeckt ist.[693] Als stabile Refinanzierungsmittel gelten alle Vermögenspositionen, die dem Institut in einer Stresssituation mindestens für ein Jahr zur Verfügung stehen. Dazu gehören die Kernkapitalinstrumente (Eigenkapital und Gewinnrücklagen), Ergänzungskapitalinstrumente (Genussrechte und langfristig nachrangige Verbindlichkeiten), stabile Privatkundeneinlagen mit einer effektiven Laufzeit von über einem Jahr und weitere Passiva.[694] Es überrascht nicht, dass die Refinanzierungsmöglichkeiten bei Zentralbanken, die über die regulären Offenmarktgeschäfte

689 Vgl. *Deutsche Bundesbank*, Basel III – Leitfaden zu den neuen Eigenkapital- und Liquiditätsregeln für Banken, S. 33 (abrufbar unter: http://www.bundesbank.de; zuletzt abgerufen am 9. Juni 2014).

690 Vgl. *Basler Ausschuss für Bankenaufsicht*, Basel III: Internationale Rahmenvereinbarung über Messung, Standards und Überwachung in Bezug auf das Liquiditätsrisiko", Tz. 120 (a.a.O.); *Bindseil/Lamoot*, The Basel III Framework for Liquidity Standards and Monetary Policy Implementation, SFB 649 Discussion Paper 2011-041, June 2011, S. 5 (im Internet abrufbar unter: http://www.wiwi.hu-berlin.de, zuletzt abgrufen am 31. Juli 2013).

691 *Fiedler/Gassmann/Wackerbeck*, in: Grieser/Heemann, Bankenaufsicht nach der Finanzmarktkrise, S. 171 (196).

692 Vgl. *Deutsche Bundesbank*, Basel III – Leitfaden zu den neuen Eigenkapital- und Liquiditätsregeln für Banken (2011), S. 33, a.a.O.

693 Vgl. *Basler Ausschuss für Bankenaufsicht*, Basel III: Internationale Rahmenvereinbarung über Messung, Standards und Überwachung in Bezug auf das Liquiditätsrisiko (Dezember 2010), Tz. 119 f., a.a.O.

694 Vgl. *Basler Ausschuss für Bankenaufsicht*, Basel III: Internationale Rahmenvereinbarung über Messung, Standards und Überwachung in Bezug auf das Liquiditätsrisiko (Dezember 2010), Tz. 124, a.a.O.

hinausgehen und deswegen als Stützungsmaßnahmen zu qualifizieren sind, demgegenüber nicht berücksichtigt werden. Von der Rahmenvereinbarung ist vorgesehen, diese mit einem bestimmten Faktor zu gewichten, der die jeweilige Stabilität der Refinanzierungsmittel beschreibt (sog. *Available Stable Funding*-Faktor). Dieser Stabilitätsfaktor beträgt beispielsweise für Eigenkapitalinstrumente 100%, für stabile Privatkundeneinlagen 90% und weniger stabile Privatkundeneinlagen 80%.[695]

Zu den Aktiva, die eine Refinanzierung erfordern, zählen grundsätzlich alle Vermögenswerte. Diese werden wiederum mit einem Faktor multipliziert, der ausdrückt, inwieweit die jeweilige Vermögensposition in einem einjährigen Stressszenario weder am Markt noch im Rahmen einer besicherten Kreditaufnahme flüssig gemacht werden kann und deswegen mit stabilen Refinanzierungsmitteln zu refinanzieren ist (sog. *Reliable Stable Funding*-Faktor).[696] Der Liquidierungsfaktor[697] beträgt beispielweise für frei verfügbare Barmittel, Geldmarktpositionen und Wertpapiere mit einer effektiven Restlaufzeit von weniger als einem Jahr 0%, d. h., dass für diese Positionen keine Refinanzierungsmittel vorgehalten werden müssen. Demgegenüber wird für Kredite an Privatkunden und kleine und mittlere Unternehmen mit einer effektiven Restlaufzeit von über einem Jahr von einem Liquidierungsfaktor von 85% ausgegangen, d. h. diese können zum weit überwiegenden Teil nicht unterjährig liquidiert werden und müssen insoweit mit stabilen Refinanzierungsmitteln unterlegt werden. Auch in Bezug auf außerbilanzielle Verbindlichkeiten schlägt die Rahmenvereinbarung das Vorhalten von Refinanzierungsmitteln vor: In Bezug auf bedingt widerrufliche sowie unwiderrufliche Kredit- und Liquiditätsfazilitäten müssen 5% der noch nicht in Anspruch genommenen Fazilitäten mit stabiler Refinanzierung unterlegt werden, für sonstige Eventualverpflichtungen (z. B. unbedingt widerrufliche Fazilitäten, Garantien, Akkreditive) sollen die nationalen Aufsichtsbehörden die Liquidierungsfaktoren festlegen.[698]

Darüber hinaus wird der Basler Ausschuss für die unterjährigen Laufzeitbänder (0 bis 3, 3 bis 6, 6 bis 9 und 9 bis 12 Monate) nach Ablauf der Beobachtungsphase eigenständige Multiplikatoren entwerfen, die für die unterjährige Refinanzierung eine ausgewogenere Fristenstruktur fördern sollen. Der Basler Ausschuss überprüft und überarbeitet die Refinanzierungskennzahl derzeit und wird Mitte 2016 eine revidierte

695 Vgl. *Basler Ausschuss für Bankenaufsicht*, Basel III: Internationale Rahmenvereinbarung über Messung, Standards und Überwachung in Bezug auf das Liquiditätsrisiko (Dezember 2010), Tz. 131, a.a.O.

696 Vgl. *Basler Ausschuss für Bankenaufsicht*, Basel III: Internationale Rahmenvereinbarung über Messung, Standards und Überwachung in Bezug auf das Liquiditätsrisiko (Dezember 2010), Tz. 129 ff., a.a.O.

697 Für einen Überblick vgl. *Basler Ausschuss für Bankenaufsicht*, Basel III: Internationale Rahmenvereinbarung über Messung, Standards und Überwachung in Bezug auf das Liquiditätsrisiko (Dezember 2010), Tz. 133, a.a.O.

698 Vgl. *Basler Ausschuss für Bankenaufsicht*, Basel III: Internationale Rahmenvereinbarung über Messung, Standards und Überwachung in Bezug auf das Liquiditätsrisiko (Dezember 2010), Tz. 136, a.a.O.

Fassung veröffentlichen, auf deren Basis die EU-Kommission bis Ende 2016 eine verbindliche Entscheidung über die Einführung und Ausgestaltung treffen wird.[699]

4. Beobachtungskennziffern nach Art. 415 Abs. 3 lit.b) CRR

Neben der Mindestliquiditäts- und Refinanzierungskennziffer deutet Art. 415 Abs. 3 lit.b) CRR an, dass die Institute der Aufsichtsbehörde weitere Kennziffern zu Zwecken der Liquiditätsüberwachung zu übermitteln haben. Diese Kennzahlen sollen einen umfassenden Überblick über das Liquiditätsprofil des Instituts ermöglichen und im Hinblick auf die Art, den Umfang und die Komplexität der Geschäftstätigkeit des jeweiligen Instituts angemessen sein. Die Europäische Bankaufsichtsbehörde ist aufgefordert, bis zum 1.1.2014 entsprechende technische Durchführungsstandards zu erarbeiten. Diese werden sich an den durch die Rahmenvereinbarung vorgeschlagenen Beobachtungskennziffern orientieren. Die Rahmenvereinbarung schlägt insgesamt fünf Beobachtungskennziffern vor:

Die erste Beobachtungskennziffer betrifft den Umfang der von einem Institut betriebenen Fristentransformation und setzt voraus, dass der Aufsichtsbehörde nach Laufzeitbändern von 7 Tagen bis 5 Jahren alle Rohdaten übermittelt werden, die die Liquiditätszu- und -abflüsse aus allen bilanziellen und außerbilanziellen Geschäften betreffen. Die Übermittlung von Rohdaten ist wichtig, damit die Aufsichtsbehörden auf der Basis eigener Annahmen die erwarteten Zahlungsströme modellieren können und den Einfluss von Szenarien auf die Liquiditätsablaufbilanz überprüfen können.[700] Bei der Ermittlung der Rohdaten dürfen die Bankinstitute selbst keine Annahmen treffen als solche, die die Rahmenvereinbarung selbst vorgibt.[701] Daneben sind die Bankinstitute gehalten, das aus der Fristenstruktur resultierende Liquiditätsrisiko selbst für den Normalfall und ein Stressszenario zu analysieren. Diese internen Modelle müssen mit der Aufsichtsbehörde abgestimmt werden. Schließlich müssen die Bankinstitute der Aufsichtsbehörde Auskunft darüber geben, wie sie nach den internen Berechnungen bestehende Lücken in den Liquiditätsablaufbilanzen schließen wollen.

Die zweite Beobachtungskennziffer betrifft den Umfang der Konzentration der Finanzierung auf bestimmte Gläubiger, Finanzierungsinstrumente und -produkte sowie in bestimmten Währungen. Dadurch sollen Anreize geschaffen werden, die Refinanzierungsmittel zu diversifizieren. Eine weitere Messgröße bildet der Umfang der verfügbaren unbelasteten Aktiva. Diese helfen insbesondere auch kurzfristige Refinanzierungsengpässe zu überbrücken, indem besicherte Refinanzierungen

699 *Deutsche Bundesbank*, Monatsbericht Juni 2013, S. 64.

700 Vgl. *Basler Ausschuss für Bankenaufsicht*, Basel III: Internationale Rahmenvereinbarung über Messung, Standards und Überwachung in Bezug auf das Liquiditätsrisiko (Dezember 2010), Tz. 140, a.a.O.

701 Vgl. *Basler Ausschuss für Bankenaufsicht*, Basel III: Internationale Rahmenvereinbarung über Messung, Standards und Überwachung in Bezug auf das Liquiditätsrisiko (Dezember 2010), Tz. 143 ff., a.a.O.

erschlossen oder Kreditfazilitäten bei der Notenbank in Anspruch genommen werden können. Schließlich ist eine Mindestliquiditätskennzahl zu melden, die sich auf Aktiva in Währungen bezieht, in denen ein Bankinstitut mehr als 5 % seiner gesamten Verbindlichkeiten führt.[702] Auch für diese Fremdwährungspositionen soll ein Bankinstitut einen ausreichenden Liquiditätspuffer vorhalten.

5. Behördliche Maßnahmen

Die Bundesanstalt für Dienstleistungsaufsicht ist die zuständige Aufsichtsbehörde für die Einhaltung der Liquiditätsanforderungen durch die Institute (§ 6 Abs. 1 KWG). Erfüllt ein Institut die Mindestliquiditätsanforderung oder die Kennzahl stabiler Refinanzierung nicht oder geht ein Institut davon aus, so hat das Institut dies der BaFin zu melden und umgehend einen Maßnahmenplan zur Wiedereinhaltung der Anforderungen vorzulegen (Art. 414 CRR). Die BaFin überwacht die Durchführung des Maßnahmenplans und kann eine raschere Wiedereinhaltung der Liquiditätsanforderungen vorschreiben. Darüber hinaus ist die BaFin nach dem durch das CRD IV-Umsetzungsgesetz[703] eingeführten § 11 Abs. 3 KWG ermächtigt, im Einzelfall für Institute bzw. Institutsgruppen höhere Liquiditätsanforderungen aufstellen und den Umfang der Fristentransformation einschränken. Zudem kann die BaFin nach § 11 Abs. 4 KWG anordnen, dass ein Institut bzw. eine Institutsgruppe die Frequenz der Liquiditätsmeldungen erhöhen muss.

IV. Qualitative Liquiditätsrisikosteuerung im Bankaufsichtsrecht

1. Entwicklung der qualitativen Liquiditätsrisikonormen

Zentralnorm für die qualitative prinzipienorientierte Liquiditätsrisikosteuerung ist der im Zuge der sechsten KWG-Novelle 1997[704] eingeführte und seitdem mehrfach überarbeitete § 25 a KWG. Anfang der 1980er Jahre hat sich der Basler Ausschuss für Bankenaufsicht erstmals mit Regelungen zur qualitativen Liquiditätsrisikosteuerung in Bankengruppen mit ausländischen Töchtern und Niederlassungen

---

702 Vgl. *Basler Ausschuss für Bankenaufsicht*, Basel III: Internationale Rahmenvereinbarung über Messung, Standards und Überwachung in Bezug auf das Liquiditätsrisiko (Dezember 2010), Tz. 151 ff. (a.a.O.).

703 Gesetz zur Umsetzung der Richtlinie 2013/36/EU über den Zugang zur Tätigkeit von Kreditinstituten und Wertpapierfirmen und zur Anpassung des Aufsichtsrechts an die Verordnung (EU) Nr. 575/2013 über Aufsichtsanforderungen an Kreditinstitute und Wertpapierfirmen (CRD IV-Umsetzungsgesetz) vom 28. August 2013, BGBl I 2013, S. 3395 ff.

704 Vgl. BGBl. I 1997, S. 2518 ff.

beschäftigt, die schließlich im sog. „Basler Konkordat“[705] Niederschlag fanden. Darauf aufbauend veröffentlichte der Basler Ausschuss im Jahr 1992 Leitlinien[706] für ein qualitatives Liquiditätsrisikomanagement, welche im Jahr 2000 in Form von vierzehn Grundprinzipien („*Principles for Sound Liquidity Risk Management and Supervision*“)[707] vertieft und im Jahr 2008 überarbeitet wurden. Zweite wichtige Säule sind die Empfehlungen des Ausschusses der europäischen Bankaufsichtsbehörden (CEBS, nun in der Europäischen Bankaufsichtsbehörde (EBA) aufgegangen)[708] zum Liquiditätsrisikomanagement („*Second part of CEBS's technical Advice to the European Commission on Liquidity Risk Management*“)[709]. Diese Vorschläge haben Niederschlag gefunden in der mehrfach revidierten Banken- und Kapitaladäquanzrichtlinie, die zuletzt im Juni 2013 durch die CRD IV-Richtlinie geändert wurde.[710] Die erforderlichen Änderungen hat der deutsche Gesetzgeber bereits im Mai 2013 gleichsam in vorauseilendem Gehorsam durch eine Überarbeitung des KWG umgesetzt.[711] Kernpunkte der überarbeiteten europäischen Regulierung sind organisatorische Pflichten zur Einführung von Simulationen schwerer Liquiditätsengpässe,

---

705 *Basler Ausschuss für Bankenaufsicht*, Baseler Konkordat (Bundesanzeiger Nr. 109 v. 15. Juni 1983).

706 *Basler Ausschuss für Bankenaufsicht*, Framework for Measuring and Managing Liquidity (September 1992), abrufbar unter www.bis.org, zuletzt abgerufen am 12. Juni 2013.

707 Vgl. *Basler Ausschuss für Bankenaufsicht*, Principles for Sound Liquidity Risk Management, September 2008 (abrufbar unter http://www.bis.org, zuletzt abgerufen am 12. Juni 2013).

708 Vgl. VO (EU) Nr. 1093/2010 vom 24. November 2010, ABl. L331, S. 12 ff.

709 Vgl. *Basler Ausschuss für Bankenaufsicht*, Second part of CEBS's technical Advice to the European Commission on Liquidity Risk Management, September 2008 (abrufbar unter www.eba.europa.eu, zuletzt abgerufen am 12. Juni 2014).

710 Richtlinie 2006/48/EG und Richtlinie 2006/49/EG, die aufgegangen sind in der Richtlinie 2013/36/EU des Europäischen Parlaments und des Rates vom 26. Juni 2013 über den Zugang zur Tätigkeit von Kreditinstituten und die Beaufsichtigung von Kreditinstituten und Wertpapierfirmen, zur Änderung der Richtlinie 2002/87/EG und zur Aufhebung der Richtlinien 2006/48/EG und 2006/49/EG, ABl. L176, S. 388 ff. (sog. CRD IV-Richtlinie); für das Risikomanagement sind insbesondere die Art. 76 ff. der CRD IV-Richtlinie relevant.

711 Gesetz zur Umsetzung der Richtlinie 2013/36/EU über den Zugang zur Tätigkeit von Kreditinstituten und die Beaufsichtigung von Kreditinstituten und Wertpapierfirmen und zur Anpassung des Aufsichtsrechts an die Verordnung (EU) Nr. 575/2013 über die Aufsichtsanforderungen an Kreditinstitute und Wertpapierfirmen, das am 16.5.2013 vom Bundestag verabschiedet wurde (BR-Drucks. 374/13 – CRD IV-Umsetzungsgesetz); daneben ist in Bezug auf die Liquiditätsrisikosteuerung von Bedeutung das Gesetz zur Umsetzung der geänderten Bankenrichtlinie und der geänderten Kapitaladäquanzrichtlinie vom 19.11.2010 (BGBl. I 2010, S. 1592 ff. – CRD II-Umsetzungsgesetz), das eine erste umfangreichere Revision des § 25 a KWG erforderlich machte.

eine darauf aufbauende Notfallplanung und detaillierte Vorgaben zur Ausgestaltung einer Risikomanagementfunktion.

Zur Konkretisierung der Anforderungen des § 25 a KWG hat die BaFin im Jahr 2005[712] die erste Fassung der „*Mindestanforderungen an das Risikomanagement der Banken*" (MaRisk (BA)) veröffentlicht, die aus der Sicht der Aufsichtsbehörden die risikobezogenen Organisationsprinzipien des § 25 a KWG für die Aufsichtspraxis konkretisieren und zugleich die internationalen und europäischen qualitativen Vorgaben an das Risikomanagement von Banken umsetzen.[713]

Die MaRisk (BA) wurden erstmals im Jahr 2009 revidiert und an die soeben genannten, auf ersten Erfahrungen und Analysen der Finanzkrise 2007–2009 basierenden internationalen und europäischen Vorgaben angepasst.[714] Im Zentrum der ersten MaRisk-Novelle stand die Forderung nach vorausschauenderen Liquiditätsrisikosteuerungssystemen, bestehend aus einem aufsichtlichen Früherkennungssystem, institutsindividuellen Stresstests, der Erstellung und Überprüfung von Notfallplänen zur Krisenvorsorge sowie einer belastbaren Liquiditätsreserve. Zudem wurden die Berichtspflichten an die Geschäftsleitung um die Tatbestände Notfallplanung, Stresstests und Liquiditätsrisiken aus außerbilanziellen Gesellschaftskonstruktionen ergänzt.

Mit der zweiten MaRisk-Novelle 2010[715] wurden die bestehenden Anforderungen an das Liquiditätsrisikomanagement weiter geschärft und als wesentliche Neuerung ein Rahmen dafür geschaffen, Liquiditätsrisikokosten[716] mittels eines internen Verrechnungspreissystems in die Gesamtbanksteuerung einfließen zu lassen. Das Liquiditätstransferpreissystem wurde im Rahmen der dritten und vorerst letzten MaRisk-Novelle 2012[717] weiter vertieft, indem neben anderen internationalen Vorgaben die im Jahr 2010 durch das CEBS veröffentlichten „*Guidelines on Liquidity*

712 Vgl. *BaFin*, Rundschreiben 18/2005 (BA) vom 20. Dezember 2005; abrufbar unter www.bafin.de, zuletzt abgerufen am 12. Juni 2014.

713 Vgl. *BaFin*, Rundschreiben 10/2012 (BA) vom 14. Dezember 2012; abrufbar unter www.bafin.de, zuletzt abgerufen am 12. Juni 2014.

714 Vgl. *BaFin*, Rundschreiben 15/2009 (BA) vom 14. August 2009; abrufbar unter www.bafin.de, zuletzt abgerufen am 12. Juni 2014.

715 Vgl. *BaFin*, Rundschreiben 11/2010 (BA) vom 15. Dezember 2010; abrufbar unter www.bafin.de, zuletzt abgerufen am 12. Juni 2014.

716 Darunter sind Kosten zu verstehen, die in Zusammenhang mit der Messung, der Vermeidung und der Beseitigung von Liquiditätsrisiken entstehen, wie z. B. die Kosten für die für ein bestimmtes Geschäft vorzuhaltende Liquiditätsreserve. Dem liegt der Gedanke zugrunde, die Bereitstellung von Liquidität für eine Geschäftsmaßnahme durch einen betrieblichen Teilprozess ähnlich „einzupreisen" wie die Kosten anderer Dienstleistungen, die in eine Geschäftsmaßnahme einfließen.

717 Vgl. *BaFin*, Rundschreiben 10/2012 (BA) vom 14. Dezember 2012, a.a.O.

Cost Benefit Allocation"[718] umgesetzt wurden. Die Regelungen der MaRisk-Novelle 2012 sind mit Wirkung zum 1.1.2013 in Kraft getreten.

2. Das Liquiditätsrisikomanagement nach § 25 a Abs. 1 KWG

a) Festlegung qualitativer Mindeststandards

Nach § 25 a Abs. 1 KWG „*muss ein Institut über eine ordnungsgemäße Geschäftsorganisation verfügen* [...]". „*Die ordnungsgemäße Geschäftsorganisation umfasst insbesondere ein angemessenes und wirksames Risikomanagement* [...]". Diese Forderung legt keine neuen organisatorischen Pflichten für die Geschäftsleiter (vgl. § 1 Abs. 2 Satz 1 KWG) von Instituten fest, sondern ist eine gesetzliche Fixierung bestimmter Organisationspflichten, die vorher aus den Grundsätzen zur ordnungsgemäßen Unternehmensführung und umfangreichen Verwaltungsvorschriften zur internen Organisation, Innenrevision und internen Kontrollen abgeleitet wurden.[719] Dennoch markiert die Einführung des § 25 a Abs. 1 KWG im Rahmen der sechsten Novelle des KWG einen Wendepunkt in der Entwicklung der Bankenaufsicht, weil die ausdrückliche Forderung nach einer *ordnungsgemäßen Geschäftsorganisation* die Hinwendung zu einer qualitativen, prinzipienorientierten Bankenaufsicht herausstreicht.

Zu beachten ist, dass § 25 a Abs. 1 KWG *Mindeststandards* an die Liquiditätsrisikosteuerung eines Instituts formuliert, die ausschließlich dem bankaufsichtsrechtlichen Ziel der Sicherstellung der jederzeitigen Zahlungsfähigkeit und damit dem System- und Gläubigerschutz dienen. In der Bankpraxis haben die Institute parallel bzw. komplementär dazu weitere Maßnahmen zur Risikosteuerung ergriffen,[720] die nicht den Zielen des System- und Gläubigerschutz dienen sondern primär ertragsorientiert sind.[721]

Zu den Kernelementen des Risikomanagements zählen nach § 25 a Abs. 1 Satz 3 KWG Verfahren zur Ermittlung und Sicherstellung der Risikotragfähigkeit, die Festlegung einer Geschäfts- und damit konsistenten Risikostrategie und die Einrichtung interner Kontrollverfahren. § 25 a Abs. 1 Satz 6 KWG verlangt zudem angemessene Vorkehrungen, anhand derer sich die finanzielle Lage des Instituts jederzeit

---

718 *Committee of European Banking Supervisors*, Guidelines on Liquidity Cost Benefit Allocation, 27. Oktober 2010, abrufbar unter www.eba.europa.eu, zuletzt abgerufen am 2.8.2013.

719 Vgl. BegrRegE zum Gesetz zur Umsetzung von EG-Richtlinien zur Harmonisierung bank- und wertpapieraufsichtsrechtlicher Vorschriften, BT-Drucks. 13/7142, S. 86; *Braun*, in: Boos/Fischer/Schulte-Mattler, KWG, § 25a Rn. 2; *Ferstl*, in: Beck/Samm/Kokemoor, KWG, § 25a Rn. 4.

720 Vgl. die Bestandsaufnahme der Deutschen Bundesbank in der Studie: Praxis des Liquiditätsrisikomanagements in ausgewählten deutschen Instituten, 2008 (abrufbar unter http://www.bundesbank.de, zuletzt abgerufen am 12. Juni 2014).

721 *Pohl*, Ertragsorientierte Steuerung des Liquiditätsrisikos, S. 66; ferner *Braun/Wolfgarten*, in: Boos/Fischer/Schulte-Mattler, KWG, § 25a Rn. 29; *Wohlmannstetter*, in: Handbuch Corporate Governance von Banken, S. 31 (33 f.).

feststellen lässt. Diese Zielvorgaben an die Geschäftsorganisation wurden durch die BaFin in den *Mindestanforderungen durch das Risikomanagement Banken* weiter ausgeformt und werden deswegen im Zusammenhang mit diesen dargestellt. Bevor auf die Einzelheiten eingegangen wird, sollen grundsätzliche Strukturprinzipien der qualitativen Bankenaufsicht erläutert werden.

b) Prinzipienbasierte Regulierung, Methodenfreiheit, Proportionalität, Öffnungsklauseln und Wesentlichkeit

Die bankaufsichtsrechtliche Regulierung ist geprägt durch ein Nebeneinander von regelbasierter und prinzipienbasierter Normsetzung. Während die traditionelle, regelbasierte Normsetzung wie etwa die Liquiditätskennzahlen der LiqV bzw. der CRR eine Tendenz zu detailreichen und komplexen Einzelregelungen hat, in deren Mittelpunkt die genaue Beschreibung des Weges zur Erreichung eines bestimmten regulatorischen Zieles steht, verfolgt die prinzipienbasierte Normsetzung einen anderen Ansatz. Aufsichtsrechtliche Anforderungen werden als Zielvorgaben formuliert, bei deren Umsetzung sich die Institute auf den hinter den Zielvorgaben stehenden Sinn und Zweck fokussieren.[722] Mit welchen Mitteln dem Sinn und Zweck der Anforderungen entsprochen wird, ist grundsätzlich den Instituten überlassen. Die prinzipienbasierte Regulierung will die grundsätzliche organisatorische Gestaltungsfreiheit der Institute nicht einschränken.[723] Im Mittelpunkt der qualitativen Bankenaufsicht steht mithin die Zulassung bankinterner Risikomanagementmodelle anstelle der Überwachung der Einhaltung von Standard-Risikosteuerungsmodellen. Es werden keine Vorgaben gemacht, mit welchen Methoden das angemessene und wirksame Risikomanagement umgesetzt werden soll; insofern gilt der Grundsatz der Methodenfreiheit.

Dem prinzipienbasierten Ansatz wird zum einen durch den *Grundsatz der Proportionalität* Geltung verschafft. Denn nach § 25 a Abs. 1 Satz 4 KWG hängt die *„Ausgestaltung des Risikomanagements von Art, Umfang, Komplexität und Risikogehalt der Geschäftstätigkeit ab“*. Dieses bereits im Rahmen der allgemeinen aktienrechtlichen Risikosteuerungspflichten aufgedeckte Prinzip *„gleitender Anforderungssteigerungen“*[724] zeigt sich in einer Reihe von Regelungen der MaRisk, wie z.B. dem Detaillierungsgrad der Geschäfts- bzw. Risikostrategie, dem Umfang des internen Kontrollsystems oder dem Detaillierungsgrad für Organisationsrichtlinien.[725] Das Institut entscheidet eigenverantwortlich, wie es die gleitenden

---

722 *Hannemann/Schneider/Weigl,* Mindestanforderungen an das Risikomanagement, S. 28.

723 *Hellstern,* in: Luz/Neus/Scharpf/Schneider/Weber, KWG, § 25a Rn. 8.

724 *Langen,* in: Schwennicke/Auerbach, KWG, § 25a Rn. 38.

725 AT 4.2 Tz. 3 S. 3, AT 4.3 Tz. 1, AT 5 Tz. 1 S. 2 MaRisk; Überblick bei *Langen,* in Schwennicke/Auerbach, KWG, § 25a Rn. 41.

Anforderungssteigerungen umsetzt (*sog. Grundsatz der Gestaltungs- und Methodenfreiheit*).[726]

Zum anderen zeigt sich der prinzipienbasierte Ansatz des § 25 a Abs. 1 KWG in einer Vielzahl von *Öffnungsklauseln*, die es einem Institut erlauben, von den Mindestanforderungen der MaRisk abzuweichen (auch wenn hiervon in der Praxis nur sehr zurückhaltend Gebrauch gemacht wurde)[727]. Zum Beispiel kann ein Institut unter engen Voraussetzungen von der Einrichtung einer Internen Revision aufgrund seiner Größe absehen.[728] Auch werden Ausnahmen für das Ausmaß der Funktionstrennung im Kreditgeschäft bei kleineren Instituten zugelassen.[729]

Zudem gilt der *Grundsatz der Wesentlichkeit*, der die Forderung nach einem angemessenen Risikomanagement konkretisiert. So fordern die MaRisk nicht die Steuerung aller, sondern der wesentlichen Risiken, die Anforderungen der MaRisk gelten nur für wesentliche Auslagerungen und von den Anforderungen für ein gruppenweites Risikomanagement kann abgewichen werden, soweit die Risiken eines nachgeordneten Unternehmens vom übergeordneten als nicht wesentlich eingeschätzt werden.[730] Eine Definition, was unter Wesentlichkeit zu verstehen ist, geben weder § 25 a KWG noch die MaRisk. Die Institute haben die Wesentlichkeit eigenverantwortlich im Wege einer Gesamtbetrachtung zu analysieren. Die MaRisk geben dabei bestimmte Anhaltspunkte vor, an denen sich ein Institut zu orientieren hat.

Als Vorteile einer prinzipienorientierten Normsetzung werden die Stärkung der Eigenverantwortlichkeit der Institute, die größere und schnellere Anpassungsfähigkeit des Risikomanagements an aktuelle Geschäftsentwicklungen und die Möglichkeit zur Berücksichtigung bestehender Heterogenität der Institute genannt. Als Nachteil bzw. Herausforderung gelten die mangelnde Vergleichbarkeit der Umsetzungen durch die Institute und die gestiegenen Anforderungen an die Qualität der Überprüfung durch die Aufsichtsbehörde.[731] Für den Bereich des Risikomanagements geht die BaFin davon aus, dass die prinzipienbasierte Normsetzung leistungsfähiger ist als die regelbasierte.[732] Nicht zu verkennen ist aber, dass infolge der jüngsten Novellierung der Bankenrichtlinie[733] – insbesondere der Liquiditätsrisikosteuerung in Anhang V – und im Vorgriff der auf Basel III erfolgten Überarbeitung

726 *Hannemann/Schneider/Weigl*, Mindestanforderungen an das Risikomanagement, S. 29.

727 Vgl. bereits D.III.1.a)(3).

728 AT 4.4.3 Tz. 1 S. 2 MaRisk.

729 BTO 1.1 Tz. 1 S. 2 und BTO 2.1 Tz. 2 MaRisk.

730 AT 4.5 Tz. 1 S. 2, AT 9 Tz. 3 MaRisk.

731 *Hannemann/Schneider/Weigl*, Mindestanforderungen an das Risikomanagement, S. 30.

732 *BaFin*, Anschreiben zum Rundschreiben 15/2009 (BA) vom 14. August 2009, S. 5.

733 Richtlinie 2009/111/EG des europäischen Parlaments und des Rates vom 16. September 2009 zur Änderung der Richtlinien 2006/48/EG, 2006/49/EG und 2007/64/EG hinsichtlich Zentralorganisationen zugeordneter Banken,

der MaRisk im Dezember 2010[734] die Detailtiefe einzelner Risikomanagementanforderungen erheblich zugenommen hat. So wurden für kapitalmarktorientierte Institute im Sinne des § 264 d HGB z. B. die Qualität und der Umfang der vorzuhaltenden Liquiditätspuffer oder die in den Stresstests zu unterstellenden Szenarien im Einzelnen vorgegeben. Dadurch wurde die grundsätzliche offene Ausrichtung der MaRisk zwar nicht in Frage gestellt, doch aber aufgeweicht.

c) Betriebswirtschaftliche Notwendigkeiten

Nach § 25 a Abs. 1 Satz 1 KWG muss die ordnungsgemäße Geschäftsorganisation *„die Einhaltung der [...] betriebswirtschaftlichen Notwendigkeiten gewährleisten.“* Dieser Wortlaut ist missverständlich.[735] Er begründet keine Rechtspflicht der Institute, bestimmte betriebswirtschaftliche Standards einzuhalten. Die Gesetzesbegründung[736] des im Rahmen des FRUG eingeführten Zusatzes weist ausdrücklich darauf hin, dass die Berücksichtigung betriebswirtschaftlicher Notwendigkeiten im eigenen Interesse der Institute liege und durch den Zusatz keine materiellen Änderungen beabsichtigt sind. Dementsprechend hat der Hinweis auf die betriebswirtschaftlichen Notwendigkeiten den Charakter einer Empfehlung. Welche betriebswirtschaftlichen Maßnahmen zur Umsetzung der Steuerungsvorgaben sinnvoll sind, obliegt der Beurteilung der Geschäftsleitung.

Dieses Ergebnis verwundert angesichts der Regulierungsgrundsätze der Gestaltungs- und Methodenfreiheit nicht und es ähnelt dem im Rahmen der Organisationssorgfalt des Vorstands nach § 93 Abs. 1 Satz 1 AktG vorherrschenden Verständnis im Aktienrecht. Mit den Grundsätzen der Gestaltungs- und Methodenfreiheit ließe sich eine Verpflichtung zur Befolgung eines bestimmten betriebswirtschaftlichen Konzepts nicht vereinbaren.

Anzumerken ist in diesem Zusammenhang, dass die §§ 25 a Abs. 1 KWG selbst aus bankbetrieblichen Steuerungsmodellen abstrahierte Regulierungsvorgaben darstellen, die jedoch auf sehr generelle und interpretationsfähige sowie -bedürftige Art und Weise betriebswirtschaftliche Leitideen normieren.

3. Liquiditätsrisikosteuerung nach den MaRisk(BA)

Die Abkehr von einem regelbasierten und die Hinwendung zu einem flexiblen, prinzipienbasierten Regulierungsansatz im Bereich der (Liquiditäts-)Risikosteuerung bedingt eine Vielzahl von unbestimmten Rechtsbegriffen, deren Auslegung

---

bestimmter Eigenmittelbestandteile, Großkredite, Aufsichtsregelungen und Krisenmanagement, Abl. L302, S. 97 ff.

734 *BaFin*, Rundschreiben 15/2009 (BA) vom 14. August 2009 und Rundschreiben 11/2010 (BA) vom 15. Dezember 2010.

735 *Langen*, in: Schwennicke/Auerbach, KWG, § 25a Rn. 52 f.

736 Vgl. BegrRegE zum Finanzmarkt-Richtlinie-Umsetzungsgesetz, BT Drucks. 16/4028, S. 95.

der Gesetzgeber der Wissenschaft und Praxis überlässt. Die für die Auslegung der Risikosteuerungsvorgaben in der Praxis wichtigste Interpretationshilfe sind die MaRisk (BA).

Die MaRisk (BA) geben die Rechtsauffassung der Aufsichtsbehörden wieder und konkretisieren die allgemein gehaltenen Vorschriften der § 25 a Abs. 1, Abs. 1 lit.a) und § 25b KWG.[737] Nach einer weitergehenden Ansicht sind die MaRisk (BA) norminterpretierende Verwaltungsvorschriften.[738] Jedenfalls dienen sie als Auslegungshilfe der Erhöhung der Rechtssicherheit bei deren Anwendung. Die MaRisk (BA) entfalten weder gegenüber den Adressaten noch gegenüber Gerichten Bindungswirkung. Die BaFin ihrerseits ist jedoch aufgrund des Grundsatzes des Vertrauensschutzes und des Gleichbehandlungsgebots gemäß Art. 3 GG im Rahmen von Ermessensentscheidungen an ihre Interpretation der MaRisk (BA) gebunden. Der Normsetzungsprozess findet unter Einbindung der Praxis statt. Die BaFin hat ein Fachgremium institutionalisiert, das aus Vertretern von Instituten unterschiedlichen Zuschnitts, Wirtschaftsprüfern und Verbandsvertretern besteht. Von dem MaRisk-Fachgremium gehen wesentliche Impulse für die dynamische Überarbeitung und Anpassung der MaRisk (BA) aus.[739]

Die Anforderungen der MaRisk (BA) zielen auf die Steuerung der für das jeweilige Institut „*wesentlichen Risiken*". Gemäß AT 2.2 Tz. 1 fallen unter diesen unbestimmten Begriff grundsätzlich auch Liquiditätsrisiken. Die MaRisk (BA) sind in einen Allgemeinen Teil, der Vorschriften mit generellem Geltungsanspruch für alle Risikoarten enthält, und einen Besonderen Teil, der geordnet nach Risikoarten Sondervorschriften enthält, unterteilt. Dem Proportionalitätsgedanken folgend differenzieren die besonderen Vorschriften für das Liquiditätsrisiko zwischen solchen, die für alle Bankinstitute gelten, und solchen, die weitergehende Prinzipien für kapitalmarktorientierte Banken enthalten.[740]

a) Festlegung einer Geschäfts- und Liquiditätsrisikostrategie

Ein Kernelement der qualitativen Liquiditätsrisikosteuerung ist die Festlegung einer mit den Risiken der Geschäftsstrategie konsistenten Risikostrategie durch die Geschäftsführung.[741] Formal liegt es im Organisationsermessen der Geschäftsleitung,

---

737 VGH Kassel, WM 2007, 392 (393) zu den Mindestanforderungen an die Ausgestaltung der Internen Revision (MaIR).

738 *Braun*, in: Boos/Fischer/Schulte-Mattler, KWG, § 25a Rn. 35; *Hannemann/Schneider/Weigl*, Mindestanforderungen an das Risikomanagement, S. 24 f.

739 *Hannemann/Schneider/Weigl*, Mindestanforderungen an das Risikomanagement, S. 30 f.

740 *BaFin*, Anschreiben zum ersten Entwurf der MaRisk (BA) vom 9. Juli 2010, S. 2 (abgedruckt in: *Hannemann/Schneider/Weigl*, Mindestanforderungen an das Risikomanagement, S. 1256 ff.).

741 AT 4.2 Tz. 2 MaRisk (BA); die Liquiditätsrisikostrategie kann dabei – je nach Umfang und Komplexität des Risikoprofils des jeweiligen Institutes – entweder

für bestimmte Risikoarten eine Teilstrategie zu entwerfen oder diese mittels einer Gesamtrisikostrategie zu erfassen. In sachlicher Hinsicht ergeben sich daraus keine Unterschiede. Im Folgenden wird von einer (Teil-)Liquiditätsrisikostrategie ausgegangen. Die schriftlich dokumentierte Liquiditätsrisikostrategie muss die Ziele der Liquiditätsrisikosteuerung[742] für die wesentlichen Geschäftsaktivitäten und die zur Erreichung der Ziele notwendigen Maßnahmen beschreiben. Das setzt voraus, dass eine Analyse aller wesentlichen Parameter und Erfolgsfaktoren der Geschäftstätigkeit erfolgt.[743] Dem Proportionalitätsgrundsatz folgend hängt die Ausgestaltung der Strategien von Umfang und Komplexität sowie dem Risikoprofil der Geschäftstätigkeit jedes Instituts ab.[744] Aus dem Gesamtzusammenhang der MaRisk (BA) lassen sich Mindestanforderungen an die Liquiditätsrisikostrategie entnehmen. Insbesondere muss jedes Institut seinen „(Liquiditäts-)Risikoappetit“[745] bestimmen, indem es eine Toleranzgrenze für das eingegangene Liquiditätsrisiko festlegt. Praktisch kann dies beispielsweise dadurch umgesetzt werden, dass für das Gesamtliquiditätsrisiko von der Geschäftsführung ein Schwellenwert bestimmt und daraus auf operationeller Ebene ein Limitsystem für die einzelnen Geschäftsbereiche abgeleitet wird.[746] Die Liquiditätsrisikostrategie muss zudem Aussagen über die Prozesse zur Identifizierung, Beurteilung, Steuerung, Überwachung und Kommunikation des Liquiditätsrisikos enthalten.[747] Schließlich sollte die Liquiditätsrisikostrategie die wesentlichen Verhaltensgrundsätze für den Umgang mit dem Liquiditätsrisiko enthalten. Ein solcher Grundsatz kann z. B. darin liegen, dass bei unklarer Risikolage dem Vorsichtsprinzip Vorrang eingeräumt wird und damit das Risiko nicht oder nicht in diesem Umfang eingegangen wird.[748] Zudem muss die Liquiditätsrisikostrategie Vorgaben enthalten, wie eventuelle Implikationen strategischer Entscheidungen auf das Liquiditätsrisiko zu analysieren und zu dokumentieren sind, die beispielsweise aus An- oder Verkäufen von Unternehmensteilen, Portfolien oder

als selbständige Teilrisikostrategie formuliert werden oder Teil einer Gesamtrisikostrategie oder sogar der Geschäftsstrategie sein.

742 Zu denen aus bankbetrieblicher Perspektive v.a. Zielvorstellungen zählen, in deren Mittelpunkt der optimale Einsatz der knappen Ressource Liquidität steht (vgl. *Schröter/Schwarz*, in: Handbuch Liquiditätsrisiko, S. 257).

743 *Köhne/Sattler*, die Bank, S. 62 (65).

744 Vgl. AT 4.2 Tz. 3 MaRisk.

745 Vgl. *Institute of International Finance (IIF)*, Final Report of the IIF Committee on Market Best Practices: Principles of Conduct and Best Practice Recommendations, Juli 2008, S. 32 (abrufbar unter www.iifdc.org, zuletzt abgerufen am 14. Juni 2014).

746 Vgl. *Institute of International Finance (IIF)*, Final Report of the IIF Committee on Market Best Practices: Principles of Conduct and Best Practice Recommendations, Juli 2008, S. 32, a.a.O.; *Hannemann/Schneider/Weigl*, Mindestanforderungen an das Risikomanagement S. 270.

747 AT 4.3.2 Tz. 1 MaRisk (BA).

748 *Hannemann/Schneider/Weigl*, Mindestanforderungen an das Risikomanagement, S. 270.

Geschäftsbereichen oder bei Einführung eines neuen Produktes für das Liquiditätsrisiko erwachsen können.[749] Die strategischen Planungen selbst müssen jedoch nicht in der Liquiditätsrisikostrategie dokumentiert werden.[750]

Aufgrund des Einflusses der Liquiditätsrisikostrategie auf die geschäftspolitische Ausrichtung des Institutes ist ausschließlich die Geschäftsleitung für die Erstellung und Anpassung der Liquiditätsrisikostrategie verantwortlich, insoweit besteht ein Delegationsverbot.[751] Die Geschäftsleitung hat zudem für die Umsetzung der Strategie Sorge zu tragen. Die MaRisk (BA) betonen, dass diese Gesamtverantwortung des Vorstandes nicht an nachgelagerte Ebenen delegierbar ist. Gleichwohl kann die Geschäftsleitung bei der Erstellung und Anpassung der Liquiditätsstrategie auf die Unterstützung durch Mitarbeiter nachgelagerter Ebenen oder durch Externe zurückgreifen.[752] Dementsprechend enthält die Liquiditätsrisikostrategie in der Praxis typischerweise neben der Vorgabe von Limiten Anforderungen für die Delegation von Zuständigkeiten, Aufgaben und Kompetenzen für die Steuerung und die Überwachung des Liquiditätsrisikos.[753]

Besonderes Augenmerk legen die MaRisk seit der dritten Novellierung verstärkt auf die Einrichtung eines sog. *Strategieprozesses.* Dieser besteht aus einer Darstellung von bankinternen Verfahrensvorgaben für die Planung, die Umsetzung, die Beurteilung und die Anpassung der Geschäfts- und Risikostrategie (vgl. AT 4.2 Tz. 4 MaRisk). Die Liquiditätsrisikostrategie ist in angemessenen Abständen vom Institut zu überprüfen und gegebenenfalls anzupassen. Die BaFin überprüft anhand der dokumentierten Liquiditätsrisikostragie, ob die eingerichteten Risikosteuerungsmaßnahmen mit der Strategie kompatibel sind und ob ein sachgerechter Strategieprozess eingerichtet ist.

Eine weitere Anforderung ist, dass die Geschäftsleiter das Aufsichtsorgans des Instituts in den Strategieprozess einbinden müssen, was in einem gesonderten Abschnitt dargestellt wird.[754]

b) Verfahren zur Ermittlung und Sicherstellung der Risikotragfähigkeit

§ 25 a Abs. 1 Satz 3 Nr. 1 KWG fordert die Etablierung von *„Verfahren zur Ermittlung und Sicherstellung der Risikotragfähigkeit.“*[755] Ziel des Risikotragfähigkeitskonzepts

---

749 AT 8.1 Tz. 1 MaRisk (BA).

750 *Langen*, in: Schwennicke/Auerbach, KWG, § 25a Rn. 62a.

751 AT 4.2 Tz. 3 MaRisk (BA).

752 *Langen*, in: Schwennicke/Auerbach, KWG § 25a Rn. 30; *Hannemann/Schneider/Weigl*, Mindestanforderungen an das Risikomanagement, S. 276.

753 *Deutsche Bundesbank*, Praxis des Liquiditätsrisikomanagements in ausgewählten deutschen Instituten, 2008. S. 8, a.a.O.

754 Vgl. dazu D.IV.3.c)(1)(i)(c).

755 Für einen Überblick über die Kriterien und Prinzipien anhand derer die Bankaufsicht bankinterne Risikotragfähigkeitskonzepte beurteilt *Deutsche Bundesbank/BaFin*, Aufsichtliche Beurteilung bankinterner Risikotragfähigkeitskonzepte,

ist es, auf der Grundlage eines Gesamtrisikoprofils sicherzustellen, dass die wesentlichen Risiken eines Instituts durch Risikodeckungspotential ständig abgedeckt sind.[756] Die wesentlichen Risiken muss ein Institut zu diesem Zweck durch eine umfassende Risikoinventur[757] bestimmen und mit dem Risikodeckungspotential abgleichen. Nur quantifizierbare Risiken können in die Risikotragfähigkeitsbetrachtung einbezogen werden, was zwar nicht in jedem Fall eine genaue Berechnung voraussetzt, aber zumindest die Möglichkeit der näherungsweisen Schätzung bietet.[758] Nicht quantifizierbare Risiken sind durch andere Verfahren im Rahmen des Risikomanagements zu adressieren.

Dabei sind ihrer Art nach unterschiedliche Risiken mit unterschiedlichen Risikodeckungspotentialen abzudecken.[759] Für Risiken, die sich eigenkapitalmindernd auswirken können, besteht das Risikodeckungspotential aus internem Eigenkapital in seiner Funktion als Verlustpuffer. Reicht das interne Eigenkapital aus, um die wesentlichen Risiken abzudecken, ist die Risikotragfähigkeit des Instituts gegeben.[760] In Bezug auf Liquiditätsrisiken geht die BaFin nicht davon aus, dass das Liquiditätsrisiko durch Risikodeckungspotenzial in Form von Eigenkapital begrenzt werden kann.[761] Aufgrund der *„digitalen Natur“*[762] des Zahlungsunfähigkeitsrisikos (zahlungsunfähig/nicht zahlungsunfähig) kann eine Zahlungsunfähigkeit nicht durch ein größeres *Kapital*polster verhindert werden.

Soweit Liquiditätsrisiken quantifizierbar und deswegen im Rahmen der Risikotragfähigkeitsanalyse berücksichtigt werden können[763], besteht das Risikodeckungspotential aus einem angemessenen Bestand an liquiden Mitteln. Die Liquiditätsreserve muss aus Vermögenswerten bestehen, die auch in einem angespannten Marktumfeld liquidiert werden können.[764] Es ist davon auszugehen, dass durch § 25 a Abs. 1 Satz 3 Nr. 1 KWG keine über die quantitativen Regelungen der LiqV bzw. der CRR hinausgehenden quantitativen Anforderungen gestellt werden. Soweit Liquiditätsrisiken nicht quantifizierbar sind, müssen diese vor allem über eine angemessene Berücksichtigung in den Risikosteuerungs- und -controllingprozessen und andere Risikominderungsmaßnahmen (z. B. Risikoüberwälzung) gesteuert werden.[765]

---

vom 7. Dezember 2011 (abrufbar unter www.bundesbank.de, zuletzt abgerufen am 14. Juni 2014).

756 *Langen*, in: Schwennicke/Auerbach, KWG Komm, § 25a Rn. 57.

757 AT 4.1 Tz. 1 MaRisk (BA).

758 *Braun/Wolfgarten*, in: Boos/Fischer/Schulte-Mattler, KWG, § 25a Rn. 155.

759 *Braun/Wolfgarten*, in: Boos/Fischer/Schulte-Mattler, KWG, § 25a Rn. 158.

760 Vgl. BegrRegE, Gesetz zur Umsetzung der neu gefassten Banken- und Kapitaladäquanzrichtlinie, BT- Drucks. 16/1335, S. 37.

761 AT 4.1 Tz. 4 MaRisk (BA).

762 *Mayer*, in: Buchmüller/Pfeifer, MaRisk Interpretationshilfe, Rn. 1090.

763 *Braun/Wolfgarten*, in: Boos/Fischer/Schulte-Mattler, KWG, § 25a Rn. 147.

764 BTR 3.1 Tz.4 MaRisk (BA).

765 *Braun/Wolfgarten*, in: Boos/Fischer/Schulte-Mattler, KWG, § 25a Rn. 147 und 157.

c) Einrichtung interner Kontrollverfahren

Nach § 25 a Abs. 1 Satz 3 Nr. 1 KWG müssen die Institute interne Kontrollverfahren einrichten, die zum einen ein internes Kontrollsystem, d.h. prozessabhängige Überwachungsmechanismen, und zum anderen eine Interne Revision, d.h. prozessunabhängigen Überwachungsmechanismen, umfassen.

(1) Internes Kontrollsystem

In Umsetzung des Art. 22 zusammen mit Anhang V der Bankenrichtlinie[766], die die Institute zur Etablierung von *„Robust Governance Arrangements“* verpflichten, sieht das interne Kontrollsystem zum einen aufbau- und ablauforganisatorische Regelungen mit klarer Abgrenzung der Verantwortungsbereiche sowie in technischer Hinsicht eine Reihe von Mindestelementen zur Risikosteuerung vor, die im Folgenden näher erläutert werden.

(i) Anforderungen an die Aufbau- und Ablauforganisation

(a) Risikomanagementfunktion; Funktionstrennung und Prozessunabhängigkeit

Im Rahmen der CRD IV-Richtlinie wurden die organisatorischen Anforderungen an die Wahrnehmung der Risikosteuerungsaufgaben weiter geschärft. Danach muss jedes Institut eine *„Risikomanagementfunktion“* einrichten, die vom operativen Geschäft unabhängig ist, mit ausreichenden Ressourcen ausgestattet ist, ein Recht zur direkten Berichterstattung gegenüber der Geschäftsleitung hat und von einem unabhängigen Mitglied der Geschäftsführung oder einem anderem Mitglied geleitet wird, das keinem Interessenkonflikt unterliegt.[767]

Die Forderung nach ausreichenden Ressourcen der Risikomanagementfunktion zielt auf das *Prinzip der Funktionstrennung*, das eine Trennung von Funktionen und Tätigkeiten bezüglich verschiedener Personen, Stellen und Bereiche eines Instituts meint.[768] Das bedeutet, dass die Risikomanagementfunktion und die Interne Revision von grundsätzlich voneinander getrennten administrativen Kapazitäten

---

766 Richtlinie 2006/48/EG (Bankenrichtlinie) des Europäischen Parlaments und des Rates vom 14. Juni 2006 über die Aufnahme und Ausübung der Tätigkeit der Kreditinstitute, Abl. L177, S. 1 ff.; zuletzt geändert durch Richtlinie 2009/111/EG des europäischen Parlaments und des Rates vom 16. September 2009 zur Änderung der Richtlinien 2006/48/EG, 2006/49/EG und 2007/64/EG hinsichtlich Zentralorganisationen zugeordneter Banken, bestimmter Eigenmittelbestandteile, Großkredite, Aufsichtsregelungen und Krisenmanagement, Abl. L302, S. 97 ff.

767 Vgl. Art. 76 Abs. 5 CRD IV-Richtlinie; § 25c Abs. 1 S. 3 Nr. 3 lit.c) KWG und AT 4.4.1 MaRisk (BA) sprechen insofern von einer *„Risikocontrolling-Funktion“*.

768 *Langen*, in: Schwennicke/Auerbach, KWG, § 25a Rn. 71.

wahrgenommen werden sollen.[769] Eine Ausnahme gilt aufgrund des Proportionalitätsprinzips jedoch für die Interne Revision kleinerer Institute, wie noch gezeigt wird.[770]

Aus dem Prinzip der Funktionstrennung kann zudem das *Prinzip der Prozessunabhängigkeit* abgeleitet werden. Danach sollen die genannten Bereiche nicht nur organisatorisch voneinander getrennt werden, sondern im Übrigen auch von den Stellen und Einheiten im Unternehmen, die für den Aufbau von Risikopositionen verantwortlich sind, unabhängig sein. Im Grundsatz soll niemand, der für die Schaffung eines Risikos verantwortlich ist, gleichzeitig für dessen Überwachung und Kontrolle zuständig sein.[771]

(b) Risikoberichterstattung über die Liquiditätssituation und die Risikosteuerungsmaßnahmen an die Geschäftsleitung

Nach AT 4.3.2 Tz. 3 MaRisk (BA) hat sich die Geschäftsleitung in angemessenen Abständen im Rahmen einer Risikoberichterstattung ein Bild über die Risikosituation des Institutes zu machen. Die Berichterstattung erfüllt einen doppelten Zweck[772]: erstens eine Kontrollfunktion, denn die Geschäftsleitung wird in die Lage versetzt, zu überprüfen, ob die Zielvorgaben, die in der Liquiditätsrisikostrategie festgelegt worden sind, tatsächlich erreicht wurden. Zweitens dient sie der Entscheidungsvorbereitung für Maßnahmen, wenn die Liquiditätsstrategie und die Geschäftsstrategie im Fall von negativen Zielabweichungen angepasst werden müssen oder Entscheidungen über wesentliche neue Geschäftsmaßnahmen getroffen werden sollen.

In Bezug auf die Gegenstände und die Frequenz der Berichte machen die MaRisk (BA) nur allgemeine Vorgaben. Inhalt und Frequenz der Berichte werden maßgeblich durch die Bedeutung des Liquiditätsrisikos für das Institut beeinflusst.[773] Es ist davon auszugehen, dass die Berichterstattung über das Liquiditätsrisiko an die Geschäftsleitung mindestens in einem vierteljährlichen Turnus erfolgen muss, da die Geschäftsleitung ihrerseits vierteljährlich an den Aufsichts- bzw. Verwaltungsrat berichten muss.[774] Bei angespannter Liquiditätslage hat die Geschäftsleitung kürzere Berichtsturnus festzulegen. Daneben muss die Geschäftsleitung über die Auswirkungen sich abzeichnender oder eingetretener Stressereignisse unverzüglich unterrichtet werden.[775]

---

769 *Spindler*, WM 2008, 905 (912); *Mülbert*, BKR 2006, 349 (358); ähnlich *Weber-Rey*, AG 2008, 345 (348).
770 Vgl. D.IV.3.c)(2).
771 Vgl. AT 4.4.1 Tz. 1 MaRisk (BA).
772 *Hannemann/Schneider/Weigl*, Mindestanforderungen an das Risikomanagement, S. 310.
773 *Mayer*, in: Buchmüller/Pfeifer, MaRisk Interpretationshilfe, Rn. 1226.
774 AT 4.3.2 Tz. 6 MaRisk (BA); *Hannemann/Schneider/Weigl*, Mindestanforderungen an das Risikomanagement, S. 310.
775 AT 4.3.2 Tz. 5 MaRisk (BA).

Aus dem Gesamtzusammenhang der MaRisk (BA) lässt sich ein Katalog von zwingenden Berichtsgegenständen ableiten.[776] Danach muss der Geschäftsleitung in regelmäßigen Abständen mindestens über die Liquiditätssituation, die Ergebnisse von Stresstests und über die wesentlichen Änderungen des Notfallplanes für Liquiditätsengpässe berichtet werden. Ferner sind der Geschäftsleitung Zustand, Wirksamkeit und Angemessenheit der Elemente der Risikosteuerung zu erläutern. Auch die Vorbereitung von Handlungsvorschlägen kann – insbesondere im Rahmen von Stresstests – Gegenstand des Berichtswesens sein.

In der Praxis der meisten systemrelevanten deutschen Kreditinstitute wird dem Gesamtvorstand mindestens einmal monatlich über die Liquiditätssituation berichtet, in Ausnahmefällen wöchentlich oder sogar täglich.[777] Der monatliche Bericht enthält neben einer verbalen Einschätzung der Liquiditätssituation eine Analyse der strukturellen Liquidität, Aussagen zur Entwicklung des Liquiditätsgaps und weitere, institutsspezifische Informationen, z. B. eine Übersicht über Neuemissionen, einen Ausweis der Credit Spreads[778] des Instituts an den Kapitalmärkten, die Ergebnisse der Stresstests oder Konzentrationsrisiken bei Mittelaufnahmen. Daneben wird der Gesamtvorstand bzw. werden die Einzelvorstände anlassbezogenen informiert, z. B. bei unterjähriger Änderung von Limiten oder Emmissionsplänen oder aufgrund des Tagesgeschehens.

(c) Einbindung des Aufsichts- bzw. Verwaltungsrats in die Risikosteuerung

Die Einbindung des Aufsichtsorgans, d. h. des Aufsichtsrats oder des Verwaltungsrats, in die Überwachung des Risikomanagements und der Geschäftsleitung ist ein zentrales Element der bankaufsichtsrechtlichen Risikosteuerung; dies erfolgt inbesondere durch die Verankerung von Unterrichtungs–, Berichts- und Rechenschaftspflichten der Geschäftsleitung gegenüber dem Aufsichtsorgan.[779]

Die Geschäftsleitung hat die Geschäfts- und Risikostrategie dem Aufsichtsorgan des Instituts zur Kenntnis zu geben und mit diesem zu erörtern.[780] Für den Fall von Zielabweichungen hat die Geschäftsleitung mit dem Aufsichtsorgan zudem die Ursachen für die Zielabweichung zu erläutern. Hinzu kommt eine vierteljährliche Pflicht der Geschäftsleitung, den Aufsichtsrat über die Risikosituation zu

---

776 Vgl. Zusammenstellung der Berichtsgegenstände bei *Hannemann/Schneider/Weigl*, Mindestanforderungen an das Risikomanagement, S. 1009 f.

777 Vgl. *Deutsche Bundesbank*, Praxis des Liquiditätsrisikomanagements in ausgewählten deutschen Instituten, 2008, S. 9, a.a.O.

778 Unter *Credit Spread* versteht man den Risikoaufschlag einer Unternehmensanleihe gegenüber einer risikolosen Anleihe (z. B. Staatsanleihen der Bundesrepublik Deutschland). Der Credit Spread verkörpert das Ausfallrisiko des Emittenten (vgl. *Schöning*, in: Springer Gabler Verlag (Hrsg.), Gabler Wirtschaftslexikon, Stichwort: Credit Spread, online im Internet unter www.wirtschaftslexikon.gabler.de/Archiv/326731/credit-spread-v3.html abrufbar, zuletzt abgerufen am 14. Juni 2014).

779 AT 1 Vorb. Tz. 1 MaRisk (BA).

780 AT 4.2. Tz. 5 MaRisk (BA).

unterrichten und auf besondere Risiken der Geschäftsentwicklung und geplante Maßnahmen hinzuweisen; dabei muss neben einer Darstellung auch eine Bewertung der Berichtsgegenstände erfolgen.[781] Diese permanenten Unterrichtungspflichten werden durch eine ad-hoc Berichtspflicht bei unter Risikogesichtspunkten wesentlichen Informationen flankiert.

Schließlich hat die Geschäftsleitung den Vorsitzenden des Aufsichtsorgans zu unterrichten, wenn die Interne Revision „schwerwiegende Feststellungen" gegen einen Geschäftsleiter getroffen hat. Erfüllt die Geschäftsleitung diese Pflicht nicht, hat die Interne Revision direkt den Vorsitzenden des Aufsichtsorgans zu unterrichten.[782] Diese anlassbezogene Berichtspflicht wird durch eine vierteljährliche Unterrichtung des Aufsichtsorgans über schwerwiegende Mängel und nicht behobene wesentliche Mängel ergänzt.

Neben der ausnahmsweise bestehenden direkten Berichtspflicht der Internen Revision sieht AT 4.4 Tz. 2 Satz 2 MaRisk (BA) ein Recht des Aufsichtsorgans vor, bei der Internen Revision direkt Auskünfte über Prüfungen einzuholen.[783]

(ii) Risikosteuerungsprozesse

Zum anderen hat ein Institut Prozesse zur Identifizierung, Beurteilung, Steuerung, Überwachung und Kommunikation der wesentlichen Risiken einzurichten, zu denen auch Liquiditätsrisiken zählen. Nach § 25 a Abs. 1 Nr. 1 lit.b) KWG muss jedes Institut im Rahmen einer ordnungsgemäßen Geschäftsorganisation *„Prozesse zur Identifizierung, Beurteilung, Steuerung sowie Überwachung und Kommunikation der Risiken entsprechend den in Anhang V der Bankenrichtlinie niedergelegten Kriterien"* einrichten und unterhalten. Die MaRisk (BA) konkretisieren diese Anforderungen für die Steuerung von Liquiditätsrisiken in einem separaten Abschnitt (BTR 3 MaRisk (BA)). Danach müssen die Risikosteuerungsprozesse folgende Mindestelemente aufweisen:

(a) Liquiditätsübersicht

Das Institut hat für einen geeigneten Zeitraum eine Liquiditätsübersicht zu erstellen, in der die erwarteten Mittelzuflüsse den erwarteten Mittelabflüssen gegenübergestellt werden.[784] Dem Grundsatz der Methodenfreiheit folgend, können die Institute grundsätzlich die Methode zur Gegenüberstellung der Mittelflüsse wählen, die Art, Umfang, Komplexität und Risikogehalt ihrer Geschäftstätigkeit entspricht. Die bankbetriebswirtschaftlichen Modelle müssen jedoch folgende Mindestanforderungen erfüllen: Zunächst muss es sich um eine Gegenüberstellung handeln, die auf den Cashflows beruht. Die Cashflows sind mindestens so zu modellieren, dass

781 AT 4.3.2. Tz. 6 MaRisk (BA).
782 BT 2.4 Tz. 5 und 6 MaRisk (BA).
783 Kritisch *Langen*, in: Schwennicke/Auerbach, KWG, § 25a Rn. 97a mwN zur Diskussion.
784 BTR 3.1 Tz. 3 MaRisk (BA).

auch den in normalen Marktphasen üblichen Schwankungen Rechnung getragen wird. Die Modelle müssen vorsehen, dass die der Cashflow-Prognose zugrunde gelegten Annahmen festgelegt und dokumentiert werden. Zudem hat die Wahl der Zeitbänder so zu erfolgen, dass die Entwicklung der dispositiven Liquidität in angemessener Weise abgebildet ist.

In die Liquiditätsübersicht sind die aktuellen und erwarteten wesentlichen Zahlungsströme bilanzieller und außerbilanzieller Art einschließlich Eventualverbindlichkeiten einzubeziehen.[785] Zur Prognose der tatsächlich zu erwartenden Zahlungsströme und auch der in normalen Marktphasen üblichen Schwankungen müssen Annahmen getroffen werden, die z. B. auf historischen Erfahrungswerten, der Schätzung durch Experten oder statistischen Aussagen beruhen und die der Art, Größe, Komplexität und dem Risikogehalt der betriebenen Geschäfte Rechnung tragen. Aufsichtsrechtlich vorausgesetzt ist aber nicht, dass die Annahmen so gewählt werden müssen, dass auch Stresssituationen, die Gegenstand von Stresstests[786] sein sollen, in der Liquiditätsübersicht abgebildet werden.[787]

In der Praxis der deutschen systemrelevanten Institute wird die Liquiditätsübersicht mithilfe von Gap-Analysen[788] erstellt.[789] Dabei wird einerseits ein „Normalszenario" berechnet, bei dem die Auswahl der Mittelzu- und -abflüsse nach deren vertraglichen Restlaufzeiten erfolgt. Andererseits werden Gap-Analysen unter Stressbedingungen durchgeführt, die Gegenstand des Stresstesting sind. Demgegenüber werden die in der bankbetrieblichen Literatur diskutierten stochastischen Modelle wie der Liquidity at Risk-Ansatz[790] aufgrund ihrer Komplexität bisher in der Praxis nicht verwendet.[791]

(b) Errichtung eines Frühwarnsystems

Die Mechanismen zur Steuerung der Liquiditätsrisiken sind um Verfahren zu ergänzen, mit denen ein Liquiditätsengpass frühzeitig erkannt wird.[792] Die frühzeitige Erkennung von Liquiditätsengpässen hat für die Steuerung des Liquiditätsrisikos eine herausragende Bedeutung. Die Zeit ist ein wichtiger Erfolgsfaktor zur Überwindung

---

785 Vgl. Richtlinie 2009/111/EG des Europäischen Parlaments und des Rates vom 16. September 2009 zur Änderung der Richtlinien 2006/48/EG, 2006/49/EG und 2007/64/EG hinsichtlich Zentralorganisationen zugeordneter Banken, bestimmter Eigenmittelbestandteile, Großkredite, Aufsichtsregelungen und Krisenmanagement, Abl. L302, S. 97 ff.

786 Vgl. unter D.IV.3.c)(1)(ii)(c) und D.IV.3.c)(1)(ii)(f).

787 *Hannemann/Schneider/Weigl*, Mindestanforderungen an das Risikomanagement, S. 945.

788 Vgl. Text zu Fn. 46.

789 Vgl. *Deutsche Bundesbank*, Praxis des Liquiditätsrisikomanagements in ausgewählten deutschen Instituten, 2008, a.a.O., S. 12 ff.

790 Vgl. B.II.2(2).

791 *Wachs*, Liquiditätsrisikomanagement in Kreditinstituten, S. 25 und Text zu Fn. 142.

792 BTR 3.1 Tz. 2 S. 1 und 2 MaRisk (BA).

von Liquiditätsengpässen, denn je früher ein sich abzeichnender Liquiditätsengpass erkannt wird, desto umfassender sind die Handlungsalternativen und desto geringer sind die Kosten für die Beschaffung der erforderlichen Liquidität und die Wahrscheinlichkeit, dass die Reputation eines Instituts beschädigt wird.[793] Wenn ein Liquiditätsengpass einzelnen Kapitalgebern bekannt wird, kann dies zu einer Verteuerung der Refinanzierung oder sogar zum Wegfall dieser Refinanzierungsquellen führen. Erfahren breitere Schichten von dem Liquiditätsengpass, so besteht die Gefahr, dass der Liquiditätsengpass als Liquiditätskrise wahrgenommen wird. Infolge von Ansteckungseffekten besteht die Gefahr eines Bank-Run für das betroffene Bankinstitut.

Grundlegend für die Errichtung des Frühwarnsystems ist die Festlegung von geeigneten Frühwarnindikatoren, von deren Vorliegen auf einen sich abzeichnenden Liquiditätsengpass geschlossen werden kann. Diese sollten durch Indikatoren flankiert werden, um auch Liquiditätsengpässe aufgrund außerbilanzieller Verpflichtungen zu erkennen.[794] Diese Frühwarnindikatoren können beispielsweise die Vergrößerung des Credit Spread eines Bankinstitutes bzw. des Marktes innerhalb eines bestimmten Zeitraumes, das Verhältnis zwischen Aktiv- und Passivkundengeschäft oder bestimmte negative Liquiditätssalden in den Liquiditätsablaufbilanzen verschiedener Laufzeitbänder sein.[795]

Bei der Auswahl der Indikatoren hat ein Bankinstitut zudem darauf zu achten, dass diese die Auswirkungen anderer Risikoarten auf die Liquidität abbilden.[796] Damit sind vor allem liquiditätswirksame derivative Risikoarten gemeint.

(c) Liquiditätsbedarf bei angespanntem Marktumfeld

Das Institut muss laufend überprüfen, inwieweit es auch bei angespanntem Marktumfeld in der Lage ist, einen eintretenden Liquiditätsbedarf zu decken.[797] Diese Mindestanforderung stellt klar, dass eine Liquiditätsübersicht unter Zugrundelegung von „Normalbedingungen" nicht ausreicht, um den Liquiditätsbedarf schätzen zu können. Dies gilt insbesondere für weiter in der Zukunft liegende Zeiträume, deren Liquiditätsprognose mit Unsicherheiten behaftet ist. Teilweise werden diese Unsicherheiten in der Liquiditätsübersicht aufgrund von historischen Schwankungswerten oder mithilfe von Expertenmeinungen simuliert.

Der unter dem Eindruck der Finanzkrise 2007–2009 eingefügte Zusatz[798] will als Mindestanforderung sicherstellen, dass jedenfalls institutsinterne und marktweite

---

793 *Mayer*, in Buchmüller/Pfeifer, MaRisk Interpretationshilfe, Rn. 1138.
794 *Mayer*, in Buchmüller/Pfeifer, MaRisk Interpretationshilfe, Rn. 1143f.
795 *Mayer*, in Buchmüller/Pfeifer, MaRisk Interpretationshilfe, Rn. 1145 mit weiteren Beispielen.
796 BTR 3.1 Tz. 2 S. 3 MaRisk (BA).
797 BTR 3.1 Tz. 4 MaRisk (BA).
798 Vgl. *BaFin*, Mindestanforderungen an das Risikomanagment, Fassung vom 14.8.2009 (abgedruckt in: *Hannemann/Schneider/Weigl*, Mindestanforderungen an das Risikomanagement, S. 1252 ff.).

Entwicklungen, die zu einer Verschlechterung der Refinanzierungsmöglichkeiten führen können, in die Prognosen einfließen.[799] Die Verschlechterung kann beispielweise darin bestehen, dass es zu einem verstärkten Einlagenabzug durch Kunden oder andere Banken kommt, Vermögenspositionen schwieriger zu liquidieren sind oder der Zugang zu Refinanzierungsquellen beschränkt ist.[800] Dementsprechend hat das Institut dem Liquiditätsgrad der Vermögenswerte, der Pflege der Refinanzierungsquellen und dem Sicherheitenmanagement besondere Aufmerksamkeit zu widmen. Die diesen Bereichen zugrunde liegenden Parameter hat das Institut einer regelmäßigen Überprüfung zu unterziehen.

(d) Risikokonzentration, Risikodiversifikation, Zugang zu Refinanzierungsquellen

Ein wesentliches Prinzip der Liquiditätsvorsorge ist eine ausreichende Diversifikation der Vermögens- und Kapitalstruktur.[801] „Ausreichende Diversifikation" bedeutet im bankaufsichtsrechtlichen Zusammenhang, dass Konzentrationsrisiken durch Streuung oder ähnliche Maßnahmen vermieden bzw. verringert werden.[802] Unter Konzentrationsrisiken bei Banken versteht man Risiken, *„die aus einer ungleichmäßigen Verteilung der Geschäftspartner in Kredit- oder sonstigen Geschäftsbeziehungen beziehungsweise aus sektoraler oder geographischer Geschäftsschwerpunktbildung entstehen und geeignet sind, so große Verluste zu generieren, dass die Solvenz eines Instituts gefährdet sein kann."*[803] Risikokonzentrationen in der Vermögens- oder Kapitalstruktur können beispielsweise durch großvolumige Kredite oder Einlagen entstehen.[804] Ebenso können Risikokonzentrationen für die Zahlungsströme daraus entstehen, dass die Finanzierungs- und Refinanzierungsstruktur auf wenige Refinanzierungsquellen (z.B. den Geld- bzw. Interbankenmarkt) konzentriert ist oder dass auf der Aktivseite überwiegend Vermögenswerte stehen, die nicht oder nur mit großen Abschlägen liquidiert werden bzw. als Sicherheit für Refinanzierungen eingesetzt werden können. Bei den auf die „Principles for Sound Liquidity Risk Management"[805] zurückgehenden Risikobemühungen steht mithin die effektive Diversifikation der Kontrahenten und der Refinanzierungsquellen der Bank

799 *Hannemann/Schneider/Weigl,* Mindestanforderungen an das Risikomanagement, S. 949.

800 *Hannemann/Schneider/Weigl,* Mindestanforderungen an das Risikomanagement, S. 949.

801 BTR 3.1 Tz. 1 S. 2 MaRisk (BA).

802 *Hannemann/Schneider/Weigl,* Mindestanforderungen an das Risikomanagement, S. 933.

803 *Deutsche Bundesbank,* Monatsbericht Juni 2006, S. 35 (38).

804 *Hannemann/Schneider/Weigl,* Mindestanforderungen an das Risikomanagement, S. 933.

805 *Basler Ausschuss für Bankenaufsicht,* Principles for Sound Liquidity Risk Management, September 2008, S. 18 f., a.a.O.

im Vordergrund. In Bezug auf die Refinanzierungsquellen hat ein Institut in einem ersten Schritt zu prüfen, von welchen Refinanzierungsquellen es überhaupt abhängig ist. Die Überprüfung beschränkt sich dabei nicht nur auf eine Betrachtung der verschiedenen Ebenen der Refinanzierungsquellen, sondern muss die Quellen auch nach Art des Instruments, nach Art des Mittelgebers und nach Fristigkeit und Marktregion analysieren. In einem zweiten Schritt ist die Überwachung des Zuganges zu den Refinanzierungsquellen und deren Entwicklung erforderlich. Schließlich muss ablauf- und aufbauorganisatorisch sichergestellt sein, dass die Geschäftsleitung stets über die Merkmale, Zusammensetzung und Diversifizierung der Refinanzierungsquellen informiert ist.

(e) Liquiditätskostenrechnung

Nach BTR 3.1 Tz. 5 MaRisk (BA) hat ein Institute in Abhängigkeit von Art, Umfang, Komplexität und Risikogehalt ihrer Geschäftsaktivitäten ein geeignetes Verrechnungssystem zur verursachungsgerechten internen Verrechnung der jeweiligen Liquiditätskosten, -nutzen und –risiken einzurichten.

Hintergrund dieser Mindestanforderung ist, dass in Instituten typischerweise die Bereiche, die Liquidität verbrauchen, v.a. die Krediteinheiten, nicht auch die Aufgabe haben, die dafür erforderliche Liquidität bereitzustellen. Die Bereitstellung wird von getrennten Refinanzierungseinheiten übernommen. Im Hinblick auf das übergeordnete Unternehmensziel der Sicherstellung der Liquidität des Institutes muss aber eine Koordination dieser Bereiche stattfinden. Das bedeutet, dass die Anreize für die einzelnen Geschäftsbereiche, Liquiditätsrisikopositionen einzugehen, mit der Liquiditätsrisikotoleranz des Institutes als Ganzes in Einklang gebracht werden müssen.[806] Ohne eine Koordination besteht die Gefahr, dass sich die Refinanzierungen auf kurzfristige (günstigere) Mittel und die Anlagen zu sehr auf schwer veräußerbare (ertragreichere) Aktiva konzentrieren.[807] Der Zusammenbruch des Interbankenmarktes während der Finanzkrise 2007–2009 hat vor Augen geführt, welche Folgen eine solche Ausrichtung der Vermögens- und Kapitalstruktur auf die Refinanzierungsmöglichkeiten und die Liquiditätssituation von Instituten haben kann.

Demzufolge fordert der Basler Ausschuss für Bankenaufsicht die Geschäftsleiter auf, die Liquiditätskosten, -vorteile und -risiken für alle wesentlichen bilanziellen und außerbilanziellen Geschäftsaktivitäten bei der internen Preisfestsetzung, der Erfolgsmessung und bei der Einführung neuer Bankprodukte zu berücksichtigen.[808] Konkret bedeutet dies, dass die Preise für Aktiva deren jeweiliges Liquiditätsrisiko,

806 *Basler Ausschuss für Bankenaufsicht*, Principles for Sound Liquidity Risk Management, September 2008, S. 9, a.a.O.

807 *Heidorn/Schmaltz*, Interne Transferpreise für Liquidität, Frankfurt School of Finance Working Paper Nr. 125, S. 15.

808 *Basler Ausschuss für Bankenaufsicht*, Principles for Sound Liquidity Risk Management, September 2008, S. 9, a.a.O.

die Preise für Passiva ihr jeweiliges Liquiditätspotential und schließlich die Preise für bedingte Zahlungsverpflichtungen die Kosten für die Bereitstellung von ausreichenden Liquiditätsreserven widerspiegeln müssen.

Dem Grundsatz der Methodenfreiheit folgend, wird keine konkrete Methode aus regulatorischer Sicht als verbindlich vorgeschrieben. Die Institute können sich also für ein bankbetriebswirtschaftlich sinnvolles, den Sinn und Zweck der Vorgabe verwirklichendes Modell entscheiden. Bislang hat die bankbetriebliche Praxis die Kosten für die Liquidität und das Liquiditätsrisiko vorwiegend aus einer ertragsorientierten Perspektive gesehen (siehe oben B.I.1). Das CEBS schlägt vor, zur Identifizierung und Allokation von Liquiditätskosten, -vorteilen und -risiken auf die Steuerung mittels sog. interner Transferpreise zurückzugreifen.[809] Mit internen Transferpreisen wird der Wert von Ressourcen bestimmt, die zwischen zwei abgegrenzten Teilbereichen eines Unternehmens ausgetauscht werden.[810] In Instituten findet typischerweise kein direkter Austausch zwischen Refinanzierungseinheiten und Anlageeinheiten statt; vielmehr wird die Ressource Liquidität durch eine zentrale Einheit[811] gesteuert, die Nachfrage für und Angebot an Liquidität zusammenführt und einen internen Transferpreis für die Liquidität bzw. die Prämie für das Liquiditätsrisiko eines Geschäftes vornimmt. Sowohl die Bestimmung der Liquiditätskosten als auch die Festsetzung der internen Transferpreise für Liquidität erweisen sich dabei in ihrer Durchführung als schwierig, einen bankbetriebswirtschaftlichen Standard gibt es bislang nicht.[812]

(f) Stresstests

Nach AT 4.3.3.3 Tz. 1 MaRisk (BA) sind regelmäßig für die wesentlichen Risikoarten angemessene Stresstests durchzuführen. BTR 3.1 Tz. 8 MaRisk (BA) konkretisiert diese Anforderung für das Liquiditätsrisiko. Damit sollen Vorkehrungen der Banken zur Steuerung von Liquiditätsrisiken in Perioden angespannter oder gestresster Liquidität forciert werden. Unter dem Begriff „Stresstests" werden alle Methoden zusammengefasst, mit denen Bankinstitute überprüfen, wie sich *„außergewöhnliche [...], aber plausibel mögliche Ereignisse"*[813] auf ihre Geschäftstätigkeit bzw. ihre

---

809 *Ausschuss der Europäischen Bankenaufseher*, Guidelines on Liquidity Cost Benefit Allocation, 27. Oktober 2010 (abrufbar im Internet unter: http://www.eba.europa.eu, zuletzt abgerufen am 14. Juni 2014).

810 *Göx*, in: HdWb Betriebswirtschaft, S. 1909.

811 Diese Aufgabe kann einem Liquiditätsmanagement, dem Treasury oder dem Asset-Liability-Management übertragen sein.

812 *Heidorn/Schmaltz*, Interne Transferpreise für Liquidität, Frankfurt School of Finance Working Paper Nr. 125, mit weiteren Hinweisen und einem Modellvorschlag zur Preisfestsetzung; weitere Beispiele für die in der Praxis verwendeten Modelle werden dargestellt in: *Ausschuss der Europäischen Bankenaufseher*, Guidelines on Liquidity Cost Benefit Allocation, 27. Oktober 2010, S. 11ff., a.a.O.

813 *BaFin*, Mindestanforderungen an das Risikomanagement (MaRisk) inklusive Erläuterungen Rundschreiben 10/2012 (BA), S. 16 (abgedruckt in: *Hannemann/Schneider/Weigl*, Mindestanforderungen an das Risikomanagement, S. 1293 ff.).

Zahlungsströme auswirken. Stresstests zielen auf die Analyse der Auswirkungen von extremen Ereignissen auf die Zahlungsströme der verschiedenen Ebenen eines Bankinstitutes.[814] Die methodische Umsetzung in den Bankinstituten erfolgt über eine extreme Modellierung der erwarteten Zahlungsströme. In den Prognosen der der Liquiditätsablaufbilanz zugrunde liegenden Annahmen werden bestimmte makroökonomische und institutsspezifische Stressereignisse dadurch abgebildet, dass für jeden Zahlungsmittelfluss diesem anhaftende Risikofaktoren festgelegt werden.[815] Beispielsweise ist für das Kreditgeschäft das Zinsniveau ein wesentlicher Risikofaktor. Darüber hinaus gibt es Korrelationseffekte zwischen den einzelnen gestressten Zahlungsströmen, die bei der Bestimmung der Auswirkungen von Stressszenarien beachtet werden müssen.[816]

Unter den abzubildenden Szenarien wird in der bankbetrieblichen Praxis zwischen Sensitivitätsanalysen und Szenarioanalysen unterschieden.[817] Der Unterschied zwischen diesen Ansätzen liegt darin, dass in Sensitivitätsanalysen in der Regel nur ein einzelner Risikoparameter bzw. eine einzelne Annahme verändert wird, während in Szenarioanalysen die Auswirkungen von komplexen historischen oder hypothetischen Szenarien auf die Liquiditätslage untersucht werden. Bei der Modellierung der Stressszenarien hat das jeweilige Institut aufgrund des prinzipienorientierten Ansatzes der MaRisk (BA) Gestaltungsfreiheit, sofern bestimmte Mindestanforderungen eingehalten werden: Die „*außergewöhnlichen, aber plausible*[n] *Ereignisse*" müssen die strategische Ausrichtung der Bank sowie das Marktumfeld in den Blick nehmen und institutsspezifische wie auch marktweite Szenarien abbilden. Die genaue Modellierung kann entweder auf empirischer Grundlage erfolgen oder sich auf die Einschätzung von Experten stützen. Für kapitalmarktorientierte Bankinstitute sind darüber hinaus bestimmte Mindestszenarien vorgegeben.[818]

Aus einer im Jahr 2007 durchgeführten Analyse der Deutschen Bundesbank[819] von 16 weit überwiegend systemrelevanten Banken geht hervor, dass durch Sensitivitätsanalysen beispielsweise die Auswirkungen einer Herabstufung des Ratings der Bank oder der Konzernmutter um bis zu drei Stufen auf deren

---

814 Daneben werden vermehrt stochastische Methoden zur Messung des Liquiditätsrisikos diskutiert, die – anders als auf Basis der Normalverteilung – auch extreme Veränderungen der Zahlungsströme abbilden wollen, wie z.B. eine auf der sog. Extremwerttheorie aufsetzende LaR-Berechnung, vgl. *Zeranski*, Liquidity at Risk zur Steuerung des liquiditätsmäßig-finanziellen Bereiches von Kreditinstituten, S. 114 ff.

815 *Pohl*, Ertragsorientierte Steuerung des Liquiditätsrisikos, S. 186.

816 *Pohl*, Ertragsorientierte Steuerung des Liquiditätsrisikos, S. 188.

817 Vgl. dazu und zum Folgenden: *Bühn/Klauck*, in: Klauck/Stegemann, Stresstests in Banken, S. 11 ff.

818 BTR 3.2 Tz. 2 MaRisk (BA).

819 *Deutsche Bundesbank*, Praxis des Liquiditätsrisikomanagements in ausgewählten deutschen Instituten, 2008, S. 22 ff., a.a.O.

Refinanzierungsmöglichkeiten untersucht werden. Ferner wird mithilfe von Sensitivitätsanalysen simuliert, wie sich der Ausfall bedeutender Kreditnehmer oder der vollständige Abzug von Interbanken- und Kundeneinlagen auf die Liquiditätslage auswirkt.[820] Mittels hypothetischer Szenarioanalysen wird in der Praxis beispielsweise geprüft, wie sich bankspezifische operationelle Risiken oder bestimmte, von der jeweiligen Portfoliozusammensetzung abhängige Marktrisiken auf die Zahlungsströme der Bank niederschlagen. Dabei werden als marktweite Ereignisse zum Beispiel die Folgen eines systemischen Schocks auf den Haupthandelsplätzen für einen bedeutenden Markt des Bankinstitutes oder die Folgen einer nationalen bzw. globalen Rezession für die Liquiditätslage unterstellt.[821] Wie die Novellierung der MaRisk (BA) von Dezember 2010 zeigt, sind viele dieser bankbetriebswirtschaftlichen Szenarien von der Bankenaufsicht aufgegriffen und zu einer regulatorischen Notwendigkeit geworden.[822] Darüber hinaus ist zu beachten, dass die Liquiditätsdeckungsanforderung der CRR unter angespannten Marktverhältnissen berechnet wird, die dem Szenario der Finanzkrise 2007–2009 nachgebildet sind.[823]

(g) Untertägige Steuerung des Liquiditätsrisikos

Die ebenfalls auf den Basler Ausschuss für Bankenaufsicht zurückgehende Vorgabe[824] zur Steuerung der untertägigen Liquidität („*Liquidität im Tagesverlauf*“[825]) adressiert das Liquiditätsrisiko, das aufgrund von Zahlungsvorgängen entsteht, die in Echtzeit auf den Verrechnungskonten der Banken gebucht werden.[826] Echtzeitverfahren sind sog. Bruttoverfahren, bei denen jeder Zahlungsvorgang unverzüglich gebucht wird und zu einer Belastung des Verrechnungskontos der Empfangsbank und einer Gutschrift bei der zahlenden Bank führt. Aufgrund der sofortigen Belastung des Kontos der zahlenden Bank hat diese – im Unterschied zu sog. Nettoverfahren[827] – die dafür erforderliche Liquidität für jeden Zahlungsvorgang vorzuhalten.

---

820 *Deutsche Bundesbank*, Praxis des Liquiditätsrisikomanagements in ausgewählten deutschen Instituten, 2008. S. 23, a.a.O.

821 *Deutsche Bundesbank*, Praxis des Liquiditätsrisikomanagements in ausgewählten deutschen Instituten, 2008, S. 23, a.a.O.

822 Vgl. z. B. das Szenario eines „schweren konjunkturellen Abschwunges auf Gesamtinstitutsebene“ in AT 4.3.3 Tz. 2 MaRisk (BA) oder die „allgemeine Verschlechterung der Refinanzierungsbedingungen“ in BTR 3.2 Tz. 3 MaRisk (BA) für kapitalmarktorientierte Bankinstitute.

823 Vgl. D.III.2.

824 BTR 3.1 Tz. 1 MaRisk (BA).

825 *Basler Ausschuss für Bankenaufsicht*, Principles for Sound Liquidity Risk Management, September 2008, S. 18, a.a.O.

826 Sog. RTGS-Systeme (Real-Time Gross Settlement, d. h. Echtzeit-Bruttoverrechnung).

827 Dagegen werden bei sog. Nettoverfahren mehrere Zahlungsvorgänge miteinander verrechnet, indem die Zahlungsvorgänge zunächst bloß festgestellt werden und dann in festgelegten Zeitabständen, z. B. einmal täglich, der negative Saldo

Auf Seiten der zahlenden Bank führen Echtzeitverfahren nicht zu einer Vergrößerung des Liquiditätsrisikos, da der Liquiditätsbedarf nicht unerwartet ist. Aber für die Empfangsbank ergibt sich zusätzliches Liquiditätsrisikopotential z.B. aus dem Umstand, dass eine Gutschrift aufgrund technischer Probleme unterbleiben kann. Wenn die Empfangsbank mit der erwarteten Gutschrift gegenüber anderen Instituten weitere Dispositionen getroffen hat, kann das Ausbleiben dazu führen, dass sie ihre Verpflichtungen gegenüber anderen Instituten nicht erfüllen kann. Mithin kann untertägig Illiquidität eintreten, obwohl „am Ende des Tages" gegenläufige Zahlungsmittelzuflüsse die Liquiditätslücke ausgleichen würden. Aufgrund der engen Abhängigkeit der Zahlungsvorgänge der Institute kann das Ausbleiben einer Gutschrift zu einer Kettenreaktion für andere Zahlungsvorgänge führen, die die Funktionsfähigkeit des Zahlungssystems insgesamt gefährdet.[828]

In Abhängigkeit vom Umfang seiner Zahlungsströme muss ein Institut die Sicherstellung der innertägigen Liquidität im Rahmen seiner Liquiditätsstrategie, den Stresstests, der Notfallplanung und der Liquidiätsreserve adressieren.

(2) Interne Revision

Für die Prüfung der Angemessenheit und Wirksamkeit der (Liquiditäts-)Risikosteuerungsmaßnahmen muss jedes Institut über eine funktionsfähige Interne Revision verfügen.[829] Den Prinzipien der Funktionstrennung und Unabhängigkeit[830] folgend, muss die Interne Revision eine von den operativen Tätigkeiten und der Risikomanagementfunktion organisatorisch und personell getrennte Stellung im Institut haben.[831] Eine Ausnahme gilt aufgrund des Proportionalitätsgrundsatzes für Institute kleineren Zuschnitts, bei denen die Aufgabe auch von einem Geschäftsleiter anstatt von separaten administrativen Ressourcen wahrgenommen werden kann.

Die Tätigkeit der Internen Revision vollzieht sich nach den MaRisk (BA) in fünf Schritten:[832] Zunächst muss die Interne Revision ihren Prüfungsbereich festlegen. In Bezug auf die Risikosteuerung umfasst der Prüfungsbereich sämtliche Maßnahmen des internen Kontrollsystems, insbesondere die Risikosteuerungsmaßnahmen. In einem zweiten Schritt muss das Institut einen Prüfungsplan und -turnus im Rahmen eines Prüfungsplans bestimmen. Dem Proportionalitäts- und Wesentlichkeitsprinzip folgend, gilt, dass die Prüfungsintensität umso höher ist, je risikoträchtiger eine geschäftliche Aktivität oder ein Prozess ist.[833] Nach der Durchführung der

errechnet wird. Dieses Vorgehen ist liquiditätsschonender, da nur in Höhe des negativen Saldos Liquidität vorzuhalten ist. (vgl. dazu *Schimansky*, in: Schimansky/Bunte/Lwowski, Bankrechts-Handbuch § 46 Rn. 9 ff.).

828 *Heidorn/Schmaltz*, ZfgK 2009, S. 112 (114).

829 AT 4.4.3 Tz. 1 MaRisk (BA).

830 Vgl. D.IV.3.c)(1)(i)(a).

831 AT 4.4.3 Tz. 1 und Tz. 3, BT 2.1 Tz. 2, BT 2.2 MaRisk (BA).

832 *Langen*, in: Schwennicke/Auerbach, KWG, Rn. 81.

833 BT 2.3 Tz. 1 S. 2 MaRisk (BA).

Prüfungshandlungen muss die Interne Revision einen schriftlichen Bericht über Gegenstand, Feststellungen und vorgesehene Maßnahmen erstellen und dabei die Ergebnisse der Prüfung beurteilen. Schwerwiegende Mängel oder Feststellungen gegen Geschäftsleiter müssen unverzüglich der Geschäftsleitung zur Kenntnis gebracht und der Vorsitzenden des Aufsichtsorgans informiert werden. Nicht zuletzt muss die Interne Revision die Beseitigung der festgestellten Mängel überwachen.

(3) Liquiditätsbezogenes Managementinformationssystem

Nach § 25 a Abs. 1 Satz 6 Nr. 1 KWG hat das Institut Vorkehrungen zu treffen, auf deren Basis die finanzielle Lage des Instituts jederzeit mit hinreichender Genauigkeit bestimmt werden kann. Nach *Braun/Wolfgarten*[834] verpflichtet diese Vorschrift zur Einrichtung eines „*Managementinformationssystems*", das das Risikomanagementsystem flankiert und gewährleistet, dass das Institut insbesondere auch seine Liquiditätslage jederzeit bestimmen kann. Gegenstand des Managementinformationssystems soll vor allem der ausreichende Bestand an Barmitteln zur Deckung von Auszahlungswünschen, der Bestand an liquiden Mitteln, die zu erwartenden Zu- und Abflüsse, kurzfristig liquidierbare Vermögenswerte wie auch offene kurzfristig verfügbare Refinanzierungslinien sein.[835]

Nach *Langen*[836] dagegen hat diese Vorschrift keine eigenständige Bedeutung. Dies begründet er damit, dass ein Institut seine Liquiditätslage quantitativ bereits über die Liquiditätskennzahl nach der LiqV (nun die Liquiditätsdeckungsanforderung nach Art. 412 Abs. 1 CRR) bestimmen würde. Dem ist zuzustimmen. Denn § 25 a Abs. 1 Satz 6 Nr. 1 KWG hat neben den bestehenden quantitativen und qualitativen Regelungen für die Beurteilung der Liquiditätslage keine eigenständige Bedeutung. Die von *Braun/Wolfgarten* genannten Gegenstände des Managementinformationssystems werden bei der Berechnung der Liquiditätsdeckungsanforderung nach der CRR sämtlich berücksichtigt. Hinzu kommt, dass die Geschäftsleitung eine Liquiditätsübersicht zu erstellen hat, mithilfe derer sich die Liquiditätssituation tagesgenau einschätzen lässt.

4. Besondere Anforderungen an das Risikomanagement bei wesentlichen Auslagerungen (§ 25 b KWG)

Wenn ein Institut risikobehaftete wesentliche Aktivitäten und Prozesse auslagert, gelten nach § 25 b KWG[837] (iVm MaRisk (BA)) über die allgemeinen Organisationsanforderungen hinausgehende Regelungen an eine ordnungsgemäße

834 *Braun/Wolfgarten*, in: Boos/Fischer/Schulte-Mattler, KWG, § 25a Rn. 789 ff.

835 *Braun/Wolfgarten*, in: Boos/Fischer/Schulte-Mattler, KWG, § 25a Rn. 793.

836 *Langen*, in: Schwennicke/Auerbach, KWG, § 25 a Rn. 85.

837 Bis zum CRD IV-Umsetzungsgesetz (BGBl. I 2013, S. 3395 ff.) waren die besonderen Anforderungen an wesentliche Auslagerungen in § 25 a Abs. 2 KWG geregelt. Bis auf einige redaktionelle Änderungen entspricht § 25 b KWG dem § 25 a Abs. 2 KWG a.F.

Geschäftsorganisation. Regulatorisches Ziel dieser zusätzlichen Anforderungen ist es, dass die Steuerungs- bzw. Beaufsichtigungsmöglichkeiten der Geschäftsleitung bzw. der BaFin auch nach der Auslagerung erhalten bleiben, und nicht faktisch entwertet bzw. gänzlich entzogen werden.[838] Zudem soll systemischen Risiken entgegengewirkt werden, die dadurch entstehen können, dass Institute Aktivitäten und Prozesse in einem solchen Umfang auslagern, dass sie zu „*virtuellen Banken*" oder „*Parabanken*"[839] werden, die keine wirksame aufsichtliche Kontrolle möglich machen.

Die Beurteilung, ob die Voraussetzungen einer wesentliche Auslagerung vorliegen und die besonderen Anforderungen des § 25 b KWG gelten, erfolgt in vier Schritten:[840]

a) Definition Auslagerung

Nach § 25 b KWG iVm AT 9 Tz. 1 MaRisk setzt eine Auslagerung voraus, dass ein anderes Unternehmen mit der Wahrnehmung solcher Aktivitäten und Prozesse im Zusammenhang mit der Durchführung von Bankgeschäften, Finanzdienstleistungen oder sonstigen institutstypischen Dienstleistungen beauftragt wird, die ansonsten vom Institut selbst erbracht würden. Damit erfasst die bankaufsichtsrechtliche Definition sowohl die Fälle der unternehmensinternen als auch der unternehmensexternen vertikalen Delegation.[841] Der dadurch sehr weit geratene Anwendungsbereich der Norm wird durch verschiedene Merkmale eingegrenzt. Neben dem ungeschriebenen Merkmal der „*zeitlichen Nachhaltigkeit*"[842] begrenzt insbesondere das Merkmal der Wesentlichkeit der Auslagerung den Anwendungsbereich des § 25 b KWG.

b) Wesentlichkeit der Auslagerung

Ob die besonderen Anforderungen gelten, hängt maßgeblich davon ab, ob eine *wesentliche* Aktivität bzw. ein *wesentlicher* Prozess vom Institut ausgelagert werden soll.

Dem Proportionalitätsgrundsatz folgend, muss jedes Institut auf der Basis einer eigenständigen Risikoanalyse entscheiden, ob die Auslagerung als wesentlich einzustufen ist. Dabei hat das Institut vor allem Risikogehalt und Komplexität der

---

838 Vgl. für die Aufsichtstätigkeit der BaFin ausdrücklich § 25b Abs. 3 S. 1 KWG; sowie aus der Literatur *Braun/Wolfgarten*, in: Boos/Fischer/Schulte-Mattler, KWG, § 25a Rn. 860 mwN.

839 *Hannemann/Schneider/Weigl*, Mindestanforderungen an das Risikomanagement, S. 545.

840 Vgl. *Braun/Wolfgarten*, in: Boos/Fischer/Schulte-Mattler, KWG, § 25a Rn. 871.

841 Vgl. dazu C.I.3.a).

842 Danach ist die bloß vorübergehende Hinzuziehung externer Dienstleister nicht als Auslagerung zu qualifizieren, vgl. *Langen*, in: Schwennicke/Auerbach, KWG, § 25a Rn. 119.

Prozesse und Aktivitäten, die Eignung und Zuverlässigkeit des Auslagerungsunternehmens, die Möglichkeiten der Einbeziehung des externen Dienstleisters in das interne Kontrollsystem und die Möglichkeit zur Substitution des Dienstleisters in die Analyse als Entscheidungsparameter einzubeziehen.[843] Als unwesentliche Auslagerungen werden die Geldautomatenversorgung, die Inanspruchnahme allgemeiner Beratungsleistungen (z. B. von Rechtsanwälten, Personal- oder Werbedienstleistern) angesehen. Werden dagegen durch die Auslagerung bankaufsichtsrechtlich relevante Risiken wie Ausfall- oder Liquiditätsrisiken begründet, ist von der Wesentlichkeit der Auslagerung auszugehen.[844]

In der Bankpraxis werden zur Einschätzung der Wesentlichkeit von mit Auslagerungen verbundenen Risiken verschiedene qualitative und quantitative Risikobewertungsverfahren angewandt; dazu gehören auch sog. Matrixanalysen, deren Verwendung von der BaFin anerkannt ist.[845]

c) Auslagerungsfähigkeit

Die Geschäftsaktivität oder der Prozess muss auslagerungsfähig sein. Grundsätzlich sind alle Aktivitäten und Prozesse auslagerbar, sofern die Ordnungsgemäßheit der Geschäftsorganisation nicht beeinträchtigt wird. Jedoch bestimmt § 25 b Abs. 2 Satz 1 KWG für das Bankaufsichtsrecht ausdrücklich, dass die Auslagerung nicht zu einer Übertragung der Verantwortung der Geschäftsleiter an das Auslagerungsunternehmen führen darf. Modul AT 9 Tz. 4 MaRisk konkretisiert diese Grenze und zählt zu den nicht auslagerbaren Leitungsaufgaben der Geschäftsleitung die Unternehmensplanung, -koordination, -kontrolle und die Besetzung der Führungskräfte ebenso wie explizit der Geschäftsleitung als solcher zugewiesene Aufgaben (z. B. die Entscheidung über die Vergabe von Großkrediten).[846]

d) Besondere Anforderungen an wesentliche Auslagerungen

Ist eine Auslagerung als unwesentlich zu betrachten, bleibt es bei den allgemeinen Organisationsanforderungen nach § 25 a Abs. 1 KWG. Wird eine Auslagerung dagegen als wesentlich eingeschätzt, muss ein Institut nach § 25 b Abs. 1 Satz 1 KWG *„angemessene Vorkehrungen treffen, um übermäßige Risiken zu vermeiden."*

Zu den zusätzlichen Vorkehrungen gehört zunächst, dass das auslagernde Institut die mit der ausgelagerten Geschäftstätigkeit verbundenen Risiken weiterhin im institutseigenen Risikomanagement umfassend berücksichtigt. Das bedeutet beispielsweise, dass die mit der Auslagerung verbundenen Liquiditätsrisiken unverändert von der Liquiditätsrisikostrategie, der Liquiditätsübersicht und der Liquiditätsreserve eines Instituts erfasst werden müssen. Hinter der umfassenden Einbeziehung

---

843 *Braun/Wolfgarten*, in: Boos/Fischer/Schulte-Mattler, KWG, § 25a Rn. 896.

844 *Langen*, in: Schwennicke/Auerbach, KWG, § 25a Rn. 131.

845 *Loff*, WM 2009, 783 ff.

846 *Braun/Wolfgarten*, in: Boos/Fischer/Schulte-Mattler, KWG, § 25a Rn. 886.

steht der Gedanke, dass die Geschäftsleitung des auslagernden Instituts aus der Perspektive des Aufsichtsrechts auch nach der Auslagerung grundsätzlich für die Ordnungsgemäßheit der Geschäftsabwicklung gegenüber der BaFin verantwortlich – und damit Adressat aufsichtsbehördlicher Anordnungen und Sanktionen bleibt.[847]

In Bezug auf das Verhältnis zwischen auslagerndem Institut und Auslagerungsunternehmen müssen dementsprechend die folgenden Dinge sichergestellt sein: Das Auslagerungsunternehmen muss sorgfältig ausgesucht und dessen Leistung und ordnungsgemäße Aufgabenerfüllung überwacht werden. Der bankaufsichtsrechtlich bedingte Mindestinhalt ist in einem Auslagerungsvertrag zu fixieren.[848] Neben einer detaillierten Leistungsbeschreibung und Kündigungsmöglichkeiten muss das auslagernde Institut vor allem sicherstellen, dass das Auslagerungsunternehmen der Internen Revision des auslagernden Instituts, externen Prüfern sowie der BaFin Informations- und Prüfungsrechten einräumt und dass, soweit erforderlich, Weisungsrechte gegenüber dem Auslagerungsunternehmen bestehen.[849]

5. Anordnungs- und Sanktionsbefugnisse der BaFin

Nach § 6 b Abs. 1 und Abs. 2 KWG hat die BaFin insbesondere die Aufgabe, die Risiken – einschließlich der Liquiditätsrisiken (§ 6 b Abs. 2 Nr. 7 KWG) – zu beurteilen, denen ein Institut ausgesetzt ist oder sein könnte, und bewertet auf dieser Einschätzung, *„ob die von einem Institut geschaffenen Regelungen, Strategien, Verfahren und Prozesse sowie seine Liquiditäts-[...] ausstattung ein angemessenes und wirksames Risikomanagement und eine solide Risikoabdeckung gewährleisten."* Stellt die BaFin Mängel fest, hat sie neben informellen Einwirkungsmöglichkeiten verschiedene Ermächtigungsgrundlagen, um ein Institut zur Einhaltung der organisatorischen Pflichten nach § 25 a KWG bzw. § 25 b KWG anzuhalten. Die BaFin kann Organisationsanordnungen auf der Basis von § 2 Abs. 10 Satz 8, § 6 Abs. 3, § 25 a Abs. 2 Satz 2, § 25 b Abs. 4, § 45 Abs. 1 Satz 1 Nr. 4 und § 45 b KWG treffen. Auskunftsrechte (§ 44 KWG) und Bußgeldvorschriften (§ 56 Abs. 3 Nr. 5 KWG) flankieren die Organisationsanforderungen. Kommt ein Institut den Anordnungen nicht nach, kann die BaFin nach § 36 KWG Verwarnungen aussprechen und schließlich die Abberufung von Geschäftsleitern anordnen.

Nach der Rahmenvereinbarung sollen die nationalen Aufsichtsbehörden insbesondere folgende Anordnungen treffen können:[850] Die Bank kann aufgefordert werden, die Steuerung der Liquiditätsrisiken zu verstärken, indem die internen Richtlinien, Kontrollmechanismen und das Berichtswesen an die höheren Leitungsebenen verbessert werden. Zudem kann die Aufsichtsbehörde das Bankinstitut

847 *Braun/Wolfgarten*, in: Boos/Fischer/Schulte-Mattler, KWG, § 25a Rn. 903 und 905.

848 AT 9 Tz. 6 MaRisk (BA).

849 Überblick bei *Braun/Wolfgarten*, in: Boos/Fischer/Schulte-Mattler, KWG, § 25a Rn. 913 ff.

850 *Basler Ausschuss für Bankenaufsicht*, Principles for Sound Liquidity Risk Management and Supervision, September 2008, Tz. 141 ff., a.a.O.

anweisen, die Notfallvorsorge auf der Basis von Stresstests zu verbessern, die mit der Zielvorgabe einer höheren Widerstandsfähigkeit durchgeführt werden. Schließlich kann die Aufsichtsbehörde das Bankinstitut anweisen, ihr Liquiditätsrisikoprofil zu verringern, indem beispielsweise Refinanzierungslücken in einem oder mehreren Laufzeitbändern verkleinert werden oder ein größerer Liquiditätspuffer von erstklassigen, hochliquiden und unbelasteten Vermögenswerten bereitgehalten wird. Schließlich kann der Bank aufgegeben werden, ihre Geschäftsaktivitäten mit mehr Eigenkapital zu unterlegen. Letzteres wird vom Basler Ausschuss zwar nicht als Gegenmittel gegen Versäumnisse in der Liquiditätsrisikosteuerung oder bei unzureichender Liquiditätsausstattung angesehen, aber als Grundlage, um das Vertrauen von Kapitalgebern zu erhöhen, wodurch auch in einer Liquiditätskrise die Chancen steigen, Refinanzierungsmittel zu erhalten.

V. Zwischenergebnis

Die systemische Relevanz von Kreditinstituten für die Gesamtwirtschaft und das besondere Maß an Liquiditätsrisiken, denen Kreditinstitute als Finanzintermediäre ausgesetzt sind, hat dazu geführt, dass sich das Bankaufsichtsrecht und die Bankbetriebswirtschaft seit langer Zeit mit Modellen zur Steuerung dispositiver und struktureller Liquiditätsrisiken auseinandersetzen. Ausgangspunkt der theoretischen Überlegungen war die im 19. Jahrhundert entwickelte „Goldene Bankregel", die den Anstoß für weitere Beobachtungen und daraus abgeleitete Gesetzmäßigkeiten gab, die auch heute noch das gedankliche Fundament der quantitativen Liquiditätsrisikosteuerung durch Kennzahlen im Bankaufsichtsrecht und der Bankbetriebswirtschaft bilden. Neben die regelbasierte quantitative Steuerung mittels Kennzahlen ist als relativ junges bankaufsichtsrechtliches Phänomen die Vorgabe prinzipienorientierter qualitativer Mindeststandards für die risikobezogene Organisation von Kreditinstituten getreten. Die bankaufsichtsrechtliche Liquiditätsrisikosteuerung hat infolge der Finanzkrise 2007–2009 erhebliche Änderungen erfahren, insbesondere, weil eine Reihe von Banken vor unüberbrückbaren Refinanzierungsengpässen stand, die ohne ein Einspringen der Notenbanken als Lender of Last Resort zahlungsunfähig geworden wären. Im Zentrum der revidierten Liquiditätssteuerung stehen die durch Basel III initiierte internationale Harmonisierung und die Berücksichtigung von Stressszenarien.

Im Rahmen der quantitativen Liquiditätsrisikosteuerung hat jedes Institut gegenüber der BaFin den Nachweis einer angemessenen Liquiditätsausstattung über die Berechnung von Kennzahlen zu erbringen. Anders als nach dem bisherigen Standardansatz der LiqV, der sich an Bilanzgrößen orientierte, verfolgt die Liquiditätsdeckungsanforderung der CRR einen zahlungsstrombasierten Berechnungsansatz, wenn sie in einem ersten Schritt den Saldo aus Mittelzu- und -abflüssen für die folgenden 30 Tage errechnet und diesen im zweiten Schritt dem Bestand an hochliquiden Aktiva gegenüberstellt. Zur Prognose des Saldos werden die Mittelzu- und -abflüsse aufgrund von Annahmen und Anrechnungsfaktoren modelliert, die vor allem auf den Erfahrungen der Finanzkrise 2007–2009 basieren. Damit dient die

Liquiditätsdeckungsanforderung der Deckung einer *hypothetischen Liquiditätslücke*. In der Finanzkrise hat sich zudem gezeigt, dass der Refinanzierungsfähigkeit jenseits des 30-tägigen Horizonts große Bedeutung zukommt und nicht davon ausgegangen werden kann, dass diese bei einer hinreichenden Eigenkapitalausstattung in jedem Fall gelingt. Die Refinanzierungskennzahl der CRR will diesen Mangel der alten Liquiditätsrisikosteuerung beseitigen, indem sie die mittel- und langfristigen Aktiva in ein Verhältnis zum Umfang an stabilen Refinanzierungsmitteln setzt und damit das Maß an *Fristentransformation einschränkt*. Die quantitative Liquiditätssteuerung nach der CRR wird die LiqV schrittweise ablösen, da die Berechnung von Liquiditätsdeckungsanforderung und Refinanzierungskennziffer noch nicht endgültig feststeht und Gegenstand eines Beobachtungs- und Evaluierungsprozesses ist. Die vollständige Einführung der Liquiditätsdeckungsanforderung ist spätestens zum 1.1.2019 geplant, die der Refinanzierungskennzahl zum 1.1.2018.

Die qualitativen Risikomanagementanforderungen der §§ 25 a Abs. 1, 25 b KWG formulieren die aus aufsichtlicher Perspektive erforderlichen Mindeststandards an die Steuerung von (Liquiditäts-)Risiken. Die damit einhergehende Beschränkung des Organisations- und Leitungsermessens der Geschäftsleiter wird aus Gründen des System- und Gläubigerschutzes für erforderlich gehalten und verfassungsrechtlich gerechtfertigt. Um eine verhältnismäßige Einschränkung des Organisations- und Leitungsermessens zu gewährleisten, folgt die Regulierung den Prinzipien der Proportionalität und Wesentlichkeit und sieht eine Reihe von Öffnungsklauseln vor. §§ 25 a Abs. 1, 25 b KWG formulieren Organisationsziele, die jedes Institut je nach Art, Umfang und Risikoträchtigkeit seiner Geschäftstätigkeit sowie in Abhängigkeit von seiner Größe ausfüllen muss. Diese *gleitenden Anforderungssteigerungen* werden durch norminterpretierende Verwaltungsvorschriften (MaRisk (BA)) konkretisiert. Zu den Mindestelementen einer ordnungsgemäßen Risikomanagementorganisation gehört die Festlegung einer Liquiditätsrisikostrategie, die auf der Geschäftsstrategie aufbaut und Vorgaben für den „Liquiditätsrisikoappetit" sowie Anforderungen für die Delegation von Zuständigkeiten, Aufgaben und Kompetenzen für die Steuerung und die Überwachung des Liquiditätsrisikos enthält. Im Rahmen eines Risikotragfähigkeitskonzepts hat ein Institut die aus der Geschäftstätigkeit resultierenden Liquiditätsrisiken – soweit diese quantifizierbar sind – mit Risikodeckungspotential, d. h. einer Liquiditätsreserve, in angemessener Höhe abzudecken, um die Risikotragfähigkeit herzustellen. Es ist davon auszugehen, dass diese nicht über die quantitativen Anforderungen der LiqV bzw. der CRR hinausgehen. Nicht quantifizierbare Liquiditätsrisiken müssen im Rahmen organisatorischer Risikosteuerungsmaßnahmen, wie z. B. durch Maßnahmen der Risikoüberwälzung, adressiert werden.

Das Institut hat ein Internes Kontrollsystem und eine Interne Revision einzurichten. Das Interne Kontrollsystem umfasst sowohl allgemeine Anforderungen an die Aufbau- und Ablauforganisation als auch spezifische Liquiditätsrisikosteuerungselemente. In Bezug auf die Aufbau- und Ablauforganisation muss vor allem auf die fortlaufende oder anlassbezogene Information der Geschäftsleitung über die Liquiditätssituation und etwaige geschäftsspezifische Liquiditätsrisiken geachtet werden. Gegenüber dem Aufsichts- bzw. Verwaltungsrat treffen die Geschäftsleitung detaillierte Unterrichtungs–, Berichts- und Rechenschaftspflichten. Im Hinblick auf die spezifischen Elemente der Risikosteuerung fordern die MaRisk (BA) neben einer Liquiditätsübersicht, einem Frühwarnsystem und der Vorhaltung einer Liquiditätsreserve die Durchführung von Stresstests, die Etablierung einer Liquiditätskostenrechnung und eine Notfallplanung für Liquiditätsengpässe. Zur Verringerung von Konzentrationsrisiken verlangen die MaRisk eine Diversifikation der (Re-)finanzierungsquellen sowie der Kontrahenten der Bank.

Die Interne Revision hat die Aufgabe, die Risikomanagementorganisation unabhängig von den operativen und sonstigen Prozessen zu prüfen und der Geschäftsleitung darüber zu berichten. In der Forderung nach der Unabhängigkeit der Internen Revision zeigt sich ein wesentliches Ordnungsprinzip der Aufbau- und Ablauforganisation: das Gebot der Funktionstrennung.

Ziel der besonderen Anforderungen an das Risikomanagement bei Auslagerungssachverhalten ist es, dass die Steuerungs- bzw. Beaufsichtigungsmöglichkeiten der Geschäftsleitung bzw. der BaFin auch nach der Auslagerung erhalten bleiben, und nicht faktisch entwertet bzw. gänzlich entzogen werden. Das Institut bleibt aus aufsichtsrechtlicher Perspektive weiterhin für die ausgelagerten Aktivitäten und Prozesse verantwortlich. Dementsprechend muss das auslagernde Institut sicherstellen, dass das Auslagerungsunternehmen der Internen Revision, den externen Prüfern und der BaFin Informations- und Prüfungsrechte einräumt sowie sich Weisungsrechte vorbehält.

Bei Nichteinhaltung der Liquiditätsrisikosteuerungsvorgaben hat die BaFin neben informellen Einwirkungsmöglichkeiten weitreichende Anordnungsbefugnisse gegenüber den Instituten, einschließlich der Abberufung des Geschäftsleiters.

E. Lehren aus dem Bankaufsichtsrecht für das Aktienrecht

Im letzten Kapitel dieser Arbeit wird untersucht, ob und inwieweit die Steuerungsmechanismen des Bankaufsichtsrechts auf die aktienrechtlichen Pflichten des Vorstands zur Steuerung einzelprojekt- und geschäftsstrukturbezogener Liquiditätsrisiken „ausstrahlen". *Fleischer*[851] hat diesen Zusammenhang sehr plastisch mit der These von der „Schrittmacherrolle" ausgewählter Bereiche des Wirtschaftsaufsichtsrechts für das Aktienrecht beschrieben. Die Versuchung, das branchenbezogene Bankaufsichtsrecht bei der Auslegung und Anwendung des rechtsformbezogenen Verbandsrechts heranzuziehen, gründet im Wesentlichen auf zwei Umständen: Zum einen gibt es, wenn man die Gesetzgebungsgeschichte betrachtet, zumindest eine zeitliche Parallelität zwischen § 91 Abs. 2 AktG und § 25 a KWG. Zum anderen sticht ins Auge, dass sich das Bankaufsichtsrecht im Vergleich zu dem durch Generalklauseln geprägten aktienrechtlichen Rahmen, der bisher nur in Ansätzen durch Rechtsprechung und Schrifttum ausgeformt wurde, detailliert mit der Steuerung von Liquiditätsrisiken auseinandersetzt. Der Versuchung zum Trotz darf dabei aber einerseits nicht vergessen werden, dass die bankaufsichtsrechtliche Liquiditätssteuerung spezifische Risiken des Geschäftsmodells von Banken adressiert, die als Finanzintermediäre eine systemische und gesamtwirtschaftliche Bedeutung haben, und dass andererseits das Aktienrecht dem Vorstand einen grundsätzlich weiten Ermessensspielraum im Hinblick auf unternehmerische und Organisationsfragen eröffnet.

Im Folgenden wird zunächst ein Überblick über die in Rechtsprechung und Lehre vertretenen Meinungen zur These von der Schrittmacherrolle bzw. Ausstrahlungswirkung gegeben und in diesem Zusammenhang die rechtsmethodischen Voraussetzungen einer solchen untersucht. Anschließend wird der Frage nachgegangen, inwieweit die regel- und prinzipienbasierten bankaufsichtsrechtlichen Regelungen auf die aktienrechtlichen Pflichten des Vorstands und des Aufsichtsrats im Umgang mit Liquiditätsrisiken ausstrahlen.

Vorausgeschickt sei, dass es in der folgenden Diskussion nicht um brancheninterne Sachverhalte geht, d. h., um das Verhältnis von Bankaufsichtsrecht und Aktienrecht in Bezug auf Banken, die in der Rechtsform der Aktiengesellschaft gegründet sind. Hinsichtlich der Frage, inwieweit das Bankaufsichtsrecht das Bankaktienrecht in dieser Situation beeinflusst und überlagert, geht die weit überwiegende Meinung in überzeugender Weise davon aus, dass das Aufsichtsrecht und Aktienrecht in einem Verhältnis einer atypischen Spezialität[852] zueinander stehen und deswegen

851 *Fleischer*, ZIP 2003, 1 (10).

852 Das Spezialitätsverhältnis ist als ein atypisches zu qualifizieren, weil es im Sinne der Methodenlehre nur in einem untechnischen Sinn als ein solches zu verstehen ist. Die bankaufsichtsrechtliche Norm geht nie vollständig in der aktienrechtlichen

für Bankaktiengesellschaften besondere Rechtsfolgen aus dem Aufsichtsrecht entnommen werden sollen, die in ihrem Regelungsbereich die allgemeinen aktienrechtlichen Regelungen überlagern.[853] Für diesen Bereich der Konkurrenz kann mithin ohne weiteres von einer Ausstrahlungswirkung des Aufsichtsrechtes für das Aktienrecht gesprochen werden.

Im Mittelpunkt der folgenden Diskussion steht demgegenüber die Frage, ob die bankaufsichtsrechtlichen (unternehmensbezogenen) Liquiditätssteuerungsregelungen auf die aktienrechtlichen (rechtsträgerbezogenen) Vorschriften für Industrie-, Handels- und Dienstleistungsunternehmen ohne Bankerlaubnis einwirken können.

I. Ausstrahlungswirkung in Rechtsprechung und Literatur

1. Umfassende Ausstrahlungswirkung aufgrund gesetzgeberischer Gesamtintention

Das VG Frankfurt am Main hatte in der „Bruderhilfe"-Entscheidung[854] über die Klage eines Vorstandsmitglieds eines Versicherungsunternehmens zu entscheiden, das sich damit gegen eine ihn betreffende Abberufungsanordung der BaFin zur Wehr setzte. Das Gericht stellte fest, dass den Vorstand nach § 91 Abs. 2 AktG[855] eine Pflicht zur Einrichtung eines Risikoüberwachungssystems trifft, „*das über geeignete Instrumentarien zur Steuerung, Überwachung und Kontrolle der Risiken nebst eines internen Kontrollverfahrens verfügt und anhand dessen sich die finanzielle Lage des Unternehmens jederzeit mit hinreichender Genauigkeit bestimmen lässt*". Bei der Auslegung des § 91 Abs. 2 AktG könne auf die detaillierteren Anforderungen des § 25 a Abs. 1 KWG zurückgegriffen werden, da sich diese Vorschriften „*in ihrer rechtlichen Bedeutung entsprechen*". Dies stützt das Gericht auf die These, dass den beiden in relativ kurzer Folge 1997 und 1998 eingeführten Vorschriften eine „*Gesamtintention des deutschen Gesetzgebers*" zugrunde liegt, die Pflichten der Geschäftsleitung zur Etablierung eines Risikoüberwachungssystems zu verdeutlichen. Weiter führt das Gericht aus, dass in einem Versicherungsunternehmen ähnliche Herausforderungen im Hinblick auf das Risikomanagement bestehen wie in einer Bank und deswegen § 25 a Abs. 1 AktG bei der Auslegung des § 91 Abs. 2 AktG herangezogen werden kann. In seiner Entscheidung nimmt das Gericht zudem Bezug auf eine vereinzelte

---

auf; vielmehr haben beide einen Bereich, in dem sie sich überschneiden und einen, indem sie unabhängig voneinander zur Anwendung gelangen (vgl. *Emmenegger*, Bankorganisationsrecht als Koordinationsaufgabe, S. 163 f.).

853 *Armbrüster*, VersR 2009, 1293 (1295); *Preußner/Pananis*, BKR 2004, 347 (349); *Schäfer/Zeller*, BB 2009, 1706 (1707); *Dreher*, ZGR 2010, 496 (502) mwN.

854 VG Frankfurt WM 2004, 2157 ff.

855 Das Versicherungsunternehmen war in der Rechtsform eines Versicherungsvereins auf Gegenseitigkeit (VVaG) organisiert, für dessen Vorstand nach § 34 S. 2 VAG der § 91 Abs. 2 AktG analoge Anwendung findet.

Meinung im rechtswissenschaftlichen Schrifttum, derzufolge § 91 Abs. 2 AktG und § 25 a Abs. 1 KWG „*deckungsgleich*“ seien.[856]

2. Keine Ausstrahlungswirkung

Die herrschende Meinung im Schrifttum[857] und das OLG Celle[858] lehnen eine rechtlich verbindliche Ausstrahlungswirkung von § 25 a Abs. 1 KWG auf das aktienrechtliche Pflichtenprogramm des Vorstands unter § 91 Abs. 2 AktG ab. Eine Verallgemeinerung des branchenspezifischen Aufsichtsrechts für alle Aktiengesellschaften ohne Rücksicht auf deren Unternehmensgegenstand oder deren sonstige Verhältnisse wird vor dem Hintergrund des Leitungs- und Organisationsermessens des Vorstands als überzogen angesehen. Aufsichtliche Regelungen stellten branchenbezogene Sonderregelungen für besondere Wirtschaftsbereiche dar und könnten nicht auf das allgemeine aktienrechtliche Verbandsrecht abfärben. Die spezifschen Regelungen des bankaufsichtsrechtlichen Risikomanagements nach § 25 a Abs. 1 KWG dienten zum einen der Abwehr systemischer Gefahren der Finanzwirtschaft für die Realwirtschaft, vergleichbare Gefahren gingen jedoch nicht von Industrieunternehmen aus.[859] Zum anderen seien die Methoden der bankaufsichtsrechtlichen Liquiditätsrisikosteuerung auf die Abwehr von Liquiditätsrisiken zugeschnitten, die dem Bankgeschäft inherent und in dieser Form in der Realwirtschaft nicht anzutreffen seien.[860]

Zudem biete § 25 a Abs. 1 KWG eine nur unvollkommene Orientierung, da sich die Norm auf die Formulierung von *Mindestanforderungen* beschränke, deren Befolgung nicht alle Unsicherheiten im Umgang mit Risiken für den Vorstand ausräumen könnten.[861] Es sei nicht abzusehen, welche Vorschriften des Wirtschaftsaufsichtsrechts auf das Pflichtenprogramm des Vorstands einer AG anzuwenden seien, was zu einer erheblichen Rechtsunsicherheit führe. Diese Rechtsunsicherheit werde durch die erforderliche dynamische Interpretation des Aktienrechts durch die sich stets wandelnden aufsichtsrechtlichen Normen verstärkt.

---

856 *Preußner/Zimmermann*, AG 2002, 657 (660), die aus LG Berlin AG 2002, 682 herauslesen wollen, dass das Gericht keinen inhaltlichen Unterschied zwischen § 91 Abs. 2 AktG und § 25a Abs. 1 KWG gesehen hat. Kritisch dazu *Konopatzki*, Funktionsauslagerungen bei Kreditinstituten, S. 288 f.; ferner für die Deckungsgleichheit der Anforderungen *Lorenz*, in: Rechtliche Grundlagen des Risikomanagements, S. 18.

857 *Kort*, in Großkomm AktG, § 91 Rn. 61; *Hüffer*, § 91 Rn. 8; *ders.*, NZG 2007, 47 (49); *Krieger/Sailer-Coceani*, in: K. Schmidt/Lutter, AktG, § 91 Rn. 15; *Langenbucher*, ZHR (176) 2012, 652 (666); *Blasche*, CCZ 2009, 62 (64); *Bürkle*, WM 2005, 1496 (1499); *Jacobsen*, Risikomanagement, S. 166 f.

858 OLG Celle WM 2008, 1745 (1764).

859 *Jacobsen*, Risikomanagement, S. 166 f.

860 *Jacobsen*, Risikomanagement, S. 166 f.

861 *Bürkle*, WM 2005, 1496 (1499 f.).

Einige Autoren, die sich gegen eine rechtlich verbindliche Ausstrahlung des § 25 a Abs. 1 KWG aussprechen, favorisieren eine freiwillige Befolgung der Vorschriften im Sinne einer „Best Practice“[862] bzw. eines faktischen Standards.[863] Sie sind der Ansicht, dass von den aufsichtsrechtlichen Regelungen wichtige Impulse für den Vorstand bei der Ausfüllung seines Leitungs- und Organisationsermessens ausgehen. Eine solche freiwillige Befolgung der Anforderungen nach § 25 a Abs. 1 KWG biete sich insbesondere in Bezug auf das Risikomanagement des Finanzbereichs (Derivategeschäfte, Wertpapieranlagen) von Unternehmen an.[864]

3. Einzelfallbezogene Ausstrahlungswirkung/ Wertende mittelbare Ausstrahlungswirkung

Eine vermittelnde Ansicht im Schrifttum will § 25 a Abs. 1 KWG einzelfallbezogen bei der Auslegung von § 91 Abs. 2 AktG heranziehen.[865] *Dreher*[866] spricht dabei von einer *„wertenden mittelbaren Ausstrahlungswirkung des Aufsichtsrechts“*, wonach aufsichtsrechtliche Normen nicht in ihrer konkreten Form, sondern vielmehr die ihr zugrunde liegende Wertung bei der Auslegung des Aktienrechts zu berücksichtigen sei. Danach müsse zwischen einer „positiven“ und einer „negativen“ Ausstrahlungswirkung unterschieden werden. Bei der positiven Ausstrahlung reicherten die Wertungen des Aufsichtsrechtes das Aktienrecht beispielsweise bei der Erforschung des Sinn und Zweckes der Norm an, bei der negativen bilde das Aufsichtsrecht aufgrund seiner Spezialität eine Schranke für die Auslegung des Aktienrechtes, z. B. dergestalt, dass die aktienrechtlichen Vorschriften nicht über die Anforderungen des Aufsichtsrechts hinausgehen könnten.

Nach *Dreher*[867] erfolgt die Herleitung einer solchen Ausstrahlungswirkung in einem Dreischritt: Zunächst sei zu untersuchen, ob der Gesetzgeber bei Erlass der Aufsichtsnorm in den Gesetzesmaterialien ausdrücklich angedeutet hat, dass er damit einen allgemeinen aktienrechtlichen Grundsatz für den Bankbereich

862 *Bürkle*, WM 2005, 1496 (1505).

863 *Weber-Rey*, ZGR 2010, 543 (571 f.).

864 *Schäfer/Zeller*, BB 2009, 1706 (1707).

865 *Mertens/Cahn*, in: Köln Komm AktG, § 91 Rn. 31; *Fleischer*, in Spindler/Stilz, AktG, § 91 Rn. 42 f.; *Fleischer/Schmolke*,, ZHR 173 (2009), 649 (679); *Schäfer/Zeller*, BB 2009, 1706 (1707 u. 1711); für eine Schrittmacherrolle des § 25a Abs. 2 KWG (nunmehr § 25b KWG) für die gesellschaftsrechtlichen Voraussetzungen einer Delegation *Fleischer*, ZIP 2003, 1 (10) sowie *Konopatzki*, Funktionsauslagerung bei Kreditinstituten, S. 302 ff.; sehr weitgehend für eine Übertragung finanzaufsichtsrechtlicher Vorschriften, insbesondere der Derivateverordnung (BGBl. I 2013, S. 1278 ff.), auf den Einsatz derivativer Finanzinstrumente in einer Normal-AG *Köhler*, Die Zulässigkeit derivativer Finanzinstrumente in Unternehmen, Banken und Kommunen, S. 286 ff.

866 *Dreher*, ZGR 2010, 496 ff.

867 *Dreher*, ZGR 2010, 496 (503 ff.).

konkretisieren wollte. Falls – wie im Regelfall – keine ausdrückliche Andeutung erfolgt sei, müsse untersucht werden, ob nicht „Vorfindlichkeit" vorliege, d.h. im Aufsichtsrecht ein Rechtsgrundsatz geregelt wurde, der Ausdruck eines im Aktienrecht vorkommenden allgemeinen Rechtsgrundsatzes sei. In einem zweiten Schritt seien Ausstrahlungshemmnisse zu prüfen. Eine Ausstrahlung sei nicht möglich, wenn das Aufsichtsrecht spezifisch europarechtliche Zielsetzungen verfolge, die dem Gesellschaftsrecht fremd sind, oder wenn etwa das Aufsichtsrecht originäre Ziele verfolge, die im Aktienrecht nicht von Bedeutung sind. Im letzten Schritt erfolgt die eigentliche Auslegung der aktienrechtlichen Normen unter Berücksichtigung der Wertung des Aufsichtsrechtes im obigen positiven oder negativen Sinne.

Weber-Rey lehnt Ausstrahlungswirkungen im Sinne von *Dreher* weitestgehend ab und sieht demgegenüber die Notwendigkeit, die Einwirkungen des Aufsichtsrechts auf das Privatrecht mit einem neuen methodischen Phänomen, der sog. „*Infiltration*", zu erfassen.[868] Die Infiltration sei vorwiegend durch das „*Anschleichen von Regelungssätzen*" internationaler und gemeinschaftsrechtlicher Herkunft gekennzeichnet, die nur in sehr eingeschränkter Weise verbindliche Wirkung für die Auslegung von aktienrechtlichen Normen hätten.

4. Diskussion

Die Annahme, dass § 91 Abs. 2 AktG und § 25 a Abs. 1 KWG eine gesetzgeberische Gesamtintention zugrunde liegt, wird von der herrschenden Meinung im Schrifttum zu Recht als zu weitgehend und mit dem Organisations- und Leitungsermessen des Vorstand als nicht vereinbar angesehen. Hätte der Gesetzgeber eine ähnlich detaillierte Regelung der Organisationspflichten des Bankrechts im Aktienrecht gewollt, dann hätte er ausreichend Gelegenheit gehabt, diesem Willen im später in Kraft getretenen § 91 Abs. 2 AktG Ausdruck zu verleihen, z.B. durch eine enge sprachliche Anlehnung an das angebliche aufsichtsrechtliche „Vorbild". Es ist auch nicht ersichtlich, auf welches rechtsmethodische Fundament die Annahme von der „Gesamtintention" sowie eine daraus folgende schematische Auslegung des § 91 Abs. 2 AktG nach dem angeblichen aufsichtsrechtlichen „Vorbild" gestellt werden soll. Der Hinweis, dass das Risikomanagement eines Versicherungsunternehmens vor ähnlichen Anforderungen stehe wie das eines Kreditinstituts,[869] rechtfertigt eine *schematische* Übertragung keinesfalls. Zwar ist eine systematische Auslegung

868 *Weber-Rey*, ZGR 2010, 543 (585 ff.).

869 Einer ähnlichen Argumentation folgend *Köhler*, Derivative Finanzinstrumente in Unternehmen, Banken und Kommunen, S. 287, der eine Schrittmacherrolle der finanzaufsichtsrechtlichen Vorschriften für Derivate für den Umgang von Unternehmen mit Derivaten sieht und dies vor allem auf die Identität der übernommenen Derivate-Risiken stützt. Siehe in diese Richtung auch *Kessler*, BB 2013, 1098 ff., der eine schematische Ausstrahlungswirkung der bankaufsichtsrechtlichen Risikomanagementvorschriften für den Einsatz von Derivaten durch Unternehmen vertritt.

durchaus darauf gerichtet, Wertungswidersprüche zu vermeiden bzw. aufzulösen, die sich durch eine gesetzgeberische Ungleichbehandlung von im Wesentlichen Gleichem ergeben.[870] Jedoch erfolgt die Vermeidung von Wertungswidersprüchen einzelfallbezogen und zielt darauf ab, Wertungen, nicht aber die gesetzgebungstechnischen Einzelheiten einer Regelung in eine andere Regelung zu übertragen. Danach kommt eine schematische Harmonisierung der Anforderungen von § 91 Abs. 2 AktG und § 25 a Abs. 1 KWG nicht in Betracht.

Zudem bestünde bei einem solchen Vorgehen die Gefahr, wesentliche Unterschiede zu verkennen, die eine unterschiedliche Behandlung rechtfertigen und erforderlich machen. Diese Unterschiede ergeben sich zunächst daraus, dass die aktienrechtliche Bestandssicherungspflicht nicht durch eine systemische (Gefahrenabwehr-)Perspektive verstärkt wird. Weiterer wesentlicher Unterschied ist, dass das aus dem Unternehmensgegenstand eines Industrie–, Handels- oder Dienstleistungsunternehmens folgende Liquiditätsrisikoprofil ein anderes ist als das eines Kreditinstituts.

Weiterhin sind die Anforderungen des § 25 a Abs. 1 KWG selbst den Grundsätzen der Proportionalität und Materialität verpflichtet, weswegen fraglich ist, welche Regelungen in welchem Umfang auf die Normal-AG überhaupt übertragen werden sollen.[871] Mit der Annahme einer „Deckungsgleichheit" von § 91 Abs. 2 AktG und § 25 a Abs. 1 KWG ist für die Auslegung der aktienrechtlichen Organpflichten deshalb auch aus dieser Perspektive nicht viel gewonnen.

Danach ist eine schematische Ausstrahlung bankaufsichtsrechtlicher Vorschriften abzulehnen. Allerdings ist mit *Dreher* eine Ausstrahlungswirkung in Bezug auf Einzelregelungen zu prüfen. Der pauschale Hinweis der herrschenden Meinung auf die Spezialität des branchenspezifischen Bankaufsichtsrechts gegenüber dem Aktienrecht oder der Hinweis auf das weite Organisations- und Leitungsermessen des Vorstands machen eine Einzelfallprüfung nicht von vornherein unzulässig, sofern eine solche rechtsmethodisch hergeleitet werden kann.

Soweit die herrschende Meinung aus der systemischen Gefahrenabwehrperspektive der bankaufsichtsrechtlichen Regelungen und dem besonderen Liquiditätsrisikoprofil des Geschäftsmodells von Banken auf die generelle Unzulässigkeit einer Ausstrahlungswirkung auf das Aktienrecht schließen will[872], kann dem in dieser Allgemeinheit nicht gefolgt werden. Im Hinblick auf etwaige negative Ausstrahlungswirkungen des Bankaufsichtsrechts für das Aktienrecht wird verkannt, dass gerade aus der Abgrenzung des Aktienrechts zum Bankaufsichtsrechts wertvolle Hinweise zur Eingrenzung des aktienrechtlichen Pflichtenprogramms gewonnen werden können, gerade weil die systemische Gefahrenabwehrperspektive und das besondere Liquiditätsrisikoprofil des Bankaufsichtsrechts in ihrer für das

870 *Bydlinski*, Grundzüge der juristischen Methodenlehre, S. 45.
871 *Dreher*, ZGR 2010, 496 (533) für das Versicherungsaufsichtsrecht.
872 Siehe exemplarisch *Jacobsen*, Risikomanagement, S. 166 f.

Aktienrecht schrankenbildenden Wirkung in den Blick genommen werden.[873] Die Annahme positiver Ausstrahlungswirkungen ist – was in der folgenden Untersuchung noch gezeigt wird – auf Bereiche des Bankaufsichtsrechts beschränkt, die nicht durch eine systemische Gefahrenabwehrperspektive bzw. die besonderen Liquiditätsrisiken des Bankgeschäfts induziert sind. Dies trifft insbesondere auf allgemeine Wertungen des Bankaufsichtsrechts zur liquiditätsrisikobezogenen Organisation von Finanzinstituten zu.[874]

Die rechtsmethodische Frage nach der Ausstrahlung eines Normbereiches in einen anderen ist nicht neu. Eine Ausstrahlungswirkung wird beispielsweise für die nach herrschender Meinung öffentlich-rechtlichen Wohlverhaltensregeln der §§ 31 ff. WpHG in Bezug auf (vor-)vertragliche privatrechtliche Verhaltensstandards und für weitere Konstellationen angenommen.[875] Methodisch ist es zulässig, im Wege der systematischen Auslegung nicht nur Wertungen desselben Gesetzes, sondern auch Wertungen einer Teilrechtsordnung (hier: öffentliches Bankrecht) zur Auslegung einer anderen Teilrechtsordnung (hier: privates Verbandsrecht) gleichsam „*disziplinübergreifend*" heranzuziehen.[876] Zwar ist nicht zu verkennen, dass ein systematischer Interpretationsansatz vor Herausforderungen steht, wenn der zur Auslegung herangezogene Normkomplex wie vorliegend gemeinschaftsrechtlichen Ursprungs ist. Jedoch lassen sich diese Schwierigkeiten durch eine sorgfältige

---

873 In diese Richtung muss auch der Hinweis von *Jacobsen*, Risikomanagement, S. 167, verstanden werden, wenn er die Frage, ob § 91 Abs. 2 AktG die Erstellung eines umfassenden Risikostatus erfordert, damit verneint, dass „*die Erstellung eines Gesamtrisikoprofils dem Bankaufsichtsrechts zur Abwendung der systemischen Gefahren vorbehalten bleibt*".

874 Ein Beispiel für eine – allerdings sehr weit verstandene – positive Ausstrahlungswirkung liefert *Jacobsen*, Risikomanagement, S. 155 f., obwohl er eine Ausstrahlungswirkung des Bankaufsichtsrechts für das Aktienrecht ansonsten strikt ablehnt, indem er zur Auslegung der „Bestandsgefährdung" in § 91 Abs. 2 AktG die bankaufsichtsrechtliche Definition des § 48 b Abs. 1 KWG (a.F.) heranziehen will. Nicht recht verständlich ist, warum die Auslegung aktienrechtlicher Vorschriften unter Heranziehung bankaufsichtsrechtlicher Wertungen in diesem Fall zulässig, im Übrigen aber für unzulässig gehalten werden soll.

875 Vgl. *Fuchs*, in: Fuchs, WpHG, Vor §§ 31 bis 37a Rn. 60 f. mwN; weiterhin wird eine Ausstrahlungswirkung der kartellrechtlichen Vertikal-GVO auf das allgemeine Kartellrecht vertreten (vgl. *Dreher*, ZWeR 2003, 3 (14 f.)); eine Ausstrahlungswirkung von vertragstypischen Aufklärungspflichten (§ 442 Abs. 1 S. 2 BGB) im Hinblick auf wettbewerbsrechtliche Aufklärungspflichten (§ 5 UWG) bejahend *Busch*, Informationspflichten im Wettbewerbs- und Vertragsrecht, S. 114.; dagegen eine Ausstrahlungswirkung des Umwandlungsgesetzes auf außerhalb des Umwandlungsgesetz liegende Umwandlungstatbestände ablehnend *Schnorbus*, Gestaltungsfreiheit im Umwandlungsrecht.

876 *Kramer*, Juristische Methodenlehre, S. 87; *Rüthers/Fischer*, Rechtstheorie, Rn. 748 f.; *Beaucamp/Treder*, Methoden und Technik der Rechtsanwendung, Rn. 151; allgemein: *Bydlinski*, Juristische Methodenlehre und Rechtsbegriff, S. 442 f.

Untersuchung der gemeinschaftsrechtlichen Zwecksetzung auf ihre Vereinbarkeit mit dem nationalen Gesellschaftsrecht überwinden.

Ein disziplinübergreifender systematischer Interpretationsansatz überschreitet auch nicht die Grenzen der zulässigen Auslegung. Zwar ist der *„analogische Charakter“*[877] der disziplinübergreifenden Berücksichtigung von Normen eines anderen Rechtsgebiets nicht völlig von der Hand zu weisen. Gegen einen unzulässigen Analogieschluss spricht vorliegend jedoch, dass es im Rahmen der positiven Ausstrahlungswirkung darum geht, bereits im Aktienrecht bestehende vorfindliche Rechtsprinzipien auszufüllen und zu konkretisieren. Demgegenüber geht es nicht um die Ausfüllung von Gesetzeslücken im Aktienrecht durch völlig neue Wertungen und Regelungszusammenhänge aus anderen Normen. Zur Verdeutlichung dieses eingeschränkten methodischen Vorgehens sollte deshalb in Bezug auf die positiven Ausstrahlungswirkungen anstatt von einer „wertenden mittelbaren Ausstrahlungswirkung“ von einer wert*konkretisierenden* mittelbaren Ausstrahlungswirkung gesprochen werden, da es bei einer positiven Ausstrahlungswirkung um eine *Konkretisierung* vorfindlicher Rechtsprinzipien (und nicht um eine *Lückenfüllung* mittels derselben) geht.

Voraussetzung einer disziplinübergreifenden Berücksichtigung ist zunächst, dass der zu interpretierenden Norm und der zur Interpretation herangezogenen Norm *„übereinstimmende gesetzgeberische Interessenbewertungen und damit ein einheitliches Wertungskonzept zugrunde liegen.“*[878] Damit sind in Bezug auf Fragen der Organisation eines Unternehmens gemeinsame organisationsrechtliche Prinzipien gemeint, die sowohl im Aktienrecht als auch im Bankaufsichtsrecht gelten, wie z. B. der Grundsatz der Vermeidung von Interessenkonflikten. Jedoch ist dieses Wertungskonzept nach dem oben Gesagten noch zu allgemein. Es besteht wiederum die Versuchung und die Gefahr einer allzu schematischen Harmonisierung. Deswegen müssen unterhalb der Ebene des einheitlichen Wertungskonzepts (organisationsrechtliche) Einzelwertungen im Wege der teleologischen Auslegung identifiziert werden, wie beispielsweise die in beiden Rechtsgebieten geltende Wertung der Funktionstrennung.[879] Sodann sind die aktienrechtlichen Einzelwertungen anhand der bankaufsichtsrechtlichen Vorgaben, denen ebenfalls diese Wertung zugrunde liegt, zu konkretisieren.

Bei der Konkretisierung durch die MaRisk (BA) ist aufgrund des aufsichtsbehördlichen Ursprungs dieser Normen eine prinzipienbasierte Ausstrahlung umso wichtiger. Prinzipienbasierung heißt in diesem Zusammenhang erstens, dass die hinter einer detaillierten Regelung liegende Organisationsidee auf die aktienrechtlichen Organisationspflichten ausstrahlt, und zweitens, dass diese Organisationsidee Rückhalt in § 25 a Abs. 1 KWG haben muss.

---

877 *Kramer*, Juristische Methodenlehre, S. 104.
878 *Rüthers/Fischer*, Rechtstheorie, Rn. 746.
879 Vgl. *Dreher*, ZGR 2010, 496 (535 ff.).

Die bisherige Diskussion betrachtet vorrangig das Verhältnis von § 91 Abs. 2 AktG und § 25 a Abs. 1 KWG. Demgegenüber wurde bereits herausgearbeitet, dass sich für den Vorstand organisatorische Risikosteuerungspflichten einerseits aus dem ein Minimalprogramm festschreibenden § 91 Abs. 2 AktG und andererseits aus der Auffangvorschrift des § 93 Abs. 1 AktG ergeben. Dieser Linie folgend, werden im Folgenden Fragen der Ausstrahlungswirkung auch im Rahmen der Organisationspflichten nach § 93 Abs. 1 AktG diskutiert.

5. Zwischenergebnis

Es ist festzuhalten, dass die bankaufsichtsrechtlichen Vorgaben für die Liquiditätsteuerung einzelfallbezogen eine Ausstrahlungswirkung entfalten können, wobei das Aufsichtsrecht im Rahmen der hergebrachten systematisch-teleologischen Auslegung für das Aktienrecht fruchtbar gemacht werden kann. Der Erklärung der Einwirkung des Aufsichtsrechts auf das Aktienrecht mittels einer „Infiltration“ bedarf es demgegenüber nicht.

II. Ausstrahlung des Bankaufsichtsrecht auf den Umfang des aktienrechtlichen Liquiditätsrisikomanagements

1. Ausgangslage

Die vorangegangene Untersuchung hat ergeben, dass sich § 91 Abs. 2 AktG auf ein Minimalprogramm an Maßnahmen zur Früherkennung von liquiditätsgefährdenden Entwicklungen beschränkt.[880] Zu den Maßnahmen gehören die Erfassung und Prognose der zukünftigen Zahlungsströme mittels einer Liquiditätsübersicht auf kurze und mittlere Sicht, bestimmte Vorkehrungen, um Abweichungen der tatsächlich eingetretenen Ist-Zahlungsströme von den prognostizierten Soll-Zahlungsströmen auf das Vorliegen gleichartiger Ursachen analysieren zu können, und schließlich unabhängige und selbständige Kontrollmechanismen, die die Wirksamkeit dieser Maßnahmen prüfen. Neben dem Minimalprogramm des § 91 Abs. 2 AktG können weitere Risikosteuerungspflichten treten, die sich aus der allgemeinen Leitungs- und Organisationssorgfalt des Vorstand nach §§ 76 Abs. 1, 93 Abs. 1 AktG ergeben und im Kern wiederum auf dessen Bestandssicherungspflicht zurückgehen. Die weiteren Liquiditätsrisikosteuerungspflichten betreffen einerseits die Steuerung einzelprojektbezogener Liquiditätsrisiken und andererseits zusätzliche organisatorische Maßnahmen, deren Umfang von der Größe, dem Unternehmensgegenstand und der Komplexität sowie dem Risikogehalt der Geschäftstätigkeit abhängen.[881]

Die in den Betriebswissenschaften und in der Wirtschaftsprüfungspraxis bislang vorherrschende Auffassung fordert dagegen – zumeist auch unter Verweis auf

880 Vgl. A.I.1.c).
881 Vgl. C.I.2.

das bankaufsichtsrechtliche Vorbild – ein „*umfassendes Risikomanagementsystem*" betriebswirtschaftlicher Prägung, das alle denkbaren Liquiditätsrisiken erfassen, quantifizieren, bewerten, kommunizieren und steuern soll.[882]

Bevor in den folgenden Abschnitten auf konkrete Ausstrahlungswirkungen eingegangen wird, soll untersucht werden, welche positiven oder negativen allgemeinen Wertungen dem System der bankaufsichtsrechtlichen Liquiditätsteuerung für den Umfang der aktienrechtlichen Liquiditätsrisikosteuerung entnommen werden können, um die obige Streitfrage[883] auch aus der bankaufsichtsrechtlichen Perspektive zu beleuchten.

2. Minimalprogramm und Mindestanforderungen

Es ist festzustellen, dass das Bankaufsichtsrecht die aus der Geschäftstätigkeit erwachsenden Liquiditätsrisiken gar nicht „*umfassend*" steuern will.[884] Erstes Indiz dafür ist der Umstand, dass die Anforderungen der §§ 25 a, 25 b KWG in der die Rechtsanwendung prägenden Auslegung durch die BaFin „*Mindestanforderungen an das Risikomanagement*" darstellen. Die Bezeichnung legt nahe, dass die bankaufsichtsrechtlichen Anforderungen ein Mindestprogramm festlegen, das in der bankbetrieblichen Praxis der Liquiditätsrisikosteuerung ergänzungsfähig ist (und in der Regel auch ergänzt wird).[885] Die BaFin formt in den Mindestanforderungen das gesetzliche Konzept der §§ 25 a, 25 b KWG aus, das sich auf „*angemessene*" Risikomanagement-Anforderungen beschränkt. „Angemessen" bedeutet, dass die Geschäftsleiter ein (Liquiditäts-)Risikomanagement etablieren müssen, dessen Umfang proportional zur Größe des Instituts sowie der Komplexität, dem Umfang und der Risikoträchtigkeit der Geschäftstätigkeit sein muss (sog. Grundsatz der Proportionalität). Zur Konkretisierung gibt § 25 a Abs. 1 Satz 3 KWG einen Kanon organisatorischer Mindestelemente vor, die durch die Mindestanforderungen für Liquiditätsrisiken weiter ausgeformt werden. Zwar wurde die formellgesetzliche Aufzählung der Mindestelemente bewusst offen gehalten („*insbesondere*"), jedoch ist das als Hinweis darauf zu verstehen, dass es den Aufsichtsbehörden im Einzelfall erlaubt ist, darüber hinausgehende Elemente vorzuschreiben. Für den Regelfall sollen jedoch die genannten Mindestelemente Orientierung bieten, was aus aufsichtlicher Sicht gefordert ist.

Auch geht es den qualitativen bankaufsichtsrechtlichen Risikomanagementregelungen nicht um die Steuerung aller denkbaren Risiken der Geschäftstätigkeit. Dem Charakter von Mindestanforderungen entsprechend, dürfen sich die Institute auf die Steuerung der „*wesentlichen*" Risiken beschränken. Dabei ist die Beurteilung,

882 Vgl. C.I.1(2).
883 Vgl. A.I.1.b).
884 So auch *Dreher*, ZGR 2010, 496 (532 ff.).
885 Vgl. D.III.1.a)(3).

welche Risiken als wesentlich einzustufen sind, von den Instituten eigenverantwortlich durchzuführen.[886]

3. Folgerungen für die Intensität der aktienrechtlichen Liquiditätsrisikosteuerung

Aus dem Befund, dass das Aufsichtsrecht Liquiditätsrisiken nicht umfassend steuern will, sondern sich auf die Vorgabe von Mindestanforderungen beschränkt, die nach den Grundsätzen der Materialität und Proportionalität von den jeweiligen Instituten auszufüllen sind, ergeben sich negative und positive Ausstrahlungswirkungen für die aktienrechtlichen Anforderungen unter § 91 Abs. 2 AktG und §§ 76 Abs. 1, 93 Abs. 1 AktG.

Gegenüber der Forderung nach einer umfassenden Steuerung der denkbaren Liquiditätsrisiken entfaltet das Bankaufsichtsrecht eine schrankenbildende Funktion im Hinblick auf Gegenstand und Mittel der Liquiditätsrisikosteuerung. Wenn das Aktienrecht keine umfassendere Steuerung von Liquiditätsrisiken als das Bankaufsichtsrecht fordern soll, muss die aufsichtliche Beschränkung auf die Steuerung der „wesentlichen" Liquiditätsrisiken auch im Aktienrecht ernst genommen werden.[887] Dafür ist anzuführen, dass im Ergebnis zwischen der Steuerung wesentlicher Liquiditätsrisiken im Bankaufsichtsrecht einerseits und der Steuerung liquiditätsgefährdender Entwicklungen im Sinne des § 91 Abs. 2 AktG bzw. bestandsgefährdender Liquiditätsrisiken im Rahmen der §§ 76 Abs. 1, 93 Abs. 1 AktG andererseits kein allzu großer Unterschied auszumachen ist.[888]

Auch im Hinblick auf die zur Steuerung im Aktienrecht einzusetzenden Mittel und Maßnahmen sowie deren Ausgestaltung entfaltet das Bankaufsichtsrecht eine schrankenbildende Funktion. Will man wiederum vermeiden, dass das Aktienrecht umfassendere organisatorische Maßnahmen zur Liquiditätsrisikosteuerung verlangt als das Bankaufsichtsrecht, so muss der Kanon der organisatorischen Mindestelemente des Bankaufsichtsrechts auch eine Schranke für die Auslegung der aktienrechtlichen Anforderungen sein.

Hinzu kommt, dass eine Reihe bankaufsichtsrechtlicher Maßnahmen die spezifischen Liquiditätsrisiken des Geschäftsmodells von Banken adressiert bzw. spezifisch aufsichtliche Zwecke verfolgt, so dass auch insoweit von einer schrankenbildenden Funktion ausgegangen werden kann. Zu der ersten Gruppe wird man die Anforderungen an die untertägige Steuerung des Liquiditätsrisikos[889] sowie an eine bankinterne Liquiditätskostenrechnung[890] zählen müssen. Zu der zweiten Gruppe

886 *Langen*, BKR 2009, 309 (311); *Fischer/Petri/Steidle*, WM 2007, 2313 (2317).

887 So auch *Dreher*, ZGR 2010, 496 (533); im Ergebnis auch: *Jacobsen*, Risikomanagement, S. 167, der jedoch im Grundsatz eine (positive) Ausstrahlungswirkung des § 25a KWG auf das Aktienrecht ablehnt.

888 Vgl. *Dreher*, ZGR 2010, 496 (533).

889 Vgl. D.IV.3.c)(1)(ii)(g).

890 Vgl. D.IV.3.c)(1)(ii)(e).

wird man die bankaufsichtsrechtliche Forderung nach Dokumentation einer aus der Geschäftsstrategie abgeleiteten Liquiditätsrisikostrategie sowie nach einem diesbezüglichen Strategieprozess zu zählen haben. Denn die besondere aufsichtliche Zwecksetzung dieser Anforderungen liegt darin, eine über die bloße bankinterne Dokumentation hinausgehende *aufsichtliche Transparenz* bezüglich der bankinternen Entscheidungsprozesse -und vorgaben zu schaffen. Die Forderung nach Transparenz dient dem aufsichtlichen Ziel, Plausibilitätsprüfungen in Bezug auf die Liquiditätsrisikostrategie und Wirksamkeitsprüfungen bezüglich des Strategieprozesses sowie Vergleiche zwischen verschiedenen Instituten zu ermöglichen.

Eine wertungskonkretisierende positive Ausstrahlungswirkung kommt hingegen dort in Frage, wo bankaufsichtsrechtliche Normen herangezogen werden können, um die im Rahmen dieser Arbeit bereits herausgearbeiteten aktienrechtlichen Wertungs- oder Steuerungsmodelle weiter zu konkretisieren und zu verdeutlichen. Dies ist insbesondere für die Organisationsanforderungen nach § 91 Abs. 2 AktG und §§ 76 Abs. 1, 93 Abs. 1 AktG näher zu untersuchen.

III. Ausstrahlung der aufbau- und ablauforganisatorischen Wertungen des Bankaufsichtsrechts auf die aktienrechtlichen Organisationsanforderungen

1. Ausstrahlung der Prinzipien der Funktionstrennung und Prozessunabhängigkeit

a) Ausgangslage

Es wurde herausgearbeitet, dass der Vorstand im Rahmen des § 91 Abs. 2 AktG administrative Kapazitäten bereitstellen muss, die die Aufgaben der Früherkennung und der Internen Revision vorbereiten und ausführen, soweit er diese Aufgaben nicht selbst wahrnimmt. Bei der organisatorischen Ausgestaltung dieser Aufgaben hat der Vorstand im Grundsatz ein weites organisatorisches Ermessen. Eingeschränkt wird das Ermessen jedoch einerseits durch die Anforderungen, die für eine zulässige Delegation an nachgelagerte Unternehmensebenen gelten, und andererseits durch Einschränkungen, die sich aus der Natur der Aufgaben ergeben. So wurde im Hinblick auf letztere festgestellt, dass die Interne Revision die Wirksamkeit der Früherkennungsmaßnahmen aus aktienrechtlicher Sicht grundsätzlich als organisatorisch und personell unabhängige Stelle überwachen muss.[891] Diese Frage ist in Bezug auf die organisatorische Verankerung der Früherkennungsaufgaben und möglicher anderer im Rahmen des Organisationsermessens des Vorstands nach § 93 Abs. 1 AktG liegender Liquiditätsrisikomanagementaufgaben erst in Grundzügen[892]

891 Vgl. A.I.1.d).
892 Vgl. *Dreher*, ZGR 2010, 496 (535 ff.).

beantwortet. Fraglich ist deshalb, ob sich aus dem Bankaufsichtsrecht allgemeine Wertungen ableiten lassen, wie die Aufgaben innerhalb der Aufbau- und Ablauforganisation einzuordnen sind und in welchem Verhältnis die einzelnen Aufgaben zueinander stehen.

b) Funktionstrennung und Prozessunabhängigkeit im Bankaufsichtsrecht

Die Ablauf- und Aufbauorganisation der Risikomanagementfunktion und der Internen Revision folgt im Bankaufsichtsrecht den Prinzipien der Funktionstrennung und Prozessunabhängigkeit. Das bedeutet zum einen, dass diese Funktionen grundsätzlich von separaten administrativen Ressourcen wahrgenommen werden müssen, zum anderen, dass diese administrativen Ressourcen nicht zugleich in Geschäftsaktivitäten und -prozesse involviert sein dürfen, die für die Schaffung der Risiken verantwortlich sind.[893] Für die Interne Revision bedeutet Funktionstrennung, dass die administrativen Ressourcen, die für die Ausarbeitung und Anwendung der Früherkennungs- und Liquiditätsrisikosteuerungsmaßnahmen zuständig sind, nicht zugleich deren Kontrolleure sein dürfen. Das Erfordernis der Prozessunabhängigkeit soll im Hinblick auf die Risikomanagementfunktion auch auf Vorstandsebene gelten, d. h. dass Geschäftsleiter, die ein Ressort führen, das geschäftliche Risiken verursacht, nicht zugleich für die Kontroll- und Überwachungsmaßnahmen zuständig sein können. Zudem muss gewährleistet sein, dass die Interne Revision im Hinblick auf die Berichterstattung und Bewertung von Prüfungsergebnissen frei von Weisungen der Geschäftsleiter handeln kann.[894] Vom Grundsatz der Funktionstrennung kann ausnahmsweise abgewichen werden, wenn es aufgrund der geringen Größe eines Instituts unverhältnismäßig erscheint, für die Interne Revision eine separate Organisationseinheit zu schaffen. In diesem Fall hat ein Geschäftsleiter die Kontroll- und Überwachungstätigkeiten auszuführen.

c) Vorfindlichkeit von Funktionstrennung und Prozessunabhängigkeit im Aktienrecht

Die Prinzipien der Funktionstrennung und Prozessunabhängigkeit gehen auf den organisatorischen Grundsatz der Vermeidung von Interessenkonflikten im Bankaufsichtsrecht zurück. Danach müssen miteinander unvereinbare Tätigkeiten durch unterschiedliche Mitarbeiter ausgeführt werden.[895]

Der Grundsatz der Vermeidung von Interessenkonflikten liegt auch der Ausgestaltung der Organisation von Aktiengesellschaften zugrunde. Der Grundsatz

---

893 Vgl. D.IV.3.c)(1)(i)(a).

894 BT 2.2 Tz. 1 MaRisk (BA), der jedoch klarstellt, dass das Weisungsrecht der Geschäftsleiter im Hinblick auf das „Ob“ weiterer Prüfungshandlungen davon unberührt ist.

895 AT 4.3.1 Tz. 1 MaRisk (BA).

fordert, bei der Ausgestaltung darauf zu achten, dass Interessenkonflikte entweder von vornherein vermieden oder aufgelöst werden. Dieser Grundsatz wird einerseits aus Zurechnungstatbeständen, wie vor allem § 31 BGB, und andererseits aus Aufsichtsnormen wie § 130 OWiG i.V.m. § 93 Abs. 1 AktG hergeleitet.[896]

d) Folgerungen für das Aktienrecht

Mithin sind die Grundvoraussetzungen für eine Ausstrahlungswirkung der bankaufsichtsrechtlichen Prinzipien der Funktionstrennung und Prozessunabhängigkeit bei der Ausgestaltung der Früherkennungsfunktion bzw. der weiteren Liquiditätsrisikosteuerungsfunktionen und der internen Revision gegeben. Aufgrund des prinzipienbasierten Ausstrahlungsansatzes ist bei Fragen der konkreten Umsetzung dieser Prinzipien für die Gesellschaft jedoch Vorsicht geboten.

Das Aufsichtsrecht entfaltet insoweit eine positive Ausstrahlungswirkung, als der Vorstand grundsätzlich im Rahmen seines Organisationsermessens nach § 93 Abs. 1 AktG darauf zu achten hat, dass es keine personellen oder kompetenziellen Überschneidungen zum einen zwischen diesen Funktionen und zum anderen mit den operativen Bereichen des Unternehmens gibt. Entgegen der zuweit gehenden Auslegung durch die MaRisk[897] ist jedoch nicht davon auszugehen, dass das Prinzip der Prozessunabhängigkeit der Risikomanagementfunktion auch auf Vorstandsebene strikt beachtet werden muss.[898] Dagegen spricht zum einen, dass insbesondere bei kleineren Aktiengesellschaften die Schaffung der Position eines „Risikovorstands" erhebliche Ressourcen erfordert bzw. bindet, was einer effizienten Unternehmensführung entgegen- und eventuell in keinem Verhältnis zu dem Erkenntnisgewinn steht. Zum anderen widerspricht die keine Ausnahmen zulassende Forderung der BaFin auch dem bankaufsichtsrechtlichen Proportionalitätsgrundsatz.

Dem Proportionalitätsgrundsatz ist geschuldet, dass im Hinblick auf die Interne Revision Ausnahmen dann zulässig und aufgrund von Kostengesichtspunkten auch geboten sein können, wenn aufgrund der Größe des Unternehmens die Errichtung einer eigenständigen Überwachungsstelle unangemessen ist. Die Überwachungs- und Kontrollaufgabe muss dann direkt beim Vorstand angesiedelt sein, der etwaigen Interessenkonflikten mit anderen Mitteln vorbeugen muss. Dafür kommen insbesondere eine möglichst überschneidungsfreie Aufteilung der Vorstandsressorts sowie Dokumentationsvorschriften, mit denen die erforderliche Transparenz hergestellt wird, in Betracht.

Auch in Bezug auf das beschränkte Weisungsrecht der Geschäftsleiter gegenüber der Internen Revision kann von einer positiven Ausstrahlungswirkung auf das Aktienrecht ausgegangen werden. Der Grundsatz der Vermeidung von Interessenkonflikten erfordert ausnahmsweise bei der aktienrechtlichen Ausgestaltung der

---

896 *Dreher*, ZGR 2010, 496 (535) mwN.

897 AT 4.4.1 Tz. 1 MaRisk (BA).

898 Für das Versicherungsaufsichtsrecht kritisch *Bürkle*, VersR 2009, 868 (868 f.) sowie *Dreher*, ZGR 2010, 496 (538 Fn. 213).

Internen Revision eine Einschränkung des Weisungsrechts des Vorstands in Bezug auf die Berichterstattung über die Prüfungsergebnisse und deren Bewertung durch die Interne Revision. Im Übrigen ist aber bei der Einschränkung des Weisungsrechts des Vorstands Zurückhaltung geboten. Das Recht des Vorstands zur eigenverantwortlichen Leitung der Gesellschaft nach § 76 Abs. 1 AktG sowie die grundsätzliche Zuweisung der eigenverantwortlichen Überwachungsaufgabe an den Aufsichtsrat nach § 111 Abs. 1 AktG setzt der Schaffung einer weisungsfreien Kontrollinstanz im Aktienrecht enge Grenzen.

2. Ausstrahlung der bankaufsichtsrechtlichen Regelungen zur Einbindung des Aufsichtsorgans sowie der Risikoberichterstattung an die Geschäftsleitung

a) Ausgangslage

Die MaRisk (BA) treffen detaillierte Regelungen über die risikobezogenen Berichts- und Unterrichtungspflichten der Geschäftsleitung gegenüber dem Aufsichts- bzw. Verwaltungsrat sowie über die Berichtsorganisation der Geschäftsleitung.[899] Das Aktienrecht sieht ebenfalls eine Reihe von Berichtspflichten des Vorstands vor, die auch der Überwachung von Liquiditätsrisiken durch den Aufsichtsrat dienen,[900] und Grundsätze, die die interne Berichtsorganisation im Interesse des Vorstands umreißen.[901]

b) Gleichlauf von Bankaufsichts- und Aktienrecht

Ein Vergleich der bankaufsichtsrechtlichen mit den aktienrechtlichen Vorgaben ergibt, dass diese weitestgehend parallel ausgestaltet sind und sich eine positive Ausstrahlungswirkung derart bejahen lässt, dass die dargestellte Auslegung der aktienrechtlichen Pflichten durch die bankaufsichtsrechtlichen Normen bestätigt wird. Dieser Gleichlauf betrifft erstens die Pflicht des Vorstands, dem Aufsichtsorgan über die Geschäfts- und Liquiditätsrisikostrategie, soweit diese bestehen, zu berichten, diese zu erörtern und auf Zielabweichungen hinzuweisen. Denn diese Pflicht ist aktienrechtlich durch §§ 90 Abs. 1 Satz 1 Nr. 1 Var. 2, Abs. 2 Nr. 1 AktG ausgeformt. Zum zweiten betrifft es die Pflicht der Geschäftsleitung, dem Aufsichtsorgan über die Risikosituation zu berichten und auf besondere Risiken der Geschäftsentwicklung hinzuweisen, was aktienrechtlich §§ 90 Abs. 1 Satz 1 Nr. 3, Abs. 2 Nr. 3 AktG entspricht. Drittens gilt dies für die anlassbezogene Berichtspflicht bezüglich wesentlicher Risiken, die in der aktienrechtlichen Pflicht der §§ 90 Abs. 1 Satz 1 Nr. 4, Abs. 2 Nr. 4 AktG ihre Entsprechung hat.

899 Vgl. D.IV.3.c)(1)(i)(b).
900 Vgl. C.II.1.c) und C.II.2.
901 Vgl. C.I.2.a) und C.I.3.b)(1)(ii)(c).

Auch im Hinblick auf die Berichtsorganisation ist im Wesentlichen ein Gleichlauf der aktien- und bankaufsichtsrechtlichen Vorschriften zu beobachten. In Bezug auf Berichtsturnus, Gegenstand und Art der Darstellung kann deshalb von einer positiven Ausstrahlungswirkung des Bankaufsichtsrechts ausgegangen werden.

c) Direkte Berichtspflicht der Internen Revision gegenüber dem Aufsichts- bzw. Verwaltungsrat

Daneben gibt es Pflichten, die in Zusammenhang mit der Tätigkeit der Internen Revision stehen, deren Ausstrahlungsfähigkeit es näher zu untersuchen gilt. Erstens trifft die Interne Revision bankaufsichtsrechtlich eine direkte Berichtspflicht gegenüber dem Aufsichtsorgan, wenn „*schwerwiegende Feststellungen gegen Geschäftsleiter*“[902] vorliegen und die Geschäftsleitung es entweder versäumt, das Aufsichtsorgan davon zu unterrichten, oder keine „*sachgerechten Maßnahmen*“ ergreift.[903] Es ist in der bankaufsichtsrechtlichen Literatur umstritten, ob diese direkte Berichtspflicht mit dem Aktienrecht vereinbar ist. Verstößt die Berichtspflicht gegen das Aktienrecht, kommt eine positive Ausstrahlungswirkung nicht in Frage. *Langen*[904] geht von der Vereinbarkeit der direkten Berichtspflicht mit dem Aktienrecht aus und führt vor allem die Wertung des § 171 Abs. 1 Satz 2 AktG ins Feld, wonach auch der Abschlussprüfer dem Aufsichtsrat über wesentliche Schwächen des internen Risikomanagementsystems berichten muss. Gerade bei schwerwiegenden Verfehlungen eines Geschäftsleiters dürfe das Aufsichtsorgan nicht nur von der Informationsversorgung durch den Vorstand abhängen, damit es seine Überwachungspflichten sorgfältig erfüllen könne. Dagegen lehnt die überwiegende Meinung[905] eine direkte Berichtspflicht generell als mit dem Aktienrecht unvereinbar ab. Damit soll vor allem das zwischen Interner Revision und Geschäftsleitung bestehende Vertrauensverhältnis geschützt werden. *Dreher*[906] hält die Berichtspflicht mit dem Aktienrecht insoweit für vereinbar, als die Interne Revision dem Aufsichts- bzw. Verwaltungsrat deswegen Bericht erstattet, weil die Geschäftsleitung dies ihrerseits nicht tut. Soweit die direkte Berichtspflicht jedoch daran geknüpft ist, dass die Geschäftsleitung keine „*sachgerechten* [Gegen-]*Maßnahmen*“ eingeleitet hat, lehnt er die Vereinbarkeit ab. *Dreher* begründet die Zulässigkeit der direkten Berichtspflicht in der ersten Variante damit, dass die Berichtspflicht dem im Aktienrecht anerkannten sogenannten Eskalationsrecht von Unternehmensmitarbeitern ähnelt.[907] Danach sind Unternehmensmitarbeiter verpflichtet, den Aufsichtsrat zu informieren, wenn der Vorstand seine

---

902 BT 2.4 Tz. 5 S. 1 MaRisk (BA).

903 BT 2.4 Tz. 5 S. 2 MaRisk (BA).

904 *Langen*, in: Schwennicke/Auerbach, KWG, § 25a Rn. 97b; *ders.*, BKR 2009, 309 (314).

905 *Mülbert*, BKR 2006, 349, (358); *Kießling/Kießling*, WM 2003, 513 (522 f.); *Schaaf*, Risikomanagement und Compliance in Versicherungsunternehmen, S. 199 f.

906 *Dreher*, ZGR 2010, 496 (521).

907 *Dreher*, ZGR 2010, 496 (521).

Rechtspflichten verletzt.[908] In der zweiten Variante lehnt er die Berichtspflicht als zu unbestimmt ab, da über die Voraussetzung, ob die Geschäftsleitung sachgerechte Gegenmaßnahmen ergriffen hat, der Aufsichtsrat zu entscheiden habe, und nicht ein Mitarbeiter der Internen Revision.

Der differenzierenden Sichtweise der letzten Ansicht ist zuzustimmen. *Langen* verkennt, dass die Wertung des § 171 Abs. 1 Satz 2 AktG nicht zur Begründung einer generellen Zulässigkeit herangezogen werden kann. Denn Aufgabe und Stellung des Abschlussprüfers sind nicht mit der eines Mitarbeiters der Internen Revision vergleichbar. Der Abschlussprüfer wird vom Aufsichtsrat beauftragt und übernimmt Hilfsfunktionen für diesen. Die Interne Revision ist dagegen in ein Vertrauensverhältnis mit dem Vorstand eingebunden und diesem berichtspflichtig. Einerseits ist mit diesem Vertrauensverhältnis eine generelle direkte Berichtspflicht der Internen Revision aufgrund schwerwiegender Feststellungen und deren Nichtbeseitigung durch die Geschäftsleitung nicht zu vereinbaren. Andererseits darf nicht verkannt werden, dass die Interne Revision im Vergleich zu sonstigen Stellen eines Unternehmens eine gewisse Sonderrolle einnimmt. Bei der Überwachung der Früherkennungsmaßnahmen und sonstiger Liquiditätsrisikosteuerungsmaßnahmen wird der Internen Revision ein erhöhtes Maß an Selbständigkeit und Eigenständigkeit zuerkannt, was sich nicht zuletzt in der Beschränkung des Weisungsrechts des Vorstands widerspiegelt.[909] Diese Sonderrolle rechtfertigt es ausnahmsweise, dann eine direkte Berichtspflicht anzunehmen, wenn deren Voraussetzungen hinreichend bestimmt sind und deren Vorliegen von den Mitarbeitern der Internen Revision ohne Weiteres beurteilt werden kann.

Folglich ist es mit dem Aktienrecht vereinbar, wenn die interne Revision dem Aufsichts- bzw. Verwaltungsrat direkt über schwerwiegende Feststellungen gegen Geschäftsleiter Bericht erstattet, falls die Geschäftsleitung dies ihrerseits nicht tut. Das Bankaufsichtsrecht gestaltet dabei ein auch im Aktienrecht vorfindliches Eskalationsrecht näher aus und gibt dabei einen wichtigen Anhaltspunkt für dessen Auslegung: Ein Direktkontakt zwischen Interner Revision und Aufsichtsrat ist in materieller Hinsicht nur dann gestattet, wenn es sich um eine Feststellung handelt, die einen Geschäftsleiter betrifft und die zudem von hinreichendem Gewicht ist. In formaler Hinsicht muss der Vorstand die Information des Aufsichtsrats unterlassen haben. Die Erfüllung der materiellen Voraussetzungen kommt im Hinblick auf Früherkennungsmaßnahmen beispielsweise dann in Frage, wenn der ressortmäßig zuständige Vorstand die Fortführung der Liquiditätsübersicht (zeitweise) aussetzt, wesentliche Zahlungsströme nicht (mehr) erfassen lässt, keine Vorgaben zur Prognose wesentlicher Zahlungsströme aus Investitions- oder Anlageprojekten (mehr) trifft oder eine Abweichungsanalyse im Rahmen der Frühwarnverfahren unterbleibt.

---

908 *Lutter/Krieger*, Rechte und Pflichten des Aufsichtsrats, Rn. 250; *Bürkle*, CCZ 2010, 4 (9).

909 Vgl. E.III.1.d).

Sind diese Voraussetzungen jedoch nicht erfüllt, kommt eine direkte Berichtspflicht nicht in Frage.

d) *Direktes Auskunftsrecht des Aufsichts- bzw. Verwaltungsrats gegenüber der Internen Revision*

Nach AT 4.4.3 Tz. 2 Satz 2 MaRisk (BA) soll der Aufsichts- bzw. Verwaltungsrat zudem ein direktes Auskunfts*recht* gegenüber der Internen Revision haben. Ein direktes Auskunftsrecht ist jedoch mit der herrschenden Meinung im rechtswissenschaftlichen Schrifttum als mit dem Aktienrecht unvereinbar abzulehnen. Zum einen besteht angesichts des austarierten Systems von Informationsrechten[910] des Aufsichtsrat kein Bedürfnis für ein derartiges Auskunftsrecht.[911] Zum anderen erfordert die effektive Zusammenarbeit zwischen Vorstand und Interner Revision ein ungestörtes Vertrauensverhältnis.[912] Unabhängig davon fehlt es für eine Ausstrahlungswirkung dieser Regelung an einem vorfindlichen aktienrechtlichen Grundsatz, der vom Aufsichtsrat ausgehende Direktkontakte zu Mitarbeitern erlaubt. Das Recht des Aufsichtsrats nach § 109 Abs. 1 Satz 2 AktG, „*Auskunftspersonen zur Beratung über einzelne Gegenstände*" hinzuzuziehen, bildet keinen Ansatzpunkt für die Herleitung eines solchen allgemeingültigen Grundsatzes. Denn dieses Recht formuliert eine Ausnahme von dem in § 109 Abs. 1 Satz 1 AktG verankerten Grundsatz, dass nicht dem Aufsichtsrat angehörende Personen nicht an Sitzungen des Aufsichtsrats teilnehmen dürfen.

Mithin ist von der Unvereinbarkeit des direkten Auskunftsrechts des Aufsichtsrats gegenüber den Mitarbeitern der Internen Revision mit dem Aktienrecht auszugehen. Eine Ausstrahlungswirkung scheitert zudem am Fehlen eines vorfindlichen aktienrechtlichen Grundsatzes der Zulässigkeit von Direktkontakten zwischen Aufsichtsrat und Interner Revision.

IV. Ausstrahlung der bankaufsichtsrechtlichen Liquiditätsrisikosteuerungsprozesse auf die aktienrechtlichen Organisationspflichten

1. Ausstrahlung der Regelungen über die Liquiditätsübersicht und die Frühwarnverfahren

a) *Ausgangslage*

Die MaRisk (BA) konkretisieren die von § 25 a Abs. 1 Satz 3 Nr. 3 lit.b) KWG geforderten Risikosteuerungsprozesse für den Bereich der Liquiditätsrisiken, indem an prominenter Stelle zu Beginn des Liquiditätsrisikomoduls BTR 3 als zentrale

910 Vgl. C.II.1.c) und C.II.2.
911 *Langen*, in: Schwennicke/Auerbach, KWG, § 25a Rn. 97a mwN zur Diskussion.
912 *Kießling/Kießling*, WM 2003, 513 (522 f.).

Mindestelemente der Liquiditätsrisikosteuerung zum einen die Einrichtung geeigneter Verfahren zur Früherkennung von Liquiditätsengpässen und zum anderen das Führen einer Liquiditätsübersicht angeordnet werden. Die Liquiditätsübersicht muss die voraussichtlichen Mittelzu- und -abflüsse des Instituts für einen geeigneten Zeitraum gegenüberstellen; dabei sind auch außerbilanzielle Zahlungsverpflichtungen zu berücksichtigen. Die Zahlungsströme sind in eingeschränkter Weise anhand von zu dokumentierenden Annahmen über deren tatsächliche Entwicklung zu modellieren, um „*übliche Marktschwankungen*" abbilden zu können. Eine Modellierung unter Stressparametern muss der Liquiditätsübersicht nicht zugrunde gelegt werden.[913]

Die Frühwarnverfahren sind auf die Erkennung sich abzeichnender Liquiditätsengpässe gerichtet, indem geeignete Frühwarnindikatoren festgelegt werden, die aus makro- und mikroökonomischen Kennzahlen bestehen können oder auch an den erfassten Zahlungsströmen und deren festgestellter Entwicklung ansetzen.[914]

Die Auslegung des § 91 Abs. 2 AktG ergibt, dass die Norm ein Minimalprogramm an Früherkennungsmaßnahmen für alle Aktiengesellschaften gleich welchen Zuschnitts und Unternehmensgegenstands formuliert. Das Minimalprogramm besteht aus einer Liquiditätsübersicht und einem kennzahlenbasierten Frühwarnsystem.[915]

b) Vorfindlichkeit von Früherkennungsmaßnahmen im Aktienrecht

Es ist von einer Ausstrahlungsfähigkeit der genannten bankaufsichtsrechtlichen Regelungen für die Auslegung des § 91 Abs. 2 AktG auszugehen. Die bankaufsichtsrechtlichen Regelungen formen die auch im Aktienrecht vorfindliche grundlegende Pflicht des Vorstand zur präventiven Bestandssicherung durch organisatorische Vorkehrungen aus. Diese Pflicht ist aus den allgemeinen Leitungspflichten des Vorstands nach § 76 Abs. 1 AktG abzuleiten, die in § 91 Abs. 2 AktG eine spezifische Ausprägung erfahren hat.[916]

c) Folgerungen für die aktienrechtlichen Früherkennungsmaßnahmen

Die Vorgaben der MaRisk (BA) in Bezug auf die Liquiditätsübersicht bzw. die Frühwarnverfahren entsprechen im Wesentlichen den herausgearbeiteten Ergebnissen zur Auslegung des § 91 Abs. 2 AktG im Hinblick auf die Liquiditätsübersicht bzw. das Frühwarnsystem. Insoweit verdeutlichen und bestätigen die bankaufsichtsrechtlichen Vorgaben die gefundenen Ergebnisse.

Klarstellend soll jedoch auf einige Punkte eingegangen werden, die für die Früherkennungsmaßnahmen von besonderer Bedeutung sind: Die bankaufsichtsrechtliche Wertung, dass auch Zahlungsströme aus außerbilanziellen Verpflichtungen

913 Vgl. D.IV.3.c)(1)(ii)(a).
914 Vgl. D.IV.3.c)(1)(ii)(b).
915 Vgl. A.I.1.c).
916 *Hüffer*, AktG, § 91 Rn. 1; *Mertens/Cahn*, in: Köln Komm AktG, § 91 Rn. 14 mwN.

in der Liquiditätsübersicht zu erfassen sind, strahlt positiv auf die entsprechende Verpflichtung zur Erstellung einer Liquiditätsübersicht nach Aktienrecht aus. Liquiditätsgefährdende Entwicklungen können sich gerade auch aus außerbilanziellen Zahlungsverpflichtungen für die „Normal-AG" ergeben. Für die Frage, ob ein Zahlungsmittelabfluss von *zahlungsstrom*basierten Liquiditätsrisikosteuerungsmaßnahmen erfasst und gesteuert wird, kommt es gerade nicht auf die (außer-)*bilanzielle* Einordnung dieses Zahlungsstroms an.

Die bankaufsichtsrechtlichen Regelungen beschränken die Anstrengungen, die ein Geschäftsleiter bei der Prognose der voraussichtlichen Zahlungsströme vornehmen muss, auf eine Modellierung von „üblichen Marktschwankungen". Stressszenarien müssen in der Liquiditätsübersicht nicht modelliert werden. Die Beschränkung hat negative Ausstrahlungswirkung auf die Anstrengungen, die ein Vorstand bei der Prognose der Zahlungsströme im Rahmen der Erstellung der Liquiditätsübersicht nach Aktienrecht unternehmen muss. Der Vorstand muss die Prognose der Zahlungsströme im Rahmen der Liquiditätsübersicht nicht unter Zugrundelegung extrem negativer Annahmen durchführen. Ausreichend ist es, wenn er seine Annahmen im Rahmen üblicher negativer Entwicklungen trifft. Unbeschadet bleiben jedoch seine Pflichten, im Einzelfall im Rahmen seiner Bestandssicherungspflicht nach § 93 Abs. 1 AktG einzelne wesentliche Zahlungsströme oder Arten von Zahlungsströmen einer Modellierung unter extremen Annahmen zu unterziehen.

Der bankaufsichtsrechtlichen Forderung nach Frühwarnverfahren ist für das Aktienrecht wertend zu entnehmen, dass eine Liquiditätsübersicht noch nicht ausreicht, sondern eine darauf aufbauende Analyse und Bewertung der Ursachen von Zahlungsstromabweichungen durch den Vorstand erfolgen muss. In Bezug auf eine nähere Ausgestaltung der Frühwarnverfahren ist auf die obigen Ausführungen zu verweisen.[917]

2. Ausstrahlung der Regelungen über den Liquiditätsbedarf bei angespanntem Marktumfeld und den Zugang zu Refinanzierungsquellen

Das Bankaufsichtsrecht flankiert die unter „üblichen Marktschwankungen" erstellte Liquiditätsübersicht durch zusätzliche Anforderungen, mit denen ein potentieller Liquiditätsbedarf bei extremen Marktbedingungen und die längerfristige Refinanzierungsfähigkeit eines Instituts gewährleistet werden sollen. Diese Anforderungen sind unter dem Eindruck der Finanzkrise 2007–2009 in die MaRisk (BA) aufgenommen worden, als die Abhängigkeit vieler Institute von einer kapital- bzw. interbankenmarktbasierten Refinanzierung und das Versiegen dieser Quellen zu einer Liquiditäts- bzw. Refinanzierungskrise systemischen Ausmaßes führten.

Aufgrund der besonderen aufsichtlichen Zwecksetzung der Regelungen und der Ausrichtung auf spezifische Refinanzierungsrisiken von Banken ist nicht von

917 Vgl. C.I.1(2)(iii) und C.I.1(2)(v).

einer Ausstrahlungsfähigkeit dieser Regelungen auf das allgemeine Aktienrecht auszugehen.

3. Ausstrahlung der Regelungen über Risikokonzentration und Risikodiversifikation

a) Ausgangslage

Nach BTR 3.1 Tz. 1 Satz 2 MaRisk hat der Vorstand insbesondere eine ausreichende Diversifikation der Vermögens- und Kapitalstruktur zu gewährleisten, um die jederzeitige Zahlungsbereitschaft sicherzustellen. Diese Vorschrift zielt zum einen darauf ab, sicherzustellen, dass eine sich kurzfristig ergebende Liquiditätslücke entweder durch die Veräußerung von Vermögenswerten am Markt oder durch Aufnahme zusätzlicher besicherter Finanzmittel gedeckt werden kann. Dabei wird das Marktliquiditätsrisiko durch eine Konzentration auf einzelne Arten von Vermögenswerten verstärkt, wenn und soweit deren Wertentwicklung positiv korreliert ist.[918] Zum anderen will sie verhindern, dass durch die übermäßige Konzentration auf bestimmte Arten von Kapitalquellen, wie beispielsweise großvolumige Einlagen oder den Geldmarkt, besonders große Finanzierungslücken entstehen, wenn einzelne Kapitalquellen versiegen. Dementsprechend fordert die Vorschrift zum einen, Vermögenswerte unterschiedlicher Klassen zu halten, und zum anderen, die Refinanzierungsquellen nach Herkunft, Zusammensetzung und Fristigkeit zu diversifizieren.[919]

Im Bankaufsichtsrecht gibt es daneben quantitative Vorschriften, die ein Institut zur Diversifikation von Vermögenswerten verpflichten. Im Hinblick auf Refinanzierungsentscheidungen hat ein Bankvorstand auf die Vorgaben der Refinanzierungskennzahl nach Art. 413 Abs. 1 CRR[920] zu achten. Im Hinblick auf Investitionsentscheidungen verlangen die am 1. Januar 2014 in Kraft getretenen europäischen Großkreditvorschriften nach Artt. 387 ff. CRR und in Bezug auf Anlageentscheidungen die investmentrechtlichen Vorschriften der § 60 InvG und § 4 UBGG eine Diversifikation. Die Großkreditvorschriften dämmen Klumpenrisiken vor allem dadurch ein, dass die Geschäftsleitung eines Instituts grundsätzlich kein Kreditengagement gegenüber einem Kreditnehmer eingehen darf, wenn dessen Umfang eine Schwelle von 25 % der anrechenbaren Eigenmittel des Instituts überschreitet.[921]

Die investmentrechtlichen Regelungen verlangen eine bestimmte Risikomischung innerhalb eines Sondervermögens einer Kapitalanlagegesellschaft. Das wird durch eine Streuung der Emittenten (Schuldner) der in dem Sondervermögen

---

918 Vgl. C.I.2.c)(2)(v).

919 Vgl. D.IV.3.c)(1)(ii)(d).

920 Vgl. D.III.3.

921 Art. 395 Abs. 1 S. 1 CRR.

enthaltenen Vermögensgegenstände erreicht (sog. Ausstellerrisiko).[922] § 60 Abs. 1 InvG verlangt beispielsweise, dass nur bis zu 5 % des Wertes des Sondervermögens in Wertpapieren und Geldmarktinstrumenten des Ausstellers angelegt werden dürfen. 10 % des Wertes des Sondervermögens dürfen angelegt werden, wenn die Vertragsbedingungen dies vorsehen und der Gesamtwert der Wertpapiere und Geldmarktinstrumente dieser Aussteller 40 % nicht überschreitet. Nach § 4 Abs. 1 Satz 1 UBGG dürfen die Anschaffungskosten einer Unternehmensbeteiligung zusammen mit dem Buchwert von bereits an diesem Unternehmen gehaltenen Beteiligungen 30 % der Bilanzsumme der Unternehmensbeteiligungsgesellschaft im Zeitpunkt des Erwerbes nicht übersteigen.

Fraglich ist, ob die Forderung nach Diversifikation der Vermögens- und Kapitalstruktur[923] auf die Pflichten des Vorstandes bei der Steuerung von Liquiditätsrisiken ausstrahlt. Diese Frage kann in drei Unterfragen untergliedert werden. Zunächst ist zu fragen, ob der Vorstand seine Geschäftsstrategie daran orientieren muss, d. h. ob er bei Investitionsentscheidungen auf eine Diversifikation achten muss. Sodann ist zu untersuchen, ob der Vorstand bei der Anlage freien Gesellschaftsvermögens einen risikodiversifizierten Portfolioansatz verfolgen muss; und schließlich ist diese Frage im Hinblick auf Fremdkapital- und andere Refinanzierungsquellen zu stellen.

b) Investitionsentscheidungen und Risikodiversifikation

Der Annahme einer Ausstrahlungswirkung der Pflicht zur Vermögensdiversifikation auf die Geschäftsstrategie des Vorstands stehen erhebliche aktienrechtliche Ausstrahlungsgrenzen entgegen.

Der in der Satzung festgehaltene Unternehmensgegenstand bildet einen äußeren Rahmen für etwaige Pflichten des Vorstandes zur Risikodiversifikation. Wenn ein Industrie-, Handels- oder Dienstleistungsunternehmen durch die Satzung oder aufgrund der historischen Entwicklung auf eine Branche, einen Sektor, eine Region, ein bestimmtes Produkt oder ein bestimmtes Geschäftsmodell festgelegt bzw. fokussiert ist, kann eine Ausstrahlung der qualitativen Diversifikationspflichten nicht so weit gehen, dass der Vorstand gezwungen ist, diesen vorgegebenen

---

922 Vgl. dazu *Brümmer*, in: Berger/Steck/Lübbehüsen, Investmentgesetz, I § 60 1 ff.

923 Die BaFin hat festgestellt, dass jedenfalls die „*Anforderungen der MaRisk* [...] *keinen Zwang zur Diversifizierung*" statuieren (vgl. *BaFin*, Anschreiben zur zweiten Neufassung der MaRisk (BA) vom 14. August 2009, S. 2 (a.a.O.). Dieses Verständnis dürfte sich mittlerweile angesichts der eindeutigen Vorgaben der CRD IV-Richtlinie überholt haben. Art. 86 Abs. 7 der CRD IV-Richtlinie fordert die zuständigen Behörden der Mitgliedstaaten u. a. auf, „*hinreichend diversifizierte Finanzierungsstrukturen*" in den beaufsichtigten Instituten sicherzustellen.
Für eine generelle Pflicht zur Diversifikation im Bankbereich OLG Düsseldorf, ZIP 2010, 28 (32); *Lutter*, ZIP 2009, 197 (199) mwN; *Spindler*, NZG 2010, 281 (284); Bedenken gegen die Existenz einer so weit reichenden Verhaltenspflicht im Bankbereich äußern dagegen *Florstedt*, AG 2010, 315 (320) und *Meyer*, CCZ 2011, 41(46).

Unternehmensgegenstand zu verlassen.[924] Denn überschreitet der Vorstand den durch die Satzung vorgegebenen Unternehmensgegenstand, so handelt er pflichtwidrig.

Ist der Unternehmensgegenstand sehr weit gefasst und lässt eine Diversifikation im Grundsatz zu, so stellt sich wiederum die Frage, ob der Vorstand im Rahmen seiner Leitungssorgfalt verpflichtet ist, unter diesen Voraussetzungen Investitionsentscheidungen unter dem Aspekt der Diversifizierung zu treffen. Jedoch ist ein Vorstand auch im Rahmen eines offen formulierten Unternehmensgegenstands nicht verpflichtet, bei Investitionsentscheidungen die Eingehung von Risikokonzentrationen zu vermeiden.[925] Mit welcher Geschäftsstrategie ein Vorstand den Unternehmensgegenstand ausfüllt, richtet sich allein nach den bereits aufgezeigten Maßstäben sorgfältigen unternehmerischen Ermessens, d.h. insbesondere der Frage, ob eine unter dem Aspekt der Vermögensdiversifizierung getroffene Investitionsentscheidung zur Steigerung des Unternehmenswerts beiträgt und keine bestandsbedrohenden Liquiditätsrisiken auslöst bzw. verstärkt.[926]

Von einer Ausstrahlungswirkung der Pflicht zur Vermögensdiversifikation auf Investitionsentscheidungen des Vorstands kann demnach nicht ausgegangen werden.

c) *Anlageentscheidungen und Risikodiversifikation*

Es ist in der Literatur umstritten, ob ein Vorstand bei Entscheidungen über die Anlage freien Gesellschaftsvermögens auf ein risikodiversifiziertes Portfolio achten muss. Nach *Fleischer/Schmolke*[927] müsse sich ein Vorstand rechtfertigen, wenn er entgegen den „*Klugheitsregeln der Portfoliotheorie*" eine Risikokonzentration bei der Anlage freien Gesellschaftsvermögens in Kauf nehme. Rechtfertigend könne ein Vorstand geltend machen, eine angemessene Risikoprämie für sein „klumpige" Portfoliostrategie zu bekommen oder über eine überlegene Risikobeurteilung zu verfügen. Ein Vorstand müsse sich rechtfertigen, wenn die investmentrechtlichen Schwellenwerte von 5% bzw. 10% überschritten seien. Werde die 30%-Schwelle des UBGG überschritten, könne ein Vorstand sich nur noch im Ausnahmefall rechtfertigen.

Baums[928] wendet sich gegen jede Pflicht des Vorstands, im Rahmen seines weiten durch die Business Judgement Rule geschützten Leitungsermessens Risikodiversifikation betreiben zu müssen. Für ein sorgfältiges Handeln eines Vorstands sei ausreichend, wenn er bei seinen Entscheidungen frage, ob eine solche Diversifikation den

---

924 *Baums*, ZGR 2011, 218 (240); *Fleischer/Schmolke*, ZHR 173 (2009), 649 (674); vgl. auch *Fleischer*, in: Spindler/ Stilz, Kommentar AktG, § 82 Rn. 29 mwN, der den Unternehmensgegenstand griffig als „*Diversifikationsschranke*" bezeichnet.

925 *Fleischer/Schmolke*, ZHR 179 (2009), 648 (675 f.); zustimmend *Köhler*, Die Zulässigkeit derivativer Finanzinstrumente in Unternehmen, Banken und Kommunen, S. 279 ff.

926 Vgl. C.I.2.

927 *Fleischer/ Schmolke*, ZHR 179 (2009), 648 (676 ff.).

928 *Baums*, ZGR 2011, 218 (240f.).

Unternehmenswert steigere, und dabei auf die konkrete Situation des Unternehmens und das mit der Entscheidung verbundene Risiko für das Unternehmen achte.

Die besseren Argumente sprechen indes für die letzte Ansicht. Zunächst ist es mit einer prinzipienbasierten wertenden Ausstrahlung der investmentrechtlichen Vorschriften nicht zu vereinbaren, wenn die Schwellenwerte der investmentrechtlichen Anlage- und Ausstellergrenzen als Auslöser eines Rechtfertigungsbedarfs herangezogen werden sollen. Denn die investmentrechtlichen Regelungen sind branchenspezifisches Aufsichtsrecht, für dessen Ausstrahlung auf das Aktienrecht die aufgezeigten methodischen Beschränkungen[929] beachtet werden müssen. Eine wertende mittelbare Ausstrahlungswirkung könnte allenfalls für den hinter den Schwellenwerten und in § 1 Satz 2 InvG statuierten *Grundsatz der Risikomischung* eines Anlageportfolios in Betracht gezogen werden. Jedoch konkretisiert dieser Grundsatz kein im Aktienrecht vorfindliches Rechtsprinzip. Nicht nachvollziehbar ist zunächst, warum ein Vorstand grundsätzlich gehalten sein soll, der *„Klugheitsregel der Portfoliotheorie"* zu folgen. Auch wenn die Portfoliotheorie weithin anerkannt ist, beruht sie auf Annahmen, die nicht in jedem Fall auf die vom treuhänderischen Vorstand zu beachtenden Interessenlagen von Gesellschaftern einer Aktiengesellschaft passen. Der Portfoliotheorie liegt das Bild des risikoaversen Anlegers zugrunde, der eine Risikodiversifikation anstrebt, um die unsystematischen[930] Risikobestandteile eines Portfolios zu verringern.[931] Doch genauso wenig, wie im Rahmen des Entscheidungsprogramms des Vorstands nach § 93 Abs. 1 AktG das Bild des risikoneutralen Anlegers normative Wirkung entfaltet,[932] so kann auch nicht das Bild des stets risikoaversen Anlegers zugrunde gelegt werden. Denn aus normativer Sicht steht für die Gesellschafter die Steigerung des Unternehmenswerts im Vordergrund. Danach hat sich die Anlagepolitik des Vorstands zu orientieren. Führt eine Diversifikation des Anlageportfolios zu einer Unternehmenswertsteigerung, so hat der Vorstand sie deswegen umzusetzen. Etwas anderes gilt nur, wenn sich die Gesellschaft bereits in einer liquiditätsgefährdenden Lage befindet oder die mit der Anlageentscheidung verbundenen Liquiditätsrisiken für sich allein oder mit anderen eine Bestandsgefährdung fördern oder begründen.[933]

Auch der Hinweis auf die treuhänderische Stellung der Vorstandsmitglieder bei der Anlage freien Gesellschaftsvermögens spricht nicht dafür, dass ein Vorstand

---

929 Vgl. E.I.4.

930 Unter systematischen Risiken versteht die Portfoliotheorie Risiken für ein Vermögensportfolio, die sich nicht durch Diversifikation verringern lassen, wie beispielsweise Konjunktur- oder Martkrisiken. Alle anderen Risiken, die sich durch eine Streuung der Porftoliobestandteile verringern lassen, werden als unsystematische Risiken bezeichnet (*Wöhe/Döring*, Einführung in die Allgemeine Betriebswirtschaftslehre, S. 636).

931 *König*, Anlegerschutz im Investmentrecht, S. 32.

932 Vgl. C.I.2.c)(2)(iii)(b).

933 Vgl. C.I.2.c).

eine unterbliebene Risikomischung im Anlagenportfolio rechtfertigen muss.[934] Der treuhänderische Auftrag verpflichtet den Vorstand zur Steigerung des Unternehmenswerts in den Schranken, die ihm der Unternehmensgegenstand und seine Bestandssicherungspflicht gebieten. Eine aus dem Treuhandverhältnis abgeleitete Risikovermeidungspflicht bei der Anlage freien Vermögens gibt es demgegenüber nicht, soweit die Satzung dem Vorstand keinen gegenteiligen Auftrag erteilt.

d) Refinanzierungsentscheidungen und Risikodiversifikation

Weiterhin ist zu untersuchen, ob der Vorstand bei Refinanzierungsentscheidungen nach § 93 Abs. 1 AktG verpflichtet ist, auf eine Diversifikation der Refinanzierungsquellen nach Art, Herkunft und Fristigkeit zu achten.

Stimmen, die eine solche Ausstrahlungswirkung der bankaufsichtsrechtlichen Anforderung befürworten, gibt es bislang nicht. Dies überrascht nicht, da die erwähnten bankaufsichtsrechtlichen Vorschriften, die Ausgangspunkt der obigen Diskussion waren – von den MaRisk und der Refinanzierungskennzahl nach Art. 413 CRR abgesehen –, die Diversifikation der Vermögensseite, nicht aber die der Kapitalseite betreffen. Vermutlich liegt es aber auch daran, dass im Vergleich zu Banken die Möglichkeiten zur Diversifikation gerade bei nicht börsennotierten Aktiengesellschaften im Hinblick auf die Art der Refinanzierungsquellen stark eingeschränkt und die Notwendigkeit, nach der Fristigkeit der Refinanzierungsquellen zu diversifizieren, viel geringer ist als bei einem auf Fristentransformation angelegten Geschäftsmodell von Banken. Vor diesem Hintergrund bietet die Frage nach einer Ausstrahlungswirkung nur wenige sachliche Anknüpfungspunkte. Gegen eine Ausstrahlungsfähigkeit spricht der spezifisch bankrechtliche Regelungshintergrund der Vorschriften. Sowohl das Modul BTR 3.1 Tz. 1 MaRisk als auch die Refinanzierungskennzahl haben ihren Ursprung in den unter dem Eindruck der Finanzkrise 2007–2009 entstandenen Vorschlägen des Basel III-Reformpakets.[935] Die Vorschriften adressieren Schwächen der Refinanzierungsstruktur einer Vielzahl von Instituten, die sich im Laufe der Finanzkrise insbesondere in der Abhängigkeit von der Interbankenrefinanzierung und deren Kurzfristigkeit gezeigt hatten. Regelungsziel der Refinanzierungskennzahl ist es, das Maß an zulässiger Fristentransformation einzuschränken und die daraus erwachsenden Refinanzierungsrisiken einzuschränken.

Mithin kann nicht von einer positiven Ausstrahlungswirkung ausgegangen werden. Den Vorstand trifft keine Pflicht, bei Refinanzierungsentscheidungen den Grundsatz der Diversifikation zu berücksichtigen. Vielmehr bleibt es bei dem dargestellten Entscheidungsprogramm des Vorstands.

---

934 So aber *Köhler*, Die Zulässigkeit derivativer Finanzinstrumente in Unternehmen, Banken und Kommunen, S. 280 f.

935 *Baseler Ausschuss für Bankenaufsicht*, Principles for Sound Liquidity Risk Management, September 2008, S. 18 f. (abrufbar unter http://www.bis.org, zuletzt abgerufen am 12. Juni 2014).

e) *Folgerungen für das Aktienrecht*

Die qualitativen und quantitativen Vorschriften zur Risikodiversifikation strahlen nicht mittelbar auf die aktienrechtlichen Pflichten des Vorstands bei Investitions-, Anlage- oder Refinanzierungsentscheidungen aus. Konzentrationen von Liquiditätsrisiken unterliegen keinem aktienrechtlichen Sonderregime; die allgemeinen Grundsätze der sorgfältigen Unternehmensleitung sind anwendbar. Eine absolut wirkende Risikovermeidungspflicht, die zu einer Eindämmung der geschäftlichen Risiken führt, die ein Vorstand eingehen darf, ist nicht anzuerkennen. Vielmehr hat der Vorstand seine Entscheidungen und die Frage nach einer Diversifikation daran auszurichten, ob sie zu einer Steigerung des Unternehmenswerts führen. Soweit die Entscheidungen jedoch die Gefahr der Zahlungsunfähigkeit begründen oder verstärken oder eine akute Bestandsgefahr besteht, hat der Vorstand im Rahmen seiner Bestandssicherungspflicht angemessene Gegenmaßnahmen zu ergreifen, die auch eine Strategie zur Diversifizierung umfassen können.

4. Ausstrahlung der Regelungen über Höhe und Zusammensetzung der Liquiditätsreserve

a) *Ausgangslage*

Die bisherige Untersuchung hat ergeben, dass der Vorstand im Rahmen seiner allgemeinen aktienrechtlichen Leitungssorgfalt in Erwägung ziehen muss, Liquiditätsrisiken aufgrund unerwarteter Zahlungsstromabweichungen durch die Einrichtung einer Liquiditätsreserve zu steuern. Die Entscheidung über die Einrichtung der Reserve ist eine unternehmerische Entscheidung im Sinne des § 93 Abs. 1 Satz 2 AktG. Denn die Unsicherheiten bei der Prognose möglicher Zahlungsstromabweichungen führen dazu, dass den Vorstand in Bezug auf Umfang und Zusammensetzung der Liquiditätsreserve eine weite Einschätzungsprärogative zugestanden werden muss.

Der Geschäftsleiter eines Instituts unterliegt einem sehr viel engeren Pflichtenkorsett bei der Entscheidung über Höhe und Zusammensetzung der Liquiditätsdeckungsanforderung nach Art. 412 Abs. 1 CRR.[936] Die Liquiditätsdeckungsanforderung verlangt unter anderem, dass ein Institut eine Liquiditätsreserve in einem Umfang vorhält, um einen Maximalbelastungsfall überstehen zu können. Der Geschäftsleiter eines Instituts muss auf die Liquidierbarkeit und diversifizierte Zusammensetzung der Vermögensgegenstände der Liquiditätsreserve achten. Schließlich ist die Liquiditätsreserve von einer vom operativen Geschäft unabhängigen Stelle zu verwalten. Fraglich ist, ob diese Anforderungen auf die Ausgestaltung einer Liquiditätsreserve im Aktienrecht ausstrahlen.

Da eine wertende mittelbare Ausstrahlungswirkung nur prinzipienbasiert erfolgen kann, geht es dabei nicht um eine Ausstrahlung der quantitativen Aussagen der Liquiditätsdeckungsanforderung sondern um die Frage, ob die dahinterstehenden

---

936 Vgl. D.III.2.

Wertungen bei der Auslegung des aktienrechtlichen Sorgfaltsmaßstabs fruchtbar gemacht werden können.

b) *Vorfindlichkeit*

Die Aussagen der CRR zur Liquiditätsdeckungsanforderung müssten zunächst Konkretisierung eines auch im Aktienrecht geltenden Rechtsprinzips sein. Hinter der Liquiditätsdeckungsanforderung der CRR steht der Gedanke, dass bestimmte Vermögensgegenstände eines Instituts einer besonderen Zweckbindung unterliegen, die in der Bestandssicherung des Instituts besteht. Bestandssichernde Zweckbindungen sind dem Aktienrecht nicht fremd, was insbesondere die Vorschrift des § 150 AktG zeigt. Nach dieser Vorschrift ist ein *gesetzlicher Reservefonds*[937] zu bilden, der nicht für Gewinnausschüttungen aufgelöst werden darf, sondern stattdessen als Auffangpolster für Verluste dient. Dieser Vorschrift liegt der Gedanke der Zweckbindung von Gesellschaftsmitteln zu Kapitalerhaltungs- und Gläubigerschutzzwecken[938], und damit mittelbar auch zu Bestandserhaltungszwecken zugrunde.

Gegen die Herleitung eines solchen aktienrechtlichen Prinzips kann zwar eingewandt werden, dass die nach § 150 Abs. 1 AktG in die gesetzliche Rücklage und damit auf der Passivseite der Bilanz einzustellenden Teile des Jahresüberschusses der Verwaltung der Gesellschaft auch weiterhin, z. B. für Investitionen, frei zur Verfügung stehen und deswegen keine Bedeutung für die Liquiditätssicherung der Gesellschaft haben.[939] Kurzgesagt kann aus handelsrechtlicher Perspektive entgegnet werden, dass die Liquiditätsdeckungsanforderung die Zweckbindung von Vermögensgegenständen, demgegenüber aber die Vorschrift des § 150 AktG die Zweckbindung von Eigenkapitalbestandteilen betrifft.

Jedoch ist aus der im Vordergrund stehenden aktienrechtlichen Perspektive festzuhalten, dass dem Aktienrecht ein allgemeines Prinzip der Bildung von Reservefonds, die aufgrund ihres Bestandserhaltungszwecks bestimmten Restriktionen unterliegen, nicht fremd ist.

c) *Ausstrahlungshindernisse*

Zu untersuchen ist, ob bankaufsichtsrechtliche Ausstrahlungshindernisse oder aktienrechtlichen Grenze bestehen, die einer wertenden mittelbaren Ausstrahlungswirkung entgegenstehen.

Die Liquiditätsdeckungsanforderung der CRR ist darauf ausgerichtet, eine in einem vordefinierten Stressszenario auftretende *hypothetische Liquiditätslücke* mit

---

937 *Adler/Düring/Schmaltz*, Rechnungslegung und Prüfung, § 150 Rn. 2.

938 *Euler/Wirth*, in: Spindler/Stilz, AktG, § 150 Rn. 2; *Hüffer*, AktG, § 150 Rn. 1; *Hennrichs/Pöschke, in:* Münch Komm AktG, § 150 Rn. 4; eingehend *Baums*, ZHR 175 (2011), 160 (166 ff.).

939 Adler/Düring/Schmaltz, Rechnungslegung und Prüfung, § 150 Rn. 2; *Brömer*, in: Großkomm AktG, § 150 Rn. 4.

ausreichend hochliquiden Aktiva abzudecken. Das Stressszenario, das auf den Erfahrungen der Finanzkrise 2007–2009 basiert, verkörpert einen Maximalbelastungsfall. Der Ausrichtung der bankaufsichtsrechtlichen Liquiditätsreserve auf einen Maximalbelastungsfall liegt eine systemschützende Wertung und damit eine spezifisch bankaufsichtsrechtliche Zielsetzung zugrunde. Deswegen kann nicht angenommen werden, dass in Bezug auf die Bestimmung des *Umfangs* der Liquiditätsreserve von einer positiven Ausstrahlungswirkung auszugehen ist. Damit bleibt es bei der Einschätzung, dass der Vorstand innerhalb der bereits aufgezeigten ermessensleitenden Gesichtspunkte nicht nur darüber frei entscheiden kann, ob er eine Liquiditätsreserve vorhält, sondern auch über deren Umfang.

Weiterhin ist zu untersuchen, ob die bankaufsichtsrechtliche Forderung, dass die Bestandteile der Liquiditätsreserve hochliquide sein müssen,[940] eine ermessensbegrenzende positive Ausstrahlungswirkung für die unternehmerische Entscheidung über die Qualität einer etwaigen Liquiditätsreserve hat. Bei der Frage nach der Ausstrahlungsfähigkeit gilt es zwischen den einzelnen Bestandteilen der Definition von „hochliquide" zu differenzieren: Was die allgemeine Forderung nach „Marktliquidität" angeht, so ist die Ausstrahlungsfähigkeit in Zweifel zu ziehen. Die Forderung nach „Marktliquidität" ist nicht ausstrahlungsfähig, da sie auf eine kapitalmarktbasierte Refinanzierung von Großbanken zugeschnitten ist und auf die Normal-AG nicht passt. Dies gilt auch für die übrigen qualitativen Anforderungen wie beispielsweise die Forderung nach der Zentralbankfähigkeit der Aktivpositionen. Etwas anderes gilt jedoch für die Anforderungen an die Ablauforganisation. Die CRR fordert, durch interne Verfahren sicherzustellen, dass die Mittel der Liquiditätsreserve im Bedarfsfall der Einheit, die für die Sicherstellung der Liquidität vorgesehen ist, auch tatsächlich zur Verfügung stehen. Das bedeutet, dass diese von einer vom operativen Geschäft unabhängigen Einheit des Instituts (z.B. Treasury) verwaltet, und nicht für operative Zwecke verwendet werden. Jedenfalls geht es in Bezug auf die Forderung nach getrennter Verwaltung der Liquiditätsreserve wiederum um die Verankerung des allgemeinen Prinzips der Funktionstrennung zur Vermeidung von Interessenkonflikten.[941]

Schließlich ist zu untersuchen, ob die bankaufsichtsrechtliche Forderung nach einer Diversifizierung der Aktivpositionen der Liquiditätsreserve auf die aktienrechtlichen Sorgfaltspflichten ausstrahlt.[942] Gegen eine Pflicht des Vorstands zur Diversifikation der Bestandteile der Liquiditätsreserve können die Argumente angeführt werden, die bereits gegen eine Pflicht des Vorstands zur Diversifikation von Investitions- und Anlageentscheidungen vorgebracht wurden.[943]

Dafür, dass die Bewertung im Hinblick auf eine Diversifikation der Liquiditätsreserve anders ausfällt, sprechen aber die folgenden Umstände: Zu bedenken ist, dass

940 Vgl. D.III.2.a).
941 Vgl. E.III.1.
942 Vgl. D.III.2.
943 Vgl. E.IV.3.c).

das unternehmerische Ermessen des Vorstands von vornherein dann eingeschränkt ist, wenn es gilt, eine Bestandsgefahr abzuwehren. Entscheidet sich der Vorstand, die Gefahr der Zahlungsunfähigkeit mittels Vorhaltung einer Liquiditätsreserve zu steuern, so ist es nur folgerichtig, vom Vorstand zu verlangen, dabei bestimmte Sorgfaltspflichten zu beachten. Eine Liquiditätsreserve, deren Bestandteile aufgrund Konzentration in eine bestimmte Vermögensklasse unter Umständen nicht liquidierbar sind, kann den vom Vorstand angestrebten Zweck unter Umständen nicht erfüllen. Dementsprechend treten Ertragsgesichtspunkte im Hinblick auf das separierte Anlagevermögen in den Hintergrund. Deshalb kann ausnahmsweise davon ausgegangen werden, dass der Vorstand grundsätzlich auf eine Diversifikation der Bestandteile der Liquiditätsreserve zu achten hat.

d) Folgerungen für das Aktienrecht

Folglich kann von einer wertkonkretisierenden mittelbaren Ausstrahlungswirkung auf die Sorgfaltspflichten des Vorstands bei der Vorhaltung einer Liquiditätsreserve ausgegangen werden. Soweit sich der Vorstand entschließt, das Liquiditätsrisiko (auch) über das Vorhalten einer Liquiditätsreserve zu steuern, hat er dafür zu sorgen, dass die Liquiditätsreserve unabhängig von den operativen Einheiten verwaltet wird. Zudem kann davon ausgegangen werden, dass der Vorstand grundsätzlich verpflichtet ist, auf eine Diversifikation der Bestandteile der Liquiditätsreserve zu achten.

5. Ausstrahlung der Regelungen über Stresstests

a) Ausgangslage

Die bankaufsichtsrechtliche Forderung nach Durchführung von Stresstests flankiert die unter normalen Marktbedingungen modellierte Liquiditätsübersicht, um zu erfassen, wie sich *„außergewöhnliche, aber plausibel mögliche Ereignisse“*[944] auf die zu prognostizierenden Zahlungsströme auswirken. Dementsprechend erfolgt die extreme Modellierung der Zahlungsströme unter Annahme makroökonomischer oder institutsspezifischer Stressereignisse, was voraussetzt, dass für jeden Zahlungsstrom ermittelt wurde, von welchen kritischen Faktoren er abhängig ist.[945] Das beschriebene Vorgehen erfordert einen hohen Ressourceneinsatz von jedem Institut. Fraglich ist, ob die bankaufsichtsrechtliche Wertung, dass ein Geschäftsleiter auch mit „außergewöhnlichen, aber plausibel möglichen Ereignissen“ im Rahmen der Liquiditätsrisikosteuerung rechnen muss, auf die Vorstandspflichten im Aktienrecht ausstrahlt.

---

944 AT 4.3.3 Tz. 2 S. 1 MaRisk (BA).
945 Vgl. D.IV.3.c)(1)(ii)(f).

b) Vorfindlichkeit und Ausstrahlungsgrenzen

Die Durchführung von Stresstests stellt ebenso wie das Führen einer Liquiditätsübersicht eine präventiv wirkende organisatorische Maßnahme im Umgang mit unsicheren Zahlungsströmen dar. Insofern könnte man darin eine bankaufsichtsrechtliche Konkretisierung der grundlegenden Pflicht des Vorstands zur präventiven Bestandssicherung durch organisatorische Vorkehrungen[946] sehen. Dagegen spricht jedoch, dass die geforderten organisatorischen Maßnahmen in § 91 Abs. 2 AktG der Erfassung von „*Entwicklungen*", d.h. sich bereits realisierenden Einflüssen auf die Zahlungsströme,[947] dienen sollen, und nicht der Erfassung bloß „*plausibel mögliche*[r] *Ereignisse*". Sinn und Zweck des § 91 Abs. 2 AktG ist es, ein von allen, auch kleinen Aktiengesellschaften, erfüllbares Minimalprogramm an Bestandssicherungsmaßnahmen zu formulieren. Diese Ausstrahlungsgrenze wäre überschritten, wenn man eine kosten- und personalintensive Krisenmodellierung von Zahlungsströmen für alle Aktiengesellschaften forderte. Diese Bedenken gelten grundsätzlich auch im Rahmen der allgemeinen Bestandssicherungspflicht nach §§ 76 Abs. 1, 93 Abs. 1 AktG. Im Einzelfall mag es jedoch – je nach Größe, Unternehmensgegenstand, Komplexität und Risikoträchtigkeit des Geschäftsmodells einer Aktiengesellschaft nach sorgfältiger Abwägung der damit verbundenen Kosten und Nutzen – geboten sein, z.B. für einzelne Arten wesentlicher Zahlungsströme eine Modellierung unter extremen Annahmen durchzuführen. Eine dahingehende flächendeckende Pflicht lässt sich aber nicht aus den bankaufsichtsrechtlichen Regelungen herleiten.

c) Ausstrahlungshindernisse

Aus bankaufsichtsrechtlicher Sicht spricht zudem gegen eine positive Ausstrahlungswirkung, dass die Stresstest-Anforderung spezifische Liquiditäts- und Refinanzierungsrisiken des Geschäftsmodells von Banken adressiert, die ihre Ursache vor allem in makroökonomischen Volatilitäten, Marktliquiditätsrisiken und der gegenseitigen Abhängigkeit von Banken haben.[948] Diesen Unwägbarkeiten und Risiken sind Industrie–, Handels- und Dienstleistungsunternehmen nicht in gleichem Maße ausgesetzt.

d) Folgerungen für das Aktienrecht

Die bankaufsichtsrechtliche Forderung nach Durchführung von Stresstests strahlt nicht positiv auf die organisatorischen Bestandssicherungspflichten des Vorstands nach § 91 Abs. 2 AktG bzw. §§ 76 Abs. 1, 93 Abs. 1 AktG aus. Vielmehr ist aufgrund der spezifisch aufsichtlichen Zielsetzung von einer schrankenbildenden Funktion der Stresstest-Anforderung derart auszugehen, dass Vorstände einer Normal-AG

946 Vgl. E.IV.1.b).
947 Vgl. C.I.1(4)(iii).
948 Vgl. D.I.1 und D.IV.3.c)(1)(ii)(f).

grundsätzlich keine gesamthafte Modellierung von Zahlungsströmen unter extremen Annahmen zur Errechnung eines Maximalbelastungsfalls durchführen müssen. Nur im Einzelfall mag eine Stress-Modellierung in Bezug auf bestimmte wesentliche Zahlungsströme oder Arten von wesentlichen Zahlungsströmen nach einer sorgfältigen Abwägung von Kosten und Nutzen unter Berücksichtigung von Größe, Unternehmensgegenstand, Komplexität und Risikoträchtigkeit des Geschäftsmodells im Rahmen von §§ 76 Abs. 1, 93 Abs. 1 AktG geboten sein.

V. Ausstrahlung der besonderen Anforderungen des § 25 b Abs. 3 KWG bei der Auslagerung von liquiditätsrisikobehafteten Aufgaben und Zuständigkeiten im Aktienrecht

1. Ausgangslage

Die bankaufsichtsrechtlichen Regelungen nach 25 b KWG bezüglich der Auslagerung von Geschäftsaktivitäten und Prozessen entsprechen weitestgehend den aktienrechtlichen Voraussetzungen an eine wirksame Delegation bzw. Auslagerung.[949] Jedoch ist in Bezug auf die nach § 25 b Abs. 3 KWG sicherzustellenden Informations- und Einwirkungsmöglichkeiten von Geschäftsleitern und Prüfern des auslagernden Unternehmens näher zu untersuchen, ob diese auf das aktienrechtliche Pflichtenregime bei Auslagerungen bzw. Delegationen ausstrahlen. Im Mittelpunkt der Betrachtung steht dabei die konzerninterne Auslagerung an Tochtergesellschaften. Die Pflicht des auslagernden Instituts zur Verankerung umfangreicher Informations- und Einwirkungsmöglichkeiten nach § 25 b Abs. 3 KWG gilt unterschiedslos sowohl für konzerninterne Auslagerungen als auch für Auslagerungen an Drittunternehmen.[950] Nach der hier vertretenen Auffassung sind die aktienrechtlichen Weisungs- und Überwachungsrechte des Vorstands des auslagernden Unternehmens jedoch insoweit eingeschränkt, als im faktischen Konzern konzernrechtliche Restriktionen zu beachten sein können.[951] Soweit ein eigenverantwortlicher Organisations- und Leitungsspielraum besteht, beschränken sich die Risikosteuerungspflichten des Vorstands im Regelfall auf die Steuerung der aus der Beteiligung an der Tochtergesell schaft erwachsenden Liquiditätsrisiken für die Spitzengesellschaft. Die Verankerung von konzerninternen Weisungs- und Auskunftsrechten setzt demgegenüber eine entsprechende unternehmensvertragliche Gestaltung voraus.

Kommt die folgende Untersuchung zu dem Ergebnis, dass die Anforderungen des § 25 b Abs. 3 KWG eine positive Ausstrahlungswirkung auch für Auslagerungen an Tochtergesellschaften entfalten und der Vorstand des auslagernden Unternehmens dementsprechend weitgehende Informations- und Einwirkungsmöglichkeiten

949 Vgl. C.I.3.b); ähnlich auch *Spindler*, in: Münch Komm AktG, § 76 Rn. 19 f.
950 Vgl. D.IV.4.d).
951 Vgl. C.I.3.c)(2).

sicherstellen muss, würde dies zu bestimmten Beschränkungen der konzernrechtlichen Gestaltungsfreiheit des Vorstands bei Auslagerungen führen.

2. Vorfindlichkeit

§ 25 b Abs. 3 AktG müsste Konkretisierung eines auch im Aktienrecht geltenden Rechtsprinzips sein. Insofern ist an das allgemeine Rechtsprinzip zu denken, in das alle arbeitsteiligen Wertschöpfungs- und Entscheidungsprozesse aus rechtlicher Sicht eingebettet sind: Insoweit, wie Aufgaben und Zuständigkeiten in einem arbeitsteiligen Prozess an nachgelagerte Ebenen delegiert werden, wandelt sich die Verantwortung für die sorgfältige Wahrnehmung derselben zu einer Auswahl–, Einweisungs–, Überwachungs- und Organisationssorgfalt. Es wurde bereits herausgearbeitet, dass dieses Prinzip der Residualverantwortlichkeit auch bei der Delegation und Auslagerung von Aufgaben und Zuständigkeiten vom Vorstand im Rahmen seiner aktienrechtlichen Sorgfaltspflichten zu beachten ist.[952] Wenn § 25 b Abs. 3 KWG die Einräumung von umfangreichen Weisungs- und Auskunftsrechten zugunsten des auslagernden Instituts fordert, dann zielt diese Norm auf die bankaufsichtsrechtliche Ausgestaltung des vorgenannten allgemeinen Rechtsprinzips der Residualverantwortlichkeit.

3. Aktienrechtliche Ausstrahlungsgrenzen

Eine wertungskonkretisierende mittelbare Ausstrahlungswirkung stößt jedoch an Grenzen, die sich daraus ergeben, dass der bankaufsichtsrechtlichen Ausgestaltung des Prinzips der Residualverantwortlichkeit ein striktes, aufsichtlichen Zwecken dienendes Wertungsmodell zugrunde liegt. Das Bankaufsichtsrecht geht grundsätzlich nicht davon aus, dass es aufgrund einer Auslagerung zu einer (zumindest partiellen) „Verlagerung" der mit den Aktivitäten und Prozessen verbundenen (Liquiditäts-) Risiken auf das Auslagerungsunternehmen kommen kann.[953] Stattdessen fordert § 25 b Abs. 1 Satz 3 KWG das auslagernde Institut auf, weiterhin auch die Risiken der ausgelagerten Aktivitäten und Prozesse mittels angemessener Maßnahmen zu steuern. Das ist vor allem damit zu erklären, dass die Bankaufsicht die Verantwortung für die Steuerung geschäftlicher Risiken bei *einem* Adressaten aufsichtlicher Überwachungstätigkeit bündeln und ihre Steuerungsmöglichkeiten erhalten will,[954] um eine effektive Gefahrenabwehr zu ermöglichen. Damit geht einher, dass sich das Institut grundsätzlich umfassende Informations- und Weisungsrechte gegenüber dem Auslagerungsunternehmen vorbehalten muss, um eventuellen aufsichtlichen Anordnungen innerhalb einer konzernweiten Weisungskette gerecht werden zu

952 Vgl. C.I.3.
953 Vgl. D.IV.4.d).
954 Vgl. D.IV.4.

können.[955] Eine solche strikte aufsichtlichen Zwecken dienende Wertung der absoluten Risikoverantwortlichkeit ist dem aktienrechtlichen Prinzip der Residualverantwortlichkeit aber fremd. Wie bereits gezeigt, kann es in Abhängigkeit von der Ausgestaltung des Verhältnisses zwischen Konzernspitze und Tochtergesellschaft bei einer Auslagerung auf ein rechtlich selbständiges Haftungssubjekt zu einer partiellen Verlagerung von (Liquiditäts-)Risiken kommen.[956]

4. Folgerungen für das Aktienrecht

Aus dieser zwischen dem Bankaufsichtsrecht und dem Aktienrecht bestehenden Wertungsdifferenz ergibt sich eine negative Ausstrahlungswirkung in zweierlei Hinsicht: Zum einen ist ein Vorstand nicht verpflichtet, sich in jeder Konstellation Weisungs- und umfassende Auskunftsrechte gegenüber Tochtergesellschaften vorzubehalten. Zum anderen muss ein Vorstand die mit den ausgelagerten Geschäftsaktivitäten und -prozessen verbundenen Liquiditätsrisiken nur insoweit auf der Ebene der auslagernden Gesellschaft steuern, als diese auf die Gesellschaft selbst durchschlagen können.

5. Zwischenergebnis

Das Bankaufsichtsrecht kann für die Auslegung der aktienrechtlichen Regelungen zur Steuerung von Liquiditätsrisiken in begrenztem Umfang fruchtbar gemacht werden.

Für die Frage, ob die bankaufsichtsrechtlichen Anforderungen für die Auslegung der aktienrechtlichen Organpflichten im Sinne einer Ausstrahlungswirkung fruchtbar gemacht werden können, müssen zunächst bestimmte grundsätzliche Unterschiede zwischen der bankaufsichtsrechtlichen und aktienrechtlichen Steuerung beachtet werden. Während das Bankaufsichtsrecht die jederzeitige Zahlungs*bereitschaft* sicherstellen will, beschränkt sich das Aktienrecht auf den Bestandsschutz gegenüber Zahlungsun*fähigkeit*. Während die unter Beachtung des Unternehmensgegenstands verfolgte volkswirtschaftliche Funktion eines Kreditinstituts in der Transformation von (Kapitalbindungs-)Fristen liegt, die untrennbar

---

955 Gesellschaftsrechtlich kann dies der Vorstand der Spitzengesellschaft in einer faktisch konzernierten Bankengruppe insbesondere mittels der Personalgewalt durchsetzen, sofern die Spitzengesellschaft eine Mehrheitsbeteiligung an dem Auslagerungsunternehmen hält und deswegen auf die Zusammensetzung des Aufsichtsrats des Auslagerungsunternehmens bestimmenden Einfluß hat (vgl. *Dreher/Schaaf*, WM 2008, 1765 (1773) für die gesellschaftsrechtliche Umsetzung versicherungsrechtlicher Anforderungen an ein konzernweites Risikomanagement); in einem Vertragskonzern oder bei Eingliederung des Auslagerungsunternehmens steht dem Vorstand der Spitzengesellschaft darüber hinaus ein umfassendes Weisungsrecht zur Verfügung (vgl. C.I.3.c)(3)).

956 Vgl. C.I.3.c).

mit der Schaffung von Liquiditätsrisiken verbunden sind, ist das Entstehen von Liquiditätsrisiken bei der Geschäftstätigkeit eines Industrie-, Handels- oder Dienstleistungsunternehmens regelmäßig bloße Nebenfolge. Damit geht einher, dass die Zahlungsströme eines Kreditinstituts in weit größerem Maße fremdbestimmt sind als die eines Industrie-, Handels- oder Dienstleistungsunternehmens. Auf diese besonderen geschäftsmodellspezifischen Besonderheiten ist das bankaufsichtsrechtliche Liquiditätsrisikomanagement abgestimmt. Dies gilt es zu berücksichtigen.

Eine wertkonkretisierende mittelbare Ausstrahlungswirkung basiert auf einer systematisch-teleologische Auslegung von im Aktienrecht vorfindlichen Rechtsprinzipien durch Wertungen des Bankaufsichtsrechts. Für ein solches einzelfallbezogenes Vorgehen spricht, dass anerkannt ist, dass Normen einer Teilrechtsordnung bei der Auslegung einer anderen Teilrechtsordnung disziplinübergreifend herangezogen werden können. Die Grenze zu einer unzulässigen Analogie wird nicht überschritten. Denn das Ziel einer wertkonkretisierenden bzw. wertenden mittelbaren Ausstrahlungswirkung ist nicht die Lückenfüllung von im Aktienrecht nicht vorhandenen Regelungen durch die Heranziehung bankaufsichtsrechtlicher Regelungen, sondern die Konkretisierung bereits im Aktienrecht vorfindlicher Rechtsprinzipien durch Heranziehung von bankaufsichtsrechtlichen Wertungen. Eine solche Auslegung muss sehr behutsam erfolgen, weil viele aufsichtliche Vorschriften einen spezifisch bankaufsichtsrechtlichen Regelungshintergrund haben und deswegen nicht ausstrahlungsfähig sind. Zu den nicht ausstrahlungsfähigen Elementen sind die aufsichtliche Forderung nach untertägiger Steuerung von Liquiditätsrisiken und einem Verrechnungssystem für Liquiditätskosten sowie die Forderung nach Transparenz der mit der Geschäftsstrategie konsistenten Liquiditätsrisikostrategie zu zählen.

Erst recht ist dementsprechend eine schematische Berücksichtigung bankaufsichtsrechtlicher Regelungen im Aktienrecht, wie sie von einigen Stimmen in Literatur und Rechtsprechung gefordert wird, abzulehnen.

Die wertende Berücksichtigung der bankaufsichtsrechtlichen Liquiditätssteuerungsregelungen kann zunächst für die allgemeine Fragestellung, ob § 91 Abs. 2 AktG ein *„umfassendes Risikomanagementsystem"* verlangt, fruchtbar gemacht werden. Die §§ 25 a, 25 b iVm MaRisk (BA) haben eine schrankenbildende Funktion für die Intensität der Liquiditätsrisikosteuerung im Aktienrecht. Denn wenn das Aktienrecht keine umfassendere Steuerung von Liquiditätsrisiken als das Bankaufsichtsrecht fordern soll, müssen die aufsichtlichen Limitierungen auch im Aktienrecht ernst genommen werden. Das Bankaufsichtsrecht hat schrankenbildende Wirkung, weil es sich zum einen auf die Formulierung von „Mindestanforderungen" beschränkt, die zum anderen nach den Grundsätzen der Proportionalität und Materialität in Abhängigkeit von Größe des Instituts sowie Umfang und Risikoprofil seiner Geschäftstätigkeit ausgefüllt werden müssen. Angesichts dieses Befundes kann von einer „Normal-AG" kein alle (Liquiditäts-)Risiken umfassendes Liquiditätsrisikomanagementsystem gefordert werden.

Bestimmte aufbau- und ablauforganisatorische Grundwertungen des Bankaufsichtsrechts strahlen auf das aktienrechtliche Organisationsermessen des Vorstands einer Aktiengesellschaft aus. Der auch im Aktienrecht vorfindliche Grundsatz der Vermeidung von Interessenkonflikten verlangt bei der Ausgestaltung der Früherkennungs- und sonstigen Liquiditätsrisikosteuerungsmaßnahmen sowie des Überwachungssystems bzw. der internen Revision die Beachtung der Grundsätze der Funktionstrennung und Prozeßunabhängigkeit. Danach hat der Vorstand im Rahmen seines Organisationsermessens grundsätzlich darauf zu achten, dass es keine personellen oder kompetenziellen Überschneidungen zum einen zwischen diesen Funktionen und zum anderen mit den operativen Bereichen des Unternehmens gibt. Als mit dem Proportionalitätsprinzip unvereinbar ist jedoch anzusehen, wenn diese Trennung auch auf Vorstandsebene durchgehalten werden soll. Aus der wertenden Berücksichtigung des Bankaufsichtsrechts folgt auch, dass das Weisungsrecht des Vorstands im Hinblick auf Inhalt und Umfang der Berichterstattung sowie Bewertung der Prüfungsergebnisse durch die Interne Revision eingeschränkt sein muss, um Interessenkonflikte zu vermeiden.

In Bezug auf die aktienrechtlichen Regelungen zur Berichterstattungspflicht des Vorstands gegenüber dem Aufsichtsrat sowie der internen Berichtsorganisation sind die entsprechenden bankaufsichtsrechtlichen Regelungen im Wesentlichen parallel ausgestaltet. Insoweit kann von einer bestätigenden positiven Wirkung des Aufsichtsrechts ausgegangen werden. Daneben sieht das Bankaufsichtsrecht eine interne Berichtspflicht der Internen Revision gegenüber dem Aufsichtsorgan sowie ein Auskunftsrecht des Aufsichtsorgans gegenüber der internen Revision vor. Einem direkten Auskunfts*recht* steht entgegen, dass es kein vorfindliches allgemeines Rechtsprinzip gibt, das Direktkontakte zwischen Mitarbeitern und dem Aufsichtsorgan zulässt. Dementsprechend ist eine direkte Berichts*pflicht* der internen Revision nur insoweit zuzulassen, als das Bankaufsichtsrecht das im Aktienrecht vorfindliche Eskalationsprinzip in zulässiger Weise konkretisiert.

Die bankaufsichtsrechtlichen Risikosteuerungsprozesse strahlen in geringerem Maße auf die Ausgestaltung der Früherkennungs- und sonstigen Liquiditätsrisikosteuerungsmaßnahmen nach § 91 Abs. 2 und §§ 76 Abs. 1, 93 Abs. 1 AktG aus.

Von positiven Ausstrahlungswirkungen ist im Hinblick auf die Liquiditätsübersicht und das Frühwarnverfahren auszugehen. Die Ausgestaltung der Liquiditätsübersicht entspricht im Wesentlichen dem bereits gefundenen Auslegungsergebnis im Hinblick auf die Liquiditätsübersicht nach Aktienrecht. Im Hinblick auf den Umfang der zu erfassenden Zahlungsströme ist dem Bankaufsichtsrecht die Wertung zu entnehmen, dass auch potentielle Zahlungsmittelabflüsse aus außerbilanziellen Verpflichtungen in der Liquiditätsübersicht berücksichtigt werden müssen. Zudem muss wertend berücksichtigt werden, dass der Vorstand der Prognose von Zahlungsströmen im Rahmen der Liquiditätsübersicht keine extrem negativen Ereignisse nach Art eines Stresstests zugrunde legen muss. Stattdessen ist es ausreichend, wenn er die Zahlungsströme unter üblichen negativen Entwicklungen modelliert. Unbeschadet bleiben jedoch seine Pflichten, im Einzelfall im Rahmen seiner Bestandssicherungspflicht nach § 93 Abs. 1 AktG einzelne wesentliche Zahlungsströme oder Arten von Zahlungsströmen einer Modellierung unter extremen Annahmen zu unterziehen. Dem Umstand, dass das Bankaufsichtsrecht zwischen

Liquiditätsübersicht und Frühwarnverfahren differenziert, ist wertend für das Aktienrecht zu entnehmen, dass die Liquiditätsübersicht um Maßnahmen der Analyse und Bewertung von Zahlungsstromabweichungen zu ergänzen ist.

Von einer Ausstrahlungsfähigkeit der Regelungen über den Liquiditätsbedarf und den Zugang zu Refinanzierungsquellen in angespanntem Marktumfeld ist demgegenüber nicht auszugehen.

Die bankaufsichtsrechtlichen Vorgaben zur Diversifikation der Vermögens- und Kapitalstruktur entfalten keine Ausstrahlungswirkungen für die Auslegung der Sorgfaltspflichten des Vorstand bei Investitions-, Anlage- oder Refinanzierungsentscheidungen. Soweit nicht der Unternehmensgegenstand oder eine andere Satzungsregelung eine Beschränkung des unternehmerischen Ermessens des Vorstands im Sinne einer Risikovermeidung durch Diversifikation verlangt, hat der Vorstand Investitions-, Anlage- und Refinanzierungsentscheidungen im Grundsatz danach auszurichten, ob sie voraussichtlich zu einer Unternehmenswertsteigerung führen. Wenn eine Diversifikationsstrategie voraussichtlich zur Steigerung des Unternehmenswerts beiträgt, dann wird ein Vorstand sie aus diesem Grund ergreifen. Soweit die Entscheidungen jedoch die Gefahr der Zahlungsunfähigkeit begründen oder verstärken oder eine akute Bestandsgefahr besteht, hat der Vorstand im Rahmen seiner Bestandssicherungspflicht angemessene Gegenmaßnahmen zu ergreifen, die auch eine Strategie zur Diversifizierung umfassen können. Eine Pflicht des Vorstands, bei Anlageentscheidungen einem wirtschaftswissenschaftlichen Anlagekalkül wie der Portfoliotheorie zu folgen, ist nicht anzuerkennen. Denn dieser liegen Annahmen zugrunde, die nicht mit der vom Vorstand zu beachtenden Interessenlage der Gesellschafter übereinstimmen müssen.

Etwas anderes gilt jedoch ausnahmsweise im Hinblick auf die Zusammensetzung der Liquiditätsreserve. Der Vorstand hat bei der Entscheidung über die Zusammensetzung der Liquiditätsreserve auf eine Diversifikation der Vermögenspositionen zu achten. Dies folgt aus der Tatsache, dass der Vorstand sein Leitungsermessen dadurch selbst beschränkt hat, dass er das Liquiditätsrisiko aufgrund unerwarteter Zahlungsstromabweichungen mittels einer Liquiditätsreserve steuern will, um damit seiner Bestanderhaltungspflicht nachzukommen. Im Übrigen ergibt sich eine wertkonkretisierende mittelbare Ausstrahlungswirkung für die Ausgestaltung der Liquiditätsreserve aus dem Funktionstrennungsprinzip. Um Interessenkonflikte zu vermeiden, hat der Vorstand dafür zu sorgen, dass die Liquiditätsreserve unabhängig von den operativen Einheiten verwaltet wird. Auf den Umfang der Liquiditätsreserve hat die Liquiditätsdeckungsanforderung jedoch keine – auch keine prinzipienbasierte – Ausstrahlungswirkung.

Die bankaufsichtsrechtliche Forderung nach Durchführung von Stresstests strahlt nicht positiv auf die organisatorischen Bestandssicherungspflichten des Vorstands nach § 91 Abs. 2 AktG bzw. §§ 76 Abs. 1, 93 Abs. 1 AktG aus. Vielmehr ist aufgrund der spezifisch aufsichtlichen Zielsetzung von einer schrankenbildenden Funktion der Stresstest-Anforderung derart auszugehen, dass eine gesamthafte Modellierung von Zahlungsströmen grundsätzlich von Vorständen einer Normal-AG nicht durchzuführen ist. Nur im Einzelfall mag eine Stress-Modellierung in

Bezug auf bestimmte wesentliche Zahlungsströme oder Arten von wesentlichen Zahlungsströmen nach einer sorgfältigen Abwägung von Kosten und Nutzen unter Berücksichtigung von Größe, Unternehmensgegenstand, Komplexität und Risikoträchtigkeit des Geschäftsmodells im Rahmen von §§ 76 Abs. 1, 93 Abs. 1 AktG geboten sein.

Die bankaufsichtsrechtlichen Vorschriften über die Steuerung von Risiken aus ausgelagerten Geschäftsaktivitäten und -prozessen nach § 25 b KWG haben für die Auslegung der aktienrechtlichen Vorschriften schrankenbildende Funktion in zweierlei Hinsicht: Zum einen ist ein Vorstand nicht verpflichtet, sich in jeder Konstellation Weisungs- und umfassende Auskunftsrechte gegenüber Tochtergesellschaften vorzubehalten. Zum anderen muss ein Vorstand die mit den ausgelagerten Geschäftsaktivitäten und -prozessen verbundenen Liquiditätsrisiken nur insoweit auf der Ebene der auslagernden Gesellschaft steuern, als diese auf die Gesellschaft selbst durchschlagen können. Die schrankenbildende Funktion ist auf eine Wertungsdifferenz zwischen der aktien- und bankaufsichtsrechtlichen Steuerung von ausgelagerten Aktivitäten zurückzuführen. Während es im Aktienrecht aufgrund einer Auslagerung zu einer Verlagerung der mit ausgelagerten Geschäftsaktivitäten und -prozessen verbundenen Liquiditätsrisiken kommen kann, geht das Bankaufsichtsrecht davon aus, dass das auslagernde Institut auch weiterhin zur Steuerung der mit diesen Aktivitäten verbundenen Risiken zuständig ist, um eine effiziente aufsichtliche Überwachung zu gewährleisten.

F. Zusammenfassende Betrachtungen

Die Pflicht des Vorstands, den Bestand der Gesellschaft gegen Zahlungsunfähigkeit zu schützen, wird einerseits durch § 91 Abs. 2 AktG und andererseits durch §§ 76 Abs. 1, 93 Abs. 1 AktG näher ausgeformt. § 91 Abs. 2 AktG verlangt ein Minimalprogramm einer institutionalisierten Steuerung liquiditätsgefährdender Entwicklungen durch Aufstellung eines Liquiditätsplans für erwartete Zahlungsströme, durch Einrichtung eines Überwachungssystems und mittels einer retrospektiven Abweichungsanalyse zur vorausschauenden Früherkennung möglicher Trends von Zahlungsstromabweichungen. Der Vorstand hat im Rahmen von § 91 Abs. 2 AktG zwar ein Ausgestaltungs-, nicht jedoch ein Handlungsermessen.

§§ 76 Abs. 1, 93 Abs. 1 AktG normiert weitere Vorstandspflichten im Umgang mit Liquiditätsrisiken:

Eine sorgfältige Unternehmensleitung verpflichtet den Vorstand nicht zur gesamthaften Identifikation, Messung und Steuerung der Liquiditätsrisiken aller mit der Geschäftstätigkeit verbundenen Zahlungsströme. Diese mag aus betriebswirtschaftlicher Perspektive sinnvoll sein, rechtlich geboten ist es nicht. Vielmehr ist davon auszugehen, dass der Vorstand mit der verkehrsüblichen Sorgfalt handelt, wenn er sich aus vertretbaren Gründen im Hinblick auf die aufgrund einer (qualitativen) Voreinschätzung für potentiell liquiditätsgefährdend erachteten operativen und finanzwirtschaftlichen Zahlungsströme für ein bestimmtes betriebswirtschaftlich gesichertes Prognoseverfahren zur Identifikation und Messung der anhaftenden Liquiditätsrisiken entscheidet. Es handelt sich um eine einzelfallbezogene Entscheidung des Vorstands, die sich nach Gegenstand, Geschäftsmodell, Größe, Geschäftsumfang und Liquiditätssituation der Gesellschaft richtet.

Weiterhin gehört zum Pflichtenprogramm des Vorstands nach §§ 76 Abs. 1, 93 Abs. 1 AktG, dass er Gegenmaßnahmen zur Prävention potentieller oder zur Abwehr von sich abzeichnenden oder akuten Liquiditätsengpässen ergreift. Präventive Maßnahmen sind solche der Risikoverminderung, -vermeidung, -diversifikation, -überwälzung und der Risikovorsorge. Zur Risikovorsorge kann insbesondere die Vorhaltung einer angemessenen Liquiditätsreserve für mögliche, unerwartete Zahlungsstromabweichungen und daraus resultierende Liquiditätsengpässe erforderlich sein.

Bei einem sich abzeichnenden oder akuten Liquiditätsengpass hat der Vorstand die dispositiven Zahlungsströme daraufhin zu überprüfen, ob Auszahlungen verschoben bzw. verringert und Einzahlungen vorgezogen bzw. vergrößert werden können. Grundsätzlich ist er verpflichtet, die Zahlungsstromdispositionen mit geringeren Reputationsrisiken vorzuziehen, um eine Vertiefung der Liquiditätsgefahr zu vermeiden. Diese Schritte werden durch erhöhte Kontrollpflichten des Vorstands im Hinblick auf die Liquiditätsentwicklung flankiert.

Unter dem Blickwinkel der einzelprojektbezogenen Liquiditätsrisikosteuerung muss der Vorstand einer Gesellschaft im Vorfeld von Investitions- und

Anlageentscheidungen nach §§ 76 Abs. 1, 93 Abs. 1 AktG bestimmte Vorgaben für das Entscheidungsverfahren einerseits und Leitlinien sachlich-inhaltlicher Art andererseits beachten. Sachlich-inhaltlich grenzt zunächst der Unternehmensgegenstand das (Liquiditäts-)Risikoprofil der Geschäftstätigkeit der Gesellschaft ein.

Der Vorstand muss eine sorgfältige Prognose treffen, ob eine Investitions- oder Anlageentscheidung voraussichtlich für sich gesehen und im Vergleich mit ihren Alternativen einen positiven (höheren) Ergebnisbeitrag liefert. Das Vorliegen eines positiven (höheren) Ergebnisbeitrags ist aus der Perspektive des dispositiven Liquiditätsrisikos eine notwendige, aber keine hinreichende Bedingung für die Anwendung der Business Judgement Rule, da damit nur feststeht, dass die Maßnahme über die *gesamte* Planungsperiode zu einem Einzahlungsüberschuss führen wird.

Deshalb muss der Vorstand weiterhin prüfen, ob die mit der Investitions- bzw. Anlageentscheidung verbundenen Liquiditätsrisiken im Zeitablauf allein oder in Aggregation mit schon bestehenden die Zahlungsfähigkeit der Gesellschaft gefährden können. Das Ob und Wie des Prognoseverfahrens richtet sich nach den geschäfts- und unternehmensspezifischen Umständen des Einzelfalls. Voraussetzung ist ein vertretbares Urteil im Hinblick auf Eintrittswahrscheinlichkeit und Tragweite eines bestandsgefährdenden Liquiditätsrisikos.

Die Übernahme eines potentiell bestandsgefährdenden Liquiditätsrisikos verstößt nicht von vornherein gegen das Wohl der Gesellschaft. Jedoch darf der Vorstand grundsätzlich nur solche bestandsgefährdenden Liquiditätsrisiken übernehmen, deren Eintritt nahezu ausgeschlossen ist bzw. die Risikotragfähigkeit der Gesellschaft nur unwesentlich überschreiten würden. In zwei Situationen kann ausnahmsweise ein größerer Risikoappetit erlaubt sein: Zum einen in der Gründungsphase einer Unternehmung und zum anderen bei Bestehen einer akuten Liquiditätsgefahr, in der potentiell insolvenzauslösende Neuinvestitionen erforderlich sein können, um den Weiterverbleib der Unternehmung im Markt zu sichern, sofern jede Investitionsalternative mit gleicher oder größerer Wahrscheinlichkeit zur Zahlungsunfähigkeit führen würde.

Bei Delegation und Auslagerung von liquiditätsrisikobehafteten Entscheidungen bestehen folgende Vorstandspflichten:

Bei einer vertikalen Delegation liquiditätsrisikobehafteter Entscheidungen an Mitarbeiter hat der Vorstand für ein „Liquiditätsrisikomanagementsystem" zu sorgen, das aus klaren Vorgaben für die Aufbau- und Ablauforganisation sowie Richtlinien für den Umgang mit Liquiditätsrisiken besteht. Insbesondere muss der Vorstand die seiner Letztentscheidung vorbehaltenen Entscheidungen absondern und fortbestehende Residualpflichten im Hinblick auf Auswahl, Einweisung und Kontrolle der Mitarbeiter wahrnehmen. Wesentlich ist, dass er für bestimmte Geschäfte bzw. Arten von Geschäften Verfahrensvorgaben für die Zahlungsstromprognose und die eventuelle Prognose unerwarteter Abweichungen macht. Der Umfang der Residualpflichten richtet sich wiederum nach den geschäfts- und unternehmensspezifischen Umständen des Einzelfalls, wobei jedoch davon auszugehen ist, dass das Pflichtenprogramm bei finanzwirtschaftlichen Zahlungsströmen tendenziell intensiver ist als bei güterwirtschaftlichen Zahlungsströmen.

Delegiert der Vorstand Vorbereitung und Umsetzung der Früherkennungsmaßnahmen, muss er die Grundparameter des Liquiditätsplans und die Methoden zur Abweichungsanalyse vorgeben sowie für eine angemessene Berichtsorganisation sorgen, die ihn insbesondere über solche sich abzeichnende Liquiditätsengpässe informiert, die nicht mehr mit üblichen finanz- oder güterwirtschaftlichen Anpassungsmaßnahmen behoben werden können.

Bei einer vertikalen Delegation liquiditätsrisikobehafteter Geschäftsaktivitäten und -prozesse an verbundene Gesellschaften hängt der Umfang der Residualpflichten des Vorstands davon ab, inwieweit sich die Liquiditätsrisiken der delegierten Aktivitäten z.B. aufgrund von Liquiditätszusagen oder Patronatserklärungen der Spitzengesellschaft zugunsten der verbundenen Gesellschaft auf die Liquidität der Spitzengesellschaft auswirken können. Soweit dies der Fall ist, hat die Spitzengesellschaft für verbundbezogene Früherkennungsmaßnahmen und die Verankerung von Zustimmungsvorbehalten für bestimmte liquiditätsrisikorelevante Investitions- und Anlageentscheidungen zu sorgen.

Die Auslagerung von liquiditätsrisikorelevanten Geschäftsprozessen und -aktivitäten an rechtlich und wirtschaftlich selbständige Gesellschaften umfasst in Deutschland in erster Linie transaktionale, regelbasierte Aufgaben des Finanzbereichs. Es besteht für den Vorstand ein ähnliches Pflichtenkorsett wie bei der gesellschaftsinternen vertikalen Delegation, dessen Erfüllung der Vorstand im Auslagerungsvertrag sicherzustellen hat.

Die liquiditätsrisikobezogenen Kontroll- und Beratungspflichten des Aufsichtsrats nach § 111 Abs. 2 AktG umfassen die eingerichteten Früherkennungs- und Liquiditätsrisikosteuerungsmaßnahmen. Die Hilfestellungen des Abschlussprüfers nach §§ 317 Abs. 4, 321 Abs. 4 HGB beschränken sich auf eine Plausibilitätsprüfung der Wirksamkeit der Früherkennungs- und Überwachungsmaßnahmen im Sinne von § 91 Abs. 2 AktG. Weiter eingeschränkt ist die Prüfungstätigkeit im Hinblick auf die eingerichteten Liquiditätsrisikosteuerungsmaßnahmen nach §§ 76 Abs. 1, 93 Abs. 1 AktG. Diese beschränken sich nach § 289 Abs. 5 HGB auf eine Beschreibung der Maßnahmen mit Bezug zur Rechnungslegung kapitalmarktorientierter Kapitalgesellschaften. Eine Bewertung dieser Maßnahmen findet nur im Rahmen der mündlichen Berichterstattung des Abschlussprüfers nach § 171 Abs. 1 Satz 2 AktG statt. Umso wichtiger ist deswegen, dass der Aufsichtsrat von seinem Recht nach § 90 Abs. 3 Satz 1 AktG zur regelmäßigen oder anlassbezogenen Einholung von Vorstandsberichten über die ergriffenen Liquiditätsrisikosteuerungsmaßnahmen Gebrauch macht. Diese sollten, einer Empfehlung des Deutsche Corporate Governance Kodex folgend, in einer Informationsordnung festgehalten werden. Unter bestimmten Umständen kann der Aufsichtsrat Einsicht in die Prüfungsberichte der Internen Revision verlangen und unter engen Voraussetzungen Sachverständige mit der Prüfung konkreter abgrenzbarer Aspekte der eingerichteten Liquiditätsrisikosteuerungsmaßnahmen beauftragen.

Die Informationsversorgung des Aufsichtsrat in Bezug auf einzelprojektbezogene Liquiditätsrisiken unterliegt dagegen einem dichteren aktienrechtlichen Normengeflecht. Zunächst hat der Vorstand, sofern nicht ohnehin ein Zustimmungsvorbehalt für die in Frage stehende Investitions- oder Anlageentscheidung besteht, nach § 90 Abs. 1 Satz 1 Nr. 4 Var. 2 AktG über alle Geschäfte zu berichten, die für die Liquidität der Gesellschaft von erheblicher Bedeutung sein können. Darunter fallen alle Geschäfte, bezüglich derer der Vorstand eine Prognose unerwarteter Zahlungsstromabweichungen vorgenommen hat bzw. bei ordnungsgemäßer Sorgfalt hätte vornehmen müssen und die allein oder in Aggregation mit bereits bestehenden Liquiditätsrisiken den Bestand der Gesellschaft gefährden können.

Der Aufsichtsrat hat das Recht, bestimmte Geschäfte oder Arten von Geschäften generell oder anlassbezogen einem Zustimmungsvorbehalt zu unterstellen und seine Zustimmung zu versagen. Gelangt der Aufsichtsrat aufgrund einer eigenen, unabhängig vom Vorstand durchzuführenden Einschätzung der einer Anlage- oder Investitionsentscheidung anhaftenden Liquiditätsrisiken zu dem Ergebnis der Unvertretbarkeit dieser geschäftlichen Maßnahme, ist sein Ermessen derart reduziert, dass er die betreffende Maßnahme mittels eines Zustimmungsvorbehalts verhindern muss.

Die bankaufsichtsrechtliche Liquiditätsrisikosteuerung unterscheidet in quantitative, d. h. kennzahlenbasierte, Steuerungsinstrumente einerseits und qualitative Anforderungen an eine angemessene Risikomanagementorganisation eines Instituts andererseits:

Die neue europaweit vereinheitliche Liquiditätsdeckungsanforderung führt zu einem Paradigmenwechsel durch den Wechsel von einem bilanzgrößen- zu einem stromgrößenorientierten Ansatz. Die Liquiditätsdeckungsanforderung dient der Deckung einer hypothetischen Liquiditätslücke. Die europaweit einheitliche Refinanzierungskennzahl zielt auf eine Beschränkung des Umfangs der von einem Institut betriebenen Fristentransformation.

Die qualitativen Anforderungen an die Risikomanagementorganisation folgen dem Prinzip der gleitenden Anforderungssteigerungen, das auf die Prinzipien der Proportionalität und der Wesentlichkeit des Risikos zurückzuführen ist. Die qualitativen Anforderungen sind darüber hinaus prinzipienorientiert, d. h. die aufsichtlichen Vorgaben beschränken sich auf die Vorgabe von Organisationszielen, deren Ausformung sie dem jeweiligen Institut überlässt. Die MaRisk (BA) geben einen Kanon an Organisationsmaßnahmen vor, der neben aufbau- und ablauforganisatorischen Anforderungen bestimmte Risikosteuerungsprozesse umfasst: eine Liquiditätsübersicht, Frühwarnmethoden, eine Liquiditätsreserve bzw. Vorkehrungen für den Zugang zu Refinanzierungsquellen bei angespannter Marktsituation, Vorkehrungen zur Risikodiversifikation und Stresstest. Die teilweise erhobene Forderung nach einem liquiditätsbezogenen Managementinformationssystem hat angesichts der umfassenden quantitativen und qualitativen Steuerungsprozesse dagegen keine eigenständige Bedeutung.

Fragt man nach der Ausstrahlungswirkung der bankaufsichtsrechtlichen Vorschriften für die aktienrechtlichen Organpflichten, ist zwingend zur berücksichtigen, dass das bankaufsichtsrechtliche Liquiditätsrisikomanagement auf die geschäftsmodellspezifischen Liquiditätsanforderungen von Banken abgestimmt ist: Während die volkswirtschaftliche Funktion eines Kreditinstituts in der Transformation von

(Kapitalbindungs-)Fristen liegt, die untrennbar mit der Schaffung von Liquiditätsrisiken verbunden sind, ist das Entstehen von Liquiditätsrisiken bei der Geschäftstätigkeit eines Industrie-, Handels- oder Dienstleistungsunternehmens regelmäßig bloße Nebenfolge. Die Zahlungsströme eines Kreditinstituts sind in weit größerem Maße fremdbestimmt als die eines Industrie-, Handels- oder Dienstleistungsunternehmens. Im Mittelpunkt des Bankaufsichtsrechts steht die Sicherstellung der jederzeitigen Zahlungs*bereitschaft*, der aktienrechtliche Bestandsschutz beschränkt sich demgegenüber auf die Sicherstellung der jederzeitigen Zahlungs*fähigkeit*.

Theoretische Grundlage für eine wertkonkretisierende bzw. wertende mittelbare Ausstrahlungswirkung ist eine systematisch-teleologische Auslegung von im Aktienrecht vorfindlichen Rechtsprinzipien durch Wertungen des Bankaufsichtsrechts. Es kommt ausschließlich eine einzelfallbezogene Ausstrahlungswirkung in Frage. Eine schematische Übertragung bankaufsichtsrechtlicher Liquiditätsregelungen muss demgegenüber ausscheiden.

Eine Reihe bankaufsichtsrechtlicher Liquiditätssteuerungsnormen ist von vornherein nicht ausstrahlungsfähig, weil diese einen spezifisch aufsichtlichen Regelungshintergrund haben, wie beispielsweise die Forderungen nach untertägiger Liquiditätsrisikosteuerung oder nach dem sicheren Zugang zu Refinanzierungsquellen bei angespanntem Marktumfeld.

§§ 25a, 25b KWG in Verbindung mit den MaRisk (BA) entfalten eine schrankenbildende (negative) Ausstrahlungswirkung im Hinblick auf die Frage, ob der Vorstand nach § 91 Abs. 2 AktG oder §§ 76 Abs. 1, 93 Abs. 1 AktG ein alle Liquiditätsrisiken umfassendes Risikomanagementsystem etablieren muss. Will das Aktienrecht nicht über die bankaufsichtsrechtlichen Anforderungen hinausgehen, muss die bankaufsichtsrechtliche Selbstbeschränkung auf prinzipienbasierte „Mindestanforderungen", die nach den Grundsätzen der Wesentlichkeit und Proportionalität auszufüllen sind, auch für die Auslegung des Aktienrechts ernst genommen werden.

Das im Bankaufsichtsrecht ausgeformte Gebot der Vermeidung von Interessenkonflikten strahlt auf die aktienrechtliche Ablauf- und Aufbauorganisation insoweit aus, als der Vorstand im Rahmen seines Organisationermessens den Grundsätzen der Funktionstrennung und Prozessunabhängigkeit nach Möglichkeit Rechnung zu tragen und darauf zu achten hat, dass es keine personellen oder kompetenziellen Überschneidungen zwischen den für die Früherkennungs- und Liquiditätsrisikosteuerungsmaßnahmen zuständigen Bereichen einerseits und den operativen Bereichen des Unternehmens andererseits gibt. Auf Vorstandsebene muss dieses Trennungsgebot jedoch nicht durchgehalten werden.

Die Berichterstattungspflichten des Vorstands und die Informationsrechte des Aufsichtsrats sind im Bankaufsichtsrecht und im Aktienrecht weitgehend parallel ausgestaltet. Jedoch ist eine direkte Berichtspflicht der internen Revision gegenüber dem Aufsichtsrat im Aktienrecht nur insoweit zuzulassen, wie das im Aktienrecht vorfindliche Eskalationsprinzip ausgeformt wird. Ein direktes Auskunftsrecht des Aufsichtsrats gegenüber Mitarbeitern ist demgegenüber (für das Aktienrecht) abzulehnen.

Die Ausgestaltung der bankaufsichtsrechtlichen Liquiditätsrisikosteuerungsprozesse strahlt im Hinblick auf die Liquiditätsübersicht und die Frühwarnanalyse auf das Aktienrecht aus. Auch der Liquiditätsübersicht nach § 91 Abs. 2 AktG sind keine extrem negativen Zahlungsstromprognosen im Sinne eines Stresstests zugrunde zu legen. Stattdessen ist es ausreichend, wenn üblicherweise auftretende negative Schwankungen abgebildet werden. Ferner muss die aktienrechtliche Liquiditätsübersicht auch potentielle Zahlungsströme aus außerbilanziellen Zahlungsverpflichtungen erfassen. Der bankaufsichtsrechtlichen Unterscheidung zwischen Liquiditätsübersicht und Frühwarnverfahren ist wertend zu entnehmen, dass auch im Aktienrecht die Liquiditätsübersicht um Maßnahmen der Analyse von Zahlungsstromabweichungen zu ergänzen ist.

Die bankaufsichtsrechtliche Forderung nach einer generellen Diversifikation der Vermögens- oder Kapitalstruktur entfaltet keine Ausstrahlungswirkung für das aktienrechtliche Entscheidungsprogramm des Vorstands. Aktienrechtlich ergibt sich eine Pflicht zur Diversifikation nur im Einzelfall: zum einen im Rahmen von Investitions–, Anlage- oder Refinanzierungsentscheidungen, die das Zahlungsunfähigkeitsrisiko begründen oder verstärken und den Vorstand zu geeignete Gegenmaßnahmen verpflichten, zu denen eine Diversifikation zählen kann. Zum zweiten hat der Vorstand auf eine hinreichende Diversifikation der liquidierbaren Vermögenswerte, soweit er sich für die Steuerung des Liquiditätsrisiko aufgrund unerwarteter Zahlungsstromabweichungen mittels einer Liquiditätsreserve entscheidet. Unabhängig davon ergibt sich aus dem bankaufsichtsrechtlichen Funktionstrennungsprinzip, dass der Vorstand die Liquiditätsreserve unabhängig von den operativen Einheiten verwalten muss. Auf den Umfang der aktienrechtlichen Liquiditätsreserve hat die bankaufsichtsrechtliche Liquiditätsdeckungsanforderung keine Ausstrahlungswirkung.

Der Vorstand ist im Rahmen von §§ 76 Abs. 1, 93 Abs. 1 AktG nicht zur Durchführung einer gesamthaften Modellierung aller Zahlungsströme unter extremen Prognoseannahmen nach bankaufsichtsrechtlichem Vorbild gehalten. Nur im Einzelfall mag eine solche Prognose für bestimmte wesentliche Zahlungsströme nach sorgfältiger Abwägung von Kosten und Nutzen vor dem Hintergrund unternehmens- und geschäftsspezifischer Besonderheiten geboten sein.

Die bankaufsichtsrechtlichen Vorschriften des § 25b KWG zur Steuerung von (Liquiditäts-)Risiken aufgrund delegierter Geschäftsaktivitäten und -prozesse haben eine schrankenbildende Funktion für das Aktienrecht. Den bankaufsichtsrechtlichen Vorschriften liegt zugrunde, dass das delegierende Institut in jedem Fall für die Steuerung der delegierten Geschäftsaktivitäten und -prozesse verantwortlich bleibt, um eine effiziente Überwachung und Kontrolle der Risiken zu gewährleisten. Dies erfordert eine umfassende Weisungsbefugnis und auch ein umfassendes verbundweites Risikomanagement. Diese Zielsetzung ist dem Aktienrecht demgegenüber fremd.

G. Ausblick

Die vorangegangene Untersuchung hat vor dem Hintergrund der bankaufsichtsrechtlichen Regelungen das aktienrechtliche Pflichtenprogramm von Vorstand und Aufsichtsrat im Umgang mit Liquiditätsrisiken konturiert. Als Ergebnis der Untersuchung ist unter anderem festzuhalten, dass die bankaufsichtsrechtlichen Vorschriften *de lege lata* für einzelne Teilfragen der aktienrechtlichen Liquiditätsrisikosteuerung Ausstrahlungswirkung haben. Ob es darüber hinaus notwendig und angemessen ist, *de lege ferenda* Konzepte der bankaufsichtsrechtlichen Liquiditätsrisikosteuerung in das Aktienrecht zu übertragen, überschreitet den Rahmen der vorliegenden Arbeit und ist deswegen weiteren Untersuchungen vorbehalten.

Diese werden insbesondere zu berücksichtigen haben, dass die Zielsetzungen des branchenbezogenen Aufsichtsrechts einerseits und des rechtsformbezogenen Verbandsrechts andererseits zum Teil erheblich divergieren und dass viele bankaufsichtsrechtliche Regelungen krisengetrieben sind und deswegen genau zu prüfen ist, ob sie dem Vorwurf ausgesetzt sind, einzelfallbezogene regulatorische „Heftpflaster" zu sein, denen ein Ausstrahlungskraft für andere Rechtsbereiche nicht zugesprochen werden kann. In diesem Zusammenhang steht auch das Zitat des ehemaligen US-Finanzministers Timothy Geithner, der auf ein grundsätzliches Dilemma staatlicher Krisen- und Eingriffspolitik hingewiesen hat, das auch für weitere Untersuchungen zu beachten ist: "*The choice is between which mistake is easier to correct: underdoing it or overdoing it.*" Diese prägnante Antwort gab Timothy Geithner auf die Frage, ob die Reaktion der US-Regierung auf die Verwerfungen im Finanzsektor, allem voran die Leitzinspolitik der US-Notenbank, angemessen sei. Auch für jede weitere Konturierung des *aktienrechtlichen* Pflichtenprogramms zur Steuerung von Liquiditätsrisiken gilt, dass bei jedem Eingriff in bestehende aktienrechtliche Entscheidungs- und Organisationsspielräume die möglichen Auswirkungen auf die Bereitschaft zur Übernahme unternehmerischer Risiken ein nicht zu vernachlässigender Abwägungsfaktor sein muss.

Gleichwohl steht außer Frage, dass die aktienrechtlichen Regelungekonzepte zur Steuerung von Liquiditätsrisiken für eine behutsame Weiterentwicklung vor allem unter Berücksichtigung der weitentwickelten bankaufsichtsrechtlichen Regelungen offen stehen.

Literaturverzeichnis

Adler/Düring/Schmaltz: Rechnungslegung und Prüfung der Unternehmen, 6. Aufl., Stuttgart 1994–2001 (zitiert als: *Adler/Düring/Schmaltz*, Rechnungslegung und Prüfung).

Albert, Anja, A.: Bankenaufsichtliche Regulierung des Liquiditätsrisikomanagements, in: Zeranski, Stefan (Hrsg.), Ertragsorientiertes Liquiditätsrisikomanagement, 2. Aufl., Heidelberg 2010, S. 83 ff. (zitiert als: *Albert*, Bankenaufsichtliche Regulierung Liquiditätsrisikomanagement).

Amelung, Ulrich; Kaeser, Christian: Cash-Management-System in Konzernen, DStR 2003, 655 ff.

Ansoff, Harry Igor: Managing Surprise and Discontinuity – Strategic Response to Weak Signals, zfbf 1976, 129 ff.

Armbrüster, Christian: Haftung der Geschäftsleiter bei Verstößen gegen § 64a VAG, VersR 2009, 1293 ff.

Arnold, Arnd: Die Steuerung des Vorstandshandelns: eine rechtsökonomische Untersuchung der Principal-Agent-Problematik in Publikumskapitalgesellschaften, Köln 2006 (zitiert als: *Arnold*, Steuerung des Vorstandshandelns).

Balthasar, Stephan; Hamelmann, Uwe: Finanzkrise und Vorstandshaftung nach § 93 Abs. 2 AktG: Grenzen der Justiziabilität unternehmerischer Entscheidungen, WM 2010, 589 ff.

Barth, Helmut: Prognoseverfahren, controller magazin 1984, S. 113 ff. und S. 175 ff.

Baumbach/Hopt, Handelsgesetzbuch, 36. Aufl., München 2014 (zitiert als: *Bearbeiter*, in: Baumbach/Hopt).

Baums, Theodor: Risiko und Risikosteuerung im Aktienrecht, ZGR 2011, 218 ff.

Baums, Theodor: Anerkennungsprämien für Vorstandsmitglieder, in: Festschrift für Ulrich Huber zum siebzigsten Geburtstag, Tübingen 2006, S. 657 ff.

Baums, Theodor (Hrsg.): Bericht der Regierungskommission Corporate Governance, Köln 2001 (zitiert als: *Baums*, Bericht der Regierungskommission Corporate Governance).

Baums, Theodor: Der Aufsichtsrat – Aufgaben und Reformfragen, ZIP 1995, 11 ff.

Baums, Theodor: Die Fremdkapitalfinanzierung der Aktiengesellschaft durch das Publikum, in: Bayer, Walter (Hrsg.); Habersack, Mathias (Hrsg.), Aktienrecht im Wandel, Band 2, Tübingen 2007 (zitiert als: *Baums*, in: Aktienrecht im Wandel II).

Baums, Theodor: Eigenkapital: Begriff, Aufgaben, Sicherung, ZHR 175 (2011), 160 ff.

Barz, Carl Hans: Die durch die Aktienrechtsreform 1965 veranlaßten Satzungsänderungen, AG 1966, 39 ff.

Beaucamp, Guy; Treder, Lutz: Methoden und Technik der Rechtsanwendung, 2. Aufl., Heidelberg 2011.

Beck, Heinz (Begr.); Samm, Carl-Theodor (Hrsg.); Kokemoor, Axel (Hrsg.): Gesetz über das Kreditwesen, Band 2, Stand: Oktober 2011, Heidelberg (zitiert als: *Bearbeiter*, in: Beck/Samm/Kokemoor, KWG).

Becker, Bernhard; Janker, Bernd; Müller, Stefan: Die Optimierung des Risikomanagements als Chance für den Mittelstand, DStR 2004, 1578 ff.

Beck'scher Bilanz-Kommentar Handels- und Steuerbilanz (§§ 238 bis 339, 342 bis 342e HGB) mit IFRS-Abweichungen, 9. Aufl., München 2014 (zitiert als: *Bearbeiter*, in: Beck Bil-Komm).

Berger, Hanno; Steck, Kai-Uwe; Lübbehüsen, Dieter: Kommentar zum Investmentgesetz, München 2010 (zitiert als: *Bearbeiter*, in: Berger/Steck/Lübbehüsen, Investmentgesetz).

Betge, Peter: Bankbetriebslehre, Berlin 1996.

Bezzenberger, Tilman: Das Kapital der Aktiengesellschaft, Köln 2005.

Bieg, Hartmut: Die Finanzplanung, Der Steuerberater 1999, 425 ff.

Bieg, Hartmut; Investitions- und Finanzierungsmanagement: Finanzwirtschaftliche Entscheidungen, Band 3, München 2000 (zitiert als: *Bieg*, Finanzwirtschaftliche Entscheidungen).

Bihr, Dietrich; Kalinowsky, Marc, Risikofrüherkennungssystem bei nicht börsennotierten Aktiengesellschaften – Haftungsfalle für Vorstand, Aufsichtsrat und Wirtschaftsprüfer, DStR 2008, 620 ff.

Binder, Jens-Hinrich: Vortandshandeln zwischen öffentlichem und Verbandsinteresse, ZGR 2013, 760 ff.

Birke, Max: Das Formalziel der Aktiengesellschaft, Mainz 2005.

Bitz, Horst: Abgrenzung des Risiko-Frühwarnsystems i.e.S. nach dem KonTraG zu einem umfassenden Risiko-Managementsystem im betriebswirtschaftlichen Sinn, BFuP 2000, 231 ff.

Blasche, Sebastian: Die Mindestanforderungen an ein Risikofrüherkennungs- und Überwachungssystem nach § 91 Abs. 2 AktG, CCZ 2009, 62 ff.

Börner, Christoph: Strategisches Bankmanagement. Ressourcen- und marktorientierte Strategien von Universalbanken, München 2000 (zitiert als: *Börner*, Strategisches Bankmanagement).

Boemle, Max: Unternehmensfinanzierung, 10. Aufl., Zürich 1993.

Bonn, Rainer: Finanzplanbasierte Messung und Steuerung des Liquiditätsrisikos, Kaiserslautern 2006.

Boos, Karl-Heinz; Fischer, Reinfrid; Schulte-Mattler, Hermann: Kreditwesengesetz – Kommentar zu KWG und Ausführungsvorschriften, 4. Aufl., München 2012 (zitiert als: Bearbeiter, in: Boos/Fischer/Schulte-Mattler, KWG).

Böhnert, Arndt-Alexander: Benchmarking – Charakteristik eines aktuellen Managementinstruments, Hamburg 1999.

Brämer, Patrick; Gischer, Horst; Richter, Toni: Bankensystem und Regulierung – Lehren aus der Finanzkrise, in: Brämer, Patrick, u. a. (Hrsg.), Reform der Finanzmarktregulierung, Berlin 2011 (zitiert als: *Brämer/Gischer/Richter*, in: Reform der Finanzmarktregulierung).

Brebeck, Frank; Herrmann, Dagmar: Zur Forderung des KonTraG-Entwurfs nach einem Frühwarnsystems und zu den Konsequenzen für die Jahres- und Konzernabschlussprüfung, WPg 1997, 381 ff.

Brömmelmeyer, Christoph: Neue Regeln für die Binnenhaftung des Vorstands – Ein Beitrag zur Konkretisierung der Business Judgment Rule, WM 2005, 2065 ff.

Brockhoff, Klaus: Prognosen, in: Schweitzer, Marcell; Bea, Franz. X., Allgemeine Betriebswirtschaftslehre, Band 2, 10. Aufl., Stuttgart 2011, S. 785 ff. (zitiert als: *Brockhoff*, Prognosen).

Brockhoff, Klaus: Prognoseverfahren für die Unternehmensplanung, Wiesbaden 1977.

Brouwer, Tobias: Zustimmungsvorbehalte des Aufsichtsrats im Aktien- und GmbH-Recht – Zur Funktion und Wirkweise von Aufsichtsratsvorbehalten im Einheitsunternehmen und im Konzern, Berlin 2008 (zitiert als: *Brouwer*, Zustimmungsvorbehalte).

Bühn, Andreas; Klauck, Kai-Oliver: Stresstest – Einführung und Grundlagen, in: Klauck, Kai-Oliver (Hrsg.); Stegemann, Claus (Hrsg.), Stresstests in Banken, Stuttgart 2009, S. 11 ff. (zitiert als: *Bühn/Klauck*, in: Klauck/Stegemann, Stresstests in Banken).

Bürkle, Jürgen: Auswirkungen der Unternehmensaufsicht nach dem KWG auf organisatorische Pflichten von Versicherungsunternehmen, WM 2005, 1496 ff.

Büschgen, Hans: Das kleine Bank-Lexikon, 3. Aufl., Stuttgart, Heidelberg 2006 (zitiert als: *Büschgen*, Bank-Lexikon).

Büschgen, Hans; Bankbetriebslehre – Bankgeschäft und Bankmanagement, 5. Aufl., Wiesbaden 1998 (zitiert als: *Büschgen*, Bankbetriebslehre).

Büschgen, Hans E.; Börner, Christoph J.: Bankbetriebslehre, 4. Aufl., Stuttgart 2003 (zitiert: *Büschgen/Börner*, Bankbetriebslehre).

Busch, Christian, Informationspflichten im Wettbewerbs- und Vertragsrecht, Tübingen 2008.

Buchmüller, Patrick; Pfeifer, Guido (Hrsg.): MaRisk-Interpretationshilfe, 4. Aufl., Heidelberg 2013 (zitiert als: *Bearbeiter*, in: Buchmüller/Pfeifer, MaRisk-Interpretationshilfe).

Bunting, Nikolaus: Das Früherkennungssystem des § 91 Abs. 2 AktG in der Prüfungspraxis – eine kritische Betrachtung des IDW PS 340, ZIP 2012, 357 ff.

Bürgers, Tobias (Hrsg.); Körber, Torsten (Hrsg.): Heidelberger Kommentar zum Aktiengesetz, 3. Aufl., Heidelberg, München u. a. 2014 (zitiert als: *Bearbeiter*, in: Bürgers/Körber, AktG).

Bydlinski, Franz: Grundzüge der juristischen Methodenlehre, 2. Aufl., Wien 2012.

Bydlinski, Franz: Juristische Methodenlehre und Rechtsbegriff, Wien, New York, 1982.

Cahn, Andreas: Professionalisierung des Aufsichtsrates, Working Paper Series des Institute for Law and Finance No 129, 2010.

Cherubini, Jürgen: Unschärfen bei der Festlegung der Liquiditätsreserve im Rahmen der mittelfristigen Finanzplanung, Freiburg im Breisgau 1992.

Clouth, Peter: Rechtsfragen der außerbörslichen Finanz-Derivate, München 2001.

Dörner, Dietrich (Hrsg.): Reform des Aktienrechts, der Rechnungslegung und der Prüfung: KonTraG – Corporate Governance – TransPuG, 2. Aufl., Stuttgart 2003, (zitiert als: *Bearbeiter*, in: Dörner, Reform des Aktienrechts).

Dörner, Dietrich (Hrsg.): Praxis des Risikomanagements – Grundlagen, Kategorien, branchenspezifische und strukturelle Aspekte, Stuttgart 2000 (zitiert als: *Bearbeiter*, in: Dörner, Praxis des Risikomanagements).

Domschke, Wolfgang; Scholl, Armin: Heuristische Verfahren, in: Köhler, Richard; Küpper, Hans-Ulrich; Pfingsten, Andreas (Hrsg.), Handwörterbuch der Betriebswirtschaft, 6. Aufl., Stuttgart 2007, S. 674 ff. (zitiert als: *Domschke/Scholl*, in: Köhler/Küpper/Pfingsten, HdWb Betriebswirtschaft).

Dreher, Meinrad: Die Vorstandsverantwortung im Geflecht von Risikomanagement, Compliance und interner Revision, in: Kindler, Peter (Hrsg.); Koch, Jens (Hrsg.); u. a., Festschrift für Uwe Hüffer zum 70. Geburtstag, München 2010, S. 161 ff. (zitiert als: *Dreher*, in: FS Hüffer).

Dreher, Meinrad: Ausstrahlungen des Aufsichtsrechts auf das Aktienrecht, ZGR 2010, 496 ff.

Dreher, Meinrad; Schaaf, Martin: Versicherungsunternehmensrecht und Risikomanagement.
– Gesamtverantwortung der Geschäftsleitung, Outsourcing des Risikomanagements und konzernweites versicherungsaufsichtsrechtliches Risikomanagement –, WM 2008, 1765 ff.

Dreher, Meinrad: Langfristige Verträge marktbeherrschender und marktmächtiger Unternehmen im Energiebereich, ZWeR 2003, 3 ff.

Dressler, Sören: Shared Services, Business Process Outsourcing und Offshoring, Wiesbaden 2007.

Drosdowski, Günther (Hrsg.), Duden. Das große Wörterbuch der deutschen Sprache in acht Bänden, 2. Aufl. 1993 (zitiert als: *Drosdowski*, Duden).

Drukarczyk, Jochen: Finanzierung, 10. Aufl., Stuttgart 2008.

Drygala, Tim: Stammkapital heute – Zum veränderten Verständnis vom System des festen Kapitals und seinen Konsequenzen, ZGR 2006, 587 ff.

Drygala, Tim: Die Pflicht des Managements zur Vermeidung existenzgefährdender Risiken, in: Festschrift für Klaus J. Hopt zum 70. Geburtstag, Band 1, Berlin, New York 2010, S. 541 ff. (zitiert als: *Bearbeiter*, FS Hopt, 2010, Bd. 1).

Drygala, Tim; Drygala, Anja: Wer braucht ein Frühwarnsystem?, ZIP 2000, 297 ff.

Druey, Jean Nicolas: Wo hört das Prüfen auf? Das Mißtrauensprinzip – insbesondere im Gesellschaftsrecht, in: Kramer, Ernst (Hrsg.); Schumacher, Wolfgang (Hrsg.), Beiträge zum Unternehmensrecht: Festschrift für Hans-Georg Koppensteiner zum 65. Geburtstag, Wien 2001, S. 1 ff. (zitiert als: *Druey*, in: FS Koppensteiner).

Drumm, Hans Jürgen: Delegation (Zentralisation und Dezentralisation), in: Schreyögg, Georg (Hrsg.); von Werder, Axel (Hrsg.), Handwörterbuch Unternehmensführung und Organisation, 4. Aufl., Stuttgart 2004, S. 180 ff. (zitiert als: *Drumm*, in: HdWb Unternehmensführung).

Eggermann, Gerd; Konradt, Thomas: Risikomanagement nach KonTraG aus dem Blickwinkel des Wirtschaftsprüfers, BB 2000, 505 ff.

Eichhorn, Franz-Josef; Heil, Yvonne: State of the Art des Finanzrisikomanagements von großen deutschen Industrieunternehmen, ZGesKredW 2007, 73 ff.

Eilenberger, Guido; Ernst, Dietmar; Toebe, Marc: Betriebliche Finanzwirtschaft. Einführung in Investitionen und Finanzierung, Finanzpolitik und Finanzmanagement von Unternehmungen, 8. Aufl., München 2013 (zitiert als: Eilenberger, Betriebliche Finanzwirtschaft).

Emde, Wilhelm: Prognosetechniken und -systeme, in: Szyperski, Norbert (Hrsg.), Enzyklopädie der Betriebswirtschaftslehre, Handwörterbuch der Planung, Band 9, Stuttgart 1989, S. 1645 ff. (zitiert als: *Emde*, in: HdWb der Planung).

Emmenegger, Susan: Bankorganisationsrecht als Koordinationsaufgabe: Grundlinien einer Dogmatik der Verhältnisbestimmungen zwischen Aufsichtsrecht und Aktienrecht, Bern 2004 (zitiert als: *Emmenegger*, Bankorganisationsrecht als Koordinationsaufgabe).

Erichsen, Jörgen: Controlling-Instrumente von A-Z, 8. Aufl., Freiburg, Berlin, München 2011 (zitiert: *Erichsen*, Controlling-Instrumente).

Erlei, Mathias; Leschke, Martin; Sauerland, Dirk Neue Institutitonenökonomik, 2. Aufl., Stuttgart 2007 (zitiert als *Erlei/Leschke/Sauerland*, Neue Institutionenökonomik).

Feddersen, Dieter: Neue gesetzliche Anforderungen an den Aufsichtsrat, AG 2000, 385 ff.

Franke, Günter; Hax, Herbert: Finanzwirtschaft des Unternehmens und Kapitalmarkt, 6. Aufl., Berlin, Heidelberg 2009 (zitiert als: *Franke/Hax*, Finanzwirtschaft des Unternehmens).

Freidank, Carl-Christian (Hrsg.), Peemöller, Volker (Hrsg.), Corporate Governance und interne Revision: Handbuch für die Neuausrichtung des Internal auditings, Berlin 2008 (zitiert als: *Bearbeiter*, in: Freidank/Peemöller, Corporate Governance und interne Revision).

Fiedler, Robert; Gassmann, Peter; Wackerbeck, Philipp: Managing Liquidity in a New Regulatory Era – Tactical and Strategic Consequences for Banks, in: Grieser, Simon; Heemann, Manfred (Hrsg.): Bankenaufsicht nach der Finanzmarktkrise, Frankfurt am Main 2011, S. 171 ff. (zitiert: *Fiedler/Gassmann/Wackerbeck*, in: Grieser/Heemann, Bankenaufsicht nach der Finanzmarktkrise).

Fischer, Edwin: Finanzplanung, in: Küpper, Hans-Ulrich; Wagenhofer, Alfred, Handwörterbuch Unternehmensrechnung und Controlling, 6. Aufl., Stuttgart 2007, S. 569 (572 f.) (zitiert: *Fischer*, in: Küpper/Wagenhofer, HdWB Unternehmensrechnung und Controlling).

Fischer, Thomas H.; Petri, Jens-Holger; Steidle, Roland: Outsourcing im Bankbereich – neue aufsichtliche Anforderungen nach § 25a KWG und MaRisk, WM 2007, 2313 ff.

Fleischer, Holger: Zur Leitungsaufgabe des Vorstands im Aktienrecht, ZIP 2003, 1 ff.

Fleischer, Holger: Erweiterte Außenhaftung der Organmitglieder im Europäischen Gesellschafts- und Kapitalmarktrecht, ZGR 2004, 437 ff.

Fleischer, Holger: Verantwortlichkeit von Bankgeschäftsleitern und Finanzmarktkrise, NJW 2010, 1504 ff.

Fleischer, Holger: Die „Business Judgment Rule": Vom Richterrecht zur Kodifizierung, ZIP 2004, 685 ff.

Fleischer, Holger (Hrsg.): Handbuch des Vorstandsrechts, München 2006 (zitiert als: *Bearbeiter*, in: Fleischer, Hdb Vorstandsrecht).

Fleischer/Schmolke: Klumpenrisiko und organschaftliche Verantwortlichkeit im schweizerischen. Aktienrecht, ZHR 173 (2009), 649 ff.

Florstedt, Tim: Zur organhaftungsrechtlichen Aufarbeitung der Finanzmarktkrise, AG 2010, 315 ff.

Fonk, Hans-Joachim: Zustimmungsvorbehalte des AG-Aufsichtsrats, ZGR 2006, 841 ff.

Füser, Karsten; Gleißner, Werner; Meier, Günter: Risikomanagement (KonTraG) – Erfahrungen aus der Praxis, DB 1999, 753 ff.

Fuchs, Andreas (Hrsg.): Wertpapierhandelsgesetz, München 2009 (zitiert als: *Bearbeiter*, in: Fuchs, WpHG).

Gabler, Wirtschaftslexikon, 16. Aufl., Wiesbaden 2004 (zitiert als: *Gabler*, Wirtschaftslexikon).

Geissler, Jörg: Frühaufklärungssysteme: Instrumente zur frühzeitigen Wahrnehmung von Chancen und Risiken im Unternehmen; eine Analyse des derzeitigen Erkenntnisstandes und die Entwicklung eines Modells der Kombination eines strategischen und operativen Frühaufklärungssystems mit dem Ziel, einen kontinuierlichen Informationsfluss zwischen beiden Systemen zu gewährleisten, Dresden 1995 (zitiert als: *Geißler*, Frühaufklärungssysteme).

Gernoth, Jan P.: Die Überwachungspflichten des Aufsichtsrats im Hinblick auf das Risiko-Management und die daraus resultierenden Haftungsfolgen für den Aufsichtsrat, DStR 2001, 299 ff.

Glaser, Horst: Liquiditätsreserven und Zielfunktionen in der kurzfristigen Finanzplanung: lineare Ansätze zur Finanzplanung, Wiesbaden 1982 (zitiert als: *Glaser*, Liquiditätsreserven und Zielfunktionen).

Götz, Volkmar: Zustimmungsvorbehalte des Aufsichtsrates der Aktiengesellschaft, ZGR 1990, 633 ff.

Götz, Heinrich: Rechte und Pflichten des Aufsichtsrats nach dem Transparenz- und Publizitätsgesetz, NZG 2002, 599 ff.

Götz, Heinrich: Die Überwachung des Aufsichtsrats, AG 1995, 337 ff.

Göx, Robert: Verrechnungs- und Lenkungspreise, in: Köhler, Richard (Hrsg.); Küpper, Hans-Ulrich (Hrsg.); Pfingsten, Andreas (Hrsg.), Handwörterbuch der Betriebswirtschaft, Stuttgart 2007, S. 1909 ff. (zitiert als: *Göx*, in: HdWb Betriebswirtschaft).

Godefroid, Christoph; Witting, Marco: Der Begriff „Zahlungsunfähigkeit" in der jüngeren BGH-Rechtsprechung, FLF 2008, 126 ff.

Goette, Wulf (Hrsg.), Habersack, Mathias (Hrsg.): Münchener Kommentar zum Aktiengesetz, Band 1 bis 9c, 2. und 3. Aufl., München 2001 bis 2010 (zitiert als: *Bearbeiter*, in: Münch Komm AktG).

Goette, Wulf, in: Geiß, Karlmann (Hrsg.), u. a., Festschrift aus Anlass des fünfzigjährigen Bestehens von BGH, Bundesanwaltschaft und Rechtsanwaltschaft beim BGH, 2000, S. 123 ff. (zitiert: Goette, in: FS 50 Jahre BGH).

Gottwald, Peter (Hrsg.): Insolvenzrechts-Handbuch, 4. Aufl., München 2010 (zitiert als: *Bearbeiter*, in: Gottwald, Insolvenzrechts-Hdb).

Graumann, Matthias; Grundei, Jens; Linderhaus, Holger, Ausübung des Geschäftsleiterermessens bei riskanten Entscheidungen, ZCG 2009, 20 ff.

Graumann, Matthias: Der Entscheidungsbegriff in § 93 Abs. 1 Satz 2 AktG, ZGR 2011, 293 ff.

Grigoleit, Hans Christoph: Gesellschafterhaftung für interne Einflussnahme im Recht der GmbH: dezentrale Gewinnverfolgung als Leitprinzip des dynamischen Gläubigerschutzes, München 2006 (zitiert als: *Grigoleit*, Gesellschafterhaftung).

Groh, Manfred: Zur Bilanzierung von Fremdwährungsgeschäften, DB 1986, 869 ff.

Großkommentar zum Aktiengesetz, 4. Aufl., Berlin (zitiert als: *Bearbeiter*, in: Großkomm AktG).

Grundei, Jens; von Werder, Axel: Die Angemessenheit der Informationsgrundlage als Anwendungsvoraussetzung der Business Judgment Rule, AG 2005, 825 ff.

Habersack, Matthias (Hrsg.): Staub's Kommentar zum Handelsgesetzbuch, Band 7/1, 5. Aufl., Berlin, New York 2010 (zitiert als: *Bearbeiter*, in: Staub HGB Komm).

Habersack, Mathias, Die Teilhabe des Aufsichtsrats an der Leitungsaufgabe des Vorstands gemäß § 111 Abs. 4 S. 2 AktG, dargestellt am Beispiel der Unternehmensplanung, in: Kindker, Peter (Hrsg.); Koch, Jens (Hrsg.); u. a., Feschrift für Uwe Hüffer zum 70. Geburtstag, München 2010, S. 259 ff. (zitiert als: *Habersack*, in: FS Hüffer).

Hadding, Walther; Hennrichs, Joachim: Devisenterminsgeschäfte – Prolongation und Aufklärungspflichten, in:Martens, Klaus-Peter (Hrsg.); u. a., Festschrift für Carsten Peter Claussen zum 70. Geburtstag, Köln, Berlin, u. a., 1997 (zitiert als: Hadding/Hennrichs, in: FS Claussen).

Hahn, Dietger: Frühwarnsysteme, DBW 1981, 314 ff.

Handelsblatt (Hrsg.): Wirtschafts-Lexikon, Stuttgart 2006 (zitiert als: *Bearbeiter*, Titel des Beitrags, in: Handelsblatt, Wirtschaftslexikon).

Hannemann, Ralf; Schneider, Andreas, Weigl, Thomas: Mindestanforderungen an das Risikomanagement; Kommentar unter Berücksichtigung der Instituts-Vergütungsverordnung (InstitutsVergV), 4. Aufl., Stuttgart 2013 (zitiert als: *Hannemann/Schneider/Weigl,* Mindestanforderungen an das Risikomanagement).

Hansmann, Karl-Werner: Prognoseverfahren, in: Köhler, Richard (Hrsg.), Handwörterbuch der Betriebswirtschaft, 6. Aufl., Stuttgart 2007, S. 1481 ff. (zitiert als: *Hansmann*, in: Köhler/Küpper/Pfingsten, HdWb Betriebswirtschaft).

Hansmann, Karl-Werner: Prognose und Prognoseverfahren, Betriebswirtschaftliche Forschung und Praxis 1995, 269 ff.

Hartmann-Wendels, Thomas; Pfingsten, Andreas; Weber, Martin: Bankbetriebslehre, 5. Aufl., Heidelberg, New York, u. a. 2010.

Hasselbach, Kai; Nawroth, Christoph; Rödding, Adalbert: Beck'sches Holding Handbuch, München 2011 (zitiert als: *Bearbeiter*, in: Hasselbach/Nawroth/Rödding, Beck'sches Holding Hdb).

Hauschka, Christoph (Hrsg.): Corporate Compliance: Handbuch der Haftungsvermeidung im Unternehmen, 2. Aufl., München 2010 (zitiert als: *Bearbeiter*, in: Hauschka, Corporate Compliance).

Heidorn, Thomas; Schmaltz, Christian: Die neuen Prinzipien für sachgerechtes Liquiditätsmanagement, ZfgK 2009, S. 112 ff.

Heidorn, Thomas; Schmaltz, Christian: Interne Transferpreise für Liquidität, Frankfurt School of Finance & Management, Working Paper Nr. 125, August 2009.

Hennsler, Martin: Risiko als Vertragsgegenstand, Tübingen 1994.

Henze, Hartwig: Leitungsverantwortung des Vorstands – Überwachungspflicht des Aufsichtsrats, BB 2000, 209 ff.

Hillebrand, Werner: Das Früherkennungs- und Überwachungssystem bei Kapitalgesellschaften: Erfordernis und Mindestanforderungen aus juristischer und betriebswirtschaftlicher Sicht, Göttingen 2005 (zitiert als: *Hillebrand*, Früherkennungs- und Überwachungssystem).

Hölscher, Reinhold: Risikokosten-Management in Kreditinstituten. Ein integratives Modell zur Messung und ertragsorientierten Steuerung der bankbetrieblichen Erfolgsrisiken, in: Schierenbeck, Henner (Hrsg.), Schriftenreihe des Instituts für Kreditwesen der Westfälischen Wilhelms-Universität Münster, Band 36, Frankfurt am Main 1987, S. 4 ff (zitiert: *Hölscher*, Ertragsorientierte Messung und Steuerung bankbetrieblicher Erfolgsrisiken).

Hölscher, Reinhold, Von der Versicherung zur integrativen Risikobewältigung: Die Konzeption eines modernen Risikomanagements, in: Hölscher, Reinhold; Elfgen, Ralph, Herausforderung Risikomanagement, Identifikation, Bewertung und Steuerung von industriellen Risiken, Wiesbaden 2002, S. 5 f. (zitiert als: *Hölscher*, Integrativen Risikobewältigung).

Hölscher, Reinhold: Aufbau und Instrumente eines integrativen Risikomanagements, in: Schierenbeck, Henner (Hrsg.), Risk-Controlling in der Praxis, Rechtliche Rahmenbedingungen und geschäftspolitische Konzeptionen in Banken, Versicherungen und Industrie, Zürich 2006, S. 341 ff. (zitiert als: *Hölscher*, in: Schierenbeck, Risk-Controlling in der Praxis).

Hölters, Wolfgang (Hrsg.): Aktiengesetz, Kommentar, 2. Aufl., München 2014 (zitiert als: *Bearbeiter*, in: Hölters, AktG).

Hommelhoff, Peter: Die Konzernleitungspflicht, Köln, Berlin, u. a., 1982.

Hommelhoff, Peter; Mattheus, Daniela: Risikomanagement im Konzern – ein Problemaufriß, BFuP 2000, 217 ff.

Hommelhoff, Peter; Mattheus, Daniela: Risikomanagementsystem im Entwurf des BilMoG als Funktionselement der Corporate Governance, BB 2007, 2787 ff.

Hommelhoff, Peter; Feddersen, Dieter; Pohle, Klaus (Hrsg.): Handbuch Corporate Governance – Leitung und Überwachung börsennotierter Unternehmen in der Rechts- und Wirtschaftspraxis, Köln, Stuttgart 2003 (zitiert als: *Bearbeiter*, in: Hommelhoff/Feddersen/Pohle, Hdb Corporate Governance).

Hoffmann-Becking, Michael: Das Recht des Aufsichtsrats zur Prüfung durch Sachverständige nach § 111 Abs. 2 S. 2 AktG, ZGR 2011, 136 ff.

Hoffmann-Becking, Michael (Hrsg.): Münchener Handbuch des Gesellschaftsrechts, Band 4, Aktiengesellschaft, 3. Aufl., München 2007 (zitiert als: *Bearbeiter*, in: Münch Hdb AG).

Hoffmann-Becking, Michael: Zur rechtlichen Organisation der Zusammenarbeit im Vorstand der AG, ZGR 1998, 497 ff.

Hoffmann, Klaus: Risk Management – Neue Wege der betrieblichen Risikopolitik, Karlsruhe 1985.

Hübner, Otto: Die Banken, Band 1, Unveränd. Neudr. d. Ausg. Leipzig 1854, Frankfurt 1968 (zitiert als: *Hübner*, Die Banken).

Hüffer, Jens: Vorstandspflichten beim Zustimmungsvorbehalt für M&A-Transaktionen, in: Kindker, Peter (Hrsg.); Koch, Jens (Hrsg.); u. a., Feschrift für Uwe Hüffer zum 70. Geburtstag, München 2010, S. 65 ff. (zitiert als: *J. Hüffer*, in: FS Hüffer).

Hüffer, Jens: Corporate Governance: Früherkennung nach § 91 Abs. 2 AktG – Neue Pflichten des Vorstands zum Risikomanagement, in: VEW Energie AG (Hrsg.), Festschrift für Hans-Diether Imhoff, Frankfurt am Main 1998, S. 93 ff. (zitiert als: *J. Hüffer*, in: FS für Imhoff).

Hüffer, Uwe; Koch, Jens (Bearb.): Aktiengesetz, 11. Aufl., München 2014 (zitiert als: *Hüffer*).

Hüffer, Uwe: Die leitungsbezogene Verantwortung des Aufsichtsrats, NZG 2007, 47 ff.

Hüffer, Uwe: Der Vorstand als Leitungsorgan und die Mandats- sowie Haftungsbeziehungen seiner Mitglieder, in: Bayer, Walter (Hrsg.); Habersack, Matthias (Hrsg.), Aktienrecht im Wandel, Band 2, Kap. 7.

Hüffer, Uwe: Die Leitungsverantwortung des Vorstands in der Managementholding, in: Hoffmann-Becking, Michael; Ludwig, Rüdiger (Hrsg.), Liber amicorum Wilhelm Happ zum 70. Geburtstag, Köln, Berlin, u. a. 2006, S. 143 ff. (zitiert als: *Hüffer*, in: FS Happ), S. 93 ff.

Huber, Ulrich: Betriebsführungsverträge zwischen selbständigen Unternehmen, ZHR 152 (1988), 1 ff. und 123 ff.

Hull, John: Optionen, Futures und andere Derivate, 8. Aufl., München 2012.

Huth, Mark-Alexander: Grundsätze ordnungsgemäßer Risikoüberwachung, BB 2007, S. 2167 ff.

Huth, Mark-Alexander: Die Vorstandspflicht zur Risikoüberwachung, Baden-Baden 2006.

Institut der Wirtschaftsprüfer in Deutschland e.V. (Hrsg.): WP-Handbuch, Wirtschaftsprüfung, Rechnungslegung, Beratung, Band 1, 13. Aufl., Düsseldorf 2006 (zitiert als: *Bearbeiter*, in: IDW, WP-Handbuch).

Jacobsen, Kjell: Die Pflicht zum Risikomanagement im Aktienrecht, Frankurt am Main 2015.

Jemili, Houssem: Business Process Offshoring. Ein Vorgehensmodell zum globalen Outsourcing IT-basierter Geschäftsprozesse, Wiesbaden 2011 (zitiert als: *Jemili*, Business Process Outsourcing).

Jungmann, Carsten: Die Business Judgment Rule – ein Institut des allgemeinen Verbandsrechts?, in: Festschrift für Karsten Schmidt zum 70. Geburtstag, Köln 2009, S. 831 ff. (zitiert als: *Jungmann*, in: FS K. Schmidt).

Kau, Wolfgang; Kukat, Klaus: Haftung von Vorstands- und Aufsichtsratsmitgliedern bei Pflichtverletzungen nach dem Aktiengesetz, BB 2000, 1045 ff.

Kessler, Oliver: Der Einsatz komplexer Finanzinstrumente im Unternehmen – gesellschaftsrechtliche Anforderungen an das Risikomanagement, BB 2013, 1098 ff.

Kießling, Axel; Kießling, Erik: Kontrolle durch Interne Revision in Kreditinstituten – Aufsichtsrechtliche Anforderungen und deren gesellschaftsrechtliche Relevanz –, WM 2003, 513 ff.

Kindler, Peter; Pahlke, Anne-Kathrin: Die Überwachungspflichten des Aufsichtsrats im Hinblick auf das Risikomanagement, in: Lange, Knut Werner (Hrsg.); Wall, Friederike (Hrsg.), Risikomanagement nach dem KonTraG, München 2001.

Klöhn, Lars: Interessenkonflikte zwischen Aktionären und Gläubigern der Aktiengesellschaft im Spiegel der Vorstandspflichten, ZGR 2008, 110 ff.

Knof, Bela: Die neue Insolvenzverursachungshaftung nach § 64 Satz 3 RegE-GmbHG, DStR 2007, 1580 ff.

Köhler, Christian: Die Zulässigkeit derivativer Finanzinstrumente in Unternehmen, Banken und Kommunen, Tübingen 2012.

Köhne, Marc; Sattler, Hans: Strategien und Risiken im Fokus der Aufsicht, die Bank, S. 62 ff.

Kölln, Harmen; Rhein, Michael: Commercial Papers, in: Gerke, Wolfgang (Hrsg.); Steiner, Manfred (Hrsg.), Handwörterbuch des Bank- und Finanzwesens, 3. Aufl., Stuttgart 2001, S. 506 ff. (zitiert als: *Kölln/Rhein*, in: HdWb Bank- und Finanzwesen).

Kölner Kommentar zum Aktiengesetz, 3. Aufl., Köln, Berlin u. a. ab 2004 (zitiert als: *Bearbeiter*, in: Köln Komm AktG).

König, Markus: Anlegerschutz im Investmentrecht, Wiesbaden 1998.

Koch, Jens: Das Gesetz zur Unternehmensintegrität und Modernisierung des Anfechtungsrechts (UMAG), ZGR 2006, 769 ff.

Kock, Martin; Dinkel, Renate: Die zivilrechtliche Haftung von Vorständen für unternehmerische Entscheidungen -Die geplante Kodifizierung der Business Judgment Rule im Gesetz zur Unternehmensintegrität und Modernisierung des Anfechtungsrechts, NZG 2004, 441 ff.

Konopatzki, Volker: Funktionauslagerung bei Kreditinstituten, Frankfurt am Main 2006.

Kort, Michael: Risikomanagement nach dem Bilanzrechtsmodernisierungsgesetz, ZGR 2010, 440 ff.

Kotthoff, Jost; Gabel, Detlef: Outsourcing, München 2008.

Kramer, Ernst: Juristische Methodenlehre, 3. Aufl., Bern, München, Wien 2010.

Kratzheller, Johannes; Risiko und Risk Management aus organisationswissenschaftlicher Perspektive, Wiesbaden 1997.

Kremers, Markus: Risikoübernahme in Industrieunternehmen: der Value-at-Risk als Steuerungsgröße für das industrielle Risikomanagement, dargestellt am Beispiel des Investitionsrisikos, Kaiserslautern 2002 (zitiert als: *Kremers*, Risikoübernahme in Industrieunternehmen).

Kromschröder, Bernhard; Lück, Wolfgang: Grundsätze risikoorientierter Unternehmensüberwachung, DB 1998, 1573 ff.

Kropff, Bruno: Aktiengesetz, Düsseldorf 1965.

Kropff, Bruno: Zur Konzerleitungspflicht, ZGR 1984, 112 ff.

Krümmel, Hans-Jacob: Grundsätze der Finanzplanung, Zeitschrift für Betriebswirtschaft 1964, 225 ff.

Krystek, Ulrich; Müller, Michael: Frühaufklärungssysteme – Spezielle Informationssysteme zur Erfüllung der Risikokontrollpflicht nach KonTraG, Controlling 1999, S. 177 ff.

Krystek, Ulrich; Müller-Stewens, Günther: Frühaufklärung für Unternehmen, Stuttgart 1993.

Kuhl, Karin; Nickel, Johann-Peter: Risikomanagement im Unternehmen – Stellt das KonTraG neue Anforderungen an die Unternehmen?, DB 1999, 13 ff.

Lachnit, Laurenz: Finanzplanung, in: Gerke, Wolfgang (Hrsg.); Steiner, Manfred (Hrsg.), Handwörterbuch des Bank- und Finanzwesens, 3. Aufl., Stuttgart 2001, S. 887 ff. (zitiert als: *Lachnit*, in: HdWb Bank- und Finanzwesen).

Lachnit, Laurens/Müller, Stefan: Risikomanagementsystem nach KonTraG und Prüfung des Systems durch den Wirtschaftsprüfer, in: Freidank, Carl-Christian (Hrsg.), Die deutsche Rechnungslegung und Wirtschaftsprüfung im Umbruch: Festschrift für Wilhelm Theodor Strobel zum 70. Geburtstag, München 2001 (zitiert als: *Lachnit/Müller*, in: FS Strobel).

Lanfermann, Georg; Röhricht, Victoria: Pflichten des Prüfungsausschusses nach dem BilMoG, BB 2009, 887 ff.

Lange, Knut Werner (Hrsg.), Wall, Friederike (Hrsg.): Risikomanagement nach dem KonTraG: Aufgaben und Chancen aus betriebswirtschaftlicher und juristischer Sicht, München 2001 (zitiert als: *Bearbeiter*, in: Lange/Wall, Risikomanagement).

Langen, Markus: Die Zweite MaRisk-Novelle in der Bankenaufsicht, BKR 2009, 311 ff.

Langenbucher, Katja: Bausteine eines Bankgesellschaftsrechts, ZHR (176) 2012, 652 ff.

Leyens, Patrick: Information des Aufsichtsrats – Ökonomisch-funktionale Analyse und Rechtsvergleich zum englischen Board, Tübingen 2006 (zitiert als: Leyens, Information des Aufsichtsrats).

Linnerz, Markus: Vom Anfechtungs- zum Haftungstourismus?, NZG 2004, 307 ff.

Löbbe, Marc: Unternehmenskontrolle im Konzern, Heidelberg 2003.

Loff, Dettmar: Herausforderungen bei Auslagerungssachverhalten nach den MaRisk, WM 2009, 783 ff.

Lohse, Andrea: Unternehmerisches Ermessen. Zu den Aufgaben und Pflichten von Vorstand und Aufsichtsrat, Tübingen 2005 (zitiert als: *Lohse*, Unternehmerisches Ermessen).

Lorenz, Manuel: Einführung in die rechtlichen Grundlagen des Risikomanagements, in: Romeike, Frank (Hrsg.), Rechtliche Grundlagen des Risikomanagements: Haftungs- und Strafvermeidung für Corporate Compliance, Berlin 2008.

Lück, Wolfgang: Elemente eines Risiko-Managementsystems, DB 1998, 8 ff.;

Lück, Wolfgang: Der Umgang mit unternehmerischen Risiken durch ein Risikomanagementsystem und durch ein Überwachungssystem, DB 1998, 1925 ff.

Lück, Wolfgang: Betriebswirtschaftliche Aspekt der Einrichtung eines Risikomanagementsystems und eines Überwachungssystems, in: Dörner, Dietrich (Hrsg.); Menold, Dieter (Hrsg.); u. a., Reform des Aktienrechts, der Rechnungslegung und der Prüfung, 2. Aufl., Stuttgart 2003, S. 329 ff. (zitiert: *Lück*, in: Reform des Aktienrechts, der Rechnungslegung und der Prüfung).

Ludwig, Rüdiger: Liquiditätsrisikosteuerung unter Berücksichtigung der weiterentwickelten bankaufsichtsrechtlichen Regelungen, Corporate Finance biz 2010, 347 ff.

Lutter, Marcus: Information und Vertraulichkeit im Aufsichtsrat, 3. Aufl., Köln 2006 (zitiert als: *Lutter*, Information und Vertraulichkeit).

Lutter, Marcus: Zustimmungspflichtige Geschäfte im Konzern, in: Hoffmann-Becking, Michael; Ludwig, Rüdiger (Hrsg.), Liber amicorum Wilhelm Happ zum 70. Geburtstag, Köln, Berlin, u. a. 2006, S. 143 ff. (zitiert als: *Lutter*, in: FS Happ).

Lutter, Marcus: Interessenkonflikte und Business Judgement Rule, in: Festschrift für Claus-Wilhelm Canaris zum 70. Geburtstag, Band 2, München 2007, S. 244 ff.

Lutter, Marcus: Die Business Judgment Rule und ihre praktische Anwendung, ZIP 2007, 841 ff.

Lutter, Marcus: Bankenkrise und Organhaftung, ZIP 2009, 197 ff.

Lutter, Marcus: Krieger, Gerd: Rechte und Pflichten des Aufsichtsrats, 5. Aufl., Köln 2008.

Lutter, Marcus: Haftung und Haftungsfreiräume des GmbH-Geschäftsführers, GmbHR 2000, 301 ff.

Lutter, Marcus: Unternehmensplanung und Aufsichtsrat, AG 1991, 249 ff.

Lutter, Marcus (Hrsg.): Handbuch der Konzernfinanzierung, Köln 1998 (zitiert als: *Bearbeiter*, in: Hdb Konzernfinanzierung).

Luz, Günther; Neus, Werner; Schaber, Mathias; Scharpf, Paul; Schneider, Peter; Weber, Max, Kreditwesengesetz, 2. Aufl., Stuttgart 2011 (zitiert als: *Bearbeiter*, in: Luz/Neus/Schaber/Scharpf/Schneider/Weber, KWG).

Marsch-Barner, Reinhard (Hrsg.); Schäfer, Frank (Hrsg.): Handbuch börsennotierte AG, 3. Aufl., Köln 2014 (zitiert als: *Bearbeiter*, in: Marsch-Barner/Schäfer, Hdb börsennotierte AG).

Martens, Klaus-Peter: Die Organisation des Konzernvorstands, in: Kübler, Friedrich (Hrsg.); Mertens, Hans-Joachim (Hrsg.); Werner, Winfried (Hrsg.), Festschrift für Theodor Heinsius zum 65. Geburtstag am 25. September 1991, Berlin, New York 1991, S. 523 ff. (zitiert als: *Martens*, in: FS Heinsius).

Martens, Klaus-Peter: Der Gundsatz gemeinsamer Vorstandsverantwortung, in: Goerdeler, Reinhard (Hrsg.); Hommelhoff, Peter (Hrsg.); u. a., Festschrift für Hans-Joachim Fleck zum 70. Geburtstag am 30. Januar 1988, S. 191 ff. (zitiert als: *Martens*, in: FS Fleck).

Marx, Marita, Finanzmanagement und Finanzcontrolling im Mittelstand, Ludwigsburg, Berlin 1993.

Matschke, Manfred J.; Hering, Thomas; Klingelhöfer, Heinz E.: Finanzanalyse und Finanzplanung, München, Wien 2002.

Mellewigt, Thomas: Outsourcing und Insourcing, in: Köhler, Richard (Hrsg.); Küpper, Hans-Ulrich (Hrsg.); u. a., Handwörterbuch der Betriebswirtschaft, S. 1326 ff.

Mensch, Gerhard: Finanz-Controlling – Finanzplanung und -konrolle, 2. Aufl., München 2008 (zitiert als: *Mensch*, Finanz-Controlling).

Merkt, Hanno: Der Kapitalschutz in Europa – ein rocher de bronze?, ZGR 2004, 305 ff.

Meyer zu Selhausen, Hermann: Liquiditätspolitik der Banken und Liquiditätsgrundsätze, in: Gerke, Wolfgang (Hrsg.); Steiner, Manfred (Hrsg.), Handwörterbuch des Bank- und Finanzwesens, 3. Aufl., Stuttgart 2001, S. 1503 ff. (zitiert als: *Meyer zu Selhausen*, in: HdWb Bank- und Finanzwesen).

Meyer, Conrad: Die Bankbilanz als finanzielles Führungsinstrument, 4. Aufl., Bern 1996 (zitiert als: *Meyer*, Bankbilanz).

Meyer, Andreas: Finanzmarktkrise und Organhaftung, CCZ 2011, 41.

Münchener Kommentar zum AktG, 4. Aufl., München 2014 (zitiert als: *Bearbeiter*, in: Münch Komm AktG).

Münchener Kommentar zum GmbHG, München 2012 (zitiert als: *Bearbeiter*, in: Münch Komm GmbHG).

Münchener Kommentar zum HGB, 3. Aufl., München 2013 (zitiert als: *Bearbeiter*, in: Münch Komm HGB).

Mülbert, Peter O.: Systemrelevanz, in: Burgard, Ulrich (Hrsg.); Hadding, Walther (Hrsg.); Mülbert, Peter O. (Hrsg.); u. a., Festschrift für Uwe H. Schneider zum 70. Geburtstag, Köln 2011, S. 855 ff. (zitiert als: *Mülbert*, in: FS Schneider).

Mülbert, Peter O.: Shareholder Value aus rechtlicher Sicht, ZGR 1997, 129 ff.

Mülbert, Peter O.: Marktwertmaximierung als Unternehmensziel der Aktiengesellschaft, in: Crezelius, Georg (Hrsg.); Hirte, Heribert (Hrsg.); Vieweg, Klaus (Hrsg.), Festschrift für Volker Röhricht zum 65. Geburtstag, Köln 2005, S. 421 ff. (zitiert als: *Mülbert*, in: FS Röhricht).

Mülbert, Peter O.: Bankenaufsicht und Corporate Governance – Neue Organisationsanforderungen im Finanzdienstleistungsbereich; BKR 2006, 349 ff.

Müller-Stewens, Günter: Früherkennungssysteme, in: Köhler, Richard (Hrsg.); Küpper, Hans-Ulrich (Hrsg.); Pfingsten, Andreas (Hrsg.), Handwörterbuch der Betriebswirtschaft, Stuttgart 2007, S. 558 ff. (zitiert als: *Müller-Stewens*, in: HdWb Betriebswirtschaft).

Müller, Welf (Hrsg.); Rödder, Thomas (Hrsg.): Beck'sches Handbuch der AG, 2. Aufl., München 2009 (zitiert als: *Bearbeiter*, in: Beck'sches Hdb AG).

Nerlich, Jörg; Römermann, Volker: Insolvenzordnung, Stand: 25. Ergänzungslieferung 2013 (zitiert als: *Bearbeiter*, in: Nerlich/Römermann, Insolvenzordnung).

Neugebauer, Thomas: Implementierung EDV-gestützter Finanzplanungssysteme in mittelständischen Unternehmen, Frankfurt am Main 1993.

Neumann, Andreas Martin: Partizipative Früherkennung von Chancen und Risiken. Perspektiven und Bedingungen für neue Ansätze zur langfristigen Sicherung der Existenz von Unternehmen und ihrer Arbeitsplätze, München 2004 (zitiert als: *Neumann*, Partizipative Früherkennung von Chancen und Risiken).

Noelle, Gerd Friedrich: Zur Bestimmung optimaler Liquiditätsreserven von Unternehmungen, Zürich, Frankfurt am Main 1976.

Oltmanns, Martin: Geschäftsleiterhaftung und unternehmerisches Ermessen, Frankfurt am Main 2001 (zitiert als: *Oltmanns*, Geschäftsleiterhaftung).

Pahlke, Anne-Kathrin: Risikomanagement nach KonTraG – Überwachungspflichten und Haftungsrisiken für den Aufsichtsrat, NJW 2002, 1680 ff.

Pape, Gerhard; Uhlenbruck, Wilhelm; Voigt-Salus, Joachim: Insolvenzrecht, 2. Aufl., München 2010 (zitiert als: *Pape/Uhlenbruck/Voigt-Salus*, Insolvenzrecht).

Perridon, Louis; Steiner, Manfred; Rathgeber, Andreas W.: Finanzwirtschaft der Unternehmung, 16. Aufl., München 2012 (zitiert als: *Perridon/Steiner/Rathgeber*, Finanzwirtschaft der Unternehmung).

Pollanz, Manfred: Konzeptionelle Überlegungen zur Einrichtung und Prüfung eines Risikomanagementsystems – Droht eine Mega-Erwartungslücke?, DB 1999, 393 ff.

Potthoff, Erich; Trescher, Karl: Das Aufsichtsratsmitglied, 6. Aufl., Stuttgart 2003.

Pohl, Michael: Das Liquiditätsrisiko in Banken – Ansätze zur Messung und ertragsorientierten Steuerung, Frankfurt am Main 2008 (zitiert als: *Pohl*, Ertragsorientierte Steuerung des Liquiditätsrisikos).

Pohl, Michael: Liquiditätsrisiko-Management in Banken, München 2009.

Pohl, Michael: Die Öffnungsklausel der Liquiditätsverordnung – Entwicklung und praktische Umsetzung, ZBB 2008, S. 423 ff.

Preußner, Joachim: Deutscher Corporate Governance Kodex und Risikomanagement, NZG 2004, 303 ff.

Preußner, Joachim, Becker, Florian: Ausgestaltung von Risikomanagementsystemen durch die Geschäftsleitung – Zur Konkretisierung einer haftungsrelevanten Organisationspflicht, NZG 2002, 846 ff.

Preußner, Joachim; Zimmermann, Dörte: Risikomanagement als Gesamtaufgabe des Vorstands, AG 2002, 657 ff.

Preußner, Joachim; Pananis, Panos: Risikomanagement und strafrechtliche Verantwortung – Corporate Governance am Beispiel der Kreditwirtschaft, BKR 2004, 347 ff.

Rieder, Markus; Holzmann, Daniel: Die Auswirkungen der Finanzkrise auf die Organhaftung, AG 2011, 265 ff.

Rehsmann, Stefan; Martin, Marcus: Neuerungen in der aufsichtsrechtlichen Behandlung des Liquiditätsrisikos, in: Bartetzky, Peter (Hrsg.); Gruber, Walter (Hrsg.); u. a., Handbuch Liquiditätsrisiko – Identifikation, Messung und Steuerung, Stuttgart 2008, S. 51 ff.(zitiert als: *Rehsmann/Martin*, in: Handbuch Liquiditätsrisiko).

Roth, David: Die Garantieerklärung der Bundesregierung: Juristisch unverbindlich – politisch bindend, NJW 2009, 566 ff.

Roth, Markus: Unternehmerisches Ermessen und Haftung des Vorstandes, München 2001 (zitiert als: *Roth*, Unternehmerisches Ermessen).

Roth, Markus: Möglichkeiten vorstandsunabhängiger Information des Aufsichtsrats, AG 2004, 1 ff.

Roth, Markus: Das unternehmerische Ermessen des Vorstands, BB 2004, 1066 ff.

Roth, Günter: Gläubigerschutz durch Existenzschutz, NZG 2003, 1081 ff.

Rüthers, Bernd; Fischer, Christian: Rechtstheorie, 5. Aufl., München 2010.

Rudolph, Bernd: Die internationale Finanzkrise: Ursachen, Treiber, Veränderungsbedarf und Reformansätze, ZGR 2010, 1 ff.

Rudolph, Bernd; Schäfer, Klaus: Derivative Finanzinstrumente, 2. Aufl., Berlin 2010.

Rudolph, Bernd: Lehren aus den Ursachen und dem Verlauf der internationalen Finanzkrise, zfbf 60 (2008), 713 ff.

Romeike, Frank; Hager, Peter: Erfolgsfaktor Risiko-Management 3.0, Wiesbaden 2013 (zitiert als: *Romeike/Hager*, Erfolgsfaktor Risiko-Management).

Säcker, Franz Jürgen: Gesellschaftsrechtliche Grenzen spekulativer Finanztermingeschäfte – Überlegungen aus Anlass der Garantieerklärung der Bundesregierung für die Hypo Real Estate-Group, NJW 2008, 3313 f.

Schmidt, Karsten: Gesellschaftsrecht, 4. Aufl., München 2002.

Schnorbus, York: Gestaltungsfreiheit im Umwandlungsrecht, Baden-Baden 2001.

Semler, Johannes: Entscheidungen und Ermessen im Aktienrecht, in: Habersack, Mathias (Hrsg.), u. a., Festschrift für Peter Ulmer zum 70. Geburtstag am 2. Januar 2003, Berlin 2003, S. 627 ff. (zitiert als: *Semler*, in: FS Ulmer).

Sernetz, Julia: Derivate und Corporate Governance: Kompetenzen und Pflichten des Vorstands von Aktiengesellschaften beim Einsatz von Derivaten, Frankfurt am Main 2005.

Semler, Johannes: Leitung und Überwachung der Aktiengesellschaft. Die Leitungsaufgabe des Vorstands und die Überwachungsaufgabe des Aufsichtsrats, 2. Aufl. Köln, u. a., 1996 (zitiert als: *Semler*, Leitung und Überwachung).

Schäfer, Achim; Zeller, Ulrich: Finanzkrise, Risikomodelle und Organhaftung, BB 2009, 1706 ff.

Schaaf, Martin: Risikomanagement und Compliance in Versicherungsunternehmen, Karlsruhe 2010.

Scharpf, Paul: Die Sorgfaltspflichten des Geschäftsführers einer GmbH, DB 1997, 737 ff.

Schierenbeck, Henner; Wöhle, Claudia: Grundzüge der Betriebswirtschaftslehre, 18. Aufl., München 2012 (zitiert als: *Schierenbeck*, Betriebswirtschaftslehre).

Schierenbeck, Henner: Ertragsorientiertes Bankmanagement, Band 1 und 2: Risikocontrolling und integrierte Rendite–, Risikosteuerung, 9. Aufl., Wiesbaden 2008 (zitiert als: *Schierenbeck*, Ertragsorientiertes Bankmanagement, Bd. 1 bzw. *Schierenbeck*, Ertragsorientiertes Bankmanagement, Bd. 2).

Schierenbeck, Henner; Lister, Michael: Value-Controlling – Grundlagen wertorientierter Unternehmensführung, 2. Aufl., München 2002 (zitiert: *Schierenbeck/ Lister*, Value-Controlling).

Schimansky, Herbert; Bunte, Hermann-Josef; Lwowski, Jürgen, Bankrechts-Handbuch, Band 1 und 2, 4. Aufl. München 2011 (zitiert als: *Bearbeiter*, in: Schimansky/Bunte/ Lwowski, Bankrechts-Handbuch).

Schmidbauer, Rainer: Risikomanagement im Kontext wertorientierter Unternehmensführung, DB 2000, 153 ff.

Schmidt, Karsten (Hrsg.); Lutter, Marcus (Hrsg.): Aktiengesetz, Kommentar, 2. Aufl., Köln 2010 (zitiert als: *Bearbeiter*, in: Schmidt/Lutter).

Schmidt, Reinhard H.; Spindler, Gerald: Shareholder-Value zwischen Ökonomie und Recht, in: Wirtschafts- und Medienrecht in der offenen Demokratie. Freundesgabe für Friedrich Kübler zum 65. Geburtstag, Heidelberg 1997, S. 515 ff. (zitiert: *Schmidt/Spindler*, in: Freundesgabe Kübler).

Schmidt, Reinhard H.; Terberger, Eva: Grundzüge der Investitions- und Finanzierungstheorie, 4. Aufl., Wiesbaden 1997 (zitiert als: *Schmidt/Terberger*, Investitions- und Finanzierungstheorie).

Schneider, Wolfgang: Früherkennung und Intuition, Wiesbaden 2011.

Schneider, Uwe H.; Schneider, Sven H.: Konzern-Compliance als Aufgabe der Konzernleitung, ZIP 2007, 2061 ff.

Schneider, Uwe H.: Gesellschaftsrechtliche und öffentlich-rechtliche Anforderungen an eine ordnungsgemäße Unternehmensorganisation, DB 1993, 1909 ff.

Schön, Wolfgang: Der Einfluß öffentlich-rechtlicher Zielsetzungen auf das Statut privatrechtlicher Eigengesellschaften der öffentlichen Hand: – Gesellschaftsrechtliche Analyse –, ZGR 1996, 429 ff.

Schöning, Stefan; Hollederer, Thomas; Rutsch, Jan Christian: Messung des Liquiditätsrisikos von Unternehmen mithilfe des Liquidity at Risk Konzepts, in: Corporate Finance biz 2011, 369 ff.

SCHITAG Ernst & Young (Hrsg.): Risikomanagement- und Überwachungssysteme im treasury: Darstellung der Anforderungen nach KonTraG, Stuttgart 1998 (zitiert als: *Bearbeiter*, in: SCHITAG Ernst & Young, Risikomanagement- und Überwachungssysteme).

Schröter, Dirk; Schwarz, Oliver: Optimale Strukturen und Prozesse für das Liquiditätsrisikomanagement, S. 257, in: Bartetzky, Peter (Hrsg.); Gruber, Walter (Hrsg.); u. a., Handbuch Liquiditätsrisiko – Identifikation, Messung und Steuerung, Stuttgart 2008, S. 247 ff. (zitiert als: *Schröter/Schwarz*, in: Handbuch Liquiditätsrisiko).

Schüppen, Matthias (Hrsg.); Staub, Bernhard (Hrsg.), Münchener Anwalts Handbuch Aktienrecht, 2. Aufl., München 2010 (zitiert als: *Bearbeiter*, in: Schüppen/Schaub, Münch Hdb AktR).

Schulte-Mattler, Hermann; Manns, Thorsten: CRD-IV Regulierungspaket zur Stärkung der Widerstandsfähigkeit des Bankensektors – Europäische Umsetzung des Basel-III-Rahmenwerks im Entwurf, WM 2011, 2069 ff.

Schum, René: Die besonderen Aspekte der Mittelflussrechnung im Bankbetrieb, Bern, Stuttgart, u. a. 1995.

Schwennicke, Andreas; Auerbach, Dirk (Hrsg.): Kreditwesengesetz mit Zahlungsdienstegesetz, 2. Aufl., München 2013 (zitiert als: *Bearbeiter*, in: Schwennicke/Auerbach, KWG).

Seibert, Ulrich: Kontrolle und Transparenz im Unternehmensbereich – Die Aktienrechtsnovelle PRO und KonTraG, Sonderheft AG 1997, 65 ff.

Seibert, Ulrich: Die Entstehung des § 91 Abs. 2 AktG im KonTraG – „Risikomanagement“ oder „Frühwarnsystem“, in: Westermann, Harm Peter (Hrsg.); Mock, Klaus (Hrsg.), Festschrift für Gerold Bezzenberger zum 70. Geburtstag, Berlin, New York 2000, S. 427 ff.

Semler, Johannes: Leitung und Überwachung der Aktiengesellschaft, 2. Aufl., München 1996 (zitiert als: *Semler*, Leitung und Überwachung).

Semler, Johannes; v. Schenk, Kersten: Arbeitshandbuch für Aufsichtsratsmitglieder, 4. Aufl., München 2013 (zitiert als: Bearbeiter, in: Schenk/v. Schenck, ArbHdb AR).

Siegwart, Hans: Das betriebswirtschaftliche Rechnungswesen als Führungsinstrument, Stuttgart 1990 (zitiert als: *Siegwart*, Rechnungswesen).

Spindler, Gerald; Stilz, Eberhard: Aktiengesetz, Kommentar, 2. Aufl., München 2010 (zitiert als *Bearbeiter*, in: Spindler/Stilz, AktG).

Spindler, Gerald: Sonderprüfung und Pflichten des Bankvorstands in der Finanzmarktkrise, NZG 2010, 281 ff.

Spindler, Gerald: Prognosen im Gesellschaftsrecht, AG 2006, 677 ff.

Spindler, Gerald: Unternehmensorganisationspflichten: zivilrechtliche und öffentlich-rechtliche Regelungskonzepte, 2 Aufl., Göttingen 2011 (zitiert als: *Spindler*, Unternehmensorganisationspflichten).

Spindler, Gerald:Von der Früherkennung von Risiken zum umfassenden Risikomanagement – zum Wandel des § 91 AktG unter europäischem Einfluss, in: Kindler, Peter (Hrsg.); Koch, Jens (Hrsg.); u. a., Festschrift für Uwe Hüffer zum 70. Geburtstag, München 2010, S. 985 ff. (zitiert als: *Spindler*, in: FS Hüffer).

Spindler, Gerald: Compliance in der multinationalen Bankengruppe, WM 2008, 905 ff.

Staudinger, J.: von Staudingers Kommentar zum Bürgerlichen Gesetzbuch mit Einführungsgesetz und Nebengesetzen, Buch 2, Recht der Schuldverhältnisse, §§ 433–487 (Kaufrecht und Leasingrecht), Neubearbeitung 2004, Berlin (zitiert als: *Bearbeiter*, in: Staudinger).

Staudt, Erich; u. a. (Hrsg.), Kennzahlen und Kennzahlensysteme: Grundlagen zur Entwicklung und Anwendung, Berlin 1985.

Stein, Ursula: Konzernherrschaft durch EDV? – Gesellschaftsrechtliche und konzernrechtliche Probleme der EDV-Auslagerung auf ein konzernverbundenes Unternehmen –, ZGR 1988, 160 ff.

Süchting, Jochen: Finanzmanagement. Theorie und Politik der Unternehmensfinanzierung, 6. Aufl., Wiesbaden 1995, (zitiert als: *Süchting*, Finanzmanagement).

Theusinger, Ingo; Liese, Jens: Besteht eine Rechtspflicht zur Dokumentation von Risikoüberwachungssystemen i.S. des § AKTG § 91 AKTG § 91 Absatz II 1 AktG?, NZG 2008, 289 ff.

Theisen, Manuel: Risikomanagement als Herausforderung für die Corporate Governance, BB 2003, 1426 ff.

Thümmel, Roderich: Organhaftung nach dem Referentenentwurf des Gesetzes zur Unternehmensintegrität und Modernisierung des Anfechtungsrechts (UMAG) – Neue Risiken für Manager?, DB 2004, 471 ff.

Tieves, Johannes: Der Unternehmensgegenstand der Kapitalgesellschaft, Köln 1998 (zitiert als: *Tieves*, Unternehmensgegenstand).

Timm, Wolfram: Die Aktiengesellschaft als Konzernspitze – die Zuständigkeitsordnung bei der Konzernbildung und Konzernumbildung, Köln, Berlin, u. a. 1980 (zitiert als: *Timm*, Die Aktiengesellschaft als Konzernspitze).

Tröger, Tobias: Konzernverantwortung in der aufsichtsunterworfenen Finanzbranche, ZHR 177 (2013), 475 ff.

Töndury, Hans: Finanzierungen, Band 1: Kapitalplanung und Kapitalbeschaffung, Zürich 1984 (zitiert als: *Töndury*, Finanzierungen).

Uhlenbruck, Wilhelm: Insolvenzordnung, 13. Aufl., München 2010 (zitiert als: *Bearbeiter*, in: Uhlenbruck, Insolvenzordnung).

Vagadia, Bharat: Strategic Outsourcing – The Alchemy to Business Transformation in a Globally Converged World, Berlin, Heidelberg 2012.

van Roosebeke, Bert: Die „too big to fail"-Problematik und die europäische Finanzmarktregulierung: Theorie und Praxis, in: Brämer. Patrick u. a. (Hrsg.), Reform der Finanzmarktregulierung, S. 29 ff. (zitiert als: *van Roosebeke*, in: Reform der Finanzmarktregulierung).

Vogler, Matthias; Engelhard, Sven; Gundert, Martin: Risikomanagementsysteme – Stand der Umsetzung, DB 2000, 1425.

Volkart, Rudolf; Wagner, Alexander: Corporate Finance – Grundlagen von Finanzierung und Investition, 6. Aufl., Zürich 2014 (zitiert als: *Volkart/Wagner*, Corporate Finance).

von Nitzsch, Rüdiger: Investitionslehre, Mainz 2003.

von Randow, Philipp, Derivate und Corporate Governance, ZGR 1996, 594 ff.

von Schenk, Kersten: Arbeitshandbuch für Aufsichtsratsmitglieder, 4. Aufl., München 2013 (zitiert: *Bearbeiter*, in: Semler/v. Schenk, AR Hdb).

von Stosch, Finanzplanbasierte Messung und Steuerung des Liquiditätsrisikos.

von Zedwitz, Clemens; Die rechtgeschichtliche Entwicklung der Versicherung, Zürich 2000.

Wachs, Andria: Liquiditätsrisikomanagement in Kreditinstituten, in: Deutsches Institut für Bankwirtschaft (Hrsg.), Schriftenreihe, Band 5, November 2010 (zitiert als: *Wachs*, Liquiditätsrisikomanagement in Kreditinstituten).

Wagner, Adolph: Beiträge zur Lehre von den Banken, Unveränd. Neudr. d. Ausg. Leipzig 1857, Vaduz 1977.

Wall, Friederike: Betriebswirtschaftliches Risikomanagement im Lichte des KonTraG, in: Lange, Knut Werner (Hrsg.); Wall, Friederike (Hrsg.), Risikomanagement nach dem KonTraG, München 2001, S. 207 ff.

Walz, Hartmut; Gramlich, Dieter: Investitions- und Finanzplanung: eine Einführung in finanzwirtschaftliche Entscheidungen unter Sicherheit, 8. Aufl., Heidelberg 2011 (zitiert als: *Walz/Gramlich*, Investitions- und Finanzplanung).

Weber, Helmut Kurt: Rentabilität, Produktivität und Liquidität: Größen zur Beurteilung und Steuerung von Unternehmen, 2. Aufl., Wiesbaden 1998 (zitiert als: *Weber*, Produktivität und Liquidität).

Weber, Jürgen: Risk Tracking and Reporting – Unternehmerisches Chancen- und Risikomanagement nach dem KonTraG, Vallendar 1999.

Weber-Rey, Daniela: Ausstrahlungen des Aufsichtsrechts (insbesondere für Banken und Versicherungen) auf das Aktienrecht – oder die Infiltration von Regelungssätzen, ZGR 2010, 543 ff.

Weber-Rey, Daniela: Gesellschafts- und aufsichtsrechtliche Herausforderungen an die Unternehmensorganisation, AG 2008, 345 ff.

Weigand, Andreas; Buchner, Holger: Früherkennung in der Unternehmenssteuerung – Navigation für Unternehmen in turbulenten Zeiten, in: Horvath & Partner (Hrsg.), Früherkennung in der Unternehmenssteuerung, Stuttgart 2000 (zitiert: *Weigand/Buchner*, in: Horvath, Früherkennung in der Unternehmenssteuerung).

Weiss, Susanne; Buchner, Markus: Wird das UMAG die Haftung und Inanspruchnahme der Unternehmensleiter verändern?, WM 2005, 162 ff.

Wellhöfer, Werner; Peltzer, Martin; Müller, Welf: Die Haftung von Vorstand, Aufsichtsrat, Wirtschaftsprüfer, München 2008 (zitiert als: *Bearbeiter*, in: Wellhöfer/Peltze/Müller, Haftung von Vorstand, Aufsichtsrat und Wirtschaftsprüfer).

Wirth, Gerhard: Anforderungsprofil und Inkompatibilitäten für Aufsichtsratsmitglieder, ZGR 2005, 327 ff.

Withus, Karl-Heinz: Internes Kontrollsystem und Risikomanagementsystem – Neue Anforderungen an die Wirtschaftsprüfer durch das BilMoG, WPg 2009, 858 ff.

Witte, Eberhard: Finanzplanung und Unternehmung, Prognose und Disposition, 3. Aufl., Wiesbaden 1983 (zitiert als: *Witte*, Finanzplanung und Unternehmung).

Wittig, Arne: Financial Covenants im inländischen Kreditgeschäft, WM 1996, 1381 ff.

Widmann, Tobias: Das Risikomanagement als Funktionselement der Corporate Governance der Aktiengesellschaft, Baden-Baden 2010 (zitiert als: *Widmann*, Risikomanagement und Corporate Governance).

Wöhe, Günter; Bilstein, Jürgen; Dietmar, Ernst; Häcker, Joachim: Grundzüge der Unternehmensfinanzierung, 11. Aufl., München 2013 (zitiert als: *Wöhe/Bilstein/Ernst/Häcker*, Unternehmensfinanzierung).

Wöhe, Günter; Döring, Ulrich: Einführung in die Allgemeine Betriebswirtschaftslehre, 25. Aufl., München 2013.

Wohlmannstetter, Gottfried: Corporate Governance von Banken, in: Hopt, Klaus (Hrsg.); Wohlmannstetter, Gottfried (Hrsg.), Handbuch Corporate Governance von Banken, München 2011, S. 31 ff.

Wolf, Klaus: Potenziale derzeitiger Risikomanagementsysteme, DStR 2002, 1729 ff.

Wolf, Klaus, Runzenheimer, Bodo: Risikomanagement und KonTraG: Konzeption und Implementierung, 5. Aufl., Wiesbaden 2009 (zitiert als: *Wolf/Runzenheimer*, Risikomanagement und KonTraG).

Zeranski, Stefan: Liquiditäts- versus Zinsrisiken in Banken, BankPraktiker 2009, 234 ff.

Zeranski, Stefan: Grundlagen und Entwicklungsstufen im bankbetrieblichen Liquiditätsrisikomanagement, in: Zeranski, Stefan (Hrsg.), Ertragsorientiertes Liquiditätsrisikomanagement, S. 201 ff.

Zeranski, Stefan: Liquidity at Risk zur Steuerung des liquiditätsmäßig-finanziellen Bereichs von Kreditinstituten, Chemnitz 2005.

Zimmer, Daniel; Sonnenborn, Anne Maria, § 91 Abs. 2 AktG – Anforderungen und gesetzgeberische Absichten, in: Lange, Knut Werner (Hrsg.); Wall, Friederike (Hrsg.), Risikomanagement nach dem KonTraG, München 2001, S. 38 ff.

Zunk, Dieter: Die Finanzplanung als Frühwarnsystem, Finanz Betrieb 2000, 557 ff.

Frankfurter wirtschaftsrechtliche Studien

Herausgegeben von
Theodor Baums, Andreas Cahn, Brigitte Haar, Katja Langenbucher,
Tobias Tröger, Manfred Wandt, Peter von Wilmowsky

Band 1 Tomas Brinkmann: Unternehmensinteresse und Unternehmensrechtsstruktur. Aufgaben und Grenzen eines normativen Regulativs unternehmenspolitischer Prozesse. 1983.

Band 2 Rüdiger Hahn: Behinderungsmißbräuche marktbeherrrschender Unternehmen. Eine Untersuchung der Beeinträchtigung von Wettbewerb und Marktstruktur durch horizontalen Nichtleistungswettbewerb als Gegenstand der Mißbrauchaufsicht nach § 22 Abs. 4 S. 2 Nr. 1 GWB. 1984.

Band 3 Peter Buchmann: Registerpublizität und Gläubigerschutz bei der Einmann-Gesellschaft. 1984.

Band 4 Christian Joerges/Eugen Hiller/Knut Holzscheck/Hans-W. Micklitz: Vertriebspraktiken im Automobilersatzteilsektor. Ihre Auswirkungen auf die Interessen der Verbraucher. 1985.

Band 5 Annette Boerner: Die Haftung des herrschenden Kommanditisten. 1985.

Band 6 Dirk H. Mahler: Rechtsmißbrauch und einstweiliger Rechtsschutz bei Dokumentenakkreditiven und "Akkreditiven auf erstes Anfordern": Eine rechtsvergleichende Untersuchung. 1986.

Band 7 Brigitte Kratz: Ausländische Eingriffsnorm und inländischer Privatrechtsvertrag. 1986.

Band 8 Dimitris Tsibanoulis: Die genossenschaftliche Gründungsprüfung. 1987.

Band 9 Jürgen Braun: Rechtsfragen des Transport-Unfall-Informations- und Hilfeleistungs-Systems der deutschen chemischen Industrie. 1987.

Band 10 Thomas Pfeiffer: Die Bedeutung des privatrechtlichen Immissionsschutzes. Eine Untersuchung zu §§ 1004, 906 BGB. 1987.

Band 11 Michael Bothe/Josef Brink/Christian Kirchner/Albrecht Stockmayer: Rechtsfragen der internationalen Verschuldungskrise. Voraussetzungen, Formen und Verfahren internationaler Umschuldungsmaßnahmen und Umschuldungsvereinbarungen. 1988.

Band 12 Felix Dörr: Die fehlerhafte GmbH. 1989.

Band 13 Rolf Trittmann: Anwendungsprobleme des Haager Beweisübereinkommens im Rechtshilfeverkehr zwischen der Bundesrepublik und den Vereinigten Staaten von Amerika. Exklusive Regelung zur Überbrückung der Unterschiede zwischen dem kontinental-europäischen und anglo-amerikanischen Zivilprozeßrechtssystem? 1989.

Band 14 Margaretha Sudhof: Dreieckige Rechtsverhältnisse im Wirtschaftsverwaltungsrecht - Am Beispiel von Konkurrentenklagen. 1989.

Band 15 Michael Weigel: Schriftformklauseln in Allgemeinen Geschäftsbedingungen. 1989.

Band 16 Hans-Peter Schröder: Der sichere Weg bei der Vertragsgestaltung. 1990.

Band 17 Matthias Haas: Haftungsfreizeichnungsklauseln in Allgemeinen Geschäftsbedingungen. Eine rechtsdogmatische und ökonomische Analyse. 1991.

Band 18 Andreas Hahn: Instandhaltungsverträge. Begriffe, Einordnung, Rechtsfolgenbestimmung, Auswirkung auf die Kautelarpraxis. 1991.

Band 19 Jürgen Götz: Der Entherrschungsvertrag im Aktienrecht. 1991.

Band 20 Friedrich Wächtershäuser: Das Gesellschaftsrecht des internationalen Joint Ventures. 1992.

Band 21 Christina Escher-Weingart: Nutzungsausfall als Schaden und sein Ersatz. 1993.

Band 22 Jean-Claude Zerey: Rechtliche Probleme der Finanzierung von *Leveraged Buyouts* und *Tender Offers* durch Banken in den USA und in der Bundesrepublik Deutschland. Eine rechtsvergleichende Studie über die Rolle der Banken bei Unternehmenskontrolltransaktionen in den USA und in der Bundesrepublik Deutschland. 1994.

Band 23 Markus Bauer: Gläubigerschutz durch eine formelle Nennkapitalziffer - Kapitalgesellschaftsrechtliche Notwendigkeit oder überholtes Konzept? Eine rechtsvergleichende Untersuchung der Gläubigerschutzkonzepte des amerikanischen und deutschen Kapitalgesellschaftsrechts. 1995.

Band 24 Marion Vollmann: Minderheitenschutz im aktienrechtlichen Beschlußmängelrecht. Eine Bestandsaufnahme und Vorschläge zu einer rechtspolitischen Reform. 1997.

Band 25 Lydia Klose-Mokroß: Gläubigerschutz im Kapitalgesellschaftsrecht am Beispiel der Lehre von der verdeckten Sacheinlage. 1997.

Band 26 Stephan Aubel: Der vereinfachte Bezugsrechtsausschluß. Aktionärs- und Gesellschaftsinteressen beim vereinfachten Bezugsrechtsausschluß nach Maßgabe des § 186 Absatz 3 Satz 4 AktG. 1998.

Band 27 Kurt Peter Dittrich: Die Privatplazierung im deutschen Kapitalmarktrecht. Eine Untersuchung der Vorschriften des Auslandinvestmentgesetzes, des Wertpapier-Verkaufsprospektgesetzes und des Gesetzes über Kapitalanlage-Gesellschaften unter Berücksichtigung des Rechts der Vereinigten Staaten von Amerika und des Vereinigten Königreichs. 1998.

Band 28 Viola Sailer: Aktienrechtliche Minderheitskompetenzen zwischen Mißbrauch und unternehmerischer Entscheidungsfreiheit. 1999.

Band 29 Marc Zimmerling: Kapitalerhaltung und Konzernfinanzierung. Eine Untersuchung der kapitalerhaltungsrechtlichen Problematik aufsteigender Sicherheiten im Konzern. 1998.

Band 30 Joachim Wichert: Die Finanzen der Kommanditgesellschaft auf Aktien. 1999.

Band 31 Kerstin Andrea Müller: Produktverantwortung und ihre Durchsetzung. Eine kartellrechtliche Beurteilung von Selbstverpflichtungen im Umweltrecht aus deutscher und europäischer Sicht unter besonderer Berücksichtigung der Altautoentsorgung. 1999.

Band 32 Bettina Friedrich: Konvergenzen im Gesellschaftsrecht. Recht-Fertigung durch Status- und Befundsicherung. 2000.

Band 33 Rudolf Lemke: Haftungsrechtliche Fragen des Ratingwesens – ein Regelungsproblem? 2000.

Band 34 Klaus R. Roller: Die Vergütung des Aufsichtsrats in Abhängigkeit vom Aktienkurs. 2000.

Band 35 Bettina Bokelmann: Personelle Verflechtungen über Aufsichtsräte. Aufsichtsratsmitglieder mit hauptberuflicher Vorstandsfunktion. 2000.

Band 36 Kai-Uwe Steck: Regulierung von US-amerikanischen Investmentgesellschaften (Investment Companies). Unter besonderer Berücksichtigung des National Securities Markets Improvement Act of 1996 (NSMIA) und anderer aktueller Rechtsanpassungen. 2000.

Band 37 Kristofer Bott: Wissenszurechnung bei Organisationen. 2000.

Band 38 Ursula Lenzen: Unerlaubte Eingriffe in die Börsenkursbildung. 2000.

Band 39 Martin Schulz: Verfassungsrechtliche Vorgaben für das Kollisionsrecht in einem Gemeinsamen Markt. Eine rechtsvergleichende Untersuchung zu den Grenzen einzelstaatlicher Anknüpfungsmethoden im internationalen Vertrags-, Delikts- und Gesellschaftsrecht am Beispiel der Vereinigten Staaten von Amerika. 2000.

Band 40 Maximilian Koch: Diversifizierung und Vorstandskompetenzen. 2001.

Band 41 Corrado Wohlwend: Die Hauptversammlung im Wandel der Kommunikationsformen. 2001.

Band 42 Michael Rozijn: Der Unternehmensmaklervertrag. Zur Anwendung des allgemeinen Maklervertragsrechts auf Mergers & Acquisitions-Dienstleistungen. 2001.

Band 43 Konstantinos N. Kyriakakis: Die Überwachung einer US-amerikanischen Aktiengesellschaft durch institutionelle Anleger. 2002.

Band 44 Uta Fredebeil: Aktienemissionen. Das underwriting agreement (der Übernahmevertrag) und seine spezifischen Klauseln. 2002.

Band 45 Michaela G. Döbler: Die Einführung des WTO-weiten Erschöpfungsgrundsatzes in das Markenrecht der EU und der USA. 2002.

Band 46 Jan Liersch: Regulierung des Blockhandels an den organisierten Aktienmärkten der Vereinigten Staaten, Großbritanniens und Deutschlands. 2002.

Band 47 Sascha Lotze: US-amerikanisches Kapitalmarktrecht und Internet. Aufsichts- und haftungsrechtliche Fragen des Internet-Einsatzes bei Wertpapieremissionen und im Wertpapierhandel. 2002.

Band 48 Boris Trautmann: Die Konkurrenz von Haftpflicht- und Versicherungsanspruch. Ein Beitrag zur ökonomischen Analyse des Rechts unter Berücksichtigung von Unsicherheit und Verhaltensanomalien. 2002.

Band 49 Matthias Möller: Rechtsformen der Wagnisfinanzierung. Eine rechtsvergleichende Studie zu den USA und zu Deutschland. 2003.

Band 50 Heiner Feldhaus: Die Eignung zur erheblichen Kursbeeinflussung bei der Ad-hoc-Publizität. Eine rechtsvergleichende und interdisziplinäre Untersuchung unter Berücksichtigung der europarechtlichen Vorgaben. 2003.

Band 51 Matthias Janke: Gesellschaftsrechtliche Treuepflicht. Neubewertung der richterrechtlichen Generalklausel im Rahmen einer rechtsvergleichenden und ökonomischen Analyse. 2003.

Band 52 Katrin Thoma: Eigengeschäfte des Vorstands mit der Aktiengesellschaft. Eine vergleichende Untersuchung zum englischen, U.S.-amerikanischen und deutschen Recht. 2003.

Band 53 Mathias Stöcker: Rechtsfragen grenzüberschreitender Unternehmenszusammenschlüsse – unter besonderer Berücksichtigung des Falles Daimler/Chrysler – 2003.

Band 54 Otto Korte: Zur mißbräuchlichen Wahrnehmung der aktienrechtlichen Anfechtungsbefugnis. 2003.

Band 55 Wilhelm Wilderink: Die Auflösung, die Übertragung und die Verschmelzung von In vestmentfonds. 2003.

Band 56 Anja Birkenkämper: Rechtsfragen feindlicher Übernahmen. Jurisitische Nachlese zum Fall Krupp/Thyssen. 2003.

Band 57 Manuel Lorenzo Alonso: Die Neuausrichtung der Zwischenstaatlichkeitsklausel der Art. 81, 82 EG. Folgen der neuesten Entwicklungen des Gemeinschaftsrechts für die Zwischenstaatlichkeitsklausel – unter besonderer Berücksichtigung des Bankenbereichs. 2003.

Band 58 Dirk Kocher: Kapitalgesellschaft & Co. KG in Finnland. Eine Untersuchung zur Frage der Übertragbarkeit der deutschen Grundtypenvermischung auf das finnische Recht. 2003.

Band 59 Ruiting Qin: Parteiautonomie: Eine rechtsvergleichende Untersuchung. Versuch zur Entwicklung einer Gerechtigkeitsjurisprudenz im IPR. 2003.

Band 60 René Runte: Walter Julius Derenberg – Leben und Werk. 2004.

Band 61 Udo Prinz: Umstrukturierung durch *Schemes of Arrangement* mit Gesellschaftern im englischen Recht. – Ein Vorbild? 2004.

Band 62 Rainer Schmitz: Die Haftung des Vorstands gegenüber den Aktionären. Eine rechtsvergleichende Untersuchung nach deutschem und US-amerikanischem Recht. 2004.

Band 63 York Oehlschläger: Die typische und atypische stille Beteiligung an einer Aktiengesellschaft. Möglichkeiten und Grenzen der Gestaltung für die stille Gesellschaft zwischen Personengesellschaftsrecht, Aktienrecht, Konzernrecht und Umwandlungsrecht. 2004.

Band 64 Stefan Klein: Die Rechtsstellung auswärtiger Gesellschaften im deutschen und US-amerikanischen Recht. Ein Beitrag zur Neuausrichtung des deutschen internationalen Gesellschaftsrechts unter besonderer Berücksichtigung des Europäischen Gemeinschaftsrechts. 2004.

Band 65 Knut Sauer: Haftung für Falschinformation des Sekundärmarktes. 2004.

Band 66 Michael Senger: Bankenaufsicht, Unternehmensverbindungen und Bankengruppen. 2004.

Band 67 Maximilian Rittmeister: Gewährleistung beim Unternehmenskauf. Die Gewährleistungshaftung des Verkäufers bei einem Unternehmenskauf seit In-Kraft-Treten des Schuldrechtsmodernisierungsgesetzes. 2005.

Band 68 Ole Ziegler: Der Anteilserwerb am Kapitalmarkt nach der Schuldrechtsreform. 2005.

Band 69 Maia Tacheva: Rechtsbehelfe des Käufers im Warenkaufrecht. Eine rechtsvergleichende Untersuchung des Übereinkommens der Vereinten Nationen über Verträge über den internationalen Warenkauf (CISG), des englischen Sale of Goods Act, des bulgarischen Kaufrechts und des deutschen Kaufrechts vor und nach dem Schuldrechtsmodernisierungsgesetz. 2005.

Band 70 Michael Lange: Rechtsfragen der Finanzierung eines feindlichen Übernahmeangebotes. Am Beispiel der großen Publikumsgesellschaft nach US-amerikanischem und deutschem Recht. 2005.

Band 71 Niklas Dieterich: Outsourcing bei Kapitalanlagegesellschaften. 2005.

Band 72 Julia Sernetz: Derivate und Corporate Governance. Kompetenzen und Pflichten des Vorstands von Aktiengesellschaften beim Einsatz von Derivaten. 2006.

Band 73 Marcel Polte: Aktiengattungen. Eine rechtsvergleichende Untersuchung zum deutschen, US-amerikanischen und englischen Recht. 2005.

Band 74 Jens Bornscheid: Stapled Stock (Verbundaktien). 2006.

Band 75 Robert F. Thoma: Der Wettbewerb um Stimmen im US-amerikanischen und deutschen Aktienrecht. 2006.

Band 76 Markus Lauer: Gemeinsam geführte Unternehmen im Bilanz- und Gesellschaftsrecht. 2006.

Band 77 Arne Christian Lawall: Die virtuelle Holding nach deutschem Aktienrecht. 2006.

Band 78 Marcel Barth: Schadensberechnung bei fehlerhafter Kapitalmarktinformation. 2006.

Band 79 Dirk Reidenbach: Aktienanalysten und Ratingagenturen – Wer überwacht die Überwacher? 2006.

Band 80 Jochen Herr: Neue EU-Wettbewerbsregeln für Technologietransfer-Vereinbarungen. 2006.

Band 81 Simon Markus Beck: Kritik des Eigenkapitalersatzrechts. Zugleich ein Beitrag zur Stärkung des insolvenzrechtlichen Gläubigerschutzes. 2006.

Band 82 Emrullah Kervankiran: Haftungsbeschränkung im türkischen Gesellschaftsrecht. Ein Rechtsvergleich. 2007.

Band 83 David C. Donald: Der Einfluss der Wertpapierabwicklung auf die Ausübung von Aktionärsrechten. Eine Untersuchung der Entstehungsgeschichte und Auswirkungen des U.S.-amerikanischen „Indirect Holding System“. 2008.

Band 84 Mathias Eisen: Haftung und Regulierung internationaler Rating-Agenturen. 2007.

Band 85 Nina Bogenschütz: Neuausrichtung des Eigenkapitalbegriffs. Dogmatische Überlegungen im Lichte hybrider Finanzierungen. 2008.

Band 86 Hans-Jürgen Schmitt: Das Geldwäsche-Risikomanagement der Kreditinstitute. 2008.

Band 87 Daniel Komo: Grenzüberschreitende Zusammenschlüsse britischer und deutscher Unternehmen. 2008.

Band 88 Stefan Rothweiler: Der Informationsfluss vom beherrschten zum herrschenden Unternehmen im Gesellschafts- und Kapitalmarktrecht. 2008.

Band 89 Stefan Berg: Kreditderivate im deutschen Privatrecht. 2008.

Band 90 Christian Fischer: Rechtsfragen grenzüberschreitender Übernahmeangebote. 2008.

Band 91 Volker Konopatzki: Funktionsauslagerung bei Kreditinstituten. Gesellschaftsrechtlicher und bankenaufsichtsrechtlicher Rahmen. 2008.

Band 92 Nicolas A. Ostler: Stimmrecht ohne Beteiligungsinteresse. Erwerb und Ausübung des Aktienstimmrechts ohne das Vermögensinteresse an der Beteiligung. 2010.

Band 93 Stefan Brass: Hedgefonds als aktive Investoren. Rechtliche Schranken und rechtspolitische Vorschläge. 2010.

Band 94 Ulrike Blömer: Grenzüberschreitende Sachverhalte im Bankenaufsichtsrecht. 2010.

Band 95 Emanuel H. F. Ballo: Die AGB-Kontrolle von Kreditverträgen in der Akquisitionsfinanzierung. Eine Untersuchung am Beispiel des *Senior Multicurrency Term and Revolving Facilities Agreement*. 2010.

Band 96 Mathias Neumann: Gerüchte als Kapitalmarktinformationen. Die kapitalmarktrechtliche Behandlung von Informationen mit unsicherem Wahrheitsgehalt. 2011.

Band 97 Maren Gräfe: Squeeze-outs nach deutschem, französischem und spanischem Gesellschaftsrecht. Eine ökonomische und rechtsvergleichende Analyse unter Berücksichtigung der europäischen Rechtsentwicklung. 2011.

Band 98 Carsten Lammers: Der Prüfungsausschuss des Aufsichtsrats nach dem Sarbanes-Oxley Act und dem BilMoG. Zum Spannungsverhältnis zwischen US-amerikanischem Kapitalmarktrecht, europäischen Vorgaben und deutschem Aktienrecht. 2011.

Band 99 Andreas Wieland: Inhaberkontrollverfahren. Die Anteilseignerkontrolle beim Erwerb bedeutender Beteiligungen an Unternehmen des Finanzsektors. 2012.

Band 100 Henny Müchler: Die Investmentaktiengesellschaft mit veränderlichem Kapital. 2014.

Band 101 Nikolaus Bunting: Die Gründung von Kapitalgesellschaften in Deutschland, dem Vereinigten Königreich und den USA. Eine rechtsvergleichende und rechtspolitische Studie. 2015.

Band 102 Daniel Gajek: Umstrukturierungen und Finanzinstrumente. Die Bedeutung der Umstrukturierung der Emittentin für die von ihr ausgegebenen Finanzinstrumente. 2015.

Band 103 Jenny W. Gesley: Die Aufsicht über die Finanzmärkte in den USA. Nationale Entwicklungen und internationale Vorgaben. 2016.

Band 104 Lisa Pfaffinger: Unbeschränkte Gesellschafterhaftung und Gläubigerschutz. Eine ökonomische Betrachtung des Haftungssystems der Personengesellschaften. 2016.

Band 105 Julius Brandt: Die Steuerung von Liquiditätsrisiken im Aktienrecht und Bankaufsichtsrecht. 2016.

www.ingramcontent.com/pod-product-compliance
Ingram Content Group UK Ltd.
Pitfield, Milton Keynes, MK11 3LW, UK
UKHW041824290926
8980IPUK00002B/60

9 783631 675076